本书获

国家自然科学基金项目《我国典型文化因素（现象）对高技术创新团队创新绩效的影响：

有我国文化特色的有竞争力的高技术创新团队研究》（编号：70672047）

福建省社会科学研究基地文化产业研究中心

福建省高校新型特色智库两岸文创研究院

福建省教育厅人文社科研究基地两岸创意经济研究中心

2017年福建省出国留学奖学金项目

厦门理工学院学术专著出版基金

联合资助

刘枭 著

组织支持和组织激励

——基于研发团队的实证研究

ORGANIZATIONAL SUPPORT AND
ORGANIZATIONAL MOTIVATION
——AN EMPIRICAL STUDY
ON R&D TEAMS

厦门大学出版社
XIAMEN UNIVERSITY PRESS
国家一级出版社
全国百佳图书出版单位

图书在版编目(CIP)数据

组织支持和组织激励:基于研发团队的实证研究/刘枭著.—厦门:厦门大学出版社,2019.4
ISBN 978-7-5615-7405-8

Ⅰ.①组… Ⅱ.①刘… Ⅲ.①企业管理—组织管理学—研究 Ⅳ.①F272.9

中国版本图书馆 CIP 数据核字(2019)第 073091 号

出 版 人	郑文礼
责任编辑	吴兴友
封面设计	李嘉彬
技术编辑	朱 楷

出版发行 **厦门大学出版社**

社 址	厦门市软件园二期望海路 39 号
邮政编码	361008
总 编 办	0592-2182177 0592-2181406(传真)
营销中心	0592-2184458 0592-2181365
网 址	http://www.xmupress.com
邮 箱	xmup@xmupress.com
印 刷	厦门集大印刷厂

开本	720 mm×1 000 mm 1/16
印张	19
插页	2
字数	342 千字
版次	2019 年 4 月第 1 版
印次	2019 年 4 月第 1 次印刷
定价	60.00 元

厦门大学出版社
微信二维码

厦门大学出版社
微博二维码

序

刘枭同学的博士论文要出版，请我写序，我十分高兴，欣然接受。

刘枭同学的博士论文《组织支持和组织激励——基于研发团队的实证研究》，在深刻洞察、理解我国文化特征的基础上，在正面激励与负面激励、循规行为与破规行为、顺水人情型帮助行为与额外奉献型帮助行为等诸多方面，形成了一系列创新，做出了自己的一系列贡献，填补了相关领域的研究空白，也为相关实践探索指明了方向。

读博期间，刘枭是一个十分活跃的学生。她积极参加浙江大学研究生会、博士生会及校团委的工作，付出了大量的心血，也取得了丰硕的成果，受到了师生的好评。当然，这也给她写出高水平的博士论文带来了时间上的压力。毕竟高水平的博士学位论文研究与写作是需要艰苦的付出和时间的保证。刘枭同学克服重重困难，以自己的智慧、坚韧和努力，完成了博士论文研究与写作，并顺利地毕业，实在是超出了一般人的能力和极限，也使我大喜过望。刘枭同学智慧与品德双修，实是我的得意门生之一。

在刘枭的博士论文出版之际，我希望，她在新的起点上，好好规划自己未来的发展路径，通过贡献自己的知识、聪明和力量为祖国服务，同时也收获自己的幸福。对此，我十分有信心。

宝贡敏

浙江大学管理学院教授、博士生导师

浙江大学企业组织与战略研究所副所长

公元 2019 年 4 月 12 日于浙江大学华家池校区

前　言

置身于竞争激烈及充满高度不确定性的外部环境里，越来越多的企业采用团队作为其开展商业活动和实现既定目标的基本工作单元。团队成员的知识、观点和技能的融合加工以及团队成员之间协作配合有助于企业创新活动的顺利进行，进而促进企业整体核心竞争力的提升。

在组织行为研究领域，员工与组织之间的关系是学术界一直关注的研究焦点。本书沿着"感知组织支持、组织激励→个体行为→团队行为→团队创新绩效"的研究思路，以社会交换理论、领导替代理论、相容原理、社会认同理论和多层次理论作为研究的理论基础，将组织支持、组织激励、员工行为（个体行为、团队行为）及团队创新绩效纳入一个分析框架内，通过两个子研究分别探讨了感知组织支持、组织激励对个体行为的作用机制，以及由个体行为聚合而成的团队行为对团队创新绩效的影响效果。

本书的具体研究过程和具体研究结论如下：

首先，关注于核心概念的维度结构。根据支持来源、支持内容和领导风格等相关内容，提出并证实了感知组织支持由感知组织制度支持、感知主管任务导向型支持、感知主管关系导向型支持和感知同事支持共同构成；结合激励来源、激励内容、激励方向等相关观点，提出并证实了组织激励可划分为正面物质激励、负面物质激励、主管正面精神激励、主管负面精神激励、潜规则正面精神激励以及潜规则负面精神激励；基于中国文化背景，从行为对象出发，将员工行为划分为针对组织的循规行为、破规行为和针对同事的帮助行为；结合人情要素及规范性关系，将帮助行为进一步细化为顺水人情型帮助行为和额外奉献型帮助行为。

然后,根据感知组织支持、组织激励及员工行为剖析细化得到的以上研究结论,聚焦于个体层次的研究一探讨了感知组织支持、组织激励对团队成员的循规行为、破规行为及帮助行为的直接影响,以及自己人感知在此影响过程中发挥的调节作用。

研究一发现感知组织支持、组织激励与员工行为之间存在相容匹配现象,即当感知组织支持、组织激励的来源与员工行为对象一致时,变量之间呈现显著的影响关系。具体包括:感知主管任务导向型支持有助于增加团队成员的循规行为,减少负面破规行为;感知同事支持有助于增加团队成员的顺水人情型帮助行为和额外奉献型帮助行为;主管负面精神激励有助于增加团队成员的循规行为。研究一还发现感知组织支持、组织激励对员工行为的影响作用反映出社会交换理论中互惠规范的补偿物性质特征,即获得正面对待的团队成员会给予正面回报,而获得负面对待的团队成员则会给予负面还击。具体包括:感知主管关系导向型支持有助于增加团队成员的正面破规行为,而主管负面精神激励和潜规则精神负面激励会激发出团队成员的负面破规行为。此外,研究一还对自己人感知发挥的调节效应进行了检验。研究发现:自己人感知对不同类型的组织激励与员工行为之间关系普遍表现为削弱型调节作用。

最后,聚焦于团队层次的研究二探讨了由个体行为采用不同构成方式聚合而成的团队行为对研发团队的团队创新绩效的影响作用。结合研发人员的行为特征及研发团队的任务特征,研究二提出了作为共享型构念的团队循规行为以及作为形态型构念的团队正面破规行为、负面破规行为、顺水人情型帮助行为及额外奉献型帮助行为对团队创新绩效之间影响关系的假设。借鉴以往研究对团队层次构念的四种操作化方法,研究二发现了团队行为的独特作用规律。研发团队内个别成员的某些突出行为(如循规行为、正面破规行为和额外奉献型帮助行为在团队内的最大值,负面破规行为在团队内的最小值)促进团队创新绩效的提升。某些突出行为(如负面破规行为及顺水人情型帮助行为在团队内的最大值)对团队创新绩效产生阻碍作用。顺水人情型帮助行为在团队内的均值对团队创新绩效有促进作用。负面破规行为和额外奉献型帮助行为在团队内的方差对团队创新绩效分别产生正向和负向的影响作用。

总体来说,本书涉及个体及团队两个层次的子研究:在个体层次上分析了感知组织支持、组织激励对员工行为的直接影响以及自己人感知的调节作用;在团队层次上分析了团队行为对团队创新绩效的直接影响。本书丰富和完善了组织支持、组织激励及团队创新等研究范畴及理论内容,揭示出我国高新技术企业提升团队创新效率的作用规律,对研发团队的管理实践提供了理论指导和实践启示。

本书是在作者的博士学位论文基础上修改形成的。在此,特别感谢我的恩师——浙江大学管理学院宝贡敏教授,感谢导师多年来不辞辛苦的教诲和指导,为我黯淡的学术之路点起了一盏又一盏明灯。导师渊博的学识底蕴、严谨的治学态度、高瞻远瞩的学术视野以及宽厚仁德的人格魅力,都令我受益匪浅。导师不仅为我提供了详细而丰富的学术资料,还在多次的讨论过程中对我进行细致指导:每一次看似不经意的点拨,都是他深思熟虑的结果,让我有醍醐灌顶之感悟。导师是一位风格独特的学者,独特之处在于他会有意识地在学术研究的过程中培养出学生未来工作和人生历练的综合能力。导师及师母俞秀金老师对我如亲人般的关心和爱护,使远赴千里离家求学的我总能体会到缕缕亲情和殷殷厚望。

感谢中国科学院沈阳科学仪器研制中心有限公司、中国科学院沈阳自动化研究所、浪潮(北京)电子信息产业有限公司、东软集团以及达耐时工业(上海)有限公司等多家单位在本书问卷调研过程中提供的支持和便利!

感谢厦门大学出版社的吴兴友老师、李峰伟老师、王依民老师、厦门理工学院罗昌智教授、林晓红老师、杨晓华老师、肖绯霞老师、王岚及相关人员,正是在他们的大力支持和帮助下,本书才得以顺利出版。

衷心感谢我的家人,他们是我拼搏和奋斗的动力源泉,让我能够坚持我的学术梦想,更勇敢、更坚强地面对任何挑战!

"心中有爱、肩上有担、胸中有识、目中有人"。本书既是一项自我承诺的实现，也代表着自己向未来目标迈进的坚定信念。怀着一颗感恩之心，谨以此书献给所有关心我、鼓励我、和我共同奋斗的人们，并表达心中最诚挚的谢意！

刘象

2017 年 7 月于厦门

目　录

第1章 绪论

本章首先介绍了本书的选题背景,在此基础上提出本书的研究问题,阐述本书的理论意义与实践意义,并简要归纳出研究的主要创新点;之后,结合研究设计说明了研究对象、层次及方法;最后,将呈现本书的结构安排与技术路线。

※ 1.1 研究背景

团队由拥有专业知识、技能或能力的两个或更多个体组成(Bell,2004)。与个体独立工作方式相比,团队能够克服时间紧迫、任务繁重以及个体能力有限的局限性,工作效率更高。通过团队成员倾听、吸收他人的建设性观点并做出积极地沟通反馈,不同观点得以融合和加工,进而使团队内产生新知识和新构想,创造出最优的解决方案,最终产生"1+1>2"的协同效应(周丽芳,郑伯埙和黄敏萍,2002;麦金,2005,P.58)。因此,面对工作任务的相互依赖性和技术复杂性的不断提高(王端旭,2006)以及市场环境充满高度竞争性、多变性和不确定性(Mumford,2000)的复杂现状,越来越多的企业采用团队方式开展创新活动,团队创新逐渐成为企业建立和维系竞争优势、提升绩效的关键要素(Politis,2005;Gilson,Shalley & Ruddy,2005)。

高新技术企业在创新竞争中表现最为活跃,而研发团队是高新技术企业实现创新的重要组织形式。研发团队的运作管理以及研发人员的有效激励成为衡量高新技术企业整体实力的重要标志。研发团队任何创新成果的取得并不源于偶然的发现,而是来自必需资源(如信息、设施设备和财政)的支持、研发人员全面细致的分析思考以及优秀人才之间的互动合作(杰恩和川迪斯,2005,P.84)。通常来说,研发人员具有较强的创新性、自主性和自律倾向(Mumford & Gustafson,1988),其个体需求表现出多样性和复杂性(李卫东,刘洪和陶厚永,2008)。因此,如何充分利用组织现有资源提供有效的组织支持以确保员工能够应对研发压力,如何设计出有效的激励机制以充分调动员工的工作积极性,对于最大限度地开发研发人员的创新意识和创造性潜能,强化其正面行为,削弱或消除其负面行为的消极影响,提高研发团队的创新绩效等方面都发挥着至关重要的影响作用。

团队创新受到团队构成(Hülsheger,Anderson & Salgado,2009)、团队成员互动(Kratzer,Leenders & Van Engelen,2004)、领导风格及组织创新氛围(Eisenbeiss,Van Knippenberg & Boerner,2008)等诸多要素的影响。团队创新的根本动因是团队行为以及影响行为的认知、价值观、观念等心理和社会层面的因素(薛继东和李海,2009)。已有研究关注于组织情境要素对员工行为的作用机制,如员工感知到的组织支持对员工角色内行为和角色外行为的影响(Rhoades & Eisenberger,2002;Chen,Aryee & Lee,2005;Chen,Eisenberger,Johnson et al.,2009);组织奖励对员工的组织公民行为的影响(Podsakoff,MacKenzie & Boomer,1996);领导奖惩对下属绩效和满意感的影响(Podsakoff,Todor,Grover et al.,1984;Farh,Podsakoff & Cheng,1987);或在团队层次上关注于团队构成和团队成员互动对团队创新的影响(Drach-Zahavy & Somech,2001;Hülsheger,Anderson & Salgado,2009)。本书尝试从组织支持和组织激励两类组织情境要素入手,以高新技术行业作为研究背景,以高新技术企业的研发团队成员作为调研对象,在个体层次上探讨不同类型组织支持和组织激励对团队成员行为的作用机制,以及在团队层次上探讨由不同构成方式聚合而成的团队行为对团队创新绩效的影响效果。

基于以上思考,本书沿着"感知组织支持、组织激励→个体行为→团队行为→团队创新绩效"的研究思路,具体围绕以下问题开展:第一,聚焦于组织支持的不同来源,认识和把握中国文化背景下员工感知组织支持的维度划分;第二,结合激励来源、激励内容、激励方向以及社会评价模式对组织激励进行概念界定和维度分析;第三,突破员工行为按照角色内/外边界划分的思路,结合中国文化的人情要素及规范性关系的相关内容,分析并确认员工行为的具体类型;第四,在个体层次上,探析不同类型的感知组织支持、组织激励对团队成员行为的影响,并分析自己人感知在上述影响过程中可能发挥的调节作用;第五,结合研发团队成员行为特征及研发团队任务特征,分析由不同构成方式聚合而成的团队行为对研发团队创新绩效的作用机制。

※ 1.2 研究目的

本书运用社会交换理论、领导替代理论、相容原理、社会认同理论、多层次理论等相关理论,探索和梳理中国文化背景下感知组织支持、组织激励及员工行为的内部结构,将感知组织支持、组织激励、员工行为(个体行为、团队行为)及团队创新绩效纳入到统一的体系框架内,深入剖析感知组织支持和组织激励对个体行为的作用机制,以及由个体行为聚合而成的团队行为对团队创新绩效的影响关系,进一步拓展组织支持、组织激励、员工行为及团队创新管理等相关领域的研究范畴,揭示出适合我国国情的提高研发团队创新效率的作用规律,以期为研发团队的管理实践提供科学的理论依据和有效的指导方案。

※ 1.3　研究意义

管理研究的意义主要从理论和实践两方面得以体现。通过揭示相关理论的作用规律,本书拓展了相关理论的研究内容和应用范围,并从实践方面推进了相关理论规律的应用。

1.3.1　理论意义

理论意义在于研究结论反映出的相关规律对科学理论的贡献和发展。本书的研究结论在一定程度上丰富和完善了组织支持、组织激励、员工行为和团队创新管理的理论体系和研究范畴,拓展了相关理论研究的分析视角。本书的理论意义主要体现在以下方面:

第一,本书由感知组织支持、组织激励、员工行为的内部结构切入,基于以往研究和访谈研究的相关资料,对感知组织支持、组织激励和员工行为从多个视角进行了深入剖析,通过实证分析证实了:感知组织支持由感知组织制度支持、感知主管任务导向型支持、感知主管关系导向型支持和感知同事支持共同构成;组织激励由正面物质激励、负面物质激励、主管正面精神激励、主管负面精神激励、潜规则正面精神激励以及潜规则负面精神激励共同构成;员工行为包括循规行为、正面破规行为、负面破规行为、顺水人情型帮助行为和额外奉献型帮助行为。研究结论细化并完善了组织支持理论和激励理论,为相关领域提供了……步探讨感知组织支持、组织激励与员工行为之间

……,提出了"自己人感知"概念,并分……励与员工行为之间关系的调节作用,……丰富和完善人际关系的相关理论,为在……基础。

第……书分析了感知组织支持、组织激励对员工行为的影响作用,以高新

3

技术企业研发团队成员为研究对象,研究结论揭示出影响员工行为的关键要素及其作用规律,丰富了组织支持、组织激励和员工行为的相关研究成果。

第四,本书以多层次理论为基础,以高新技术企业研发团队为研究对象,结合研发团队成员行为特征及研发团队任务特征,揭示出由不同构造方式聚合而成的团队行为对团队创新绩效影响的作用机理,拓展了团队行为的研究思路。

第五,基于社会交换理论、领导替代理论、相容原理和社会认同理论,本书分析了变量间的影响关系,提出了理论假设并构建出整体研究框架。本书的研究结论在验证以上基础理论的同时,也拓展了相关基础理论的应用范围。

1.3.2 实践意义

实践意义有助于研究揭示出的相关作用规律在管理实践中的应用和指导。本书围绕感知组织支持、组织激励影响个体行为,并通过个体行为在团队层次的聚合转化进而影响研发团队的团队创新绩效这一研究思路展开,确保了研究结论在高新技术行业内的适用性,为高新技术企业实施有效的团队管理和创新实践提供切实可行的操作依据。

第一,感知组织支持、组织激励的内部结构探索以及感知组织支持、组织激励对员工行为的影响作用分析的研究结论为管理者如何有效引导员工行为提供更加详细、可靠的参考依据。员工获得的组织支持包括组织制度、主管和同事三个来源,这一结论有助于提示管理者从不同途径和渠道为成员提供工作及非工作相关的支持和协助,充分提供和合理调配完成任务所需的设施设备和信息资源,倾听和排解成员在工作及生活中的压力,以保证团队运作的稳定性和团队成员的执行力。组织激励可从激励来源、激励内容和激励方向进行细化,有助于管理者灵活运用多样化的激励方式,引导和激发员工的正面行为,削弱或消除其负面行为的消极影响。

第二,自己人感知的调节作用的探索有助于管理者培养良好的组织-员工关系,加强成员对组织的认同感和归属感,充分挖掘和发挥成员的潜能,进而引导成员做出更多对组织和主管有利的行为。

第三,不同构成方式聚合而成的团队行为对团队创新绩效的影响作用要求管理者既要关注团队成员的普遍行为,也要关注个别成员的突出行为以及团队成员在某类行为上表现出的差异,发挥个别成员在团队中的积极示范作用,避免某些负面行为引发的群体效应,最大程度利用研发团队成员的知识和技能,以释放出研发团队的高效创造性能量。

※ 1.4 研究创新点

本书深入探讨了感知组织支持、组织激励对高新技术企业研发团队成员的循规行为、破规行为及帮助行为的作用机制,以及由个体行为聚合而成的团队行为对研发团队的团队创新绩效的影响效果。与以往研究相比,本书创新点主要体现在以下三方面内容。

1.4.1 感知组织支持、组织激励、员工行为的维度

创新点一: 基于支持来源、支持内容和领导风格等相关内容,本书提出并证实了感知组织支持由感知组织制度支持、感知主管任务导向型支持、感知主管关系导向型支持和感知同事支持共同构成。

以往研究对感知组织支持的维度存在两类观点:单维观(Eisenberger, Huntington, Hutchison *et al.*,1986)和多维观(McMillan,1997;凌文辁,张治灿和方俐洛,2001;凌文辁,杨海军和方俐洛,2006;陈志霞,2006;Huffman, Watrous-Rodeiguez & King,2008)。多维观的不同划分视角之间存在一定程度的交叉重叠。与以往研究相比,本书从支持来源、支持内容以及领导风格等角度出发,提出并证实了感知组织支持是由感知组织制度支持、感知主管任务导向型支持、感知主管关系导向型支持和感知同事支持共同构成的合并型多维构念①,证实了 Huffman, Watrous-Rodeiguez & King(2008)支持来源的分类视角;补充了组织制度作为感知组织支持的重要来源之一;厘清了感知主管支持与感知组织支持两者之间的关系;感知主管支持属于感知组织支持内容范畴之列,两者不是两个独立的构念。根据领导风格理论及多样性分类系统的相关内容,本书研究发现:感知主管支持可进一步细化为感知主管任务导向型支持和感知主管关系导向型支持。

创新点二: 结合激励来源、激励内容和激励方向等相关观点,本书提出并证实了组织激励包括正面物质激励、负面物质激励、主管正面精神激励、主管负面精神激励、潜规则正面精神激励以及潜规则负面精神激励。

以往研究或孤立地分析讨论某一种分类视角下的组织激励如正面激励(奖励)/负面激励(惩罚)对于员工行为和态度的影响(Rothbart,1968;Arvey &

---

① 构念(construct),属学术用语,用于表示无法直接观察的、无法直接测量的、抽象的理论概念。

Ivancevich,1980),或仅关注于某一种类的组织激励如领导激励对员工绩效和满意感的影响(Podsakoff,Todor,Grover *et al.*,1984;Farh,Podsakoff & Cheng,1987),就激励这一议题缺乏整合性概念框架的归纳和提炼。与以往研究相比,本书从激励来源、激励内容、激励方向及社会评价模式多个角度切入,提出并证实了组织激励是组合型多维构念,探明了组织激励的内部结构,拓展了组织激励的分析视角。本书补充了组织的明规则(正式规章制度)以及潜规则这两类重要的组织激励来源,发现了以非公开表达方式强化成员行为的潜规则主要发挥着精神层面约束力和影响力的作用,将组织激励的多个分类视角同时纳入到一个整合框架中进行解析。本书研究发现:从激励来源、激励内容以及激励方向出发,组织激励可细化为正面物质激励、负面物质激励、主管正面精神激励、主管负面精神激励、潜规则正面精神激励以及潜规则负面精神激励六大类。组织激励在社会评价模式(过程导向、结果导向)维度上并未表现出明显差异,说明组织激励并不会表现出纯过程导向或纯结果导向的特征,而是体现了过程激励和结果激励的两者融合。

创新点三:基于中国文化背景,本书从行为对象出发,将员工行为划分为针对组织的循规行为、破规行为和针对同事的帮助行为;结合人情要素及规范性关系,将帮助行为进一步细化为顺水人情型帮助行为和额外奉献型帮助行为。

以往研究(e.g.,Williams & Anderson,1991;Van Dyne & LePine,1998)根据角色边界将员工行为划分为角色内行为(任务表现)和角色外行为(组织公民行为和反生产行为)。东西方不同文化背景使员工对角色边界划分的理解存在歧义,导致某些具体行为的内涵界定范畴不同,如帮助行为(Farh,Zhong & Organ,2004)。本书突破角色内/外行为的划分视角,根据行为对象的不同,将员工行为区分为针对组织的循规行为、破规行为和针对组织成员(同事)的帮助行为,借鉴组织公民行为和反生产行为的分类思路,从正反两方面证实了破规行为包括正面破规行为和负面破规行为。此外,本书借鉴中国文化中的人情要素(翟学伟,2004;金耀基,2005)以及规范性关系的礼数规范和义务规范(周丽芳,2002),提出并证实了顺水人情型和额外奉献型这两类帮助行为的存在。

1.4.2 感知组织支持、组织激励对员工行为的作用机制

创新点四:感知组织支持、组织激励与员工行为之间存在相容匹配现象。

相容原理用来解释个体态度与行为之间的相互匹配现象。当个体态度与行为的特定性(或一般性)相匹配时,态度与行为之间的关联性最强(Ajzen & Fishbein,1977;钱源源,2010)。研究一发现:感知组织支持、组织激励与员工行

为之间存在相容匹配现象。当感知组织支持、组织激励的来源与员工行为的对象一致时,变量之间呈现显著的影响关系。具体表现为:感知主管任务导向型支持有助于增加员工的循规行为,减少负面破规行为;感知同事支持有助于增加员工的顺水人情型帮助行为和额外奉献型帮助行为;主管负面精神激励有助于增加员工的循规行为等。

创新点五:感知组织支持、组织激励对员工行为的影响作用反映出社会交换理论中互惠规范的补偿物性质特征。

作为社会交换理论的基本原则,互惠规范表现为正面和负面两种性质的补偿物特征(Cropanzano & Mitchell,2005)。研究一揭示出:感知组织支持、组织激励对员工行为的影响作用反映出互惠规范的补偿物性质特征。获得正面对待的团队成员会给予正面回报,而获得负面对待的团队成员则会给予负面还击。具体表现为:感知主管关系导向型支持有助于增加员工的正面破规行为;感知同事支持有助于增加员工的顺水人情型帮助行为;而主管负面精神激励和潜规则负面精神激励会激发出员工的负面破规行为。

创新点六:自己人感知对不同类型的组织激励与员工行为之间关系普遍表现为削弱型的调节作用。

以往研究围绕中国文化的“自己人”现象多停留在概念内涵的探讨(杨宜音,1999;2001)以及维度划分(杨中芳,2000;杨宜音,2008)上,对于“自己人”对个体行为的影响规律的探讨和挖掘还不够深入。本书提出了“自己人感知”概念,考察了自己人感知对感知组织支持、组织激励与员工行为之间关系的影响机制。研究一发现:自己人感知对不同类型的组织激励与个体行为之间的关系普遍表现为削弱型调节作用。具体表现为:自己人感知对主管负面精神激励与负面破规行为、正面物质激励与循规行为、负面物质激励与循规行为、主管负面精神激励与循规行为之间的关系均有显著的削弱型调节作用。以上研究发现从实证上证实了杨国枢(1993)关于“关系类型可能作为干预或节制因素决定互动双方的对待方式和反应类型”的观点。

1.4.3　员工行为影响团队创新绩效的作用机制

创新点七:以不同构成方式聚合而成的团队行为对研发团队的团队创新绩效产生不同的影响作用。

目前,团队层次构念主要采用四种操作化测量方法:均值法、最大值法、最小值法和方差法(e.g.,Day,Arthur Jr.,Miyashiro et al.,2004;Bell,2004;2007;钱源源,2010)。即使采用同样的操作化方法(如均值法),学者们在团队(群体)

层次行为作用效果方面的研究结论也存在一定分歧。本书围绕研发人员的行为特征及研发团队的任务特征,探讨了作为共享型构念的团队循规行为以及作为形态型构念的团队正面破规行为、团队负面破规行为、团队顺水人情型帮助行为和团队额外奉献型帮助行为等五种团队行为对团队创新绩效的影响作用。研究二揭示出以不同构成方式聚合而成的团队行为影响团队创新绩效的独特作用规律:个别成员的某些突出行为(如循规行为、正面破规行为、额外奉献型帮助行为在团队内的最高水平、负面破规行为在团队内的最低水平)会促进团队创新绩效的提升,某些突出行为(如负面破规行为在团队内的最高水平)会对团队创新绩效起到阻碍作用;提升团队内每位成员的顺水人情型帮助行为对团队创新绩效产生积极的影响作用;团队成员在额外奉献型帮助行为以及负面破规行为上表现出的差异也会对团队创新绩效产生显著的影响作用。

※ 1.5 研究对象及层次

高新技术企业在创新竞争的过程中表现最为积极和活跃,对经济增长和社会发展起到关键性的决定作用。高新技术企业经济效益的增长、市场销售能力的提升、产品(服务)制造能力的增强,在很大程度上依赖于企业研发活动的开展情况(孙理军和聂鸣,2002)。研发团队高效运作和研发人员的有效管理是高新技术企业实现创新的重要动因和根本保证。因此,本书选取高新技术行业作为研究背景,以高新技术企业研发团队成员作为调研对象。

百度百科对"高新技术"和"高新技术企业"进行了详细的解释:"我国高新技术是指 863 计划中选择的对中国未来经济和社会发展有重大影响的 8 个领域,具体分为:生物技术领域、航天技术领域、信息技术领域、激光技术领域、自动化技术领域、能源技术领域、新材料领域和海洋技术领域,而从事以上八大领域的企业即为高新技术企业"[①]。经济合作与发展组织(OECD)将研发(研究与开发,R & D)界定为"增加人类、文化和社会的知识总量,以及利用这些知识总量创造新的应用而进行的系统的创造性工作"[②]。美国国家科学基金会将研发活动分为:基础研究、应用研究和开发三类[③]。Kim & Oh(2002)将研发活动分为基础研究、应用研究、产品改进和后继服务四类。综合以上内容,笔者走访了以高新技术(即生物技术、航天技术、信息技术、激光技术、自动化技术、能源技

---

① 百度百科:http://baike.baidu.com/view/215191.htm? fr=ala0_1,2010-04-02。

② 转引自杰恩和川迪斯,2005,P.9。

③ 转引自杰恩和川迪斯,2005,P.9。

术、新材料和海洋技术)为主营业务的企业,选取这些企业的研发部门、设计部门以及从事新产品开发、技术支持和服务等内容的团队展开调研。

本书探索了感知组织支持、组织激励与高新技术企业研发团队成员行为、研发团队行为及团队创新绩效之间的影响关系,聚焦于感知组织支持、组织激励对个体行为的直接影响,并通过个体行为向团队行为的聚合转化进而分析团队行为对团队创新绩效的作用机理。员工行为在感知组织支持、组织激励与团队创新绩效之间发挥的并不是同一层次研究的简单中介作用,需要通过个体行为向团队行为的聚合转化来实现由个体层次研究向团队层次研究的过渡。因此,本书的整体理论模型通过两个子研究完成分析检验。研究一聚焦于个体层次,以高新技术企业研发团队成员为研究对象,关注于感知组织支持、组织激励对高新技术企业研发团队成员的循规行为、正面/负面破规行为以及顺水人情型/额外奉献型帮助行为的直接影响,以及自己人感知在直接影响过程中发挥的调节作用。研究二聚焦于团队层次,以高新技术企业研发团队为研究对象,关注于团队行为对团队创新绩效的作用机制。研究一和研究二分别涉及个体及团队层次,两个子研究通过个体行为向团队行为的聚合转化而联系起来。

※ 1.6　研究方法

本书的整体研究过程采用了文献探讨、访谈研究、问卷调查和实证分析的研究方法;通过对以往相关研究的文献探讨推演出本书的理论假设,结合相关概念的成熟测量量表以及访谈研究的内容为本书的核心概念设计出测量条款,利用问卷调查法收集到的数据资料对理论模型进行实证分析,最终得出本书的研究结论。

1.6.1　文献探讨

作为科学研究的起始点,文献探讨通过系统收集、识别和分析大量相关文献资料,对已有研究成果和结论进行梳理和归纳,有助于研究者准确把握相关领域的研究进展和聚焦研究问题,最终确立研究内容。本书通过对感知组织支持、组织激励、员工行为以及团队创新绩效等相关文献的查阅和梳理,对各核心变量的概念、维度划分及测量、影响因素等内容进行了总结归纳,回顾了以往研究取得的进展,确立了本书的主要研究思路,构建了本书的整体研究框架,并针对两个子研究形成了一系列的研究假设,为本书后继的实证研究奠定了理论基础。

1.6.2 访谈研究

访谈研究法(也称为访问法)既是获取重要资料的关键研究工具,也是帮助澄清某些变量、关系、假设和步骤的补充研究工具,同时具有较大弹性和可能发现新机会的优势(文崇一,2006b)。本书通过小规模范围的访谈,对核心变量的已有测量量表进行补充和完善,纳入了若干体现中国文化情境内容的条款;针对没有成熟测量量表的变量,广泛收集资料,在已有研究和访谈内容的基础上开发新的测量工具。

1.6.3 问卷调研

问卷调研是管理学定量研究中应用范围最广、最为普遍的研究方法(谢家琳,2008)。问卷调研通过向调研对象发放问卷,获得接近于现实工作场景的第一手数据资料,确保了实证研究的真实性和可靠性。本书遵循问卷设计的基本原则,根据整体理论框架,编制出用于测量各变量的态度测量量表,多方面收集意见,以发现可能存在的问题并提高正式调研的质量;在正式调研过程中收集大量数据,以开展后继的实证分析。

1.6.4 实证分析

本书通过问卷调研获得的数据对提出的各项假设进行了检验。对于同一层次影响关系的假设检验通常采用相关分析、多元回归和结构方程模型等分析方法(钱源源,2010)。笔者通过探索性因子分析明确了研究一各核心变量的内部结构,并通过验证性因子分析的结果对各变量的构思效度进行了说明。在研究二中,借鉴以往学者的处理方法(e.g.,James,Demaree & Wolf,1984,1993;廖卉和庄瑗嘉,2008),笔者采用 r_{wg} 指标对同一团队内成员应答的组内评分一致性进行了评估,以保证个体层次向团队层次聚合的合理性。为了使研究分析过程更为严谨和科学,笔者采用了团队层次构念的常见操作化测量方法(均值法、最大值法、最小值法和方差法)完成了个体行为向团队行为的聚合转化,并将基于不同操作化测量方法构成的团队行为一并纳入到研究二的假设验证中。由于结构方程模型方法对样本量的要求较高,一般要求有效样本量和观察变量之间比值应大于10(侯杰泰、温忠麟和成子娟,2004;吴明隆,2009),而在关注于变量间关系的直接影响作用和调节作用的以往研究中,多元线性回归分析方法是学者们较为常用的分析方法(e.g.,Farh,Early & Lin,1997;Robinson & O'Leary-Kelly,1998;Hui,Lee & Rousseau,2004),对于样本量的要求则相对宽泛。因此,本书对两个子研究的假设检验都采用了多元线性回归分析的方法。在使用多元线性回归分析法前,笔者就两个子研究使用该方法所需满足的各项前提条件进行了检验和说明。

❋ 1.7　研究结构安排

在整个研究的构思和推进过程中,本书主要遵循以下技术路线来探明、分析和解决相关的研究问题。本书共包含 7 章,与各章对应的研究工作内容如下:

第 1 章　绪论

本章立足于研究背景提出了研究问题,阐述了研究目的,并从理论和实践两方面归纳出本书的研究意义;之后,结合研究结论对本书的创新之处进行了简要介绍,界定了研究对象与研究层次,概述了两个子研究使用的研究方法;最后,呈现出本书的总体设计安排。

第 2 章　文献回顾与述评

本章作为研究展开的理论基础,依次对组织支持、激励、员工行为、自己人以及团队创新绩效的国内外相关研究进行了回顾和总结,主要从概念界定、维度划分与测量、影响因素等方面对以往研究成果逐一展开述评,为本书研究奠定文献基础。

第 3 章　研究设计与整体思路

根据前述的文献回顾与述评的相关内容,本章首先分析了已有研究取得的进展以及有待进一步探索和解决的内容;然后,确定了本书的核心研究主题,并对研究所涉的核心变量进行了严格界定;最后,借鉴相关领域的经典理论和方法,构建出本书的整体研究框架,并指出了两个子研究之间的关系以及与整体理论构思模型之间的关联性。

第 4 章　问卷设计、数据收集与数据描述

本章首先介绍了问卷设计的原则和过程;然后,基于文献回顾和小规模访谈获得的资料,形成了各变量的初始测量条款;最后,介绍了实证调研的抽样方法以及具体调研过程,对团队成员特征、团队特征以及个体层次相关变量的基本情况进行了描述。

第 5 章　感知组织支持、组织激励对个体行为的影响作用分析(研究一)

本章围绕感知组织支持、组织激励与个体行为之间的直接影响作用以及自己人感知在此影响过程中的调节作用展开研究。首先,基于样本数据,研究一进行了探索性因子分析,明确了感知组织支持、组织激励、个体行为及自己人感知的内部结构,利用修正条款的总相关系数评估法净化和筛选测量条款,利用Cronbach's α系数检验了各变量测量条款的内部一致性信度;其次,研究一采用验证性因子分析说明了各变量的构思效度;然后,根据社会交换理论、领导替代理论、相容原理及社会认同理论等相关理论,就感知组织支持、组织激励对个体行为的影响作用以及自己人感知发挥的调节作用进行了深入分析,形成了一系列研究假设;最后,利用多元线性回归分析法对研究一的各项研究假设进行检验,说明了实证支持的假设,并对未证明假设以及额外发现展开了详细讨论。

第 6 章　团队行为对团队创新绩效的影响作用分析(研究二)

本章从团队层次分析了循规行为、正面破规行为、负面破规行为、顺水人情型帮助行为和额外奉献型帮助行为对团队创新绩效的作用机制。研究二首先提出了五种团队行为对团队创新绩效的影响关系的理论假设;然后,完成了个体行为向团队行为的聚合转化,对团队层次变量的内部一致性信度以及构思效度进行了检验和说明;最后,利用多元线性回归分析法对各项研究假设进行检验,说明了实证支持的假设,并对未证明假设以及额外发现展开了详细讨论。

第 7 章　研究结论与展望

本章以两个子研究实证分析的研究结果为基础,将主要研究结论进行汇总整合,从理论和实践两方面阐述了本书的研究意义,剖析其中可能存在的局限性,并对后继研究方向进行了展望。

※ 1.8　研究技术路线

依据本书的研究内容和整体研究思路,笔者遵循理论探讨与实证研究相结合的原则,运用适当的统计分析方法,按照以下技术路线(如图 1.1 所示)展开了具体的研究过程。

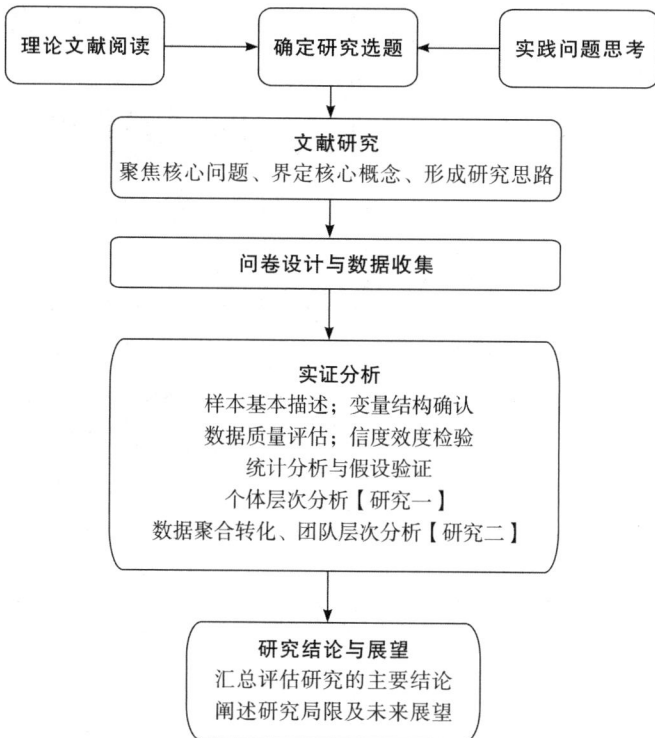

图 1.1　本书的技术路线

❈ 1.9　本章小结

　　作为本书的引言部分,本章首先对研究背景进行了说明,结合理论探讨与实践思考确立了聚焦内容,并提炼出具体的研究问题以及切入的研究视角和思路;然后,本章明确了研究目的与意义,简要概述了研究的主要创新点;最后介绍了本书的研究对象及层次、使用的研究方法以及整体的研究思路。

第2章　文献回顾与述评

本书围绕"感知组织支持、组织激励→个体行为→团队行为→团队创新绩效"的逻辑思路展开研究,主要涉及组织支持、激励、员工行为、自己人以及团队创新绩效五部分内容。本章从概念界定、维度划分与测量、影响因素(或前因后果)以及研究小结等方面对以上研究成果进行相对全面、系统地梳理和回顾,以了解相关领域的研究进展,总结归纳目前亟待解决的问题,寻找研究的可能突破口,从而为进一步构建本书的整体研究模型奠定逻辑推理与理论分析的基础。

❋ 2.1　组织支持相关研究

在组织行为研究领域里,员工与组织之间的关系是获得较多关注的重要研究议题之一。以往研究仅关注员工对组织的承诺(organizational commitment),而忽略了组织对员工的承诺(organization's commitment to employees)(Eisenberger,Huntington,Hutchison *et al.*,1986)。鉴于此,Eisenberger 及其同事于 1986 年提出了组织支持理论和感知组织支持的概念。从二十世纪八十年代起,学者们围绕感知组织支持这一概念逐渐开展了大量研究。感知组织支持的增加,有助于改善员工与组织之间的关系,对于员工对组织的情感承诺、工作满意感及角色外行为均有促进作用(Rhoades & Eisenberger,2002)。以下首先回顾组织支持理论和感知组织支持概念的由来,对感知组织支持的维度划分与测量、前因后果等内容进行梳理回顾,明确主要研究观点和结论以及有待进一步探讨的研究内容。

2.1.1　组织支持与感知组织支持的概念

1986 年,Eisenberger 及其同事撰文指出:以往研究在关注员工对组织的承诺时,忽略了组织对员工的承诺(Eisenberger,Huntington,Hutchison *et al.*,1986)。因此,几位学者基于社会交换理论、互惠规范与组织人格化观点提出了组织支持理论(organizational support theory)以及感知组织支持(perceived organizational support,即 POS,也译为"组织支持感")这一重要概念。

　　作为解释员工与组织之间关系的重要理论之一,组织支持理论的主要观点是员工为了确认所在组织对其努力工作的奖励、奖赏和认可而形成了关于组织重视其贡献及关注其利益的总体认知和看法。当员工感受到组织重视其贡献及关心其利益时,出于对组织的回报,员工会在工作中做出更好的表现(Eisenberger,Huntington,Hutchison et al.,1986)。作为组织支持理论的核心概念,感知组织支持是指员工感受到组织重视其贡献和关心其利益的程度的总体看法(Eisenberger,Huntington,Hutchison et al.,1986)。后继学者以感知组织支持概念①为基础进行了一系列广泛而深入的研究(e.g.,Rhoades,Eisenberger & Armeli,2001;Rhoades & Eisenberger,2002;Cole,Bruch & Vogel,2006;Farh,Hackett & Liang,2007)。

　　与感知组织支持较为相近的概念有组织承诺、心理契约、领导成员交换和工作满意感。(1)感知组织支持与组织承诺:两者都反映了员工对组织进行社会交换的内部评估(陈志霞,2006),两者区别在于:感知组织支持是组织对员工的承诺,组织承诺是员工对组织的承诺(Eisenberger,Huntington,Hutchison et al.,1986)。Rhoads,Eisenberger & Armeli(2001)证实了情感性(组织)承诺和感知组织支持是两个不同的概念,感知组织支持是引起情感性承诺的前因要素。Shore & Tetrick(1991)通过探索性和验证性因子分析证实了感知组织支持与持续性组织承诺也是两个完全不同的概念。(2)感知组织支持与领导成员交换:感知组织支持反映的员工与组织之间的交换关系,领导成员交换反映的是员工与组织代理人(主管)之间的交换,是上下属之间的内部评估(陈志霞,2006)。(3)感知组织支持与心理契约:两者都描述了员工与组织之间的雇佣关系,均以社会交换理论为理论基础,假定员工感受到组织对其贡献和利益重视后进行回报;两者的区别表现在产生机制上:感知组织支持是由员工感受到组织重视其贡献和关心其福利所引起,而心理契约则是在员工的需要获得满足之后产生的(Eisenberger,Huntington,Hutchison et al.,1986;Masterson &

---

　　①　大多数学者在研究中采用"感知组织支持"这一概念展开研究(e.g.,Eisenberger,Huntington,Hutchison,et al.,1986;Rhoades & Eisenberger,2002),也有学者采用"组织支持"概念分析其与其他变量之间的关系,对组织支持的操作化测量是通过测量员工对组织支持的感知并利用感知组织支持的成熟量表实现的(e.g.,Randall,Cropanzano,Bormann et al.,1999;George,Reed,Ballard et al.,1993)。因此,本书以感知组织支持作为具体切入的研究变量展开后继文献述评及研究。

Stamper,2003)。(4)感知组织支持与工作满意感:感知组织支持是员工对组织对其重视程度的感知,是员工对组织这一实体的评价的感知;工作满意感是员工对工作这一实体的评价(Moorman,Blakely & Niehoff,1998)。有研究证实了感知组织支持与整体工作满意感是不同的概念(Eisenberger,Cummings,Armeli et al.,1997)。

2.1.2 感知组织支持的维度划分与测量

纵观国内外已有研究成果,学者们根据不同研究视角对感知组织支持进行了维度划分与测量,具体包括单维(Eisenberger,Huntington,Hutchison et al.,1986)、二维(凌文辁,张治灿和方俐洛,2001)、三维(凌文辁,杨海军和方俐洛,2006),甚至更多维度的划分(McMillan,1997)和综合性的权变结构观点(陈志霞,2006)。表2.1归纳整理了感知组织支持维度划分的主要研究结论。

(1)单维划分

Eisenberger及其他学者通过一系列研究在不同行业和组织里证实了感知组织支持是单维度构念。Eisenberger,Huntington,Hutchison et al.(1986)最早提出感知组织支持概念并进行了测量,他们通过因子分析明确了感知组织支持的单因子结构,开发了36条款的感知组织支持量表(Survey of Perceived Organizational Support,SPOS),信度为0.97。由于该量表条款过多,Eisenberger及其同事从SPOS抽取了因子负荷相对较高的若干条款组成了不同版本的简短版量表,如16条款的SPOS(Eisenberger,Huntington,Hutchison et al.,1986)和8条款的SPOS(Eisenberger,Cummings,Armeli et al.,1997;Eisenberger,Stinglhamber,Vandenberghe et al.,2002),并在不同组织背景下进一步证实了感知组织支持是单维度构念(e.g.,Eisenberger,Fasolo & Davis-LaMastro,1990;Shore & Tetrick,1991;Shore & Wayne,1993)。

表2.1 感知组织支持的维度划分总结

维度	维度名称	代表学者
单维	感知组织支持	Eisenberger,Huntington,Hutchison,et al.(1986) 陈志霞(2006)的狭义层次视角
二维	情感性支持、工具性支持	陈志霞(2006)的相对狭义层次视角
	生活支持、工作支持	凌文辁,张治灿和方俐洛(2001)

续表

维度	维度名称	代表学者
三维	工作支持、价值认同、关心利益	凌文辁,杨海军和方俐洛(2006)
	组织支持、主管支持、同事支持	陈志霞(2006)的相对广义层次视角 Huffman,Watrous-Rodeiguez & King(2008)
多维	亲密支持、尊重支持、网络整合、信息支持、物质支持、人员支持	McMillan(1997)
	工作协助支持、重视和重用、人际支持施展能力与抱负支持、福利保障支持、宽容体谅支持、公正合理支持、情感支持等	陈志霞(2006)的广义层次视角

资料来源:笔者根据相关文献整理而得

(2)二维划分

凌文辁,张治灿和方俐洛(2001)在中国文化情境下对感知组织支持的维度进行了探索,他们根据 Eisenberger,Fasolo & Davis-LaMastro(1990)的简短版 SPOS 修订后形成了 8 条款,其实证分析发现:感知组织支持由(组织对员工的)生活支持和(组织对员工的)工作支持这两个因素构成,累计可解释方差为 66.4%,内部一致性信度在 0.83 以上,重测信度在 0.70 以上。

(3)三维划分

凌文辁,杨海军和方俐洛(2006)提出多维结构感知组织支持的观点,并通过研究证实了感知组织支持包括工作支持、价值认同、关心利益三个因子。工作支持因子包括让员工担当最适合的工作、看重员工的工作价值和目标、在员工遇到工作上的问题时给予适当帮助、注意到优秀的员工、帮员工充分发挥潜能等内容;价值认同因子包括对员工留在组织的价值认同,认为解雇员工是损失,挽留离职员工,在员工目前所从事的工作被取消情况下妥善安置员工,为员工的成就而骄傲等内容;关心利益因子包括关心员工生活状况、为员工生活中出现的问题提供帮助,关心员工薪资状况等内容。两个研究都是以中国组织内员工为研究对象,与凌文辁,张治灿和方俐洛(2001)相比,凌文辁,杨海军和方俐洛(2006)发现的感知组织支持三因子的累计可解释方差相对较低,仅为 59.97%,而内部一致性信度和重测信度的情况较好,分别为 0.96 和 0.87。

Huffman,Watrous-Rodeiguez & King(2008)根据支持来源和层次划分出三种类型的支持:组织支持、主管支持和同事支持,其中组织支持是高层次构念,包含组织获得成功必备的组织运作和组织环境,主管支持和同事支持是为员工提供直接的情感性、工具性及结构性协助的两个低层次构念。组织支持包括正式和非正式的制度流程及惯例,主管支持和同事支持则主要关注于非正式惯例,与主管支持相比,同事支持则更私人化。主管支持、同事支持和组织支持的子量表内部一致性信度分别为 0.93、0.90 和 0.96。

(4)多维划分

McMillan(1997)以服务人员为研究对象对感知组织支持的维度进行了理论探索和实证分析。他指出 Eisenberger,Huntington,Hutchison *et al.*(1986)提出的感知组织支持仅仅考虑了亲密支持和尊重支持这两类情感性支持,而忽略了工具性支持的相关内容。因此,他提出了感知组织支持的三阶因子结构模型(如图 2.1 所示)。该模型的主要观点是:完整的组织支持整合模式既包括影响服务传递品质的社会情感性支持,也包括影响核心服务任务执行品质的工具性支持。其中,社会情感性支持是指利用个体的人际关系及社会网络帮助个体满足基本群体性需求(如亲密、情感、关怀)的一系列要素,由亲密支持、尊重支持和网络整合共同构成。工具性支持是组织帮助员工实现动态需求(如成就、权力和影响、自尊、自主权)的一系列要素,由信息支持、物质支持和行为支持组成。McMillan(1997,P.103-104)开发出 15 条款的感知组织支持的测量问卷,亲密支持、尊重支持和网络整合的各子量表的内部一致性信度分别为 0.85、0.84 和 0.78,信息支持、物质支持和人员支持的各子量表的内部一致性信度分别为 0.78、0.82 和 0.84。

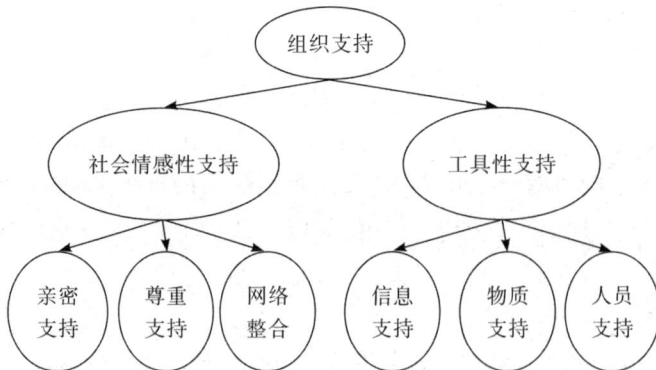

图 2.1 感知组织支持的三阶因子结构模型

资料来源:McMillan,1997,P.96

(5)权变结构观点

陈志霞(2006)结合以往研究结论以及个案访谈和焦点小组讨论的结果,提出了"组织支持感存在权变结构"的观点。她指出:组织支持感可以从四个不同层次(狭义、相对狭义、相对广义和广义)进行分析和理解,狭义层次的组织支持感是 Eisenberger,Huntington,Hutchison *et al.*(1986)提出的组织支持感概念,侧重强调组织对员工的情感性支持;相对狭义的组织支持感是在狭义组织支持感的基础上增加了组织对员工的工具性支持;相对广义的组织支持感是在相对狭义的组织支持感的基础上增加了上级支持和同事支持;广义的组织支持感则包括心理契约中组织责任的各方面内容。广义组织支持感测量量表分析结果显示了 9 个因子,分别为:工作协助支持、重视和重用、施展能力与抱负支持、人际支持、福利保障支持、宽容体谅支持、公正合理支持、情感支持、学习发展性支持。与以往研究相比,陈志霞(2006)的权变结构观点综合了支持性质(情感性、工具性)、支持来源(上级、同事)对感知组织支持维度的影响,同时考虑到相近概念心理契约对感知组织支持维度的影响。

综上所述,随着感知组织支持研究的逐步深入,学者们从支持来源、支持性质、支持内容等视角对感知组织支持的结构进行综合分析。Eisenberger,Huntington,Hutchison *et al.*(1986)的单维度观点是感知组织支持各多维度观点产生和发展的基础。

2.1.3　感知组织支持的前因

笔者将影响感知组织支持的前因归纳为组织因素和个体因素两大类,如表2.2 所示。

表 2.2　影响感知组织支持的前因总结

前因	具体变量	代表学者
组织因素	工作条件	Eisenberger,Cummings,Armeli *et al.*(1997) Rhoades & Eisenberger(2002) Stinglhamber & Vandenberghe(2003)
	程序公平、互动公平	Rhoades,Eisenberger & Armeli(2001) Rhoades & Eisenberger(2002)
	组织奖励	Rhoades,Eisenberger & Armeli(2001) Rhoades & Eisenberger(2002) Stinglhamber & Vandenberghe(2003)
	主管支持	Rhoades,Eisenberger & Armeli(2001) Rhoades & Eisenberger(2002)
	角色压力	Rhoades & Eisenberger(2002)
	组织规模	Rhoades & Eisenberger(2002)

续表

前因	具体变量	代表学者
个体因素	责任心	Rhoades & Eisenberger(2002)
	正面/负面情感	Rhoades & Eisenberger(2002)
	年龄、性别、教育程度、任期	Rhoades & Eisenberger(2002)

资料来源:笔者根据相关文献整理而得

(1)组织因素

学者们证实了有利的工作条件(如认可、高薪酬、晋升、自主性和培训)是影响感知组织支持的前因要素(Rhoades & Eisenberger,2002;Stinglhamber & Vandenberghe,2003),已有研究或关注于某一类型的特定的工作条件(如自主性、培训、薪酬,具体参见 Rhoades & Eisenberger(2002)的概述部分),或关注较为广义的一类(如高/低自发工作条件,Eisenberger,Cummings,Armeli *et al.*,1997)。研究发现:与低自发工作条件的有利性相比,高自发工作条件的有利性与感知组织支持的相关性更强(Eisenberger,Cummings,Armeli *et al.*,1997)。此外,学者们还发现:程序公平和互动公平、主管支持(Rhoades,Eisenberger & Armeli,2001;Rhoades & Eisenberger,2002)、组织奖励(Rhoades,Eisenberger & Armeli,2001;Rhoades & Eisenberger,2002;Stinglhamber & Vandenberghe,2003)对感知组织支持产生正向促进的影响作用,而角色压力和组织规模显著负向影响感知组织支持(Rhoades & Eisenberger,2002)。

(2)个体因素

责任心及正面情感对感知组织支持有显著正向影响,而负面情感对感知组织支持有显著负向影响(Rhoades & Eisenberger,2002);人口统计变量中的年龄、教育程度和任期对感知组织支持有显著正向影响,而性别对感知组织支持有显著负向影响(Rhoades & Eisenberger,2002)。

2.1.4 感知组织支持的结果

笔者将感知组织支持的作用结果归纳为态度和行为两大类要素,如表 2.3 所示。感知组织支持影响的态度相关变量包括工作满意感、情感承诺、信任、正面情绪以及离(留)职意愿;影响的行为相关变量则包括角色内(外)行为、离职行为及退却行为。

表 2.3　感知组织支持的作用结果总结

作用结果	具体变量	代表学者
态度相关	工作满意感	Eisenberger，Cummings，Armeli *et al.*(1997) Huffman，Watrous-Rodeiguez & King(2008)
	组织情感承诺	Rhoades，Eisenberger & Aremli(2001) Rhoades & Eisenberger(2002) Hui，Lee & Rousseau(2004)
	主管情感承诺	Stinglhamber & Vandenberghe(2003)
	OBSE	Chen，Aryee & Lee(2005)
	组织信任	Chen，Aryee & Lee(2005)
	感知自己人地位	Lapalme，，Stamper，Simard *et al.*(200)
	感知义务	Eisenberger，Armeli，Rexwinkel *et al.*(2001)
	正面情绪	Eisenberger，Armeli，Rexwinkel *et al.*(2001)
	留职意愿	Rhoades & Eisenberger(2002)
	离职意愿	Rhoades & Eisenberger(2002)
	帮助同事倾向	Shore & Wayne(1993)
	改进组织倾向	Eisenberger，Fasolo，& Davis-LaMastro(1990)
行为相关	角色内行为	Rhoades & Eisenberger(2002)
	角色外行为 （组织公民行为）	Shore & Wayne(1993) Rhoades & Eisenberger(2002) Chen，Aryee & Lee(2005) Chen，Eisenberger，Johnson *et al.*(2009)
	离职行为	Eisenberger，Stinglhamber，Vandenberghe *et al.*(2002)
	退却行为	Rhoades & Eisenberger(2002)

资料来源：笔者根据相关文献整理而得

(1)态度相关变量

在感知组织支持与工作满意感之间的关系研究中，Eisenberger 及其同事
(e.g.，Eisenberger，Cummings，Armeli *et al.*，1997；Rhoades & Eisenberger，
2002)证实了感知组织支持对工作满意感有显著的正向影响作用。Huffman，
Watrous-Rodeiguez & King(2008)将感知组织支持视为由主管、同事和组织共
同构成的多维构念，在探讨感知组织支持与工作满意感之间的关系时进一步证
实了主管支持与工作满意感相关，而同事支持与生活满意感相关。在感知组织

支持与情感承诺之间关系的相关研究中，学者们证实了感知组织支持对员工的组织情感承诺(Rhoades & Eisenberger,2002;Hui,Lee & Rousseau,2004)、主管情感承诺(Stinglhamber & Vandenberghe,2003)均有正向促进的影响作用。

此外，感知组织支持对 OBSE(基于组织的自尊)以及员工对组织的信任感均有正向促进的影响作用(Chen,Aryee & Lee,2005)，有助于增加代理商的感知自己人地位(Lapalme,Stamper,Simard et al.,2009)，有助于员工形成关心组织福利和协助组织实现其目标的感知义务以及正面情绪(Eisenberger,Armeli,Rexwinkel et al.,2001)，提高员工的留职意愿，降低员工的离职意愿(Rhoades & Eisenberger,2002);感知组织支持与员工帮助同事倾向正相关(Shore & Wayne,1993)，与为组织改进提供建设性意见的倾向正相关(Eisenberger,Fasolo,& Davis-LaMastro,1990)。感知组织支持在组织奖励、程序公平及主管支持与情感性承诺的关系之间都发挥着完全中介的作用(Rhoades,Eisenberger & Armeli,2001)。

(2)行为相关变量

学者们对感知组织支持和角色外行为之间的关系开展了较为细致的研究，取得了一系列丰富的研究成果，如感知组织支持对针对个体的角色外行为以及针对组织的角色外行为均有正向影响(Rhoades & Eisenberger,2002)，对组织公民行为的责任心维度有正向影响(Chen,Aryee & Lee,2005)，对角色外行为有显著的正向影响(Chen,Eisenberger,Johnson et al.,2009)。与情感性承诺和持续性承诺相比，感知组织支持对组织公民行为具有更好的预测作用(Shore & Wayne,1993)。此外，感知组织支持对角色内行为有显著的正向影响作用，对退却行为有显著的负向影响作用(Rhoades & Eisenberger,2002)，感知组织支持在感知主管支持与员工离职行为的关系之间发挥着完全中介的作用(Eisenberger,Stinglhamber,Vandenberghe,et al.,2002)。

2.1.5　感知组织支持研究小结

感知组织支持是描述员工与组织之间关系的重要概念之一，自二十世纪80年代以来，学者们主要从三方面开展了大量研究，分别为:感知组织支持与相近概念的辨别、感知组织支持的内部结构、感知组织支持与其前因和结果要素之间的作用关系以及引起这些关联的过程。这些研究成果为本书提供了以下两方面的启示和思考:

(1)感知组织支持是包含了不同来源和不同性质的复杂结构的构念

关于感知组织支持的维度划分，学者们持有单维观和多维观两类观点。后继学者在多项研究中证实了 Eisenberger，Huntington，Hutchison *et al.*(1986)
关于感知组织支持的单维结构以及他们开发的感知组织支持测量量表(SPOS)
具有较高的内部一致性信度，也有学者在单维观基础上从支持性质(工具性、情
感性)、支持内容(工作、生活)以及支持来源(组织、主管和同事)视角出发提出
了多维度构思的观点。多维观的不同划分视角之间存在一定程度的交叉重叠
和遗漏，如情感性支持既可以包括与生活相关的情感性支持，也可以包括与工
作相关的情感性支持，还可以进一步细化为不同来源的情感性支持。此外，组
织是由人、财、物、信息、制度等要素共同构成的有机集合，就支持来源而言，来
自组织的支持已包含了来自主管和同事的支持。因此，有必要在以往量表基础
上，融入中国文化情境的相关内容，进一步探讨感知组织支持的概念范畴，厘清
感知组织支持的内部结构，开发出适合本土化研究的感知组织支持的测量
工具。

　　(2)感知组织支持受到多类前因要素的影响，并影响员工的态度及行为

　　学者们对感知组织支持的前因和结果进行了大量的探索、总结和归纳，分
别识别出包括人口统计特征在内的个体因素、组织因素以及态度及行为相关的
作用结果，获得了较为一致的研究结论。在影响感知组织支持的各前因要素
中，组织公平的预测作用最为强烈，而人口统计变量的影响效果最为微弱；在感
知组织支持的各作用结果中，组织承诺与感知组织支持的相关性最强，与离职
行为相关的态度和行为层面变量与感知组织支持的关联程度相对较弱
(Rhoades & Eisenberger，2002)。本书对感知组织支持的前因不做重点探讨，
将围绕中国文化背景下感知组织支持对员工行为变量的作用机制展开，以期验
证西方研究结论在中国情境下的适用性的同时能有新的发现。

❋ 2.2　激励相关研究

　　激励员工以充分调动组织成员的工作积极性是现代管理的关键任务之一
(王国猛和郑全全，2007)。激励不仅影响人们在技能和能力的获取，还影响到
人们如何应用这些能力以及应用的程度(Locke & Latham，2004)。激励有效
实施有助于提升个体创造力(Amabile，Conti，Coon，*et al.*，1996)、提高满意感
(Podsakoff，Todor，Grover *et al.*，1984)，强化和修正个体行为(Rothbart，1968)
以及调动个体的工作积极性和开发个体的潜在能力(徐庆，2008)。本节首先回
顾了激励的概念以及经典激励理论，然后对激励的维度(类别)划分以及激励的影
响因素进行了归纳，最后就激励的研究现状及有待探讨的问题提出了看法。

2.2.1 激励的概念

激励（motivation）[①]一词源于拉丁文"Movere"（即 movement）（Steers，Mowday & Shapiro，2004），被激励意味着被推动去做某件事情（Ryan & Deci，2000）。

由于研究视角的不同，学者们对激励的概念界定存在较大差异。Atkinson（1964，P2）以及 Steers，Mowday & Shapiro（2004）将激励界定为"影响个体行为方向、强度和持久性的过程"。Jone（1955）[②]指出：激励描述了个体行为怎样开始、被强化、被持续、被引导到被终止的过程，以及个体在此过程中的主观反应。Gagné & Deci（2005）则对 Atkinson（1964）的激励定义进行了拓展和深化，他们提出：在工作技能和任务理解的影响效果保持恒定以及操作环境条件保持不变的情况下，激励与解释个体行为的方向、幅度、持久性的一系列自变量和因变量有关。我国学者俞文钊（2000，P.155；2006，P.3）将激励界定为"通过内部或外部刺激，持续激发个体动机，使个体维持兴奋状态的心理过程"。Vroom（1964，P.6）则强调了个体的主观决策过程，将激励界定为"反映个体在多种自愿行为做出选择的决策过程"。也有学者关注于个体与外部环境的交互作用，如"激励是个体与环境之间产生互动的心理过程"（Latham & Pinder，2005），以及"激励源于个体及其工作环境之间的交互作用，是个体自发努力和维持对组织和个体目标努力的程度，是与目的导向和从整体理论推断行为结果相联系的过程"（王国猛和郑全全，2007）。由以上内容可知，学者们将激励视为外部环境、个体主观决策或个体与环境之间交互作用对个体行为的影响过程。此外，激励也可从要素角度进行界定，如"激励是指推动行为的内部要素和作为行为引诱物的外部要素"（Locke & Latham，2004）。

2.2.2 经典激励理论

根据学者们研究重点的不同，激励理论可分为三大类：内容型激励理论、过

---

① 目前国内学者对 motivation 的翻译存在"激励"、"动机"两种译法，会导致理解上的困难（罗宾斯和库尔特，2008，P.437），激励和动机是密切联系又有本质区别的两个概念，动机描述个体行为的内在动力，不依赖于管理而存在，激励则属于管理行为范畴，是激发或培养人的工作动机、促使人为了实现群体或组织目标而积极努力的过程（毕雪阳，2010，P.177）。也有学者将动机视为激励的主要构成要素之一（徐庆，2008）。本书对激励与动机不作区分，将 motivation 统一译为激励。

② 转引自波特，比格利和斯蒂尔斯，2006，P.2。

程型激励理论和行为修正型激励理论。

内容型激励理论的代表性观点包括泰勒(Taylor)的经济人模型、马斯洛(Maslow)的需要层次理论、麦克兰德(McClelland)的成就动机理论、赫茨伯格(Herzberg)的双因素理论、奥尔德弗(Alderfer)的 ERG 理论以及哈克曼和奥尔德汉姆(Hackman & Oldham)的工作特征模型(Steers,Mowday & Shapiro,2004;陈志霞,2006);过程型激励理论的代表性观点包括亚当斯(Adams)的公平理论、弗洛姆(Vroom)的期望理论、洛克(Locke)的目标设置理论以及波特和劳勒(Porter & Lawler)的绩效-满意度模型(陈志霞,2006;Steers,Mowday & Shapiro,2004);行为修正型激励理论主要代表性观点包括斯金纳(Skinner)的操作条件反射、桑代克(Thondike)的尝试与错误学习以及班杜拉(Bandura)的社会学习理论(陈志霞,2006)。

内容型激励理论关注于在相对稳定的环境里与激励有关联的要素(Steers,Mowday & Shapiro,2004),将行为视为内在心理特征(需要)的结果,强调了由于个体需要的复杂性,金钱以及人际关系、情感、成就感等要素对个体均产生激励的作用(彭贺,2009,P.16);过程型激励理论从动态视角来探寻随着时间和事件所引发工作场所行为的变化的因果关系(Steers,Mowday & Shapiro,2004),是以人的心理过程和行为过程的动态系统为研究对象的激励理论(李小宁,2005,P.1-2);行为修正型激励理论则强调了个体行为与结果之间的权变关系(Ambrose & Kulik,1999;Steers,Mowday & Shapiro,2004)。

随着激励理论研究的逐步深入,学者们发现某一类型的激励理论过于片面,因此尝试将传统的三大类激励理论进行整合,并提出了关于经典激励理论的若干综合模型,如 Locke 将多个激励理论在工作场所下整合并提出了工作激励整合模型(详见 Porter,Bigley & Steers,2006,P.16)以及当代激励理论整合模型(罗宾斯和库尔特,2008,P.451)。

2.2.3　激励的维度划分与测量

激励的维度(类别)划分主要有以下三种观点:(1)根据引起行为的原因,将激励分为内在激励和外在激励(Deci,1972;Ryan & Deci,2000;Gagné & Deci,2005;克莱特纳和基尼奇,2007);(2)根据激励内容,将激励划分为物质激励和精神激励(Goulet,1994;李垣和刘益,1999;俞文钊,2006;毕雪阳,2010);(3)根据激励的作用方向,将激励划分为正激励(奖励)和负激励(惩罚)(Rothbart,1968;毕雪阳,2010)。

(1)引起行为的原因——内在激励与外在激励

根据引起行为的原因,激励划分为内在激励(intrinsic motivation)和外在激励(extrinsic motivation)两类。内在激励是指个体由于活动本身固有的兴趣、快乐和满足而从事某项活动,而不是为了某些特定的结果;外在激励强调活动目的重要性超越活动本身,个体是为了获得活动的某项结果才去做事,外在激励发挥着活动与结果(如物质奖励)之间的工具性作用(Ryan & Deci,2000;Gagné & Deci,2005)。内在激励使个体受到工作深层次兴趣与投入、好奇心、享受、挑战感等要素的驱动,外在激励则是个体受到工作之外的目标期望的影响,如获得承诺的奖励、在截止期前完成工作、赢得竞争的胜利等(Amabile,1997)。员工从工作中获得的奖励也可分为两类,第一种是与工作活动有关的内在奖励,此类奖励直接来源于工作经历的真实特征,有助于个体成长感的满足和增加;第二种是由有形外在强化物提供的外在奖励,此类奖励为员工带来舒适感(Stinglhamber & Vandenberghe,2003)。

关于外在激励的类型,学者们展开了进一步深入的探讨,如 Amabile(1997)指出:两类外在激励要素发挥着影响创造力的作用,一类是协作性外在激励要素(synergistic extrinsic motivators),也称为能动性外在激励要素(enabling extrinsic motivators),与之相对应的是非协作性外在激励要素(non-synergistic extrinsic motivators),也称为控制性外在激励要素(controlling extrinsic motivators),这种分类方式与 Ryan & Deci(2000)提出的具有"主动自主特点的外在激励"和"被动控制特点的外在激励"的观点是一致的。Tyagi(1990)将销售人员的外在激励按照金钱奖励、任务分配、主管行为、晋升和认可五种类型进行了研究。Cameron & Pierce(1994)针对三种分类标准对外在奖励进一步细化:(1)根据奖励的形式及实质可分为口头奖励(verbal reward)和实物奖励(tangible reward)。口头奖励包括表扬和正面反馈,实物奖励则是金钱及其他形式的奖励。(2)根据是否将奖励事宜提前告知被试分为预期奖励(expected reward)和非预期奖励(unexpected reward)。预期奖励是指被试在参与实验前已被告知实验过程中会提供奖励,而非预期奖励则是被试事先不会得到有奖励的允诺。(3)根据奖励的权变性质分为任务性权变奖励(task contingent reward)、任务性非权变奖励(task noncontingent reward)和绩效权变奖励(performance contingent reward)。任务性权变奖励是指根据参与实验的个体完成任务及解决问题的实际情况而进行奖励;任务性非权变奖励是指无论参与实验的个体表现如何都会获得奖励;绩效权变奖励是指被试绩效达到某一特定水平后会获得奖励。

关于内在激励与外在激励的测量:Amabile,Hill,Hennessey et al.(1994)

开发了用来测量内在激励和外在激励的工作偏好量表（Work Preference Inventory，WPI），该量表中内在激励包括自我决定、胜任力、任务融入、好奇心和兴趣等内容，外在激励包括评价、认可、竞争、金钱和其他有形刺激物等内容。Amabile，Hill，Hennessey *et al.*（1994）的实证研究证实了内在激励包含挑战（5条款）和享受（10条款）两个子维度，外在激励包括报酬（5条款）和外部倾向（10条款）两个子维度，采用学生组样本进行测量的内部激励和外部激励量表的内部一致性信度 α 值分别为 0.79 和 0.78，其中挑战、享受、外部倾向、报酬的子量表的内部一致性信度分别为 0.74、0.71、0.71 和 0.78，采用成人组样本进行测量的内部激励和外部激励量表的内部一致性信度 α 值分别为 0.75 和 0.70，其中挑战、享受、外部倾向、报酬的子量表的内部一致性信度 α 值分别为 0.73、0.67、0.63 和 0.62。关于内在激励的测量，Cameron & Pierce（1994）在其元分析中归纳出实验研究常用的四个指标：任务的自由时间、个体态度、自由时间内的绩效和未来项目不计报酬自愿参与的意愿。任务自由时间是指非奖励时间段内被试在任务上花费的时间。个体态度是测量被试在任务兴趣、快乐和/或满意的主观报告。自由时间内的绩效通常由解决问题的数量、完成绘画的数量等客观指标表示。

（2）激励内容——物质激励与精神激励

学者们根据实施激励的具体内容将激励分为物质（实物）和精神两类，如Urbanski（1986）将奖励分为实物奖励（如金钱、旅游制度、奖品）和精神奖励（如表扬）。Abratt & Smythe（1989）提出了货币性奖励（如佣金、奖金、利润分享等）和非货币性奖励（如奖品、旅游奖励和销售竞赛）。Greenberg & Liebman（1990）指出有物质性鼓励、社会性鼓励和活动性鼓励三类。李垣和刘益（1999）根据激励信号载体将组织激励机制分为有形物质财物、成文规章制度和无形情感信息三类。俞文钊（2006）在其同步激励理论的论述中明确提出了物质激励和精神激励，两种激励模式分别采用物质刺激和精神因素来鼓励员工工作，精神激励还包括感情激励的内容。就激励内容，学者们多在理论层次进行了探讨，在实证分析和相关测量上的研究结论则相对较少。

（3）激励方向——正面激励与负面激励

正面激励是运用正向的精神和物质奖励来巩固和加深员工有利于组织的态度和行为，负面激励是运用负向的物质和精神的惩罚手段来不断削弱、减少甚至消除员工不利于组织的态度和行为（毕雪阳，2010，P.178）。正面激励和负面激励分别对应着行为操纵中的奖励和惩罚。

想鼓励或劝阻某种行为的最好方法是对行为实施操纵，而奖励和惩罚是操纵行为的主要手段(科恩,2006,P.10,P.44)。奖励与惩罚是在组织和工业情境下普遍存在的现象(Arvey & Ivancevich,1980)。使用奖励和惩罚对于人类行为的修正具有重要的影响作用(Rothbart,1968;Podsakoff,Todor,Grover et al.,1984)。根据功能性分析(Functional analysis)的观点可知:对员工行为实施恰当、有利的强化事件对于维系和提升员工绩效是必不可少的,对员工的任务表现实施权变的正强化物会提高员工绩效,而负强化物(或厌恶刺激)则会引发员工表现出逃避或回避的反应(Scott,1977)[①]。已有多项实证研究支持有形正向强化物(如金钱等奖励)在不同情境下针对不同研究对象都是有效的(具体可参见 Podsakoff,Todor,Grover et al.,1984),但是奖励和惩罚犹如一枚硬币的两面,奖励具有一定的负面作用,具体表现为损害人际关系和阻止员工承担风险的负面作用(科恩,2006)。惩罚是"对消极事件或积极事件的去除而降低个体对事件响应频率的表现"(Kazdin,1975)[②],是"企图用令人不愉快的手段来迫使某人改变行为"(科恩,2006,P.43)。以往研究多在实验室情境及临床研究里将惩罚作为抑制或消除行为的方法,直到二十世纪 70 年代,惩罚逐渐应用在组织领域的相关研究,但由于惩罚的实施会导致员工产生负面情绪的副作用,因此惩罚被视为不道德且缺乏人道主义,并不会绝对消除不良行为的影响,组织心理学家也不看好惩罚的相关研究(Arvey & Ivancevich,1980)。

Herzberg(1987)指出最简单、最明确且最直接让员工做事的方式有三种方式(Kick in the ass):正面刺激、负面物质刺激及负面精神刺激。组织提供的正面刺激包括:减少工作时间、涨工资、增加附加福利、人际关系培训、主管与下属之间的双向沟通以及为员工提供职业发展的咨询服务。负面物质刺激(如罚款)作为对员工物质的攻击,会直接刺激员工的自发神经系统而导致员工的负面反馈(如以相同方式报复组织)。负面精神刺激(如批评、劝诫等)可以减缓负面物质刺激带来的副作用。

除了由组织提供奖励和惩罚以对员工行为实施正面激励和负面激励外,学者们尝试将领导行为纳入到激励理论框架的研究中,分析领导奖惩对领导力效能发挥的影响作用。领导奖惩包括领导权变奖励、领导权变惩罚、领导非权变奖励和领导非权变惩罚四类,领导权变奖惩是根据下属的绩效表现,领导对其实施的表扬、推荐和认可或批评和反对,领导非权变奖惩则是领导不考虑下属绩效表现而对其实施的奖励和惩罚(Podsakoff,Todor,Grover et al.,1984;

---

① 转引自 Podsakoff,Todor,Grover et al.,1984。

② 转引自 Arvey & Ivancevich,1980。

Farh,Podsakoff ＆ Cheng,1987)。Podsakoff,Todor,Grover *et al*.(1984)对领导奖惩进行了测量,领导权变奖励量表由 10 个条款构成,针对政府人员和制药工人两组样本的信度分别为 0.95 和 0.94;领导权变惩罚由 5 个条款构成,两组样本的信度分别为 0.81 和 0.89;领导非权变奖励由 4 个条款构成,两组样本信度分别为 0.76 和 0.84;领导非权变惩罚行为由 4 个条款构成,两组样本信度分别为 0.89 和 0.76。Farh,Podsakoff ＆ Cheng(1987)将 Podsakoff,Todor,Grover *et al*.(1984)的量表在中国文化情境下进行验证,领导权变奖励量表的信度达到了 0.92,领导权变惩罚量表的信度则是 0.76。

根据以上内容可知,学者们主要围绕引起行为的原因(内在激励——外在激励)、激励方向(正面激励——负面激励)以及激励内容(物质激励——精神激励)对激励进行细分并展开进一步研究。此外,在激励来源上,学者们开始关注于领导激励的作用效果。激励不同分类标准(如激励方向和激励内容的分类视角)之间存在一定的交叠,Goulet(1994)指出:物质激励是易察觉的奖励和惩罚,正面物质激励包括金钱、服务以及具体的奖品(或奖金),负面物质激励包括监禁、罚款以及某些物品的剥夺;精神激励也包括非物质的奖励和惩罚,如具有正面性质的表扬、认可、荣誉、职位晋升以及负面性质的排斥和公开羞辱等手段。

2.2.4　激励的相关因素

对员工实施的工作激励与工作情境里的个体事件和现象有关,即环境力量(如组织奖励体系、工作任务性质)和个体内在力量(如个体需要和动因)对个体的工作相关行为共同产生影响作用(Ambrose ＆ Kulik,1999)。以下分别就内在激励/外在激励和正面激励/负面激励的相关因素进行梳理和回顾。

(1)内在激励/外在激励的相关因素

自 20 世纪 90 年代起,学者们逐渐关注内外在激励和创造力之间的关系(Amabile,Conti,Coon *et al*.,1996)。个体创造力与个体激励过程紧密联系(Ambrose ＆ Kulik,1999)。Amabile,Hill,Hennessey *et al*.(1994)以学生组作为样本证实了创造力与内在激励呈正相关关系,与外在激励呈负相关关系。Ryan ＆ Deci(2000)也得出了内在激励有助于高质量的学习和创造力的结论。Amabile(1997)发现不同类型的外在激励对创造力的影响有较大差异:控制性外在激励会降低个体创造力,而能动性外在激励对于个体绩效的某些方面产生推动效果,尤其是在内在激励的初始水平较高时,包括对创造性思想的奖励和认可、清晰界定总体项目目标,频繁的建设性反馈等外在激励要素会产生促进个体创造力的影响效果。

除了内外在激励与创造力之间的相关关系外，Amabile, Hill, Hennessey *et al.*(1994)的研究有两个特别发现：第一，人口统计特征(年龄和工作任期)对内外在激励产生显著影响：与学生组样本对比，成人组的职业经验的年限与内在激励和外在激励均存在负相关关系，原因在于：随着职业生涯的增加，工作带来的享受、认可和补偿对员工的激励作用效果将减弱，尤其临近退休时，员工会表现出明显的倦怠状态；第二，证实了时间导向与内外在激励也存在显著的相关关系，职业艺术家获得的外在激励与他们的未来导向正相关，而职业艺术家获得的外在激励与过去导向则呈现负相关的关系。翟洪昌，安哲锋和崔淑范(2004)以医护人员为研究对象，证实了性别、年龄、职务以及文化程度对具体激励内容和激励措施的影响效果，研究发现：员工更为重视工作环境、职责和物质激励；女性对物质奖励的要求高于男性；年龄、职务越低，对各种激励模式的要求越高；文化程度越高，对责任、成就及人际关系的要求越高。

Van Knippenberg(2000)运用社会认同理论和自我分类理论分析了工作激励与工作绩效的关系：当员工达到显著的社会识别程度以及感觉到群体或组织的高工作绩效程度时，社会身份与工作激励、任务绩效及周边绩效均呈显著的正相关关系。Fernet, Gagné & Austin(2010)检验了同事之间关系质量和工作激励对倦怠的交互作用，他们以533名大学雇员为研究对象，在两个时间点(间隔2年)收集数据，研究发现：高质量关系和自我决定激励对倦怠有负面影响的主效应；在低自我决定激励的条件下，同事之间的高质量关系对倦怠的影响关系减弱。

Cameron & Pierce(1994)以外在激励(奖励)与内在激励之间的关系为重点利用96篇文献进行了元分析研究，主要围绕两个问题具体开展：第一个问题是关于奖励对采用不同测量方式的内在激励的影响效果，研究发现：当内在激励由任务自由时间、自由时间内绩效以及在未来项目自愿参与的意愿进行测量时，奖励不会显著影响内在激励的效果；当内在激励由被试对任务的态度测量时，与没有受到奖励的被试相比，获得奖励的被试的内在激励的效果更好；第二个问题是探讨不同奖励类型的结合对内在激励的影响效果，元分析的主要结论包括：(1)与那些没有获得口头奖励的被试相比，获得口头奖励(如表扬或正向反馈)的被试，由任务时间和个体态度进行测量的内在激励水平更高，即获得口头奖励的个体会花更多时间用来完成任务，也会表现出更多兴趣和快乐；与没有获得实物奖励的个体相比，获得实物奖励的个体的内在激励效果更差；但由任务时间测量内在激励时，获得实物奖励的个体与未获得实物奖励的个体在任务兴趣和快乐上的报告没有显著差异;(2)当个体受到非预期的实物奖励时,个体的内在激励的效果不会被削弱,而预期实物奖励对个体内在激励的影响效果则取决于该类型奖励实施的方式;个体获得期望的绩效权变奖励时,他们会报告出对任务更多的兴趣、满意和快乐。

主流心理学模型指出:内在激励和外在激励对个体的作用效果是相互抵消的(Ryan & Deci,2000)。Deci(1972)说明了内在激励和外在激励对个体的影响作用不是累加的,如金钱之类的外在激励所产生的影响作用是以牺牲内在激励的作用效果为代价。Amabile,Hill,Hennessey,et al.(1994)指出由内在激励引发的个体行为通常会发生在个体缺乏外在激励要素的情况下。Amabile 及其同事的研究结论还证实了内在激励和外在激励会产生协同效应,如 Amabile(1993)证实了外在激励增加(或至少不减少)内在激励对创造力的正面影响作用。Amabile,Hill,Hennessey,et al.(1994)以艺术家为研究对象,发现受到内在激励的艺术家同时也会受到外在激励要素(如同事及公众认可)的影响,内在激励与外在激励并不总是产生相反方向的影响作用,一种激励不会必然削弱另一种激励的影响作用。Amabile(1997)指出控制型外在激励要素会削弱个体的内在激励的作用效果,而能动性外在激励要素不一定会削弱个体内在激励的作用效果。

(2)正面激励/负面激励的相关因素

学者们主要围绕领导正面激励/负面激励(领导奖励/惩罚)对下属满意感及下属绩效的影响作用展开了一系列研究,主要研究结论有:领导权变奖励与下属绩效和下属满意感都有正相关的关系,领导非权变奖励与下属工作满意感呈负相关关系,领导非权变惩罚与下属对上司的满意、对同事的满意、对薪酬的满意以及下属绩效均呈负相关关系(Podsakof,Todor,Grover et al.,1984);在中国文化情境下,与那些随意奖励下属的领导相比,进行权变奖励的领导会使下属产生更高的绩效和满意度;与实施权变惩罚的领导相比,实施非权变惩罚的领导通常会使下属的绩效和满意度变低(Farh,Podsakoff & Cheng,1987)。

2.2.5　激励研究小结

根据激励相关研究的简要梳理回顾可知,学者们在心理学、管理学等学科范围内采用实验研究、问卷测量等方法对激励的类型、激励的影响因素以及作用效果等内容展开了一系列研究。这些研究成果为本书提供了以下启示和思考:

(1)激励理论呈多学科交叉融合趋势,向无边界学科方向发展

激励理论的发展呈现出心理学与管理学交叉融合的趋势,具体表现在研究

内容和研究方法两方面:在研究内容方面,两大领域的相关内容密不可分,如经济人观点与强化论、社会人观点和复杂人观点与内容论都是紧密关联的;在研究方法方面,学者们将心理学的实验研究方法应用于管理学领域的实践探讨,Cameron & Pierce(1994)根据已有的 96 个实验研究作为样本,就正强化(奖励)对于内在激励的影响效果进行了元分析研究。Locke & Latham(2004)指出:未来应形成工作激励的无边界学科,并利用元分析方法构建出工作激励的综合理论(mega theory)。因此,如何在现有成熟理论的基础上,借鉴其他相关学科的经典理论和内容,构建出激励理论的整合模型,并结合定性研究和定量研究的多种方法进行深入探讨和实证分析,将具有十分重要的理论意义和应用价值。

(2)激励理论的实践应用面临着跨文化背景的挑战

由于处在剧烈变革和动荡的外部环境里,组织管理者需要面对全球化和跨边界管理带来的挑战(Steers,Mowday & Shapiro,2004)。大多数激励理论(如需要层次理论、双因素理论以及期望理论)都是由美国心理学家提出和创建,并在以美国产业工人为研究对象的若干实证研究中获得了验证,研究背景多以美国文化为主,在其他文化背景下的跨文化适用性是值得深入探讨的(Hofstede,1993;罗宾斯和库尔特,2008,P.452)。Herzberg(1965)以芬兰作为研究背景进行的双因素理论研究说明了保健要素和激励要素的类别划分边界在芬兰和美国这两个不同文化背景下是略有差异的。彭贺(2009,P.5)指出:马斯洛的需要层次理论强调五个层次的需要是递进满足的,而在强调集体主义文化的东南亚国家里归属需要和安全需要比尊重需要和自我实现需要更为重要,也更急迫。正如法国谚语所说"比利牛斯山一边的真理,到了另一边则成了谬论",在不同文化背景下对工作激励各理论模型的适用性进行探讨和验证具有重要的理论价值和实践意义。因此,本书在中国文化背景下,结合已有激励理论的主要观点和结论,剖析组织激励的构成要素,进一步探讨组织激励的内在结构。

(3)对激励的测量相对分散,缺乏系统性研究

虽然学者们针对激励展开了大量的实证研究,围绕内在激励、外在激励、领导奖励与领导惩罚开发了相关测量工具,但就目前研究现状而言,在组织行为领域内对工作激励(或组织激励)的内部结构的探讨和测量仍不够系统和全面。首先,以激励来源为例,奖励与惩罚并不仅仅来自领导或直接主管,组织内部非公开表达的共享、默认的行为准则和习惯传统对于组织成员行为也是具有一定约束力和强制力;其次,激励内容(物质激励、精神激励)与激励方向(正激励、负激励)的划分方式存在着一定的交叠,可根据两类研究将激励进一步划分为正

面物质激励、负面物质激励、正面精神激励和负面精神激励。尽管激励有多种分类标准,但是将这些标准同时纳入到一个整体分析框架下的研究较为少见。因此,本书综合考虑激励的多种研究视角,对组织激励进行系统而全面的结构分析,以期梳理出体现中国文化特征的组织激励体系。

(4)激励与组织行为学其他相关主题的关系研究

Ambrose & Kulik(1999)建议学者可考虑将激励的研究焦点转向与之相关联的多种行为和态度变量,将激励理论的研究框架与员工行为(如组织公民行为、创造力行为)及组织情境(工作团队、国际化环境)结合起来。因此,本书将组织激励和员工行为分别进行细化,深入探讨不同类型组织激励对员工行为(针对组织的循规行为、破规行为及针对个体的帮助行为)的作用规律。

※ 2.3　员工行为相关研究

作为本书的关键变量之一,员工行为将本书的两个子研究(个体层次的研究一与团队层次的研究二)连接起来。本节通过对员工行为相关文献的梳理与回顾,总结出员工行为类别划分的主要观点,归纳出影响员工行为的前因和结果变量,为本书在员工行为的类别划分及测量上提供理论支持,也为本书构建"感知组织支持、组织激励→员工行为→团队创新绩效"的理论框架奠定基础。

2.3.1　员工行为的概念、维度与测量

员工行为是员工表现出来的影响组织目标的一系列行动和行为的统称。学者们(e.g.,Organ,1988;Williams & Anderson,1991;Van Dyne,Cummings & McLean Parks,1995;Van Dyne & LePine,1998)以组织内正式的角色规定为边界,将员工行为区分为角色内行为和角色外行为(即组织公民行为)。随着员工行为研究的逐渐深入,学者们开始关注于破坏组织合法利益的一类自愿行为,即反生产行为。因此,学者们将员工行为划分为任务表现(task performance[①])、组织公民行为和反生产行为三类(Rotundo & Sackett,2002;

———————

① 根据牛津高阶英汉双解词典(第四版,1997,P.1091),"Performance"一词既可译为"执行"、"履行"、"进行",也可译为"表现"、"行为"、"成就"和"工作情况"。前者强调(活动)进行的过程,后者则侧重描述(活动的)外在状况。根据学者们对 task performance 的内涵描述,该术语强调了与工作任务相关的行为的外在表现和影响,如符合工作任务描述(Williams & Anderson,1991)并对技术核心有促进作用(Rotundo & Sackett,2002)。因此,将 task performance 译为"任务表现"更为合适。

Rotundo & Xie,2008；Lievens,Conway & De Corte,2008）。角色内行为即为任务表现,角色外行为则包括促进组织效能发挥的组织公民行为以及对组织利益造成威胁或损害的反生产行为。以下将分别对任务表现、组织公民行为和反生产行为进行概念、维度与测量的梳理和回顾。

2.3.1.1　任务表现的概念、维度与测量

Van Scotter,Motowidlo & Cross（2000,P.526）将"任务表现"（task performance）界定为"直接参与产品或服务制造或对组织核心技术过程提供间接支持的行为模式"。Rotundo & Sackett（2002,P.67）指出"任务表现"是"对产品制造或服务提供有促进作用的行为"，具有以下两大特征:（1）对技术核心有促进作用;（2）作为工作的部分可获得组织的正式认可。由以上分析可知,任务表现是组织正式报酬系统所认可,与工作描述内容一致的员工行为,员工有义务完成该行为并承担由该行为引起的责任,该行为对产品（服务）制造或核心技术过程有直接的促进作用。"任务表现"一词强调了与工作任务存在紧密关联的一类员工行为。也有学者从工作角色边界的视角出发,将角色内行为界定为受到组织正式报酬体系所认可且符合工作描述内容要求的员工行为（Williams & Anderson,1991,P.606）。任务表现是从员工行为与工作任务的关联的视角出发,而角色内行为则强调了工作角色边界之内的员工行为,两者的内容是一致的。

学者们将任务表现视为单维度构念进行测量,多采用他人评价（主管或同事）或自评的主观测量方法完成任务表现的测量,如 Williams & Anderson（1991）采用了 7 条款的测量量表,内部一致性信度 α 值为 0.91。此后,Morrison & Phelps（1999）对该量表进行了适当修订和调整,使该量表的内部一致性信度提高到 0.94。Alper,Tjosvold & Law（2000）采用了 18 条款的测量量表,从生产率、质量以及成本节约三方面对团队成员的绩效表现进行评价,内部一致性信度为 0.94。Van Scotter,Motowidlo & Cross（2000）采用的 14 条款量表里既包括通用条款如评价"整体技术性表现",也有"完成常规设备保养"、"清洗设备,为零部件打润滑剂"等针对特殊工作的测量内容,内部一致性信度 α 值为 0.95。Tsui,Pearce,Porter *et al.*（1997）的 11 条款量表包含了员工基本任务表现的质量、数量及核心任务表现等内容,该量表的内部一致性信度 α 值为 0.96。周明建（2005）采用员工自我报告的方法,将员工分成交换组和共同体组,对员工的工作表现进行测量,该量表共有 6 个条款,其中交换组样本的内部一致性信度 α 值为 0.87,共同体组样本的内部一致性信度 α 值为 0.85。除了主观评价的方法外,学者们也尝试采用客观指标对员工任务表现进行测量,如 Dunlop & Lee（2004）针对快餐服务业人员采用了"柜台服务时间"、"外卖服务

时间"以及"原因不明事物数量"三项指标。

综上所述,学者们更多倾向于主观评价的方法对任务表现进行测量,尤其是由主管或同事对该员工做出评价,以尽量避免自评带来的社会称许性的偏差。主观评价的量表信度较高,大部分达到了 0.90。客观指标测量的方法则需要根据不同行业类型员工的任务特点进行开发。与主观评价方法相比,任务表现的客观指标测量方法实行的难度和局限性相对较大。

2.3.1.2　组织公民行为的概念、维度与测量

Katz(1964)指出有一类超越组织规定角色的并带有创新性、自愿性质的行为活动,该行为活动会影响组织的运作效率。Katz(1964)虽未对这一类行为进行明确界定,但其分析思路和视角对组织公民行为的产生具有重要的影响作用。Organ(1988,P.4)明确提出了"组织公民行为"这一概念,具体是指"不会受到组织正式奖励系统认可的组织成员的自发行为,从整体而言,有助于促进组织效能的发挥"。随后的研究中,学者们以 Organ(1988)的组织公民行为概念为基础,形成和发展出与组织公民行为相关的若干概念并进行了实证检验,如角色外行为(extra-role behavior,Van Dyne,Cummings & McLean Parks,1995)、亲社会行为(prosocial behavior,Brief & Motowidlo,1986)、组织自发性(organizational spontaneity,George & Brief,1992;George & Jones,1997)以及情境绩效(contextual performance,Borman & Motowidlo,1993;1997)。尽管这些概念在命名上有所差异,但这些行为的共同之处表现在以下三方面:(1)都属于规定角色之外的员工自发行为;(2)都不会受到组织正式奖励系统的认可;(3)都会促进组织的整体有效运作(钱源源,2010)。Organ(1997,P.75)对其提出的定义进行了修正:组织公民行为发生在一些支持员工任务表现的社会和心理环境中。此外,修正版定义删除了组织公民行为是"角色外行为"以及"得到组织正式报酬系统的奖励"的表述,与 Borman & Motowidlo(1993)关于情境绩效的内容表述一致(Motowidlo,2000;Podsakoff,Podsakoff,MacKenzie et al.,2014)。

关于组织公民行为的维度结构,学者们持有不同观点。LePine,Erez & Johnson(2002)以及 Hoffman,Blair,Meriac et al.(2007)均支持组织公民行为是单维度结构。也有学者根据行为内容(Katz,1964;Smith,Organ & Near,1983;Organ,1988)、行为对象(Willams & Anderson,1991)以及行为性质(Van Dyne,Cummings & Parks,1995;Van Dyne & LePine,1998)对组织公民行为进行维度划分。笔者在以下内容里按照这三种标准对组织公民行为的维度划分和测量进行逐一梳理和回顾,表 2.4 整理了各学者在不同研究背景下根据三种标准在组织公民行为的维度划分上所取得的研究成果。

表 2.4 组织公民行为的维度划分总结

研究背景	划分依据	类别	主要观点	代表学者及年份
西方文化背景下	行为内容	四类	同事间合作活动;保护系统或亚系统的行动;提升组织的创造性意见;增加员工责任感的自我培训	Katz(1964)
		两类	利他主义;顺从性	Smith,Organ & Near(1983)
		五类	利他主义;责任心;运动员精神;礼节;公民美德	Organ（1988）;Podsakoff,MacKenzie,Moorman et al.(1990)
		两类	忠诚;积极支持	Van Dyne(1994)
		两类	人际促进;工作奉献	Van Scotter & Motowidlo(1996)
	行为对象	两类	针对个体/组织的组织公民行为	Willams & Anderson(1991)
	行为性质	两类	依附导向型组织公民行为,如帮助行为;挑战导向型组织公民行为,如建言行为	Van Dyne, Cummings & Parks(1995)
		四类	依附性促进组织公民行为,如帮助行为;挑战性促进组织公民行为,如建言行为;依附性抑制组织公民行为,如保管行为;挑战性抑制组织公民行为,如告发劣行	Van Dyne & LePine(1998)
中国	行为内容	五类	帮助同事;责任心;认同公司;人际和谐;保护公司资源	Farh,Earley & Lin(1997)
		十类	帮助同事;建言;参与群体活动;提升组织形象;积极主动;自我培训;社会福利参与;保护或节约资源;保持工作场所清洁;人际和谐	Farh, Zhong & Organ(2004)

资料来源:笔者根据相关文献整理而得

从 20 世纪 60 年代起,学者们根据行为内容展开了对组织公民行为维度(类别)的讨论。Katz(1964)指出:超越组织规定角色的员工行为包括同事间合作活动、保护组织系统或子系统的行动、促进组织的建设性意见以及增加责任感的自我培训活动,但没有通过实证数据对这一观点进一步分析和验证。Smith,Organ & Near(1983)通过对经理人的结构化访谈,开发出 16 个条款的测量量表,从理论探讨和实证分析上区分出组织公民行为的两个维度:利他主义和顺从。利他主义是指直接面对面帮助特定人员的行为,如帮助不在场同事、自愿做并未规定的事情、即使没有规定也帮助新人适应环境以及协助那些工作量大的同事完成工作;顺从则表现为遵守组织规章制度如准时上下班,工作时间不闲谈懒散等。Kelloway,Loughlin,Barling *et al.*(2002)从 Smith,Organ & Near(1983)的组织公民行为量表中抽取了 9 个题项后组成了新的组织公民行为测量量表,其信度 α 值为 0.74。Organ(1988)对组织公民行为的维度分类进行了扩展,提出了利他主义①、责任心、运动员精神、礼节和公民美德这五个维度,后继学者研究大多以 Organ 的五维度结构为基础进一步深化和拓展,如 Podsakoff,MacKenzie,Moorman *et al.*(1990)对 Organ(1988)的观点进行了实证分析,开发出组织公民行为的 24 条款量表,因子分析结果确认了责任心、运动员精神、公民美德、礼节和利他主义的五维度结构,除公民美德的量表信度为 0.70 外,其余各维度子量表的信度都在 0.82 以上,其开发的量表为 Farh,Earley & Lin(1997)的研究所借鉴。Van Dyne,Graham & Dienesch(1994)的组织公民行为维度框架包括社会参与、忠诚、顺从和功能性参与。Morrison(1994)的组织公民行为维度框架则包括利他主义、责任心、运动员精神、融入、适应变革。Van Scotter & Motowidlo(1996)通过由主管对其下属参与特定行为的可能性的评价测量出情境绩效的两个维度:人际促进和工作奉献②。

---

① Organ(1988)的利他主义要比 Smith,Organ & Near(1983)的界定要更为狭义,而 Organ(1988)的责任心维度是 Smith,Organ & Near(1983)顺从维度中的一部分内容(转引自 Lepine,Erez & Johnson,2002)。

② 以 Organ(1988)的五维度框架作为基点,其余学者们的维度框架与之比较结果如下:Van Dyne,Graham & Dienesch(1994)的社会参与涵盖了 Organ 的利他主义和礼节、忠诚涵盖了 Organ 的运动员精神和礼节的一部分内容、顺从涵盖了 Organ 的公民美德和责任心;Morrison(1994)的利他主义涵盖了 Organ 的利他主义和礼节、责任心比 Organ 的责任心界定狭义、融入涵盖了 Organ 的运动员精神和公民美德,适应变革涵盖了 Organ 的公民美德和责任心;Van Scotter & Motowidlo(1996)的人际促进涵盖了 Organ 的利他主义和礼节、Morrison(1994)的利他主义以及 Van Dyne,Graham & Dienesch(1994)的社会参与,工作奉献涵盖了 Organ 的运动员精神、公民美德、责任心,与 Van Dyne,Graham & Dienesch(1994)的功能性参与的内容相近(此部分内容参考了 LePine,Erez & Johnson,2002 以及 Farh,Zhong & Organ,2004)。

LePine,Erez & Johnson(2002)指出 Organ(1988)的五维度框架的影响意义最为深远,主要表现在三方面:(1)该框架时间最长,Organ 及其同事关于组织公民行为的研究成果(文章和书籍)数量最多;(2)Podsakoff,MacKenzie,Moorman *et al.*(1990)结合 Organ(1988)的框架开发了合理的测量工具,为后继的实证研究打下坚实基础;(3)学者们通常基于该框架提出研究假设;行为的维度随着情境和组织的变化而发挥着不同作用。因此,后继研究者通常在不同研究里采用同样的测量方法测量组织公民行为的若干或所有维度。

根据行为内容对组织公民行为进行维度划分,常常导致具体维度之间出现交叉重叠的情况。Willams & Anderson(1991)从新的视角——行为预期受益人即行为对象出发,将以往从行为内容出发划分出的组织公民行为若干维度整合为两大类:针对个体的组织公民行为(OCBs directed to individuals,OCBI)和针对组织的组织公民行为(OCBs directed to the organization,OCBO),其中,OCBI 包括利他主义和礼节,OCBO 包括运动员精神、公民美德和责任心。Willams & Anderson(1991)通过实证分析证明了角色内行为、针对个体的组织公民行为与针对组织的组织公民行为是各自独立、完全不同的三个概念,McNeely & Meglino(1994)和 Lee & Allen(2002)在各自的研究中均沿用了这种分类方式。

除了行为内容和行为对象的划分视角外,Van Dyne & LePine(1998)还根据行为性质将角色外行为按照两个维度:促进(promotive)/抑制(prohibitive)、依附(affiliative)/挑战(challenging)进行划分。促进行为是员工主动去推动、激发、引起某类事情产生的一类行为,与其相对应的是抑制行为,即员工出于保护和预防的目的而做出的行为,包括保护权力较少的一方而进行的调解活动,大胆制止他人不道德行为。依附行为是他人导向的行为,如同事间合作行为,有助于加强人际关系;挑战行为具有变革导向的性质,表现为强调想法的产生和问题的解决,对人际关系会产生一定的破坏作用。Van Dyne & LePine(1998)对以上两个维度进行两两组合进一步划分出四种类型的组织公民行为,具体包括:依附性促进组织公民行为,如帮助行为;挑战性促进组织公民行为,如建言行为;依附性抑制组织公民行为,如监管行为;挑战性抑制组织公民行为,如揭发行为。沿着这一思路,学者们展开了进一步的深入分析和讨论,如 Van Dyne & LePine(1998)通过实证分析验证了帮助行为和建言行为的差异。Morrison & Phelps(1999)从挑战性组织公民行为中细化出"主动负责(taking charge)行为"概念,主动负责行为是指那些影响组织功能性变革的自发性行为,该类行为采用工作方法、政策、流程等内部方法来实现组织目标,测量量表由 10

个条款组成,量表信度 α 值达到了 0.93。LePine & Van Dyne(2001)提出"变革导向型组织公民行为(change-oriented OCB)"的概念,将其界定为"以变革为导向,从短期来看愿意冒险来打破组织现状和现有人际关系的员工行为"。Bettencourt(2004,P.166)在零售业领域对变革导向型组织公民行为做出进一步界定,具体指"从事零售行业的员工在他们的工作任务、商店或所在组织里,针对工作方法、工作政策和工作程序做出的建设性的、角色外的努力,此类行为会带来组织的功能性变革",其测量则借鉴了 Morrison & Phelps(1999)的量表,采用下属和主管配对打分的方式,将两个来源分值取均值作为变革导向组织公民行为的得分,这种方法避免了方法上和特质上的偏差,量表信度 α 值达到了 0.92。

　　以上围绕组织公民行为的维度(类别)的讨论都是在西方社会尤其是北美文化背景下进行研究而得出的结论。Farh 及其同事(e.g.,Farh,Earley & Lin,1997;Farh,Zhong & Organ,2004)则在中国文化背景下对组织公民行为的维度从行为内容上进行了探索。Farh,Earley & Lin(1997)以 Podsakoff,MacKenzie,Moorman et al.(1990)的测量量表为基础,开发了组织公民行为的本土化量表,共有 20 个测量条款。他们发现:西方组织公民行为量表中的公民美德、利他主义和责任心分别对应着中国组织公民行为量表的公司认同、帮助同事和责任心,而西方组织公民行为量表中的运动员精神和礼节在中国组织公民行为的研究中并没有发现,中国组织公民行为特有维度则是人际和谐和保护公司资源。五个维度(公司认同、帮助同事、责任心、人际和谐和保护公司资源)的内部一致性信度 α 值分别为 0.87、0.87、0.82、0.86 和 0.81。Farh,Zhong & Organ(2004)则采用了归纳导向的研究思路,通过广泛收集中国 OCB 的典型事例,并结合内容分析法的结果,最终确认了中国组织公民行为的 10 个维度。中西方文化情境下组织公民行为的共同维度有 5 个,分别为:主动作为、帮助同事、建言、群体活动参与和提升公司形象,而中国文化下组织公民行为的扩展维度(特有维度)也有五个,包括自我培训、社会福利参与、节约和保护公司资源、保持工作场所清洁以及人际和谐。

　　根据以上内容可知,学者们围绕组织公民行为的维度划分展开了一系列深入而细致的理论探索和实证研究,取得了大量丰富的研究成果,划分视角从行为内容、行为对象发展到行为性质,使组织公民行为的分类不断拓展和深化。学者们在中国文化情境下对组织公民行为的维度研究并未完全移植西方已有成熟的测量量表,而是开发出本土化的组织公民行为的测量量表,并进行了中西方文化情境下的组织公民行为维度的对比分析。

2.3.1.3 反生产行为的概念、维度与测量

在反生产行为概念产生之前,学者们采用了不尽相同的表达方式描述此类行为,较为常见的有"组织不当行为"(organizational misbehavior,OMB,Vardi & Wiener,1996)、"工作场所偏离行为"(workplace deviance behavior,WDB,Holliger & Clark,1982;Robinson & Bennett,1995)、"破坏规则行为"(rule-breaking behavior,Wheeler,1976)、"工作场所侵犯行为"(workplace aggression,Neuman & Baron,1998;O'Leary-Kelly,Griffin & Glew,1996)、"反社会行为"(antisocial behavior,Robinson & O'Leary-Kelly,1998)以及报复(retaliation)、"组织失职"(delinquency)(Spector & Fox,2002)等术语。

这些概念反映出了学者们不同的研究视角,如组织不当行为、偏离行为和破坏规则行为是从组织规范和规则角度出发进行界定的概念(Spector & Fox,2002),Vardi & Wiener(1996)对组织不当行为的界定强调了组织成员违抗和破坏共同的组织规范和核心社会价值观、道德及正确行为标准的有意识行为;侵犯行为是从社会心理学的角度进行的研究(Spector & Fox,2002);组织失职则是基于犯罪学的视角的研究而提出的(Spector & Fox,2002);反生产行为和报复行为是从组织行为学的角度提出的概念,报复侧重组织行为学的公平视角(Spector & Fox,2002),反生产行为强调了对于组织生产运作造成的威胁和破坏的作用。

学者们对反生产行为的内涵界定较为一致,具体是指员工故意违反组织规范,对组织内成员和(或)组织的利益造成威胁或损害的行为(Miles,Borman,Spector et al.,2002;Rotundo & Sackett,2002;Kwok,Au & Ho,2005)。

反生产行为与组织公民行为的相同之处在于两者都是员工超出组织规定的自发行为,不同之处在于两者对组织产生的影响效果:组织公民行为有助于组织效能的提升,反生产行为则对组织及其成员的利益起到破坏作用,产生与组织公民行为相反的作用效果。

关于反生产行为的维度划分,学者们主要存在单维观和多维观两类观点:持有单维度观点的学者主要从行为频率、行为动机、行为对象、行为严重程度四个方面展开研究,持有多维度观点的学者则是将以上维度进行交叉组合后对反生产行为及相近行为进行分类细化。本书按照单维观和多维观两类观点对反生产行为的维度进行总结和回顾,具体如表 2.5 所示。

● 单维观

对反生产行为的维度划分持有单维观的学者主要从行为频率、行为性质、行为对象以及行为严重程度这四个角度进行分析,具体内容如下。

表 2.5 反生产行为的维度划分总结

维度	划分依据	维度名称	代表学者及年份
单维	行为频率	侵犯行为、敌对行为、蓄意破坏、偷窃行为、退缩行为	Spector 及其同事①
	行为方向	主动/被动的反生产行为	Rusbul 等(1982)② Spector & Fox(2002)
	行为对象	针对个体/组织的反生产行为	Bennett & Robinson(2000)
	行为严重程度	严重犯规、非严重犯规	Wheeler(1976)
		反生产行为、低效率行为	Mangione & Quinn(1975)
		财产偏离行为、生产偏离行为	Hollinger & Clark(1982)
		轻、中、重度工作场所侵犯行为	Baron(1993)③
		暗地行为、公开行为、危险行为	Mantell(1994)④
		敌意表达、蓄意阻挠、公开侵犯	Baron & Neuman(1998)
二维	行为严重程度及行为对象	生产偏离、财产偏离、政治偏离、人际侵犯	Robinson & Bennett(1995)
	行为意图及行为结果	为己谋利的不当行为(OMB-S) 为组织谋利的不当行为(OMB-O) 造成破坏性结果的不当行为(OMB-D)	Vardi & Wiener(1996)
	行为与任务相关性高低及行为对象	针对同事且与任务相关性低的行为 针对组织且与任务相关性低的行为 针对同事且与任务相关性高的行为 针对组织且与任务相关性高的行为	Rotundo & Xie(2008)
三维	行为方式、动机、效果	八类	Neuman & Baron(1997)⑤

资料来源:笔者根据相关文献整理而得

---

① 转引自 Spector & Fox,2002。

② 转引自游正林,2005。

③ 转引自 Neuman & Baron,1998。

④ 转引自 Neuman & Baron,1998。

⑤ 转引自游正林,2005。

在行为频率方面,Spector 及其同事根据应答者对各行为频率的回答利用因素分析得出五种行为类型:侵犯行为、敌对行为、蓄意破坏、偷窃行为、退缩行为(Spector & Fox,2002)。

在行为方向方面,Rusbul 等(1982)[1]和 Spector & Fox(2002)则从主动还是被动行为入手,直接针对目标对象(如辱骂同事)的行为属于主动行为,由情感反应所表现出的冲动行为也是带有主动性质的,而被动行为则是长期有意识但不直接针对目标对象的行为,如当工作中出现问题时,员工故意不告诉主管的行为(Spector & Fox,2002)。

在行为对象方面,Bennett & Robinson(2000)利用因素分析发现工作场所偏离行为分为针对组织的偏离行为(WDBO)和针对组织内个体的偏离行为(WDBI)两类,此种分类方式与组织公民行为的针对行为对象划分出的 OCBI/OCBO 的分类方式是一致的,其中 WDBO 的量表由 12 个条款构成,信度为 0.81,WDBI 的量表由 7 个条款构成,信度为 0.78。该种分类方式及测量条款后在 Dunlop & Lee(2004)的研究中进行了应用。

在行为严重程度方面,较多学者展开了深入的探讨与实践,如 Wheeler(1976)将破坏规则行为分为严重犯规和非严重犯规两类。Mangione & Quinn(1975)提出两类偏离行为:反生产行为[2]和低效率行为(如制造低质量、低数量的产出)。Hollinger & Clark(1982)将员工破坏组织正式规范的偏离行为划分为财产偏离行为(property deviance)和生产偏离行为(production deviance)两类,财产偏离行为是指未经组织授权而取得或破坏组织有形财产的行为(如盗窃工具、设备或钱财),生产偏离行为是指表现为降低工作数量和质量标准的破坏组织正式规定和准则的行为(如缺勤、拖拉怠工、工作期间饮酒等)。Baron(1993)将工作侵犯行为分为三类:轻度(如不合作、散播流言、持续争论、语言冒犯)、中度(如与主管、同事和顾客激烈争吵、故意捣乱、口头威胁、纠缠)和重度(如频繁自杀威胁、打架、财产破坏、使用武器、谋杀、强奸、纵火)[3]。Mantell(1994)将工作场所暴力行为视为一个连续体,包括:暗地行为(如写匿名信、恶意破坏)、公开行为(如恐吓)和危险行为(如攻击行为)[4]。Baron & Neuman(1998)通过对 452 名全职雇员经历的 40 种侵犯行为频率的数据收集后发现工作场所侵犯行为分为敌意表达、蓄意阻挠和公开侵犯三类。

---

① 转引自游正林,2005。

② 此处的反生产行为属于狭义概念,仅指故意破坏员工财产的行为。

③ 转引自 Neuman & Baron,1998。

④ 转引自 Neuman & Baron,1998。

● 多维观

Hollinger & Clark(1982)在其对破坏行为的分类方式中仅考虑到针对组织的破坏行为,而忽略了针对个体的破坏行为。Robinson & Bennett(1995)通过实证分析采用多维尺度法将员工的偏离行为根据两个维度(行为严重程度及行为对象)划分为四类行为:生产偏离、财产偏离、政治偏离和人际侵犯,前两者行为与 Hollinger & Clark(1982)的内涵界定一致,政治偏离是指在社会互动过程中,针对他人造成人际关系或政治的不利影响,人际侵犯是针对他人表现出攻击性的或带有敌意的行为。Kelloway, Loughlin, Barling *et al.*(2002)从 Robinson & Bennett(1995)的测量条款中选取了 10 个题项,构成了反生产工作行为的测量量表,该量表信度达到了 0.72。

Vardi & Wiener(1996)根据个体实施行为的潜在意图将不当行为划分为二维三类——维度一:谋利行为,包括为自己谋利的不当行为(OMB-S)和为组织整体谋利的不当行为(OMB-O),维度二:造成破坏性结果的不当行为(OMB-D)。Rotundo & Xie(2008)围绕反生产行为在中国情境下展开了本土化研究,同样采用多维尺度法,其研究发现:中国情境下的反生产行为由两个维度(行为与任务相关性的高低/行为对象)共同构成,根据这两个维度两两交互形成四个象限,即四类具体的反生产行为,分别为:(1)针对同事且与任务相关性低的行为(如散布谣言、性骚扰等);(2)针对同事且与任务相关性高的行为(如在同事之间制造冲突、与同事争吵、为他人工作制造障碍等);(3)针对组织且与任务相关性低的行为(如偷窃、贪污、违反组织规则、浪费组织资源等);(4)针对组织且与任务相关性高的行为(如缺勤、拖延、不按时完成工作等)。Neum an & Baron(1997)以 Buss(1961)提出的三维分析框架为基础,从三个维度将工作场所攻击行为划分为八类,三个维度分别为行为方式(身体/口头)、行为动机(主动/被动)以及行为效果(直接/间接)[①]。

2.3.2　员工行为的前因

纵观以往研究,学者们倾向于将任务表现与组织公民行为的影响前因进行比较研究以确认两者的共同影响前因要素(e.g., Williams & Anderson,1991),而将组织公民行为和反生产行为的影响前因进行比较研究来说明某些要素仅对其中一类行为产生影响作用(e.g., Miles, Borman, Spector *et al.*,2002; Spector & Fox,2002)。由于员工行为包含了任务表现、组织公民行为和反生

---

① 转引自游正林,2005。

产行为,影响三类行为的前因和结果要素的研究结论可推广到员工行为。本书综合三类员工行为的影响前因进行文献的梳理和总结,将影响员工行为的前因归纳为个体因素、组织因素以及社会文化因素三大类,具体如表2.6所示①。

2.3.2.1 个体因素

学者们围绕个体因素中的人口统计特征与员工行为展开了一系列探讨和思考,如 Brief & Motowidlo(1986)指出年龄和教育程度会影响个体的亲社会行为。Farh,Early & Lin(1997)证实了性别要素对前因要素与组织公民行为之间的关系有调节作用:男性条件下,组织公平与组织公民行为之间的关系更强。Martinko,Gundlach & Douglas(2002)的反生产行为因果推理模型也指出了性别对反生产行为的影响作用。Morrison(1994)认为工作年限(job tenure)会影响员工对角色内/角色外行为的判断。

除了人口统计特征外,学者们还围绕个性要素与员工行为之间的关系展开了多项研究,如 Brief & Motowidlo(1986)提出移情、外向性、神经质和情绪都会对亲社会行为产生影响;McNeely & Meglino(1994)证实了移情对针对个体的组织公民行为(OCBI)有预测作用,但对针对组织的组织公民行为(OCBO)则没有影响;LePine,Erez & Johnson(2002)的元分析证实了作为个体特质的责任心与组织公民行为之间有正向相关的关系。其他个体层面影响要素的研究结论包括:Bettencourt(2004)研究发现个体的学习目标导向正向显著影响变革导向组织公民行为;Van Scotter,Motowidlo & Cross(2000)和 Van Dyne,Vandellwalle,Kostova et al.(2000)的研究均证实了个体的信任倾向对组织公民行为有正向预测作用;Barling(1996)提出包括酗酒、侵犯前科、缺乏自尊以及心理攻击要素在内的个体因素都对工作场所暴力行为有预测作用;Martinko,Gundlach & Douglas(2002)的反生产行为因果推理模型描述了个体的负面情感、情绪稳定性、自我评价、归因风格、自尊、自我效能、控制源以及人格特征中的神经质对反生产行为的影响作用过程;Miles,Borman,Spector et al.(2002)发现与情感反应有关的个体特征对组织公民行为和反生产行为产生影响:移情和帮助意愿会影响个体的组织公民行为,而愤怒、紧张和神经质会影响个体的反生产行为;Neuman & Baron(1998)将影响工作场所侵犯行为的个体要素归纳为A类行为模式②、自我监控行为、敌意归因偏差;Spector & Fox(2002)则

---

① 员工行为的前因要素多集中在个体层次员工行为的相关研究中,因此,影响员工行为前因的述评未涉及到群体层次行为的前因,仅围绕个体行为的前因展开。

② A类行为模式由那些烦躁易怒的个体表现出来,具体表现为他们愿意单独工作,当与他人合作时会愿意控制整体情况(Neuman & Baron,1998)。

将影响组织公民行为和反生产行为的个性要素进行了对比研究,他们证实了责任心、愉悦性、情绪稳定型、移情、愤怒对两类员工行为都产生影响作用。

2.3.2.2　组织因素

Brief & Motowidlo(1986)从理论上探讨了决定或影响亲社会行为的情境背景及工作环境要素,包括互惠规范、群体凝聚力、角色榜样、组织强化权变、领导风格、组织氛围、压力、角色冲突、角色模糊和组织正式化等,为其他学者的实证研究提供了理论支持和分析思路。Podsakoff,MacKenzie & Boomer(1996)的实证研究证实了组织奖励、常规性任务、内在满意性任务、组织正式化和群体凝聚力等领导替代的构成要素对组织公民行为有不同的影响效果。后继学者主要围绕工作满意感、组织承诺、组织公平、领导成员交换、感知组织支持以及其他组织情境因素对员工行为的作用机制展开了实证研究:(1)在工作满意感与组织承诺对组织公民行为的影响关系的研究中,Williams & Anderson(1991)就工作满意和组织承诺对角色内行为和角色外行为的影响研究发现:工作满意感的内在认知维度和外在认知维度对针对个体的组织公民行为(OCBI)和针对组织的组织公民行为(OCBO)都有正向的影响作用,而组织承诺与两者都没有显著的相关关系;Morrison(1994)的实证研究发现员工对角色内行为与角色外行为之间的感知差异是与员工的组织承诺存在显著的相关关系;Kim & Mauborgne(1996)研究发现决策承诺(commitment to decisions)对角色内行为和角色外行为均有显著的正向预测作用,而个体对结果的满意仅影响角色内行为;Chen,Tsui & Farh(2002)的研究证实了主管承诺和组织承诺对组织公民行为的公司认同、帮助同事和责任心三个维度存在相关关系,与组织承诺相比,主管承诺与组织公民行为的相关关系更强;Bettencourt(2004)证实了个体学习目标导向和组织承诺对变革导向组织公民行为产生交互作用:在个体低水平的学习目标导向的情况下,组织承诺对变革导向组织公民行为的影响作用更大。(2)在组织公平对员工行为的影响关系的研究中,Konovsky & Pugh(1994)指出组织公平有助于提升员工信任进而刺激员工组织公民行为的表现,其研究证实了信任在组织公平与组织公民行为之间发挥完全中介作用;Kim & Mauborgne(1996)发现程序公平与角色内行为存在正相关的关系,与角色外行为则不相关;Farh,Early & Lin(1997)的研究证实了组织公平与组织公民行为之间的相关关系受到传统性和现代性的调节作用。(3)在领导成员交换对员工行为的影响关系的研究中,Hui,Law & Chen(1999)证实了领导成员交换对角色内行为和组织公民行为均有正向预测作用;Bettencourt(2004)的研究也发现领导成员交换对变革导向组织公民行为有显著的正向预测作用。(4)在感知组织支持对员工行为的影响关系的研究中,Rhoades & Eisenberger(2002)的元分析证实感知组织支持对角色内行为和角色外行为均有正向预测作用;Chen,Eisenberger,Johnson et al.(2009)也进一步证实了感知组织支持对角色外行为显著的正向影响作用。LePine,Erez & Johnson(2002)将多个组织情境因素对组织公民行为及其维度之间的影响关系进行了元分析研究,证实了工作满意感、承诺、公平性、领导支持与组织公民行为及其五个维度均呈显著的相关关系,而且这些变量之间的相关程度几乎相等。

Bettencourt(2004)研究还发现领导权变奖励行为和变革导向 OCB 之间的关系受到绩效目标导向的调节作用——在高绩效目标导向的条件下,两者之间关系减弱;变革型领导行为和变革导向 OCB 之间的关系也受到绩效目标导向的调节作用——在高绩效目标导向的条件下,两者之间关系加强;领导权变奖励行为和变革型领导行为则是通过领导成员交换质量对变革导向 OCB 有间接作用影响。Hui,Law & Chen(1999)发现了感知工作流动性(perceived job mobility)对组织公民行为的负向预测作用。Choi(2007)的跨层次研究证实了强烈公司愿景和创新氛围在个人层次和团队层次都会促进变革导向组织公民行为的增加。

Sinha & Wherry(1965)研究指出:个体行为受到的组织压力、组织规则制约、惩罚机制是决定违背规则行为的组织情境要素。Barling(1996)认为感知不公平、电子设备监督、工作不安全感对工作场所暴力行为有预测作用。Martinko,Gundlach & Douglas(2002)的反生产行为因果推理模型描述了组织政策灵活性、竞争环境、领导风格、规则流程、经济条件、奖励系统、工作条件、任务难度、组织文化、家庭生活、组织前期成果等组织要素对反生产行为的影响过程。Neuman & Baron(1998)将影响工作场所侵犯行为的组织情境要素归纳为:裁员、流程变革再造(reengineering)、电脑监督、工作环境以及组织文化或氛围。

Spector & Fox(2002)指出包括组织约束、角色模糊、角色冲突、人际冲突和奖惩权变在内的组织环境要素对个体行为产生影响作用,个体的情感经历和组织环境因素的结合增加了个体表现出某类行为的可能性。

2.3.2.3 社会因素

影响员工行为的社会因素主要包括:社会暗示、传统性与现代性以及集体主义文化。Morrison(1994)指出员工会根据他们从同事或他人那里获得的暗示和信息对其工作职责进行界定,进而影响其对公民行为典型活动的责任的感知,其研究证实了员工对角色内行为与角色外行为之间差异的感知受到社会暗示的影响。Farh,Earley & Lin(1997)的本土化研究发现了传统性和现代性对组织公平与组织公民行为之间的相关关系产生的调节作用：当传统性低或现代性高时，两者的相关关系加强。Van Dyne，Vandewalle，Kostova *et al*.(2000)研究发现集体主义对组织公民行为有正向影响的作用。

表 2.6　影响员工行为的前因总结

前因	具体变量	代表学者
个体因素	年龄	Brief & Motowidlo(1986)
	性别	Farh，Early & Lin（1997）；Martinko，Gundlach & Douglas（2002）
	教育程度	Brief & Motowidlo(1986)
	工作年限	Morrison(1994)
	移情	Brief & Motowidlo(1986)；Spector & Fox(2002) McNeely & Meglino（1994）；Miles，Borman，Spector *et al*.（2002）
	责任心	LePine，Erez & Johnson(2002)；Spector & Fox(2002)
	神经质	Brief & Motowidlo（1986）；Martinko，Gundlach & Douglas（2002） Miles，Borman，Spector *et al*.(2002)
	学习目标导向	Bettencourt(2004)
	信任倾向	Van Scotter，Motowidlo & Cross(2000) Van Dyne，Vandellwalle，Kostova *et al*.(2000)
	情绪稳定性	Martinko，Gundlach & Douglas(2002)；Spector & Fox(2002)
	愤怒	Barling(1996)；Miles，Borman，Spector *et al*.(2002) Spector & Fox(2002)
组织因素	工作满意感	Williams & Anderson(1991)；Kim & Mauborgne(1996) LePine，Erez & Johnson(2002)
	组织承诺	Morrison(1994)；Chen，Tsui & Farh(2002) LePine，Erez & Johnson(2002)；Bettencourt(2004)
	组织公平	Konovsky & Pugh(1994)；Farh，Early & Lin(1997) Kim & Mauborgne(1996)；LePine，Erez & Johnson(2002)
	领导成员交换	Hui，Law & Chen(1999)；Bettencourt(2004)
	感知组织支持	Rhoades & Eisenberger(2002)；LePine，Erez & Johnson(2002) Chen，Eisenberger，Johnson *et al*.(2009)
	组织奖惩	Sinha & Wherry(1965)；Neuman & Baron(1998) Martinko，Gundlach & Douglas(2002)；Spector & Fox(2002)
	领导替代	Podsakoff，MacKenzie & Boomer(1996)

续表

前因	具体变量	代表学者
组织因素	领导行为(风格)	Brief & Motowidlo(1986);Bettencourt(2004) Martinko,Gundlach & Douglas(2002)
	感知工作流动性	Hui,Law & Chen(1999)
社会因素	社会暗示	Morrison(1994)
	传统性、现代性	Farh,Early & Lin(1997)
	集体主义	Van Dyne,Vandewalle,Kostova *et al.*(2000)

资料来源:笔者根据相关文献整理而得

2.3.3 员工行为的结果

在员工行为作用结果的相关研究中,学者们的研究焦点多集中于组织公民行为对组织运作发挥的促进作用以及反生产行为产生的负面影响。

组织公民行为的作用结果研究主要围绕组织公民行为与个体绩效、群体绩效或组织绩效等相关效标变量之间的关系展开。关于个体组织公民行为与个体绩效的关系研究中,MacKenzie,Podsakoff & Paine(1999)以销售代理人员和销售代理主管为研究对象,发现:两类人员的组织公民行为(包括帮助行为、公民美德和运动员精神三个维度)对销售代理人员和销售代理主管的绩效评价都有显著影响。学者们在群体组织公民行为对群体绩效或组织绩效影响的研究结论出现了分歧:大部分学者采用了均值法即通过计算群体内个体组织公民行为得分的均值作为群体组织公民行为的分值,Podsakoff & MacKenzie(1994)证实了群体组织公民行为与群体绩效之间存在线性相关关系,他们以保险代理部门为研究对象,发现:部门层面的组织公民行为(帮助行为、运动员精神和公民美德)对部门绩效都有显著影响作用,其中部门层面的公民美德和运动员精神对部门绩效具有正向预测作用,而部门层面的帮助行为对部门绩效有负向影响的作用;Dunlop & Lee(2004)以快速消费品销售人员为研究对象,发现:群体层面针对组织的组织公民行为对由主管评价的部门绩效并没有预测作用;Ng & Van Dyne(2005)则发现以帮助行为在群体内的均值作为群体帮助行为的得分时,群体帮助行为与群体绩效不是线性相关关系,而是曲线关系;Bachrach,Powell,Collins *et al.*(2006)也是通过均值法实现群体帮助行为的操作化测量,并采用实验的方法,发现群体帮助行为和群体绩效之间的关系受到群体成员任务互依性的调节作用,在高任务互依性的条件下,帮助行为与群体绩效正相关,而在低任务互依性时,群体帮助行为与群体绩效之间则是倒 U 型关系,即适中水平的组织公民行为对群体绩效最为有利,而过低和过高水平的帮助行为则表现出较低的群体绩效。

以往学者指出:反生产行为对组织内成员及整个组织会造成威胁和破坏的负面影响作用(e.g.,Miles,Borman,Spector et al.,2002;Rotundo & Sackett,2002;Kwok,Au & Ho,2005)。Robinson & O'Leary-Kelly(1998)发现:群体反社会行为对个体反社会行为有预测作用。Robinson & Bennett(1995)指出:偏离行为对组织产生破坏作用的同时可能会为组织带来积极影响,比如某些偏离行为发挥着为组织传递信号的功能,如提供安全阀门,提醒群体成员关注他们的共同利益,为组织提供警告信号,有助于群体凝聚力的构建。

由于组织公民行为和反生产行为都属于员工的角色外行为,两者在概念内容上是相对应的关系,分别是员工超出组织任务规定表现出的带有正面和负面性质的自愿行为。学者们在对这两类行为测量时将某一行为的测量条款作为另一变量的反向条款,如将反生产行为的内容作为组织公民行为测量的反向条款(e.g.,Farh,Early & Lin,1997)。学者们将这两类行为进行了一系列对比研究,如 Kelloway,Loughlin,Barling et al.(2002)研究证实了反生产工作行为(CPB)与组织公民行为是两个独立的概念;Miles,Borman,Spector et al.(2002)提出了组织公民行为和反生产行为的整合模型,研究证实了环境要素和个性特征对两类行为都有显著的预测作用;Spector & Fox(2002)则提出了包含组织公民行为和反生产行为的自愿行为整合模型(an integrative model of voluntary behavior)。

2.3.4　员工行为研究小结

通过梳理和回顾员工行为的相关研究,本书对任务表现、组织公民行为和反生产行为在内涵界定、维度划分与测量、影响前因及作用结果等方面进行了总结归纳。这些研究成果为本书提供了以下启示和思考:

(1)员工行为相关研究的关注焦点和研究层次的转移

从研究发展趋势来看,任务表现本身不再是员工行为相关研究的关注重点,学者们尝试将任务表现与组织公民行为和/或反生产行为进行比较研究,在组织公民行为的影响因素相关研究方面已取得了丰硕的成果,反生产行为引起了越来越多学者的关注。

学者们对员工行为的研究层次逐渐由个体层次转向群体层次,以群体组织公民行为与群体绩效之间的影响关系为突破口进行了初步探索和实践。这一问题的研究结论尽管存在较大分歧,仍为后继研究拓展了分析思路:不同类型的员工行为都能够通过某一特定的构成方式实现群体层次行为的聚合转化。因此,未来研究可尝试探讨并比较由多种构成方式聚合而成的群体层次员工行为群体绩效的影响作用。

(2)从不同视角对员工行为进行类别(维度)划分

学者们(e.g.,Williams & Anderson,1991;Van Dyne,Cummings & McLean Parks,1995;Van Dyne & LePine,1998)以组织内正式的角色规定为边界,将员工行为划分为角色内行为和角色外行为。角色内行为即为任务表现,角色外行为则包括促进组织效能发挥的组织公民行为以及对组织利益造成威胁或损害的反生产行为。根据行为内容对组织公民行为进行类别划分会产生类别数目过多以及类别之间存在交叉重叠等问题,因此,学者们从行为对象及行为性质的视角对组织公民行为进行了重新梳理,以明晰不同类型的组织公民行为之间的边界。反生产行为根据个体的行为频率、行为动机、行为对象、行为严重程度以及将以上四类标准进行不同方式的交叉组合进行分类。

以角色内外作为员工行为的划分依据是值得进一步斟酌和思考的,一方面在于员工和主管对于员工工作职责的认知判断不一定是完全一致的,这样会导致员工和主管对于某一特定行为的界定归类出现歧义(Morrison,1994);另一方面,东西方文化背景使得员工对"角色"范围的认知判断也存在影响,以员工比组织规定时间提前上班的早到行为为例,有的员工会将早到行为视为本职工作,而另外一些员工会将早到行为划归到其角色之外的组织公民行为。那么在对组织公民行为的测量过程中,将早到行为作为组织公民行为的一种表现形式由员工进行自我评价是有不妥之处的。因此,在中国文化背景下,可尝试突破"角色"边界的限定,结合文化特色展开对员工行为的分类讨论和重新梳理。

❀ 2.4 自己人相关研究

"自己人/外人"是中国人对于人际关系分类所持有的基本观点之一。中国人强调自己人与外人的内外有别,自己人/外人的关系分类决定着互动双方的对待方式和反应类型(杨国枢,1993)。个体对于他人做出"自己人/外人"的认知判断影响着个体在人际交往中的态度和行为。本节首先回顾了以往学者在中国人的人际关系分类上所持有的主要代表性观点,然后,分析自己人的概念以及与其相近概念的比较,最后,对自己人的维度划分与测量、前因后果等内容进行了总结归纳。

2.4.1　理论背景——中国人的人际关系分类研究回顾

无论是在中国人的传统观念里还是在现实生活中,中国人都是采用"内外有别"的人际交往方式,遵循着不同的交往准则,对交往人群进行"自己人/外人"的划分。关于中国人的人际关系,学者们主要持有"差序格局"观点、"人情与面子"理论模型框架、"社会取向"观点、"人情-人伦-人缘"的三位一体人际关系模式、"关系矩阵"模型以及"动态人际学"观点。下面将对以上观点进行简要回顾①。

2.4.1.1　"差序格局"观点

最早对中国人的"自己人/外人(陌生人)"划分以及相应交往原则进行阐述的学者是我国社会学家费孝通,他在《乡土中国·生育制度》指出:中国农村人际关系分类的基本意义单位是"家",由"家"衍生出人际关系的"自家人/外人"的分类方式(费孝通,1998,P.25-26)。自家人/外人的分类方式具有以下特征(费孝通,1998,P.69-75):(1)自家人依附于身份产生。中国人看重亲缘、地缘,具有亲缘关系的人群以及由地缘产生的邻里都划归到自家人的范畴之内。(2)个体与自家人/外人交往时奉行着不同原则,如对外人是奉行当场算清交易的原则。(3)自家人/外人的划分界限随着空间情境变化而具有伸缩性,这一界限的解释权由行动双方所有,他们为了"交换清楚"来算清交易,选择远离生活村子十多里的街集上作为交易地点,交易情境的变化导致了双方关系由自家人向外人的转变。

"差序格局"观点的主要内容是:中国人在处理与他人的关系时就"好像把一块石头丢在水面上所发生的一圈圈推出去的波纹。每个人都是他社会影响所推出去的圈子的中心。被圈子的波纹所推及的就发生联系。每个人在某一时间某一地点所动用的圈子是不一定相同的"(费孝通,1998,P.26)。根据Yang(1994)的论述可知,"差序格局"观点强调中国人的人际关系呈现出同心圆的结构特征:最亲近的家庭成员在同心圆的圆心即核心位置,其余成员如亲戚、朋友、同事及熟人依次按照关系亲疏和信任程度的不同而分布在大小不等的同心圆上(Yeung & Tung,1996;宝贡敏和刘枭,2008)。

"差序格局"观点是最能反映中国传统社会人际关系结构和社会结构特征的理论观点(彭泗清,1999)。"自家人/外人"的人际关系分类方式在"差序格局"的基础上形成,这种分类方式为后继学者(如黄光国、杨国枢、杨宜音、杨中

---

①　本节部分内容来自本人已发表的研究成果。

芳等)关于中国人的人际关系分类的各种观点和理论模型的研究提供了理论基础。

2.4.1.2 "人情与面子"理论模型

黄光国结合"人情"和"关系"的相关研究成果,将中国人的人际关系按照交往的目的及实质划分为"情感性关系(expressive tie)"、"混合性关系(mixed tie)"及"工具性关系(instrumental tie)"三种类型,并提出了"人情与面子"理论模型(Hwang,1987)。这三种人际关系都是由情感性成分和工具性成分共同构成,区别在于每种关系类型中两种成分所占的比重不同:情感性关系通常是一种长久而稳定的以满足情感需求为目标的社会关系,如家庭、密友、朋侪团体等主要社会团体中的人际关系,此类关系的工具性成分远远少于情感性成分;工具性关系发生在陌生人之间,是以获取物质资源为目的、短暂而不稳定的社会关系,工具性关系具有有限的情感成分,如商品、服务的买卖双方之间的关系;混合性关系是介于情感性关系和工具性关系之间,由两种成分相混合的一种中间性关系形态,是个体最可能以"人情"和"面子"来影响他人的人际关系,主要包括亲戚、邻居、师生、同学、同事等各种角色关系(沈毅,2006)。情感性、工具性和混合性关系分别遵循着三种不同的交易原则:需求原则、人情原则和公平原则(Hwang,1987)。家庭以外的人很难成为家人,即工具性关系和混合性关系较难转化为彼此一体化的情感性关系,而属于工具性关系的他人经过"拉关系"可穿越心理区隔,使双方形成混合性关系(黄光国,2006;沈毅,2006)。

黄光国是第一个系统地对"人情"和"关系"这两个概念进行构念化的社会心理学家(杨中芳,2000),他提出的"人情与面子"理论模型由社会交换理论、符号互动理论、正义理论等既有理论拆分整合而成,"其重要贡献在于将'人情'与'面子'两个概念用社会交换论的架构衔接起来,将符号表现性的'面子'置于工具交互性的'人情'之中,并最终用'混合性关系'的概念覆盖了它们",显示了其主导的"多元典范论"的方法论立场(沈毅,2006)。在肯定其重要理论意义的同时,也有学者(如杨宜音,1995)对"情感-混合-工具"三元划分方式提出了质疑:黄光国将工具性成分与情感性成分视为一个维度的两端,而这两类成分是否构成一个维度是值得进一步商榷的。

2.4.1.3 "社会取向"观点

杨国枢(1993)提出了"社会取向"观点:中国人的人际关系分为家人、熟人及生人三种关系类型。不同类型的人际关系使得人们在交往中采取不同的对待方式:家人关系中实行责任原则,要求个人应尽责任但不期望对方有对等的回报;熟人关系中实行人情原则,以双方过去存储的既有人情作为基础,通过适

当的方式与程度进行交往;生人关系中实行利害原则,按照当时利害情境而行
事。"家人"关系是三种关系类型的核心。"熟人"与"生人"之间可以相互转化:
最初的"生人"关系通过领养、结拜、过继和认干亲等形式发展形成"拟亲化"关
系,即"熟人"关系;"熟人"关系会因为交往双方联络频率降低及其他突发事件
而转变为"生人"关系(杨宜音,1999;宝贡敏和刘枭,2008)。

"社会取向"观点与"差序格局"观点以及"人情与面子"理论模型之间的关
系是:"家人"与"自家人"、"生人"与"外人"分别相对应;"家人-熟人-生人"与"情
感-混合-工具"两种分类方式对应的交往原则也是基本一致的。家人的分类方
式将义务成分纳入到人际关系的范畴内,是对黄光国"人情与面子"理论模型的
补充和拓展(杨宜音,1999;沈毅,2006)。

表 2.7　"人情与面子"理论模型与"社会取向"观点的对比

关系类型	"人情与面子"模型	"社会取向"观点	对应的交往原则
1	情感性	家人	需求法则/责任原则
2	混合性	熟人	人情法则/人情原则
3	工具性	生人	公平法则/利害原则

资料来源:笔者根据相关研究整理所得

2.4.1.4 "人情-人伦-人缘"三位一体人际模式

翟学伟(1993)就中国人的人际关系提出了"人情-人伦-人缘"三位一体的本
土人际模式。他指出:"人情是核心,它表现了传统中国人以亲亲(家)为基本的
心理和行为样式。人伦是这一基本模式的制度化,它为这一样式提供一套原则
和规范,使人们在社会互动中遵守一定的秩序,而人缘是对这一模式的设定,它
将人与人的一切关系都限定在一种表示最终本原而无须进一步探究的总体框
架之中"(翟学伟,1993,P.79)。

2.4.1.5 "关系矩阵"模型

杨宜音(1995)在对比分析了中西方关于"人际关系"的逻辑起点、身份形式
对其内容的依附程度以及情感性特征差异后,对黄光国的"情感性-混合性-工具
性"划分方式提出了质疑,"情感性成分的多寡与情感的肯定否定程度不是同一
维度的概念范畴。否定性情感不意味情感成分少"(杨宜音,1995,P.21)。她提
出了两个维度:感情的肯定与否定、工具性的强与弱(工具性的强与弱即对应着
情感性的弱与强,工具性与情感性呈反比关系),这两个维度共同构成了中国人
的"关系矩阵"。

2.4.1.6 "动态人际学"观点

杨中芳(1999)以胡先缙的"既定情感"为基础,进一步突出"义务"要素,将人际关系分为两个成分:"既有成分"和"交往成分",按照两种成分的高低划分出四种关系类型:由高应有之情和高真有之情构成的亲情关系、由低应有之情和低真有之情构成的市场交换关系、由低应有之情和高真有之情构成的友情关系、由高应有之情和低真有之情的构成恩情或人情关系,即分别为自己人、外人、交往性自己人和身份性自己人四种。"应有之情"对应"义务"要素,而"真有之情"对应"情感"要素,其研究路径是沿着人际关系中"义务"与"情感"之间的二维关系展开的。杨宜音(1999)根据她在 1996 年到 1998 年期间的访谈结果再次明确了中国人的人际关系是按照先赋性和交往性维度组成的双维度分类体系,并分析了"自己人/外人"的相互转化:"外人"通过交往发展为"交往性自己人"或"身份性自己人",进而最终成为"自己人","自己人"也可按照相反路径逐渐转化为"外人"。"动态人际学"观点的主要内容如表 2.8 所示。

表 2.8 "动态人际学"观点

交往成分 \ 既有成分		义务互助/应有之情	
		高	低
自愿互助/真有之情	高	自己人 (亲情、铁哥们、圈内人)	交往性自己人 (友情)
	低	身份性自己人 (人情、恩情、面子)	外人 (陌生人、圈外人)

资料来源:杨中芳,1999;杨宜音,1999;杨宜音,2008

2.4.1.7 关系成分的综合观点

大多数学者都以三种成分(感情、义务规范和工具性)来解释说明人际关系(e.g.,郑伯埙,1999;周丽芳,2002)。周丽芳(2002)指出:人际关系的感情成分的论述中常常出现无法清晰界定的内容,如义务性情感与自发性情感、人情与真情以及表达性情感与真实性情感。因此,她根据关系成分将中国人的人际关系重新梳理为工具性关系、规范性关系和情绪依附关系,其中规范性关系进一步细化为礼数规范和义务规范,"前者强调对外在客观规范体制的遵从,后者则是内在主观认同的义务与责任"(周丽芳,2002,P.66)。

2.4.2 自己人的概念

由于产生基础和情境范围的不同,学者们从一般意义和相对意义两个视角来分析自己人概念。此外,自己人概念与"内群体"、"Guanxi"等概念也存在一定程度的联系和区别。本节围绕自己人概念以及自己人与相近概念的比较展开。

2.4.2.1 一般意义与相对意义

"自己人"概念最初来源于"自家人"概念(费孝通,1998;杨宜音,1999)。杨宜音(1999)根据其观察和访谈获得的资料,分别解释了中国人在一般意义和相对意义下"自己人"概念:"一般意义的自己人即为'自家人',相对意义的自己人是指在一定情境下划定的内外区别边界朝向自己的这部分人。⋯⋯,在心理上认同、情感上亲密、相互信任并自愿承担责任和义务的群体属于相对意义的自己人"(杨宜音,1999,P.39-50)。一般意义和相对意义的自己人在以下方面表现出差异:(1)产生基础不同。一般意义的自己人以"家人"作为划分边界,凡是带有先赋性血缘、姻亲关系的人群都是个体在一般意义上的自己人(即自家人),通过亲缘身份明确双方交往的义务;而相对意义的自己人则是受到"职业分层的加剧和社会流动的增加"(王小章,2008,P.243)的影响;(2)内涵覆盖不同。相对意义的自己人多存在于学缘关系、业缘关系、利益共同体关系里,而一般意义的自己人的涵盖面更宽。

2.4.2.2 相近概念之间的比较

(1)"自己人"与"内群体"

内群体(ingroup)是一种非常典型的心理群体(Turner 等,1987)[①]。个体对于群体内差异做出最小化的主观判断,而对群体之间的差异做出最大化的主观判断,进而形成了对内群体和外群体的感知(Abrams & Hogg,1990)。由差序格局所引发的自家人/外人的分类方式具有边界通透性和范围伸缩性的特点,而"自己人/外人"则是"自家人/外人"的内核(彭泗清,1999;杨宜音,2001)。以"己"为若干同心圆的圆心,向内看就是"自己人",从"己"往外推的任何一圈都是"外人"(费孝通,1998)。自己人与内群体的相似之处在于两者都是个体对他人在其心理格局做出的认知判断,而两者的差异表现在形成机理上:从本质上讲,内群体的形成是心理群体的形成,是个体在广义自我概念中加入"成员"的类别意识进而产生相对群体认同的结果;自己人是在既有关系基础上形成带有包容性的"圈子",个体从中获得的是自己人带来的信任感和安全感(杨宜音,1999)。

(2)自己人与"Guanxi"

---

① 转引自杨宜音,1999。

  "Guanxi"作为描述中国社会制度的关键概念及影响商业运作的文化现象，在社会科学等学科和领域内得到了系统研究（杨宜音，2005；宝贡敏和刘枭，2008）。Tsui & Farh(1997)指出"Guanxi"概念具有多重含义，包括共享某一种群体地位、与某一个共同第三方相关联、人际频繁互动、与某一个体有关联但互动较少、具有互惠联系的人际网络等。贯穿于这些多重含义中的主线是它们都是建立在特殊标准、特殊类型的人际关系。Tsui & Farh(1997)将"Guanxi"界定为"两个或更多个体之间的直接特殊连带的存在"。Chen & Chen(2004)认为"Guanxi"可以从不同观点和不同层次上进行界定。他们将"Guanxi"视为中国本土化的概念，并定义为"在两个个体之间建立的非正式的、特定的联系"，交往双方受到隐性心理契约的束缚以遵守"Guanxi"的社会规范如保持长期稳定的关系、相互信任、忠诚和责任。

  自己人和"Guanxi"（"关系"）是两个十分相近的概念，两者都植根于儒家思想，带有浓厚的中国文化特色。个体之间社会互动关系好，或"Guanxi"积极时可以说对方是"自己人"。两者概念之间存在交叠，具体表现为：广义"Guanxi"内涵中包含信任(Yeung & Tung,1996)、人情(Yeung & Tung,1996；Tsang,1998；Park & Luo,2001；Lee & Dawes,2005)、面子(Lee & Dawes,2005)、沟通(Ramasamy,Goh & Yeung,2006)等内容，而"身份性自己人"也包含着人情、恩情和面子（杨中芳，2000）。"Guanxi"由于个体之间存在一定的共享社会经验而产生，如亲戚（近亲或远亲）、同乡、邻里、同学、同事、师生、上下属、拥有相同的爱好等(Farh,Tsui,Xin *et al.*,1998)，与个体的出身背景及社会经济地位有关（周丽芳，郑伯埙和黄敏萍，2002）。"自己人"概念由"自家人"概念而得，具有亲缘、血缘的先赋性关系是自己人产生的重要来源（杨宜音，2001）。两者的区别表现在学者们使用时的主观感情色彩：西方学者对"Guanxi"多持有否定的负面态度，常将"Guanxi"和贿赂联系在一起，强调"Guanxi"代表偏好(favoritism)、偏袒(nepotism)而破坏了公平原则。中国学者则认为"Guanxi"属于个人财产，因而不会也不愿公开与他人交流(Yeung & Tung,1996)。对于自己人这一概念，学者们则没有明显的肯定或否定的态度。

  (3)自己人与感知内部人地位

  Stamper & Masterson(2002)提出了"感知内部人地位"(perceived insider status)概念，用来表示个体成员对自己作为特定组织内部人员的感知的程度。全职人员和兼职人员分别代表着组织的内部人和外部人这两类群体。内部人和外部人的区别表现在组织对其提供的奖励或刺激的内容不同：与外部人相比，组织为内部人提供了更多的福利、培训及晋升机会。与感知内部人地位相对的概念是实际包括(actual inclusion)(Stamper & Masterson,2002)。自己人与感知内部人地位的区别表现在产生基础和作用机制两方面:(1)自己人的产生基础较广,包括亲缘、学缘、业缘等在内的关系基础为个体对他人做出自己人归类的认知判定提供了前提条件;感知内部人地位是由于员工在组织内的客观身份而形成,内部人仅指组织的全职人员而非兼职人员(Stamper & Masterson,2002)。(2)在形成机制方面,自己人是个体根据交往双方关系的亲疏远近程度对他人在其心理格局做出的判定,感知内部人地位则是个体根据自己在组织中的身份和地位而对自己做出的判定。

2.4.3　自己人的维度划分与测量

由于自己人的概念本身带有伸缩性和情境性,学者们在自己人的维度划分上并没有给予明确统一的边界范围限定,多停留在理论探索阶段,实证测量则相对较少。如杨国枢(1993)的家人-熟人-生人的社会取向观点里,家人和生人分别对应自己人和外人,而熟人则是介于两者之间的概念;杨中芳(2000)的动态人际学观点则根据既有成分和交往成分的高低划分出自己人[①]、交往性自己人、身份性自己人和外人。在实证分析和测量方面,赵卓嘉(2009)结合以往研究观点和访谈结果,开发出"自己人认同"的 11 条款测量量表,该量表的内部一致性信度为 0.907。周丽芳,郑伯埙和黄敏萍(2002)采用 16 种分类方式测量了华人社会常见的关系基础具体包括家人、亲戚、同乡、邻居(过去)、邻居(现在)、同学、校友、师生、同宗(姓)、同道(相同宗教信仰)、同袍(军队)、同党、同事(过去)、上司(过去)、下属(过去)以及过去是同一团队的成员,并归纳为六大类:亲缘(亲人)、地缘(同乡及邻居)、学缘(过去学校关系)、业缘(过去工作关系)、过去团队关系及其他。Stamper & Masterson(2002)则采用了 6 条款测量感知内部人地位,量表信度 α 值为 0.88。

2.4.4　自己人的前因

根据自己人的相关研究内容,笔者将影响自己人的前因要素归纳为个体因素和文化因素,如表 2.9 所示。

(1)个体因素

人口统计特征是社会分类的基础,与若干个体特质(如价值观、认知风格、过去经历)相关联(Chatman,Polzer,Barsade *et al.*,1998)。亲缘、地缘的先赋

---

① 　此处为狭义自己人的概念。

性关系以及与自己有共同生活经历的人际关系是自己人产生和形成的重要来源(费孝通,1998;杨宜音,2001;Chou,Cheng,Huang *et al.*,2006)。关系人口统计学家指出:组织或工作单元中的个体在与他人比较人口统计特征(如种族、性别)时,感知到的相似性会改善他们与工作相关的态度和行为(Hogg & Terry,2000)。由人口统计特征反映出的关系基础为个体之间实现人际吸引和建立信任进而对他人做出自己人归类的认知判断提供了前提条件,但并不是具备了各种关系基础就一定认定对方是自己人。邱建璋(2004)的访谈研究指出包括熟悉性、接近性、相似性、互补性及个人特质在内的人际吸引因素和信任因素都是影响人际关系形成的原因,人际吸引因素的影响作用较显著,而信任因素的影响则较弱。

表 2.9 影响自己人的前因总结

要素类型	具体内容	代表学者
个体因素	人口统计特征	Chatman *et al.*(1998);费孝通(1998);Hogg & Terry(2000);杨宜音(2001);Chou *et al.*(2006)
	人际吸引、信任	邱建璋(2004)
文化因素	儒家思想的"伦常"	Hwang(1987);费孝通(1998)

资料来源:笔者根据相关文献整理而得

(2)文化因素

文化因素主要体现在中国文化中儒家思想关于人际关系的论述对于个体进行自己人/外人的人际关系分类的影响作用。在儒家思想里,君臣、父子、夫妇、兄弟和朋友这五种关系称为五伦或五常(Chen & Chen,2004),这种尊卑、长幼的关系是不可改变的常道,即"伦常"(现代汉语词典,2005,P.896)。五伦所代表的角色关系反映出不同的价值理念和内容:"君臣有义,父子有亲,夫妇有别,长幼有序,朋友有信"。五伦中有三伦(父子、夫妇、兄弟)依附于家庭关系,反映出家庭在儒家社会的重要地位,也可以解释亲缘这一先赋性关系作为自己人/外人归类的重要依据。五伦中除"朋友"外的其他四伦均反映了"上/下"、"尊/卑"的纵向差序关系(Hwang,1987)。每个人都是依赖于社会而存在的个体,在社会层级关系中占据一个或多个角色,承担着多重责任和义务并遵守相应的社会道德。五伦关系是个体对他人进行自己人归类的首要和前提条件,但并不是存在了五伦关系的他人都会被划归到自己人的范畴之列。五伦关系属于人口统计特征的内容,它与人口统计特征对自己人的影响作用不同的是:五伦关系从文化因素的角度强调了五种关系基础对于个体在进行人际交往和人际关系分类时所发挥的优先性和约束性的作用。

2.4.5　自己人的结果

郑伯壎(1995)指出:华人组织里个体对自己人群体做出较佳的评价或反应,而对于外人群体的评价或反应较为消极和负面。彭泗清(1999)也提到:由于"内外有别",通常情况下,中国人会对自己人产生较高的信任程度,而不信任外人。不信任有两种情况:(1)起点的不信任,即由于不了解外人的人品、能力等因素而不敢盲目信任;(2)永远的不信任。杨宜音(1999)指出:在社会流动加大的情况下,"自己人/外人"这一分类系统替代了由亲缘关系连带和熟人社会对于人际亲密、义务和信任的保证。邱建璋(2004)将人际关系发展的结果从行为层面和态度层面进行了归纳,行为层面包括组织公民行为、退却行为、人际冲突、群体凝聚力及知识共享,态度层面则包括组织承诺、工作满足感、组织认同及组织公平,其访谈研究发现在人际关系发展的若干结果中组织公民行为与群体凝聚力最为显著,组织承诺与组织公平则较不显著。在相近概念如"Guanxi"和内群体的影响结果方面,Lee & Dawes(2005)研究发现:"Guanxi"的情感性部分(即感情)有助于增加消费者对销售人员的信任,而"Guanxi"的工具性部分(即面子和人情)与信任并无关联。Chou,Cheng,Huang *et al.*(2006)研究发现:(1)与人口统计特征相比,"Guanxi"对团队成员效能具有较好的解释作用:"Guanxi"显著影响团队成员的合作满意感、团队承诺以及工作绩效,而且,不同"Guanxi"网络(非工作"Guanxi"、部门"Guanxi"和团队"Guanxi")具有不同的影响效果;(2)人际信任网络的中心性在 Guanxi 与成员效能之间发挥中介作用。Hogg & Terry(2000)从自我分类理论出发,指出:自我分类对自我和内群体原型产生认知同化的作用,进而产生规范行为、刻板印象、民族优越感、对内群体的积极态度和凝聚力、合作和利他主义、情绪传染和移情、集体行为、共享规范以及相互影响。

2.4.6　自己人研究小结

学者们围绕中国社会人际关系提出了多种分类观点,最为基本则是"自己人/外人"的分类方式。通过梳理和回顾"自己人"的相关研究成果,本书对自己人的理论背景、相关概念的比较及说明以及影响因素等内容进行了总结归纳,这些研究成果为本书提供了以下启示和思考:

(1)关于自己人概念的本土化测量工具有待于进一步完善

赵卓嘉(2009)借鉴认同、内群体等概念测量了"自己人认同"。Stamper & Masterson(2002)通过对个体在组织中地位的评价测量了"感知内部人地位"。周丽芳、郑伯埙和黄敏萍(2002)测量了华人社会的人际关系基础。"自己人"概念操作化测量的成熟量表相对较少。如何将"自己人"概念从理论层面的现象探讨聚焦到组织内部的操作指导及实践应用,是学者们需关注的重要研究方向。鉴于自己人与西方内群体概念的差异,未来研究有必要针对自己人概念开发出适合中国文化背景的本土化测量工具,并在其他以中国人主导的东亚国家(如马来西亚、新加坡)里进行验证和修正,以构建和完善自己人理论研究体系。

(2)自己人现象对员工行为的作用机制分析

中国人根据人际关系的亲疏远近采取不同的交往原则(Hwang,1987),自己人、Guanxi等概念常和偏袒、偏私等联系在一起(Yeung & Tung,1996),在社会领域研究中易受到社会称许性问题的影响。因此,在管理学、社会学和心理学等领域中,自己人现象的相关研究多停留于理论探讨,而实证研究则相对匮乏。管理学的重要意义在于如何将成熟完善的理论应用于组织实践。未来研究有必要将自己人/外人的人际关系分类与组织行为相关理论进行整合研究,针对自己人现象在中国文化下对于组织成员行为的作用机制进行深入探讨。

※ 2.5   团队创新绩效相关研究

团队创新绩效是衡量团队在创新方面取得成果的重要效标变量,而影响团队创新绩效的因素也成为团队创新研究(e.g.,Kratzer,Leenders & Van Engelen,2004,2005;刘惠琴,2007;钱源源,2010)关注的焦点。本节围绕团队创新绩效的概念界定、维度划分与测量、影响前因等内容展开综述,厘清影响团队创新绩效的前因变量,明确团队创新绩效的已有研究进展及尚待探讨的研究问题。

2.5.1   团队创新绩效的概念

创新(innovation)是产品发明或新流程及创意的实施(Evan & Black,1967),也是组织通过一系列系统和程序处理创造性贡献的能力,通过组织成员的新构想得以实现(Wing,2005)。创新与创造力(creativity)是较为接近的两个概念,两者的联系表现在:创造力是创新的种子和基础,组织成员对创新的心理感知会影响个体创意产生的动机,进而影响到员工创造力(Amabile,Conti,

Coon et al.,1996)。两者的区别表现在以下两个方面:(1)内涵范围:创造力是在任何领域里新颖且实用的想法的产生,而创新则是在组织里新颖且实用的想法的执行、实施和采纳(Scott & Bruce,1994;Amabile,Conti,Coon et al.,1996;Cummings & Oldham,1997)。因此,创新包括创意的产生和实施(Anderson,De Dreu & Nijstad,2004)。(2)分析层次:创造力研究多聚焦在个体层次,员工创造力是指个体产生新颖且实用的产品、想法和流程(Cummings & Oldham,1997),而创新则是团队成员间共同努力及合作使新的构想得以实现(Amabile,Conti,Coon et al.,1996;Wing,2005),可在某一个或多个层次上进行分析,如个体任务角色、团队或组织。Cummings & Oldham(1997)运用制造工人的例子生动说明了创造力与创新的差异:制造工人对产品生产线重组的建议是其创造力的表现,而公司创新则体现在他的建议提高了产品的生产效率或质量。

学者们多将创新性作为团队绩效的维度之一进行研究,如 Lovelace,Shapiro & Weingart(2001)对团队绩效从创新性、约束抑制性两个方面具体测量:团队绩效的创新性包括团队产品的创新性、团队提出新构想的数量、团队整体技术绩效以及团队适应变革的能力。Kratzer,Leenders & Van Engelen(2004;2005)将团队绩效分为生产力和创新性两个维度:通过团队成员与从事类似内容工作的其他团队在信息、设备和材料生产等方面的比较来反映出团队生产力,团队创新性是通过让团队成员与从事类似内容工作的其他团队在新构想、方法、发明和应用的数量上的比较来实现。Hagedoorn & Cloodt(2003)从狭义和广义两方面对公司层面的创新绩效进行了界定,狭义创新绩效是指公司将发明引入市场所反映出的结果(如新产品、新系统或新设备引入率),广义创新绩效则包括概念产生,专利和产品研制开发以及新产品引入市场的三阶段过程。钱源源(2010)根据研究对象和研究目的,将团队创新绩效界定为"技术创新团队在执行产品开发、工艺改良、技术方案设计等创新任务过程中,在创新性、质量、时间和成本等方面的目标达成的程度"。

2.5.2　团队创新绩效的维度划分与测量

以往研究中,学者们多从创新对象和创新取得的效果这两类视角对团队(组织)创新绩效进行维度划分和测量。在测量方法上,既有通过员工自评和主管评价的主观测量方法以及通过客观指标的数据收集直接测量团队在创新方面取得的成果,也有通过将团队成员的个体创新绩效进行聚合转化为团队创新绩效的间接测量方法。

从创新对象的视角来看,Evan 及其同事(e.g., Evan & Black,1967;

Damanpour & Evan,1984)利用社会技术系统框架将创新分为技术创新和管理创新:技术创新是指发生在组织技术系统范围内,与组织的主要工作活动直接相关的创新,具体表现为新产品、新服务的实施或生产流程、服务运作中新的要素引入、生产工艺流程改进、产品升级换代等;管理创新是指发生在组织社会系统范围内人们在完成特定目标或任务的互动过程中发生的创新活动,具体表现为招募新员工、分配资源、构造任务、授权、奖酬的新方法的实施等决策过程、合作过程及控制过程中组织结构和人员管理的创新。技术创新又进一步划分为产品创新和流程创新(Prajogo & Ahmed,2006;蔡政宏和张蜜纯,2006;陈淑玲,2006;钱源源,2010)。产品创新是指"在变革中组织产生新想法或新事物,最终由组织以产品或服务的形式提供出来",流程创新是指"组织制造终端产品或服务时采用的创新或传播创新的方式"(Prajogo & Ahmed,2006)。陈淑玲(2006)、蔡政宏和张蜜纯(2006)以及 Prajogo & Ahme(2006)均采用由应答者与同行业主要竞争者相比较后进行评价的方法,对团队(组织)创新绩效的具体测量围绕产品的新颖程度、新产品开发速度、产品服务创新的种类、成本等产品创新相关内容,以及对产品制造流程的设计速度、变革速度等流程创新相关内容展开。

从创新取得效果的视角来看,West & Anderson(1996)从团队创新数量和团队创新质量来评价团队创新,团队创新质量包含突破性(radicalness)、重要性(magnitude)和新颖性(novelty):突破性是指该变革与现状相比的程度,新颖性是指该变革总体的新颖程度,重要性是指变革带来结果的影响程度,三个指标的内部一致性信度 α 值分别为 0.79、0.65 和 0.72。也有学者(e.g.,刘惠琴,2007;刘惠琴和张德,2007)通过结构化访谈、开放式问卷以及已有研究成果归纳出团队创新绩效的二维度:团队创新能力和团队创新行为,刘惠琴(2007)的研究中团队创新能力和团队创新行为的内部一致性信度 α 值分别为 0.82 和 0.84;刘惠琴和张德(2007)的研究中团队创新能力和团队创新行为的内部一致性信度 α 值分别为 0.79 和 0.85。郑小勇和楼鞅(2009)利用因子分析技术证实了团队创新绩效的二维结构:创新有效性和创新效率。钱源源(2010)采用了从创新有效性和创新效率两方面来衡量团队创新绩效的方法,创新有效性和创新效率的内部一致性信度 α 值分别为 0.827 和 0.838。

从测量方法来看,在直接测量上:Kratzer,Leenders & Van Engelen(2004)通过询问团队成员关于团队创新成果的主观评价对团队创新绩效进行直接测量,具体围绕创意产生、方法、途径、发明或应用等内容,团队创新绩效的得分为所有团队成员得分的平均值。也有学者采用客观绩效指标测量团队或组织的创新成果,如 Pirola-Merlo & Mann(2004)对项目创新结果的衡量安排在研究之后的第 6 个月,由项目主管根据两类客观指标(新产品或新工艺流程的数量、项目组的专利数量或专利应用数量)进行填答;Hagedoorn & Cloodt(2003)以四类高新技术行业的 1200 家公司为样本,构建了创新绩效的潜变量测量指标模型,创新绩效包括四个测量指标:研发投入、创新活动规模、发明产出质量和新产品引入程度。在间接测量上,Kratzer,Leenders & Van Engelen(2005)采用团队成员评价和团队主管评价的两种方法从创新团队的生产力和创新性两方面来测量团队绩效,采用 7 点量表,成员评价部分采用团队成员对生产力和创新性的评价得分取均值后求和作为团队绩效的分值,该分值介于 2~14 之间(2=两个维度都很差,14=两个维度都很好);之后,由团队主管对所在团队绩效进行评价,并进行主管评价和成员评价的配对样本 T 检验,分析某些团队的主管评分与成员评分之间是否存在较大差异,进而判断出由团队成员进行评价的团队绩效测量是否有效。

就主观态度测量和客观指标测量两种方式,Amabile(1983,P.360)指出:"对于创新性的精确定义是没有必要的,只要能够确认讨论的整体内容是具有合理的一致性即可",她建议放弃采用客观指标而是采用具有一定效力的主观测量标准。Hagedoorn & Cloodt(2003)指出由于受到行业特殊性质的影响,不同测量指标之间可能存在重叠的内容。刘惠琴(2007,P.39)也指出:不同性质、不同学科之间的绩效结果缺乏统一的度量标准,也难以进行横向比较。Hülsheger,Anderson & Salgado(2009)的元分析则发现团队层面的变量与自我报告式创新测量具有较强的相关关系,而与客观指标及独立测量的创新的相关关系较弱。因此,采用客观指标衡量团队创新绩效是存在一定的局限性的,应谨慎应用该方法。

2.5.3　团队创新绩效的前因

在探讨影响团队创新绩效的因素时,学者们采用了不同的分析思路,最常见的是团队研究领域的"输入—过程—输出(input-process-output,IPO)"理论框架(Guzzo & Shea,1992)。如 West & Anderson(1996)的团队创新 IPO 模型和 West(2002)的团队创新整合模型均以 IPO 模型作为理论构建的逻辑基础,在团队或组织层面探讨影响团队创新的重要因素。刘惠琴(2007)也借鉴了 IPO 模型,她指出:"团队创新绩效受到团队自身因素、组织内部环境及外部环境的直接或间接地影响"(刘惠琴,2007,P.38)。郑小勇和楼鞅(2009)则从团队绩效入手,通过梳理影响团队绩效的因素,进而剥离出影响团队创新绩效的若干因素。Kratzer,Leenders & Van Engelen(2004;2005;2006a)的系列研究分别关注于团队成员的沟通要素、非工作关系(友谊连接)以及任务协作方式对团队创新绩效产生的影响作用。薛继东和李海(2009)整合已有研究成果,对影响团队创新的组织层次要素和团队进程要素进行了梳理。

本书对影响团队创新绩效的前因要素从个体因素、团队(组织)因素、社会文化因素三方面进行归纳:个体因素包括个体创新倾向、个体创新能力和个体行为(创新行为和打破规则行为),团队(组织)因素包括团队规模、团队任期、团队成员多样性等团队构成要素、团队任务特征、领导风格、组织氛围及所处的外部环境等输入要素以及团队成员之间的人际互动等过程要素,文化因素包括中国文化的中庸之道和权威导向,具体见表2.10。

表 2.10　影响团队创新绩效的前因总结

前因	具体变量		代表学者
个体因素	个体创新倾向		Burningham & West(1995);Bunce & West(1995)
	个体创新能力		刘惠琴(2007);郑小勇和楼鞅(2009)
	个体创新行为		刘惠琴(2007)
	责任心		郑小勇和楼鞅(2009)
	知识		郑小勇和楼鞅(2009)
	打破规则行为		Olin & Wickenberg(2001)
团队(组织)因素	团队特征	团队规模	Mullen,Symons,Hu *et al*.(1989);West & Anderson(1996);Jackson(1996);Curral,Forrester,Dawson *et al*.(2001);罗宾斯(2002);杰恩和川迪斯(2005);Kratzer,Leenders & Van Engelen(2005)
		团队建立时间	Katz(1982);West & Anderson(1996);Kratzer,Leenders & Van Engelen(2004)
		团队发展阶段	Katzenbach & Smith(1993)
		成员背景多样性	Hülsheger,Anderson & Salgado(2009);郑小勇和楼鞅(2009)
	任务特征		West(2002);Hülsheger,Anderson & Salgado(2009);钱源源(2010)
	团队(组织)氛围		West & Anderson(1996);刘惠琴和张德(2007);Eisenbeiss,Van Knippenberg & Boerner(2008)
	领导风格		刘惠琴和张德(2007);Eisenbeiss,Van Knippenberg & Boerner(2008)

续表

前因	具体变量	代表学者
团队 (组织) 因素	外部环境	West(2002)
	人际互动	Kratzer,Leenders & Van Engelen,(2004),(2005),(2006b)
	团队行为	刘惠琴(2007);钱源源(2010)
	组织资源及制度	Amabile,Conti,Coon et al.(1996);West & Anderson(1996);Baucus,Norton & Baucus et al.(2008);郑小勇和楼鞅(2009)
文化因素	中庸	杨忠(2006);邱皓政(2002)
	权威导向	邱皓政(2002)

资料来源:笔者根据相关文献整理而得

2.5.3.1　个体因素

Burningham & West(1995)以 13 家石油公司的团队为研究对象,发现个体创新倾向对团队创新倾向具有预测作用。Bunce & West(1995)以 435 名护工为研究对象进行的 17 个月三阶段研究发现:与群体氛围要素相比,个体创新倾向对于工作角色创新的水平和质量都具有较强的预测作用。郑小勇和楼鞅(2009)研究发现团队成员个体要素(如知识、技能和责任心)对科研团队的创新绩效有正向影响。刘惠琴(2007)研究发现团队成员创新能力对团队创新能力的正向影响效果最为显著,团队成员创新行为对团队创新行为的正向影响效果最为显著。Olin & Wickenberg(2001)研究发现:在一些产品开发项目的团队里,团队成员为了能够更自由也更具有创造力的完成工作会表现出放宽和打破规则的行为。

2.5.3.2　团队(组织)因素

创造力工作环境感知概念模型关注于影响创造力发挥的组织工作环境要素,该模型的主要观点是:组织激励、主管激励和工作团队支持,以及工作自主性、足够资源和正面挑战都是对创造力有促进作用的要素,而工作负荷压力以及诸如内部冲突、保守主义、严格正式的管理结构则对创造力有阻碍作用(Amabile,Conti,Coon et al.,1996)。组织创造力与创新成分理论则将组织工作环境和个体/团队创造力整合起来,该理论主要假设是:工作环境要素将影响个体创造力,个体创造力和团队创造力是组织创新的重要来源。该理论最重要的特征是社会环境(工作环境)通过影响个体成分来影响创造力(Amabile,

1997)。以下将从团队特征、任务特征、团队(组织)氛围、领导风格、组织所处的外部环境等输入要素和团队成员之间互动的过程要素来分析影响团队创新绩效的前因要素。

(1)团队特征

团队特征主要包括团队规模、团队建立时间、团队发展阶段以及团队成员背景多样性四方面内容。

学者们在团队规模与团队创新绩效之间的影响关系研究中尚未获得较为一致的研究结论,目前主要有以下三类观点:(a)团队规模与团队创新绩效呈正相关。West & Anderson(1996)指出:团队规模越大,团队成员表现的创新突破性越强。Mullen,Symons,Hu et al.(1989)将这一观点具体解释为:团队规模越大,团队成员的背景越具有多样化特征,更容易产生创意,实现创新的资源也更为丰富。(b)团队规模与团队创新绩效呈负相关。持有这类观点的学者(e.g.,Clark & Fujimoto,1991[①];Curral,Forrester,Dawson et al.,2001;钱源源,2010)指出:随着团队规模的扩大,团队内会出现工作超负荷、社会惰性现象、沟通障碍、决策障碍以及团队进程的其他损耗,团队整体运作过程混乱,团队对创新有更高的需求,团队成员在价值观、动机、经历以及态度上存在的差异将阻碍共享目标和意见达成一致;而较小规模的团队成员在职责分工上相对明确,团队易于整合且更高效工作。因此,较小规模团队的创新绩效更好。(c)团队规模与团队创新绩效呈曲线关系。Jackson(1996)指出:团队规模与创新呈"∩"形的曲线关系。杰恩和川迪斯(2005,P.82)认为:团队规模过大,团队内部会形成竞争性的小团队,而且团队主管可能占用了较多时间使得团队成员没有足够时间表达思想和发挥创意;团队规模过小,不易形成明确的团队目标,也无法保证有足够多的观点实现团队成员的头脑风暴。罗宾斯(2002,P.116)也提出:太小的团队缺乏多样化的观点,太大的团队难以控制成果。Kratzer,Leenders & Van Engelen(2005)的研究证实了团队规模与团队绩效之间呈"∩"形曲线关系。

团队建立时间与团队(创新)绩效之间的关系是团队任期越长,团队(创新)绩效越差,原因在于团队成员在一起工作的时间越久,他们在关键信息资源上的沟通越少,他们与团队外部的沟通也越少(Katz,1982)。其他学者(e.g.,West & Anderson,1996;Kratzer,Leenders & Van Engelen,2004)也指出:在团队成员没有变动的情况下,团队表现出的创新性会随着时间的增长而减少。

---

① 转引自哈里斯,2004,P.99。

Katzenbach & Smith(1993)说明了团队发展阶段和团队绩效之间的关系：团队发展可分为工作群体、伪团队、潜在团队、真团队及高绩效团队五个阶段，团队绩效会随着团队发展的不同阶段而表现出中、低、高的差异[①]。刘惠琴(2007)研究证实了团队发展阶段与团队创新绩效呈"U"形曲线关系。

除了团队规模、团队建立时间和团队发展阶段外，团队成员背景(如年龄、性别或民族)的多样性对团队创新产生负向的影响作用，原因在于团队成员背景多样性会导致成员之间的沟通障碍进而影响团队达成共识(Hülsheger，Anderson & Salgado，2009)。团队结构因素(如学科背景、能力结构及稳定性)对高校科研团队的创新绩效有正向影响作用(郑小勇和楼鞍，2009)。

(2)任务特征

任务相关多样性对团队创新产生正向促进作用(Hülsheger，Anderson & Salgado，2009)。包括任务完整性、多样化需求、社会互动机会、自主性、学习机会及任务发展机会在内的任务特征都会通过影响团队进程而对团队创新绩效产生影响(West，2002；钱源源，2010)。

(3)团队(组织)氛围

在团队(组织)氛围的若干要素中，创新支持和追求卓越氛围是影响团队创新质量的两个重要因素(Eisenbeiss，Van Knippenberg & Boerner，2008)。创新支持是指在工作环境里尝试引入新方法或对原有方法进行改进的实践性支持，表现为团队成员之间的合作以及在新想法的发展和实施过程中的相互协作；追求卓越氛围也称为任务导向，包括关于优秀质量任务产出的共享群体规范、团队成员的高质量承诺、批判性评价、监督以及明确的工作产出标准(West，1990)[②]。创新支持对团队整体创新绩效以及创新的新颖性有正向预测作用(West & Anderson，1996)。团队创新氛围对团队创新绩效也有正向促进的影响作用(刘惠琴和张德，2007)。

(4)领导风格

Eisenbeiss，Van Knippenberg & Boerner(2008)研究发现：在追求卓越氛围高时，变革型领导风格与团队创新呈正相关的关系。刘惠琴和张德(2007)研究证实：魅力型领导能力和行为对团队创新绩效的两个维度(团队创新能力、团队创新行为)均有正向影响作用；与魅力型领导能力相比，魅力型领导行为对团队创新绩效的影响程度更大。

---

① 转引自刘惠琴，2007，P.47。

② 转引自 Eisenbeiss，Van Knippenberg & Boerner，2008。

（5）外部环境

外部需要、威胁和不确定性对团队创新产生影响，具体表现为：时间压力会阻碍以团队成员创造性的方式解决问题，会增加团队成员在工作相关任务（如选择决策）思维方式上的僵硬固化等；过多的工作负荷会增加团队成员的压力，导致更多的缺勤以及离职现象的发生；如果团队或组织处在威胁并且具有不确定性的环境里，那么团队成员可能会增加创新的可能性，以减少不确定性或威胁（West，2002）。

（6）人际互动

Kratzer及其同事围绕团队成员间沟通、亲密度等人际互动情况对团队创新绩效的影响展开了一系列研究，具体研究结论有：团队成员间沟通频率对团队创新绩效有负面的影响效果，过多频繁的沟通会降低团队创新绩效；沟通中心化与团队创新绩效负相关；团队内部形成子群体会产生特定的编码范式和语言而影响整个团队信息处理过程，因此子群体形成对团队创新绩效也有负面的影响（Kratzer，Leenders & Van Engelen，2004）。非工作关系（友谊连接）的频率对团队创新绩效的影响呈"∩"形关系：随着频率的增加，团队创新绩效随之增加，而当频率达到某一临界点后，团队创新绩效开始下降（Kratzer，Leenders & Van Engelen，2005）。团队成员之间亲密度越高，团队创新绩效越好；运用不同沟通模式会促进团队创新绩效的提升（Kratzer，Leenders & Van Engelen，2006b）。

（7）团队行为

刘惠琴（2007）以团队创新能力和团队创新行为来表示团队创新绩效，研究结论之一是团队创新行为是影响团队创新能力的前因要素。钱源源（2010）发现不同类型的团队层次共享型角色外行为对团队创新绩效的创新效率和创新有效性会产生不同的直接和交互作用，以及角色外行为在团队层次的不同构造方式（均值、最小值、最大值和方差）对团队创新绩效的创新效率和创新有效性也有不同的影响效果。

（8）组织资源及组织制度

组织足够的资源（Amabile，Conti，Coon et al.，1996；郑小勇和楼鞅，2009）、恰当的培训及信息系统（West & Anderson，1996；郑小勇和楼鞅，2009）对团队创新绩效产生影响作用。基于群体的奖励制度也是影响群体绩效的重要因素（West & Anderson，1996）。组织的制度规范、规则管理和官僚化流程会阻碍和扼杀员工个体的创造性，组织的奖励体系也会阻碍新奇想法的产生（Baucus，Norton & Baucus et al.，2008）。

Hülsheger,Anderson & Salgado(2009)针对影响创新的团队层次前因要素进行了元分析研究,研究发现:输入要素中的团队构成表现出较弱的效果量,其中背景多样性与团队创新呈负相关关系,目标互依性与团队创新呈正相关,而任务互依性与团队创新则不相关。团队规模与团队创新呈正相关。过程要素变量与团队创新有较强的相关关系,其中创新支持、团队愿景、任务导向和内外部沟通与团队创新都表现出较强的正相关关系。

2.5.3.3　文化因素

中国文化崇尚"中庸之道",员工和主管在面对组织创新和变革可能失败的情况下,往往采用规避的态度,这种消极态度会阻碍组织实现突破和飞跃(杨忠等,2006,P.12)。"去异求同"的文化行为习性现象(如个体在团体中表现出顺服、从众的行为,以及压抑自我、社会焦虑与担忧的倾向)使得个体在发挥创造力时会过多考虑舆论的压力(邱皓政,2002)。人际关系中存在的特殊权威与权力阶层关系直接影响着个体创造力的表现动机,尽管有更好的方法对原有工艺流程进行改造,但个体成员会因为担心挑战权威(即对权威的敬畏)或害怕失败,而采取保守不敢冒险的态度(邱皓政,2002)。杨国枢(1993)将中国人过分重视、崇拜及依赖权威的心理与行为倾向称之为"权威导向"。由以上内容可知,中庸和权威导向都会影响团队在创新方面取得的成果。

2.5.4　团队创新绩效研究小结

通过梳理和回顾团队创新绩效的相关研究成果,笔者从团队创新绩效的概念、维度划分与测量、影响前因等内容进行了总结归纳,这些研究成果为本书提供了以下启示和思考:

(1)团队创新绩效是在团队绩效基础上形成的概念,其概念界定与维度测量有待进一步明确

以往学者多借鉴团队绩效及创新的相关概念,将创新性作为团队绩效的维度之一(e.g.,Lovelace,Shapiro & Weingart,2001;Kratzer,Leenders & Van Engelen,2004,2005)来测量团队创新绩效,内涵界定较为含糊。在维度划分和测量方面,学者们(e.g.,Evan & Black,1967;Damanpour & Evan,1984)根据创新对象的不同将创新分为管理创新和技术创新,但围绕团队创新绩效的相关研究(e.g.,陈淑玲,2006;Prajogo & Ahmed,2006;钱源源,2010)多以技术创新团队为研究对象,关注团队在技术创新方面取得的进展,而忽略了管理创新的绩效评价。此外,在中国文化背景下展开团队创新绩效的相关研究时,有必要针对中国文化特点对团队创新绩效的现有测量量表进行适当修订和调整或根据

实践情况重新开发(刘惠琴,2007,P.19)。因此,本书在界定团队创新绩效的概念时将涵盖技术创新和管理创新两方面内容,以期更为全面、准确地反映出团队创新绩效的含义;然后,编制开发出适合中国文化背景下团队研究的团队创新绩效测量量表。

(2)分析社会文化因素对团队创新绩效的影响作用,尝试构建团队创新绩效的多重因素跨层次整合模型

目前,学者们多采用 IPO 模型框架,分析了个体因素以及团队(组织)因素对团队创新绩效的影响作用;相比而言,文化因素对于团队创新绩效的影响效果多停留在理论探讨阶段,相关的实证研究相对匮乏,而社会文化因素与影响团队创新绩效的其他前因之间的交互作用对团队创新绩效的影响效果也是值得进一步探索的方向。因此,未来研究可将团队创新绩效的各层次前因要素进行整合,在中国文化背景下分析各层次前因要素的直接影响作用以及要素之间的交互作用,构建出团队创新绩效的多重因素跨层次整合模型。

第3章　研究设计与整体思路

本章首先回顾以往研究取得的进展,以及后继研究有待拓展的空间,并在此基础上聚焦归纳出本书拟解决的研究问题;然后,将本书所涉及的关键概念进行清晰界定,为后继的操作化测量奠定基础;最后,明确本书分析问题的理论出发点,构建完整的研究模型,为接下来的两个子研究的展开厘清总体逻辑思路。

※ 3.1　以往研究取得的进展

以往研究围绕组织支持、激励、员工行为及团队创新绩效的概念、维度划分及测量、影响因素及作用机制展开了一系列的理论探索与实证分析。结合本书拟研究的主题,当前相关领域的研究进展主要集中在以下五个方面:

(1)感知组织支持的维度结构从单维观发展到多维观,关注于影响因素的作用方向和作用强度的比较

随着组织支持理论研究的逐步深化,感知组织支持的维度结构从最初的单维度结构(Eisenberger,Huntington,Hutchison *et al.*,1986)逐步发展为根据支持性质(McMillan,1997)、支持来源(陈志霞,2006;Huffman,Watrous-Rodeiguez & King,2008)及支持内容(凌文辁、杨海军和方俐洛,2006)进行划分的多维度结构;从单独分析各因素与感知组织支持之间的关系到比较各因素对感知组织支持的影响作用的方向和作用强度(Rhoades & Eisenberger,2002),形成了若干全面而稳定的研究结论。

(2)激励理论从单一学科内的独立研究发展到多学科的交叉融合

自17世纪以来,从心理学视角提出"享乐观"起,激励理论的发展已走过了近400年的历史。根据西方学者们研究重点的不同,现有激励理论主要分为三大类:内容型激励理论、过程型激励理论和行为修正型激励理论。学者们从激励引起行为的原因(Ryan & Deci,2000;Gagné & Deci,2005)、激励作用方向(Rothbart,1968;毕雪阳,2010)、激励内容(Goulet,1994;李垣和刘益,1999;俞

71

文钊,2006)等多个视角切入,分析了激励的内部结构,以及不同类型激励对个体创造力(Amabile,Hill,Hennessey *et al*.,1994;Amabile,Conti,Coon,*et al*.,1996;Amabile,1997)的影响效果,还对激励理论在组织内应用的跨文化适用性展开了若干探讨和实证性研究(e.g.,Hofstede,1993;罗宾斯和库尔特,2008;彭贺,2009)。激励理论在研究内容和研究方法上均表现出心理学和管理学两大学科的交叉融合。Steers,Mowday & Shapiro(2004)也指出:近年来,围绕组织内的工作激励相关研究呈现下降趋势。

(3)从不同研究视角切入,员工行为的研究焦点从单一行为的研究发展到不同行为作用效果比较,研究层次由个体层次扩展到群体层次

随着组织公民行为相关研究的逐渐深入和完善,以及反生产行为逐渐成为研究关注的热点,员工行为相关研究从单一行为(如任务表现或组织公民行为)的影响效果分析发展到不同行为(任务表现与组织公民行为,或组织公民行为与反生产行为)的作用效果的比较,其中,从正(组织公民行为)反(反生产行为)两方面来对比不同类型员工行为对组织产生的影响的相关研究成果(e.g.,Kelloway,Loughlin,Barling *et al*.,2002;Miles,Borman,Spector *et al*.,2002;Spector & Fox,2002)较为丰富。在研究层次上,员工行为相关研究从个体层次逐渐发展到群体(团队)层次,如:群体反社会行为(Robinson & O'Leary-Kelly,1998)、群体帮助行为(Ng & Van Dyne,2005)、团队帮助行为和团队建言行为(钱源源,2010)。

(4)"自己人"概念从理论探讨到结构分析,逐渐引入到组织行为的研究领域

从自家人—外人的"差序格局"(费孝通,1998)、工具性—混合性—情感性关系的"人情与面子"理论模型框架(Hwang,1987)、家人—熟人—生人的社会取向观点(杨国枢,1993)、人情—人伦—人缘的三位一体人际模式(翟学伟,1993)到关系矩阵模型(杨宜音,1995)以及动态人际学观点(杨中芳,2000),学者们围绕中国人的人际关系分类展开了一系列深入透彻的分析探讨。究其本质,中国人的人际关系是基于自己人—外人的二分框架下构建而成。以往相关研究从社会文化角度入手,探讨了"自己人"现象对社会及组织内人际关系的影响(如郑伯埙,1995;杨宜音,1999,2001;彭泗清,1999),借鉴西方相关概念并结合中国文化特点开发测量量表(如赵卓嘉,2009),将该现象由理论探讨发展到操作化实践并应用于组织行为相关研究中。

(5)从个体、团队(组织)及文化三方面分析了影响团队创新绩效的前因要素

学者们主要采用了团队研究领域的"输入—过程—输出(IPO)"的理论框架作为理论构建的逻辑基础,从个体、团队(组织)以及社会文化三方面识别出影

响团队创新绩效的因素。个体因素包括个体创新倾向(Burningham & West,1995;Bunce & West,1995)、个体创新能力(刘惠琴,2007;郑小勇和楼鞅,2009)、个体创新行为(刘惠琴,2007)和个体打破规则行为(Olin & Wickenberg,2001);团队(组织)因素包括团队规模(West & Anderson,1996;Curral,Forrester,Dawson et al.,2001;Kratzer,Leenders & Van Engelen,2005)、团队建立时间(West & Anderson,1996;Kratzer,Leenders & Van Engelen,2004)、团队发展阶段(Katzenbach & Smith,1993)[①]、团队成员背景多样性(Hülsheger,Anderson & Salgado,2009)等团队构成要素、任务特征(Hülsheger,Anderson & Salgado,2009;West,2002)、团队(组织)氛围(West & Anderson,1996;刘惠琴和张德,2007;Eisenbeiss,Van Knippenberg & Boerner,2008)、领导风格(刘惠琴和张德,2007;Eisenbeiss,Van Knippenberg & Boerner,2008)、所处外部环境(West,2002)、人际互动(Kratzer,Leenders & Van Engelen,2004,2005,2006b)、组织资源(Amabile,Conti,Coon et al.,1996;郑小勇和楼鞅,2009)及组织制度(West & Anderson,1996;Baucus,Norton & Baucus et al.,2008);文化因素包括中国文化的中庸思想(杨忠等,2006;邱皓政,2002)以及权威导向(邱皓政,2002)。

※ 3.2　后继研究有待拓展的空间

在总结和回顾已有相关研究取得的成果和贡献的同时,我们也需看到有待进一步探讨和解决的问题。后继研究应基于前人研究,在以下方面展开相关研究设计,以促进相关研究领域的发展和完善。

(1)基于多维观视角,对感知组织支持维度划分进行系统梳理和实证分析,并以此为基础比较感知组织支持对员工态度及行为的影响关系

对感知组织支持持有单一维度观点的学者将感知组织支持与感知主管支持作为两个独立概念进行研究,对感知主管支持的测量完全借鉴感知组织支持测量量表(e.g.,Eisenberger,Stinglhamber,Vandenberghe et al.,2002;Maertz,Griffeth,Campbell et al.,2007),仅仅在测量条款的主语上存在差异,此种测量方法会引起共同方法偏差(Shanock & Eisenberger,2006)。而持有多维观的学者们在感知组织支持的维度结构划分上存在一定程度的交叉重叠甚至遗漏。众所周知,组织是由人、财、物、信息、制度等要素共同构成的有机集合。"组织

---

① 转引自刘惠琴,2007,P.47。

人格化"(Levinson,1965)观点将主管视为组织的代表或代理人,员工对于主管对其的支持也视为组织对其的支持(Rhoades & Eisenberger,2002),主管对员工的支持和关心被理解为主管受到组织的驱使而为(Huffman,Watrous-Rodeiguez & King,2008)。因此,未来研究应进一步厘清感知主管支持与感知组织支持之间的关系,将感知组织支持的内部结构进行全面系统地梳理整合。此外,Huffman,Watrous-Rodeiguez & King(2008)指出:主管支持和同事支持对员工的作用影响差异比较的研究相对较少。因此,未来研究有必要沿着感知组织支持多维观的思路,针对不同类型的感知组织支持对员工态度及行为表现的影响效果的差异进行分析比较,以丰富感知组织支持的研究框架和研究内容。

(2)结合中国文化特点对组织激励进行概念界定和内部结构的探索,深入剖析和比较组织激励的不同作用效果

学者们从激励引起行为的原因、激励作用方向、激励内容等角度分析和探讨了激励的内部结构以及不同类型激励对于个体态度和行为的影响。激励的不同分类标准之间(如激励内容与激励方向)存在交叠,在某些分类标准(如激励来源)存在遗漏。此外,文化因素对激励的内部结构以及作用效果的影响方面有待进一步探讨和论证。Ambrose & Kulik(1999)指出:未来的激励研究应关注群体和文化因素对激励作用的效果,将激励理论框架与员工行为和态度变量的研究结合起来开展实证研究。因此,未来研究可考虑将激励的不同分析视角整合在一起,融入中国文化特征,全面剖析组织激励的构成要素;将激励理论应用于组织行为研究领域,进一步探讨组织激励对个体成员态度和行为的作用机制,以及组织激励影响团队(群体)成员的态度和行为,进而影响团队绩效的跨层次作用过程。

(3)突破以工作角色边界作为员工行为划分标准的传统分类方式,结合中国文化特色探讨员工行为的内在构成

中西方文化下组织成员对于工作角色的认知判定是存在差异的,原因在于西方员工是在组织范围内进行自我认定和身份识别,而中国组织内的员工则将自身纳入到更高层次的社会体系中,如儒家思想中"五伦"关系是隐含于宏观社会体系下而非微观的组织情境中。中国人习惯将工作角色和生活角色融合在一起,角色内与角色外之间边界模糊,不同于西方"工作是工作,生活是生活"的界限分明观念。可以通过帮助同事的助人行为以及加班行为来进一步理解中西方文化对于员工行为的认知判断产生的影响差异:助人行为在西方文献中多作为组织公民行为的一个维度进行研究,同事仅被视为工作角色,而在中国,同

事还扮演朋友、邻居和社区成员的角色,除了工作相关事宜外,帮助同事还会涉及帮助其解决生活困难,排解其工作的后顾之忧(Farh,Zhong & Organ, 2004)。再以加班行为为例,西方员工认为加班属于工作任务角色规定之外的事情,因此,他们可以拒绝加班要求,从事加班的行为属于角色外行为;而在中国,经常出现的情况是:由于任务量大和工期紧等原因,下属会为了赶进度而加班;还有一种情况是:到了下班时间,由于领导还在继续工作,下属即使无事可做也会留下来加班,此时加班发挥着拉近下属与上司之间关系的纽带作用,那么对于中国员工的加班行为究竟是角色内行为还是角色外行为是无法做出明确结论的。因此,在中国文化背景下,员工行为的相关研究不能单纯沿用西方工作角色内/外行为的分析思路。应尝试突破"角色"的内外边界,结合中国典型文化特色如"人情"、"面子"等要素对中国组织内员工行为进行考量,以使研究结论更具有现实指导作用。

(4)深入剖析群体行为对群体绩效的作用机理,挖掘与考察影响两者关系的情境因素

就已有研究来看,学者们逐渐开始关注于群体层次行为对群体绩效的作用影响,主要围绕群体帮助行为(组织公民行为)与群体绩效两者之间的关系展开,研究结论之间存在较大分歧,如:Podsakoff & MacKenzie(1994)以保险代理部门为研究对象,发现帮助行为在单元(部门)层次的平均值对单元绩效有负向影响的作用;Dunlop & Lee(2004)以快速消费品的销售部门为研究对象,得出"群体层次的针对组织的组织公民行为(OCBO)对由部门主管评价的部门绩效没有预测作用"的研究结论;Ng & Van Dyne(2005)以学生为研究对象,发现帮助行为在群体中的均值与群体绩效之间呈曲线关系;Bachrach,Powell, Collins et al.(2006)采用实验方法,发现:群体帮助行为与群体绩效之间的关系受到任务互依性的调节作用。笔者认为:群体帮助行为(组织公民行为)与群体绩效之间关系不稳定的原因可能有以下两方面:(1)由研究背景(或组织情境)以及研究对象的差异所引起;(2)两者之间的关系可能受到个体、群体或文化要素的影响,即两者的关系可能受到某些变量的调节作用。因此,未来研究就群体组织公民行为与群体绩效之间的关系可展开一系列深入研究,纳入影响其关系的边界条件,尤其是结合中国社会文化背景,挖掘与考察某些特殊情境因素的影响作用。

大部分学者将群体行为视为共享型构念,采用均值法作为群体行为操作化测量方法,在多项团队层次以及跨层次研究中进行了应用。群体行为既包含群体成员共有的、一致的部分,也包含群体成员特有的、各异的部分(钱源源,

2010),因此,群体行为既可能作为群体内共同现象存在,也可能由个体以多重、复杂的方式形成。由个体层次构念聚合转化成群体层次构念主要有四种操作化测量方法:均值法、最小值法、最大值法和方差法(Day,Arthur,Jr.,Miyashiro et al.,2004;Bell,2007;钱源源,2010)。仅采用均值法(简单聚合加总后平均)会忽视群体内部的差异,造成重要信息的缺失(Barrick,Stewart,Neubert et al.,1998)。例如,群体内个体成员并不总是贡献相同数量的帮助行为(Ng & Van Dyne,2005),因此,采用均值法作为群体帮助行为的操作化测量方法有不妥之处。未来研究应结合群体特征分析和识别不同构成方式的群体行为对群体绩效的影响作用(作用方向和作用强度),探讨多种类型群体行为与群体绩效之间的关系,构建出群体行为作用机制的整合研究模型,以揭示出不同类型群体行为对群体绩效的作用规律。

※ 3.3　本书拟解决的问题

结合以往研究成果以及文献回顾中的启示及思考,笔者归纳出本书拟解决的具体问题。已有研究的丰硕成果为后继学者拓展了研究思路,笔者从中选择了部分内容,作为本书拟解决的关键问题。

(1)聚焦于组织支持的不同来源,认识和把握中国文化背景下感知组织支持的内在结构特征及其对员工行为的影响和作用机理

尽管学者们在感知组织支持的概念、维度划分及测量方面已形成了较为成熟的研究结论,但笔者通过小规模访谈及文献阅读发现,中国文化背景下员工感知到的组织支持具有组织制度、主管及同事三个来源。本书拟对以往研究中忽视的来自组织制度的组织支持予以关注,同时结合领导风格理论以及多样性分类系统的相关内容,丰富感知主管支持的概念内涵,全面考察中国员工感知组织支持的内在构成,理清感知组织支持与感知主管支持之间的关系;在此基础上,分析组织支持来源与员工行为对象之间的匹配效应,探明不同来源的感知组织支持对不同对象的员工行为的影响作用。此外,融入中国文化中的"自己人"现象,分析自己人感知在感知组织支持与员工行为之间影响关系中可能发挥的调节作用,明确其边界条件以提供有效的管理指导及实践操作。

(2)结合不同视角对组织激励进行概念界定和维度划分,并探析不同类型组织激励对针对组织的循规行为、破规行为及针对同事的帮助行为的作用机理

管理理论的应用受到国界限制和影响,因此,激励理论在美国之外的情境下的适用性是值得进一步深入分析和思考(Hofstede,1993;罗宾斯和库尔特,

2008)。本书拟结合中国文化要素,聚焦于多重分析视角,提出组织激励的综合性定义,构建整合式组织激励理论框架并进行实证研究的验证,比较不同类型的组织激励对员工行为的影响差异。基于双因素理论中保健因素和激励因素的观点,将感知组织支持与组织激励纳入到员工行为影响因素的整体分析框架中,以探索和比较不同类型的感知组织支持、组织激励对员工行为的作用规律。此外,融入中国文化中的"自己人"现象,分析自己人感知在组织激励与员工行为之间影响关系中可能发挥的调节作用,以提高组织激励在实践中的应用效果。

(3)突破角色内外边界划分,探讨员工行为的具体类型

根据前述分析,中西方文化背景下,组织成员对于具体行为表现的认知判断是存在差异的。在西方文化背景下归属为角色外行为的某些员工行为在中国组织内则会被认定为角色内行为,或由于角色内外边界模糊而无法对某一类型的员工行为做出角色内行为或角色外行为的归类判定。因此,角色内/外行为的划分标准并不完全适用于中国组织内的员工行为研究。本书借鉴 Willams & Anderson(1991)的分析思路,从行为对象(针对组织或针对组织成员)视角出发,将员工行为归纳为两大类:针对组织的循规行为和破规行为和针对个体(组织成员)的帮助行为。其中,破规行为借鉴组织公民行为和反生产行为的分析思路,将其分为正面破规行为和负面破规行为;在分析帮助(同事)行为时,结合中国文化中人情要素的影响作用,将帮助行为分为顺水人情型帮助行为和额外奉献型帮助行为两类,为构建"感知组织支持、组织激励→员工行为→团队创新绩效"的整体模型奠定理论基础。

(4)结合研究对象特征,分析并比较不同构造方式的团队行为对团队创新绩效的影响

由于研究背景、研究对象及研究边界条件的不同,以往研究就群体行为与群体绩效之间的关系得出了不同的研究结论。本书拟根据多层次理论,结合研究对象的具体特征,分别分析共享型和形态型团队行为对团队创新绩效的影响,采用不同方法(均值、最大值、最小值、方差)作为团队行为的操作化测量方式,以全面深入分析团队行为对团队创新绩效的作用机制,确认促进团队创新绩效提升的内在动因。

以上四个方面的问题源自不同研究领域,但又有机整合并贯穿到本书的整体研究中:本书对感知组织支持和组织激励的概念界定和维度分析,以及探讨员工行为的具体类型,为进一步深入分析感知组织支持、组织激励影响个体行为的作用机制提供理论基础,前三个研究问题共同构成了研究一的内容。本书

还从个体层次扩展到团队层次分析,进一步探究个体行为以不同构成方式聚合而成的团队行为影响团队创新绩效的作用机制,研究问题四即为研究二的关注重点。

�֎ 3.4　基本概念界定

概念是建立科学研究的基石,概念代表着科学研究中的现象以及观察到的结果(杨国枢,2006,P.12)。由于研究目的及研究视角的不同,本书的核心概念——感知组织支持、组织激励、循规行为、破规行为、帮助行为、自己人感知和团队创新绩效在以往研究中采用了不同描述方式。因此,笔者将本书所涉及的概念进行清晰界定,以避免由于不同命名方式对同一概念造成的误解,也为概念的操作化测量奠定理论基础。

3.4.1　感知组织支持

感知组织支持是研究员工与组织之间关系的关键变量之一。Eisenberger,Huntington,Hutchison et al.(1986)将感知组织支持界定为"员工感受到组织重视其贡献和关心其利益的程度的总体看法"。McMillan(1997)指出Eisenberger,Huntington,Hutchison et al.(1986)对感知组织支持的界定仅考虑了情感性支持而忽略了工具性支持的内容。凌文辁,张治灿和方俐洛(2001)的研究发现感知组织支持由生活支持和工作支持两个因子共同构成。陈志霞(2006)从四个层次(狭义、相对狭义、相对广义和广义)对感知组织支持进行了界定,狭义层次上与 Eisenberger,Huntington,Hutchison et al.(1986)的内涵界定相同,相对狭义层次的感知组织支持包含情感性支持和工具性支持,即与McMillan(1997)的观点是一致的,相对广义的感知组织支持是在相对狭义的组织支持感的基础上增加了上级支持和同事支持,强调了感知组织支持的不同来源,广义的感知组织支持则涵盖了组织责任等内容。

本书对以往学者的定义进行总结归纳,将感知组织支持从支持来源的角度加以界定,感知组织支持是指员工感受到来自其所在组织的规章制度、主管以及同事重视其贡献、关心其利益、关注其现有工作任务和长远发展的知觉程度。

关于感知组织支持的维度结构主要存在两种观点:单维度结构和多维度结构。Eisenberger 及其同事的相关研究(e. g., Eisenberger, Huntington, Hutchison, et al., 1986; Rhoades & Eisenberger, 2002; Eisenberger, Stinglhamber,Vandenberghe et al.,2002)均支持单维度观点。Eisenberger,

Huntington, Hutchison et al. (1986)将组织作为员工感知支持的唯一来源,尽管 SPOS(感知组织支持量表)中出现了以领导为主语的题项,但所有条款的内容都围绕组织作为整体在处理组织与员工之间雇佣关系时表现出的若干行为展开,删除 SPOS 里的某个指标并不会改变量表整体的完整性。因此,Eisenberger, Huntington, Hutchison et al. (1986)的感知组织支持概念作为单维度构念是反映型指标。员工感知到来自主管的支持则用"感知主管支持"这一概念表示,学者们(e.g., Maertz, Griffeth, Campbell et al., 2007; Eder & Eisenberger, 2008)将感知组织支持与感知主管支持作为两个构念进行比较研究,感知主管支持的测量借鉴了 SPOS 的内容。持有感知组织支持多维度结构观点的学者们则从支持性质、支持来源和支持内容等角度对感知组织支持进行了划分:从支持性质来看,可分为情感性支持和工具性支持(e.g., McMillan, 1997; 陈志霞(2006)的相对狭义组织支持感);从支持来源来看,可以分为组织支持、上级支持和同事支持(e.g., 陈志霞(2006)的相对广义组织支持感; Huffman, Watrous-Rodeiguez & King, 2008);从支持内容来看,可分为工作支持和生活支持(e.g., 凌文轻, 张治灿和方俐洛, 2001)。从两大观点的内容和影响来看,单维度观点是将感知主管支持和感知组织支持视为两个独立概念,感知组织支持是从狭义层次对其内涵进行的界定,而多维度观点则从多样化视角将这一概念进行了整合。

无论单维观还是多维观,笔者认为均有值得进一步深入思考的地方:单维观将感知组织支持和感知主管支持视为两个独立概念,但感知主管支持的测量借鉴感知组织支持量表(SPOS),仅将测量条款中的"组织"一词替换为"主管"(e.g., Eisenberger, Stinglhamber, Vandenberghe et al., 2002; Stinglhamber & Vandenberghe, 2003; Maertz, Griffeth, Campbell et al., 2007),这种测量方法会引起共同方法偏差(Shanock & Eisenberger, 2006);而多维观的不同分类视角之间存在交叉重叠,而且就支持来源这一分类方式而言,将感知组织支持分为组织支持、主管支持和同事支持的这一划分方式里也是存在着内容的重叠,原因在于组织是由人、财、物、信息、制度等要素组成的有机集合。

从广义来看,组织制度、主管及组织成员共同构成了组织这一有机体,组织制度是要求组织成员共同遵守的行为准则,也是指导组织成员开展具体工作的办事规程、基础和保证;主管则对下属行为和绩效结果进行监管和评价;组织成员各尽其责和协同合作以实现组织目标。组织制度支持、主管支持和同事支持均属于员工感知到的组织支持的范畴之列。因此,本书将感知组织支持从支持来源上划分为感知组织制度支持、感知主管支持和感知同事支持。本书将**感知**

组织制度支持界定为员工感知到所在组织的规章制度、行为准则和程序规定对员工完成规定任务提供信息和资源以及对其长远发展提供的必要协助和保障的程度。

"组织人格化"观点强调组织是具有生命力的完整实体。组织通过其代理人(主管)的行为将组织的意愿表达出来,组织对其代理人(主管)的行为负责,对那些描述员工任务相关行为的政策和规范的实施负责,对其代理人施加权力的影响负责(Levinson,1965;Eisenberger,Huntington,Hutchison et al.,1986)。中西方社会对于员工与组织的雇佣关系存在着认知上的差异:传统中国人习惯以"人际"方式来评价雇佣关系,员工通过与具有权力的个体尤其是其直接主管的交往来获得有价值的资源和机会,而西方社会则将雇佣关系建立在组织结构和体制上(Hui,Lee & Rousseau,2004)。因此,本书认为,在中国组织情境里,感知主管支持是感知组织支持的主要内容之一。

Yukl(1998)指出存在三种领导风格:魅力型、任务导向型和关系导向型[①]。魅力型领导也称为愿景型领导,此类型领导参与到有计划的冒险行为,强调支配性愿景的建立以及群体认同的重要性,获得下属的较高期望;任务导向型领导设置较高但具有可行性的目标,通过有效分配资源和对下属授权来实现目标;关系导向型领导则被描述为尊重下属成就,怜悯下属失败,倾听和信任下属,以表彰和感激的方式对下属予以认可(Cohen,Solomon,Maxfield et al.,2004)。Bass & Avolio(1993)指出这三类领导风格之间存在重叠,不是完全相互排斥的。王辉,忻榕和徐淑英(2006)采用定性和定量结合的方法,建构了中国企业 CEO 领导行为的二阶因子结构模型:中国企业 CEO 领导行为包括任务导向行为和关系导向行为。Maznevski(1994)将任务导向型体系和关系导向型体系作为多样性分类系统的区分标准:任务导向型体系中各组成要素的特点与组织成员的个体角色和任务相关,关系导向型体系中各组成要素都是成员本身固有的。因此,本书结合领导风格理论以及多样性分类系统的相关内容将感知领导支持进一步细化为感知主管任务导向型支持和感知主管关系导向型支持,将**感知主管任务导向型支持**界定为员工感知到的主管为其设置工作量的合理性、提供必要信息以及工作自主性、关注其对工作的意见和看法的程度;将**感知主管关系导向型支持**界定为员工感知到的主管愿意倾听和信任他/她,尊重其工作成就和价值观、帮助其排解工作及生活上的压力,并与其建立良好人际互动的程度。

----

① 转引自 Cohen,Solomon,Maxfield et al.,2004。

Farh,Zhong & Organ(2004)指出:在北美,由于同事被界定为工作角色,帮助行为进而被界定为在工作相关的事情上对同事提供帮助;而中国是具有高权力距离和高集体主义倾向的国家,深受儒家思想影响,同事也被认为是朋友、邻居和社区成员,发生在中国组织里的帮助行为还会包括纯粹个人层面的内容,如帮助同事解决家庭矛盾或照顾生病的同事。因此,本书将感知到的同事支持划分为工作支持和生活支持,将**感知同事工作支持**界定为员工感知到同事在其完成规定任务及与任务相关的其他方面提供意见、必要信息、资源以及配合协助的程度,将**感知同事生活支持**界定为员工感知到同事关心其利益,缓解其压力,帮助其解决生活困难的程度。

由以上论述可知,本书将感知组织支持划分为感知组织制度支持、感知主管任务导向型支持、感知主管关系导向型支持、感知同事工作支持、感知同事生活支持五种类型。

罗胜强和姜嬿(2008a)指出多维构念与它的各维度之间有三种可能的方式:潜因子型多维构念(latent multidimensional construct,LMC)、合并型多维构念(aggregate multidimensional construct,AMC)和组合型多维构念(profile multidimensional construct,PMC)。在潜因子模型中,多维构念是其各个维度产生的根源,用各维度背后的共同因子来表示整个构念;在合并模型中,多维构念是各个维度按照某种方式组合的产物或结果,可以表示为所有维度的线性函数;而组合模型中的整体构念是各个维度以不同方式交叉得到的组合。本书将感知组织支持视为合并型多维构念,原因在于组织制度、领导和同事共同构成了员工感知到组织支持的主要来源,感知组织支持不是五种类型之间存在交叠的地方(即交集),也不是根据某种组合方式获得的维度种类,五种类型的所有方差都是该构念的真实方差。

3.4.2　组织激励

从要素视角来看,激励是推动和诱发个体行为的一系列内部外要素(Locke & Latham,2004)。从过程视角来看,激励是由于个体受到内外部刺激而使行为方向、强度和持久性发生改变的过程(俞文钊,2000;Steers,Mowday & Shapiro,2004;Gagné & Deci,2005)。在这一过程中,个体做出自愿行为的选择(Vroom,1964),个体与其所处的环境之间也发生互动影响(Latham & Pinder,2005)。学者们在微观组织内研究激励问题。李垣和刘益(1999)将组织激励界定为"组织内各行为主体相互提供诱因以换取其他行为主体为其目标实现贡献的行为过程",而"组织激励机制是组织为达到激励效果设计出的规定、方法等总和"。王云访和岳颖(2008,P.15)将组织激励描述为"组织通过设计适当的外部奖酬形式和工作环境,以一定的行为规范和惩罚性措施,借助信息沟通来激发、引导、保持和归化组织成员的行为"。由以上观点可知,组织激励的主体通过激励要素对激励客体施加影响。激励主体既包括规章制度和行为规范,也包括组织的代理人——主管,激励客体多为组织成员。

根据研究目的,本书关注于微观组织内的激励对于个体行为的作用机制,从要素视角分析组织激励[①],将**组织激励**界定为组织规章制度等显规则、行为规范和道德标准等潜规则及主管从物质和精神方面为组织成员提供的奖惩刺激要素,以实现激发、引导和约束组织成员的行为的目的。

本书将组织激励视为组合型多维构念。在阐述原因前首先对组合型多维构念的相关内容做以简要介绍。如前所述,组合型多维构念是多维构念的类型之一。关于这一类型多维构念有多个实例,比如 Tsui, Pearce, Porter *et al.*(1997)提出组织内四种类型雇佣关系,就是由两个维度(雇主对员工"期望的贡献"和雇主对员工"提供的诱因")相互交叉所得。四种雇佣关系分别为:相互投资型(诱因和期望都高)、过度投资型(诱因高,期望低)、投资不足型(诱因低、期望高)、准现货契约型(诱因和期望都低)。与此类似的,由两个维度交叉组合形成的多维构念还有工作偏离行为和反生产行为。Robinson & Bennett(1995)按照行为对象(人际/组织)和严重程度(高/低)两个维度划分出四种工作偏离行为;Rotundo & Xie(2008)根据行为对象(人际/组织)和任务相关性(高/低)两个维度划分出四类反生产行为。此外,还有根据多个维度交叉组合形成的多维构念,如 Myers-Briggs 人格类型指标(Myers-Briggs type indicator,MBTI)(Myers,1962),MBTI 将个体人格用四个维度进行分类,分别是:外向(E)/内向(I)维度、感觉(S)/直觉(T)维度、情感(F)/思维(T)维度,以及判断(J)/知觉(P)维度,通过四个维度的不同组合形成了 2^4 即 16 种可能存在的人格类型,每种类型的个体均表现出不同于其他类型个体的特征[②]。

李垣和刘益(1999)指出组织激励机制由激励源(对特定对象提供诱因的实施者)、激励对象(组织中各种诱因的接受者)、激励内容(诱因载体,包括有形物质财物、成文规章制度以及无形的情感信息)、激励方式(实施激励的方法)以及激励环境(实施激励的内外条件)等要素共同构成,但他们并未对组织激励机制

[①] 组织激励在管理学和经济学中均有着重要的研究意义,管理学强调各种复杂的心理过程,经济学则将注意力集中在契约设计方面,将契约各方归入一个委托-代理模型中(李小宁,2005)。本书从管理学角度来对组织激励进行界定并开展后继的相关内容研究。

[②] 转引自罗胜强和姜嬿,2008a,P.281-282。

做出具体细分和实证研究。本书借鉴李垣和刘益(1999)的激励源及激励诱因载体的划分思路、行为修正观点的正激励和负激励,并结合社会评价模式的相关内容,将组织激励从四个角度进行分析细化,并组合成为 16 种组织激励类型。罗胜强和姜嬿(2008a)指出:当多个维度都发挥作用时,不能仅用一个因子来代表某一构念,也不能将这两个维度合并起来表示该构念,而是应该采用组合方式即组合型多维构念来表示,只有确定了由其各维度所代表的特征以不同方式组合所形成的类型时,这个构念才成为真正的组合型多维构念。因此,本书将组织激励视为组合型多维构念,从四个分类视角对组织激励展开具体分析。

(1)分类视角一:激励内容——物质(material)和精神(spiritual)

学者们对具有激励作用的刺激体系(incentive system)采用了不同的分类方式,如 Urbanski(1986)将其划分为金钱、旅游制度、奖品等实物奖励以及表扬等精神奖励。Abratt & Smythe(1989)则从货币性刺激和非货币性刺激两方面展开讨论:货币性刺激包括佣金、奖金、利润分享及其他形式的现金奖励,非货币性刺激则包括奖品、旅游奖励和销售竞赛等内容。Greenberg & Liebman(1990)提出了物质性刺激、社会性刺激和活动性刺激三种分类方式:物质性刺激包括薪酬、股权计划、舒适的办公环境、级别关联的额外津贴以及使用技术和信息的途径;社会性刺激也称为社会强化物,包括公司、同事、顾客和竞争者的认同;活动刺激则是指一些新挑战和机会。Goulet(1994)指出物质刺激是那些易察觉的奖励和惩罚,包括金钱、服务以及具体奖品(奖金)的提供以及监禁、罚款、某些物品的剥夺,精神刺激则包括荣誉、地位以及排斥和公开羞辱等的非物质性奖励和惩罚。李垣和刘益(1999)从激励的诱因载体出发,指出组织激励包括有形物质财物、成文规章制度以及无形的情感信息等内容。俞文钊(2006)归纳出两种激励模式:物质激励模式和精神激励模式,其中精神激励模式包含感情激励的内容。物质激励是以物质刺激形式作为鼓励员工的手段,精神激励即用精神因素来激励员工,如企业精神与企业文化就是精神激励的一种特殊形式,感情激励是以人际间的感情联系为手段的激励模式(俞文钊,2006,P.190-212)。基于此内容,俞文钊(2006)提出了适用于我国社会主义初级阶段的主要激励理论与模式——同步激励论(synchronization motivation theory),该理论强调只有将物质激励与精神激励,以及根据人的自然需要与社会需要而采取的激励措施,有机、综合、同步地实施时,才能取得最大的激励效果(俞文钊,2006,P.148)。由以上论述可知,从激励的内容来看,组织激励分为物质激励和精神激励两大类,物质激励主要表现为奖金、佣金、股权、奖品、旅游以及罚款、没收等货币性奖励和惩罚,精神激励则包括表扬、晋升、批评以及换岗、降级等内容。本书将**物质激励**界定为组织提供奖金、股权、奖品或降低福利待遇、罚款以及某些物品的剥夺等实物性质的奖励和惩罚措施,以激发、引导和约束组织成员的行为;将**精神激励**界定为组织提供荣誉奖项、表扬鼓励或对员工批评、职位变动、排斥、公开羞辱等精神因素的奖励和惩罚措施,以激发、引导和约束组织成员的行为。

(2)分类视角二:激励来源——规则(regulation)和主管(supervisor)

规则是规范社会人和组织人的准则,是社会和组织存在和发展的基础(王德应和张仁华,2005)。制度经济学认为人类的经济行为受到两类规则的约束:一类是正式规则,即显规则;另一类是非正式规则,即潜规则(胡瑞仲和聂锐,2006)。显规则,是人为设计或集体选择的理性建构的结果,在组织范围内以奖赏和惩罚的形式发挥着规范和约束成员行为的作用(王德应和张仁华,2005;胡瑞仲,2007)。显规则即通常所说的规则。"规则"一词在《现代汉语词典》(第5版,P.514)的释义是"规定出来的供大家共同遵守的制度或章程"。管理显规则表达的是组织期望的理想秩序状态(王德应和张仁华,2005)。

潜规则是指"人们私下认可的行为约束"(吴思,2009,P.259),是自发生成的人性和环境结合的产物,具体细分为道德规范和社会规范两类:道德规范通过行为主体的自我内在强制来实施影响,社会规范表现为传统惯例,主要通过公众舆论压力(如蔑视、指责和排斥)来强制实施(胡瑞仲,2007,P.6;P.37)。梅欧的霍桑实验说明了团体压力这一潜规则现象。研究人员在一定时间内对女工们在机器上完成工作量的实验结果发现:整个工作团体决定着个别工人的产量,在工人之间存在预先规定但从不明说的标准,这个标准代表着该团队认为一天应当完成的工作量(梅欧,1964,P.90-91)。由该实验可知,团体压力潜规则对生产效率产生了负面的影响。该例说明了潜规则在组织管理领域的存在和影响。在组织情境中,潜规则是企业文化中最为根深蒂固的组成部分,构成了企业内部事务处理与人际关系的基本准则,也成为指导人们思考及行动时的主要依据与准则(崔金生,2005,序,P.1)。企业组织形态表现出两面性,一面是组织系统所提倡的,获得系统公认的原则和规则;另一面则是潜在发挥作用的组织内部的习惯、习俗和传统等,也包括组织系统长期运行以来形成的对新成员的认同标准和原则,潜规则的意义在于它决定了成员在组织中的稳定程度(崔金生,2005,P.320-321)。潜规则的本质是以隐蔽的形式获得当事人的认可,是双方或多方谋利博弈的一种均衡(黎翔,2009)。潜规则的存在,一方面说明了显规则的不完善和滞后,另一方面也说明了人性的复杂(王德应和张仁华,

2005)。正如某位管理者所说:企业的发展是从没有规则开始,逐步形成适合企业运行规律的行为模式,那些固定下来的规范性文件和制度即为显规则;而潜规则在某种意义上是显规则的先头兵,在新的显规则未正式建立前,潜规则发挥着润滑剂的调节作用。[1]

由此可知,组织内的显规则是以组织制度规定的形式存在,而潜规则是组织成员私下认可并实际遵守的行为约束,以非公开表达的、隐蔽的形式存在。组织显规则和潜规则以正式和非正式的方式发挥着引导、约束和强化组织成员行为的作用。

领导(或主管)具有影响员工态度及行为的能力(Frone,2000)。领导的法定权利允许他们控制或影响某些重要的组织资源,包括:工资分配、晋升、指派工作任务等(Rupp & Cropanzano,2002)[2]。Farh,Podsakoff & Cheng(1987)结合中国文化情境,将主管权变奖励行为界定为"主管由于下属表现的良好工作业绩而对其做出的积极反馈、表扬、赞许及其他形式的社会认可",将主管权变惩罚行为界定为"主管由于下属表现出低水平的工作绩效而做出的批评、不高兴及训诫"。

综上所述,显(潜)规则和主管作为组织激励的来源,在激发、引导和约束组织成员行为方面发挥着重要的影响作用。从激励来源,组织激励可分为规则激励和主管激励。本书将**规则激励**界定为组织正式规定的制度章程以及组织成员私下认可并遵守的非公开行为规范以奖励和惩罚的形式,激发、引导和约束组织成员的行为;将**主管激励**界定为主管根据下属的行为表现而对其做出的奖励和惩罚,以激发、引导和约束组织成员的行为。

(3)分类视角三:激励方向——正面(positive)和负面(negative)

现代社会心理学奠基人科特·列文指出:当我们想要得到"无法依靠自然力量形成的行为"时,我们会采用奖励或惩罚的方式,并且长期使用,使他人继续按照我们所希望的方向做事。奖励和惩罚都源于相同的心理模式——把激励视为操纵行为的手段(科恩,2006,P.44)。Scott(1977)从功能性分析(functional analysis)视角出发,指出:对员工的任务表现施行权变的正强化物会提高员工绩效,并和员工自我报告的满意感呈正相关关系;负强化物(或厌恶刺激)会引发员工表现出逃避或回避的行为反应[3]。在社会学里,奖惩是指对与某种社会规范相关的(个体)行为所做出的奖励或惩罚。服从规范可能会获得

---

[1]　转引自王再峰,2006。

[2]　转引自 Hershcovis & Barling,2009。

[3]　转引自 Podsakoff,Todor,Grover et al.,1984。

如调薪、获奖牌、赞美或被拍拍背部以示鼓励,惩罚则包括罚款、威胁、坐牢以及被人蔑视(谢弗,2009,P.60)。

通过运用作为行为结果的报酬或惩罚来影响行为的努力被称为操作性行为条件(operant condition),操作性行为是能通过改变行为的结果而受到控制的行为,许多工作场所的行为都是操作性行为(伊万诺切奇等,2006,P.173)。将操作性行为条件和强化理论应用于管理领域,就产生了行为修正型激励理论,即当行为的结果有利于个人时,行为受到强化刺激会重复发生;如果行为的结果对个人不利,这一行为就会削弱或消失。相对应的,对人的某种行为给予肯定和奖赏,使该行为巩固、保持和加强就是正强化;对某种行为给予否定和惩罚,使之减弱、消退即为负强化(俞文钊,2006,P.98)。李春方(2004)也将强化分为正强化和负强化两类内容。Komaki(2006)指出正强化包括五类结果:(a)组织结果,如晋升、特殊培训机会及津贴;(b)活动结果,如某一活动频率的增加;(c)社会结果,如赞扬、抱怨、批评、评论和对良好工作的认可;(d)信息结果,如绩效反馈;(e)推广结果,如现金、优惠券等后援强化激励①。

本书根据激励方向将组织激励分为正面激励和负面激励,**正面激励**是指组织对员工某种行为过程及结果给予认可和奖赏,使之保持并巩固,具体包括表扬、奖励、晋升、加薪、提供职业发展机会等;**负面激励**是指组织对员工某种行为过程及结果给予否定和惩罚,使之减弱和消退,具体包括降职、降薪、罚款、批评等。

(4)分类视角四:社会评价模式——过程导向(process-oriented)/结果导向(outcome-oriented)

学者们结合各自的研究领域对过程导向和结果导向进行了具体讨论,如Zeleny(1982)以人类决策为主题,探讨了过程导向论和结果导向论对人类决策的影响。持有结果导向论的个体是基于以下观点进行决策的推理判断:如果一个人能够正确预测决策过程的结果,那么他对于决策过程也是明显了解的。结果导向论的核心内容是决策结果以及对结果的正确预测。过程导向论则强调了决策过程对决策结果的正确预测作用。从本质上看,过程导向论的观点具有惯例性(prescriptive)和规范性(normative)的特征:知道了如何做出决策可以教会我们获得应该得到的决策的结果。结果导向论关注于"什么"以及"何时",而过程导向论则关注于"怎样"(Zeleny,1982,P.85)。Van Knippenberg,Martin & Tyler(2006)将组织成员的过程导向和结果导向作为组织变革的两个核心维度,他们指出:结果导向组织成员关注于组织变革引起的相关结果,如薪酬、开

---

① 转引自 Porter,Bigley & Steers,2006,P.71-72。

销和工作时间等,而过程导向组织成员则关注于组织变革如何实现,如变革过程、员工建言、参与选择等。宝贡敏(2009,P.48)指出:过程导向和结果导向是通过人们对过程与结果的认知与评价来影响人们行为的两种社会评价模式。传统观点强调结果是判断成败的唯一依据和标准;而随着社会的发展和人类文明的进步,人们逐渐开始关注过程的意义和重要性即过程论观点。宋国学(2010)探讨了社会评价模式对基于胜任特征的培训的影响。过程导向模式隐含的假设是有好的过程必有好的结果,即不问收获,先问耕耘;结果导向模式隐含的假设是结果比过程更为重要,好的结果预示有好的过程,无论经过怎样的过程,只要达到预期效果都是好的。结果导向模式比过程导向模式更为务实。过程论观点正如一句广告词所描述的——"人生就像一场旅行,不必在乎目的地,在乎的是沿途的风景以及看风景的心情"。

从社会评价模式来看,组织激励可分为过程导向的组织激励和结果导向的组织激励。本书将**过程导向的组织激励**界定为组织基于成员在工作过程中的表现(如积极努力、勇于承担责任或懒惰懈怠、心不在焉)而设计出的奖励和惩罚措施,以激发、引导和约束组织成员的行为;将**结果导向的组织激励**界定为组织基于组织成员的工作结果(如为团队或组织带来积极或消极影响)而设计适当的奖励和惩罚措施,以激发、引导和约束组织成员的行为。

根据以上分析,本书从激励内容、激励来源、激励方向及社会评价模式四方面将组织激励组合成十六种类型,分别包括:过程导向的规则正面物质激励、过程导向的规则负面物质激励、结果导向的规则正面物质激励、结果导向的规则负面物质激励、过程导向的规则正面精神激励、过程导向的规则负面精神激励、结果导向的规则正面精神激励、结果导向的规则负面精神激励、过程导向的主管正面物质激励、过程导向的主管负面物质激励、结果导向的主管正面物质激励、结果导向的主管负面物质激励、过程导向的主管正面精神激励、过程导向的主管负面精神激励、结果导向的主管正面精神激励和结果导向的主管负面精神激励。

3.4.3 循规行为

本书从行为对象视角出发将员工行为分为针对组织的员工行为和针对个体的员工行为两大类,其中针对组织的员工行为分为循规行为和破规行为,针对个体的员工行为则关注于发生在组织内个体之间的帮助行为[1]。

---

[1] Moorman,Blakely & Niehoff(1998)指出帮助行为是针对某一特定个体的行为,而不包括针对整个组织的行为。

关于循规行为,本书从社会学和管理学两类视角进行分析。在社会学中,循规和越轨是一对重要的学术概念。循规(conformity,又译为顺从)是指个人对他人行为符合群体期望的一种社会互动形式;越轨(deviance,又译为偏离)是指违背了重要社会规范的行为(Sheppard,1990)[①]。Marcus(1988)将"受规则限制的行为"(rule-bound behavior)界定为"对标准技术规范的服从行为"。Broadhead-Fearn & White(2006)针对收容所里的流浪少年将"遵循规则行为"描述为"青少年遵守其居住收容所制度手册里的规章制度的程度"。循规的"规"侧重强调社会群体期望和社会规范的内容。在管理学中,Brief & Motowidlo(1986)指出组织公民行为具有顺从性特征,具体表现为组织核心价值观和目标使个人内化的过程。即使有不便,个体也会遵守组织的主要政策和程序,接受隐性或显性的组织行为规范。Smith,Organ & Near(1983)将组织公民行为的顺从性描述为遵守组织规章制度如准时上下班以及工作时间不闲谈懒散等。Tyler & Blader(2005)指出:在工作情境下,遵循组织政策行为包括顺从于组织政策和自愿遵守组织政策两方面内容。顺从于组织政策表明了员工对组织政策采取了容忍的态度,而自愿遵守组织政策则是员工对规则的自发接受,即使周围没有人监督自己的行为,员工也会遵守规则。

综合上述观点,本书将**循规行为**界定为组织内成员遵守组织规章政策、制度流程和组织规范,服从主管任务要求的顺从行为,既包括员工采取容忍态度,无异议执行组织制度及主管的规定和要求,也包括无外界条件限制约束的自发性的顺从行为。

3.4.4 破规行为

本书将**破规行为**界定为组织内成员违背组织规章政策、制度流程和组织规范以及主管任务要求的行为。本书根据行为可能产生的影响将破规行为分为正面破规行为和负面破规行为。正面破规行为的概念界定借鉴亲社会行为、挑战性/促进性角色外行为以及变革导向型组织公民行为的相关内容,负面破规行为的概念界定则借鉴反生产行为、组织不当行为及破坏规则行为的相关内容。

Brief & Motowidlo(1986)指出存在一类的亲社会行为,具体表现为:为组织流程或管理的改进提出意见,对不恰当的方针、流程或政策提出反对意见。Van Dyne & LePine(1998)将员工角色外行为根据依附性/挑战性和促进性/阻

---

① 转引自刘秋华,2005。

碍性这两个维度划分为四类行为,其中作为挑战性/促进性角色外行为的代表行为——建言行为界定为"员工通过建设性挑战内容表达他们促进组织提升的行为",具体表现为针对变革提出创新性的建议,即使他人反对也对现有标准流程提出修正的看法。LePine & Van Dyne(2001)提出了"变革导向型组织公民行为",具体是指"以变革为目标导向,从短期来看个体愿意冒险打破组织现状和现有人际关系的员工行为"。Morrison & Phelps(1999)提出属于员工角色外行为类型之一的"主动作为行为"(taking charge),是指员工自发参与有助于对组织的功能性变革的行为。Bettencourt(2004)则针对零售业将变革导向型组织公民行为进一步界定为"从事零售行业的员工在他们的工作任务、商店或所在组织里,针对工作方法、工作政策和工作程序做出的建设性的、角色外的努力,会带来组织的功能性变革"。综合上述观点,本书将**正面破规行为**定义为组织成员不盲目遵从于现有组织制度规定和主管要求,而是针对组织现有工作方法、标准流程以及制度政策提出具有创造性改进意见及实施功能性变革的行为,此类行为会促进组织效能的提升。

社会学用越轨来描述违背重要社会规范的行为(刘秋华,2005)。在管理学中,采用针对组织的反生产行为、组织不当行为以及破坏规则行为来描述组织成员针对组织规范和制度进行违抗和破坏的有意识行为,如 Rotundo & Sackett(2002)将反生产行为界定为"员工故意违反组织规范,对组织内成员和(或)组织利益造成威胁或损害的行为"。Vardi & Wiener(1990)将组织不当行为界定为"组织成员违抗和破坏共同组织规范、核心社会价值观、道德及正确行为标准的有意识行为"。Tyler & Blader(2005)将破坏规则行为界定为"偏离于组织政策规定的行为"。综合上述观点,本书将**负面破规行为**定义为组织成员故意违背现有组织的制度规定、道德规范和主管要求的行为,该行为可能对组织及其成员的利益造成威胁或损害。

3.4.5　帮助行为

Smith,Organ & Near(1983)利用结构化访谈获得的资料进行因素分析发现了直接面对面地帮助特定人员的行为,将其命名为"利他主义",具体包括帮助不在场同事、自愿做并未规定的事情、即使没有规定也帮助新人适应环境、帮助那些工作量大的同事等。Brief & Motowidlo(1986)指出亲社会行为既包括在工作相关事宜上为同事提供帮助[与 Smith,Organ & Near(1983)的利他主义一致],也包括在私人事宜上帮助同事,如家庭问题、情感困惑等。Farh,Zhong & Organ(2004)指出:东西方在组织公民行为助人维度的界定上存在差异。在北美,助人被界定为在工作相关事情上给予同事帮助,因为同事作为工作角色存在;而在强调内群体文化的中国组织里,同事则被同时赋予了朋友、邻居、同志及同一社区成员的身份,中国组织里的助人行为不仅限定在工作任务中的帮助,还包括个人层面非工作相关联的帮助,如帮助解决家庭问题,修理管道,生病时照顾同事等。综合上述观点,本书将**帮助行为**定义为组织成员为同事提供工作相关信息和资源、分担其工作任务、协助解决其工作及非工作相关问题的行为。

"人情"一词具有多重含义,其基本义是指人之常情,最早出自《礼记·礼运》:"何谓人情? 喜、怒、哀、惧、爱、恶、欲,七者弗学而能。"①其他含义均由人情的基本义引申而来,分别为:人与人之间情分或感情关系;情感的民风民俗;表达感情而赠送给对方的礼品;交情和情面;人与人之间情感往来(金耀基,2005;张志平,2008)。翟学伟(2004)将中国社会预设为情理合一的社会,对于中国人的办事和处世原则得出了"既不偏向理性,也不偏向非理性,而是希望在两者之间做出平衡和调和"的评价。金耀基(2005)指出:中国是典型的"人情社会",人情作为一种由文化机制所支持的社会规范,发挥着保证中国人际社会的正常运转的关键作用。人情在中国人的人际交往过程中是一种约束力,正如《礼记·曲礼》中所写"太上贵德,其次务施彼。礼尚往来:往而不来,非礼也;来而不往,亦非礼也。"②周丽芳(2002)指出规范性关系区分为"礼数规范"和"义务规范"两部分。礼数规范是基于华人的人情概念及人际和谐的期望衍生而来。礼数规范下的人情是规范社会交换的外在行为准则,强调回报,是对外在客观规范体制的遵从。基于以上分析,本书提出**顺水人情型帮助行为**,具体是指组织成员在不占用额外的时间、精力和资源的情况下,为同事提供工作相关信息和资源、分担其工作任务、协助解决其工作及非工作相关问题的行为。顺水人情型帮助行为作为人际交换关系的载体,起到建立和维系人际间平衡与和谐组织氛围的重要作用。

Morrison(1994)指出:在考虑组织公民行为时要判断出员工从事帮助行为的动机——是因为他或她代表组织而付出额外努力还是仅仅视为其工作的一部分内容。中国是体现集体主义文化的国家,处于这一文化下的组织成员会倾向将维持人际和谐避免冲突的自发行为视为组织公民行为的内容范畴(Farh,Zhong & Organ,2004),强调集体的利益高于个体利益,愿意付出额外的努力

---

① 转引自曾亦和陈文嫣,2009,P.183。
② 转引自曾亦和陈文嫣,2009,P.73。

来推动组织整体运作和效能提升。周丽芳(2002)指出:规范性关系中的义务规范强调在角色义务与责任的影响下,发自内心给予他人资源和协助而不求回报,是内在主观认同的义务与责任。基于以上论述,本书提出**额外奉献型帮助行为**,具体是指组织成员在付出额外的时间、精力和资源的情况下,为同事提供工作相关信息和资源、分担其工作任务、协助解决其工作及非工作相关问题的行为。

3.4.6　自己人感知

中国人的人际关系分类的基本意义单位是"家",由亲缘产生的家族关系自然就成为自己人/外人的分类标准之一;地缘也对人际关系的形成和发展产生重要影响,由地缘产生的邻里关系划分到自己人的范畴之内(费孝通,1998)。除了亲缘、地缘外,学缘(曾经或现在共同学习过的经历而形成如师生或同窗关系)及业缘(曾经或现在共事如上下属、同事的关系)也会使此类人群基于共同的生活经历产生情感纽带而拉近彼此心理距离。各种"缘"是自己人形成的必要条件,但并不表明这些"缘"交往的个体就一定属于自己人范畴之内,基于过去的人际交往和现存共有的生活经历而形成的各种关系基础(亲缘、业缘、学缘)为自己人/外人划分提供了必要条件。自己人是带有伸缩性和情境性的概念,本质上是个体与他人心理距离的感知,形成机制包括两方面:(1)由客观关系基础引起并逐渐形成;(2)由交往主体之间的情感反应互动所导致。Hofstede(1980)指出:集体主义文化具有较为紧密的社会组织架构。在这一框架中,组织成员清晰辨别出属于"自己人"的内群体与属于"外人"的外群体;成员预期属于"自己人"的人会照顾自己,他们则用绝对的忠诚作为对"自己人"的回报。杨宜音(1999)将那些"在心理上认同、情感上亲密、相互信任并自愿承担责任和义务的群体"界定为相对意义的自己人,而一般意义的自己人即为自家人。赵卓嘉(2009)强调自己人认同反映了团队成员对任务团队这一社会群体的认知和情感依附的程度。基于以上论述,并结合本书的研究对象,本书提出**自己人感知**概念,并界定为团队成员在其心理格局中对所在团队整体形成的接纳、认可以及情感依附的知觉程度。自己人感知是个体层次的构念。

3.4.7　团队创新绩效

Lovelace,Shapiro & Weingart(2001)指出:团队绩效的创新性包括团队产品的创新性、团队提出新构想的数量、团队整体技术绩效以及团队适应变革的能力等内容。Hagedoorn & Cloodt(2003)从狭义和广义两方面界定了公司创新绩效:狭义创新绩效是公司将发明引入市场所反映出的结果(如新产品、新系统或新设备引入率),广义创新绩效则包括概念产生,专利和产品研制开发阶段以及新产品引入市场的三阶段过程。钱源源(2010)将团队创新绩效界定为"技术创新团队在执行产品开发、工艺改良、技术方案设计等创新任务过程中,在创新性、质量、时间和成本等方面的目标达成的程度"。笔者在访谈过程中发现,研发团队创新结果不仅仅表现为新产品、新生产流程或工艺的产生以及原有产品或生产流程的改进,还会表现对原有制度的修订完善。本书根据以上学者观点及访谈资料,将**团队创新绩效**界定为团队整体运用知识和技能在开发新产品、设计新生产流程以及对现有产品、生产流程和制度进行改进等方面取得的结果。团队创新绩效是团队层次的构念。

❋ 3.5　本书的理论基础

好的研究一定具有坚实的理论基础。由于本书涉及较为复杂的问题结构,以及研究问题处于不同层次并具有不同的应用范围,很难运用某一个简单理论进行解释。因此,基于社会交换理论、领导替代理论、相容原理、多层次理论及社会认同理论,本书构建出总体研究框架。

3.5.1　社会交换理论

社会交换理论(social exchange theory)是社会心理学的主导理论之一,基于功利主义和行为主义而形成(Cook & Rice,2003)。社会交换理论描绘了发生社会交换的双方相互依赖的、权变的行为互动、义务产生及形成高质量关系的一系列可能性(Farh,Hackett & Liang,2007)。社会交换理论的主要观点是:社会行为表现为商品的交换,商品包括物质商品和如赞美、声誉等符号的非物质商品(Homans,1958)。Homans 将社会交换界定为"至少发生在两个个体之间的有形或无形的,有报酬的或付出高昂成本的活动的交换"(Homans,1961,P.13)[①]。Homans 认为社会群体中产生的所有事物都是能够由个体间互动的基本假设前提所解释,他运用强化原理来解释交换关系的持续性:行为是收益的函数,收益由外界环境或他人所提供,社会行为以及由社会互动形成的社会组织的运作机理如下:A 的行为对 B 的行为有强化作用,作为回报,B 的行为对 A 的行为也有强化作用。社会行为是 A 和 B 行为相互强化的社会过程的

---

① 转引自 Cook & Rice,2003。

结果,强化失败会导致 A 和 B 之间关系的终止(Cook & Rice,2003)。以社会交换理论为基础,Homans(1958)提出了人际双方的报酬与代价问题:一个人给予他人多少就要从他人那里获得多少,从他人有所获得的个体承受着压力,他要对他人的付出进行回报,即人际关系都是相互作用而且相互回报的;人际交往过程倾向于在交换上实现平衡——对于参与到交换的个体,他所付出的是成本,获得的是报酬,当利润(等于报酬减去成本)达到最大值时,他的行为改变最少;他不仅仅为自己寻求利润的最大值,还试图使自己成为所在群体中利润最多的人;付出多而得到少的关系最终会终止(Homans,1958)。同一时期学者 Blau 主要关注于外在奖励以及关系形式之间的互惠交换,以及由社会互动引发的社会结构的突现,他将社会交换界定为"个体受到对他人回报要求的驱使而做出的自愿行动"(Blau,1964,P.91)①。Blau 和 Homans 在社会交换理论上持有观点的区别在于行动者采用向前看还是向后看来判定其下一步行为:Blau 的实用主义观点主张"向前看",即行动者根据预期奖励和收益选择利益最大化或成本最小化的行为;Homans 则强调"向后看",即行动者根据他们过去受到的奖励来判断未来的行为(Cook & Rice,2003)。

社会交换理论的基本原则是互惠规范,即双方关系随着时间的推移产生信任、忠诚和相互承诺,双方必须遵守交换规则(Cropanzano & Mitchell,2005)。根据互惠规范,当一个人以友好的方式对待他人时,他也会获得他人友好的回报。因此,利益回报的义务要求有助于人际关系的加强和改善(Gouldner,1960;Eisenberger,Armeli,Rexwinkel et al.,2001;Stinglhamber & Vandenberghe,2003),保证了社会交换行为的产生和持续(钱源源,2010)。除了正面性质的补偿物特征外,互惠规范还表现出负面性质的补偿物特征,即正面互惠倾向表现为个体获得正面对待后给予正面回报,而负面互惠倾向表现为个体受到负面对待后做出负面还击(Cropanzano & Mitchell,2005),分别对应着汉语中"报恩"和"报复"的说法。

学者们将社会交换理论作为解释员工感知组织支持与员工行为之间关系的理论基础:发生在员工与组织之间的雇佣关系是建立在员工付出的努力和忠诚与获得的实际利益和社会奖励(如工资、支持、认可)之间的交换的基础之上(Rhoades & Eisenberger,2002;Muse & Stamper,2007;Adebayo & Nwabuoku,2008),员工形成为组织福利做出贡献和帮助组织实现其目标的知觉义务后,作为回报,员工会增加其在工作中的努力程度(Wayne,Shore &

---

① 转引自 Cook & Rice,2003。

Liden,1997;Stinglhamber & Vandenberghe,2003)。基于社会交换理论,员工感知到同事的照顾与支持也是影响员工工作效能、知识分享和知识整合的重要因素(史江涛,2007)。

3.5.2 领导替代理论

Kerr & Jermier(1978)提出了"领导替代物"(substitutes for leadership)概念,由此发展出领导替代理论。与传统领导理论相比,领导替代理论描绘出一个更为精密准确的构念化过程。对领导力发挥替代作用的要素(即领导替代物)主要是技术和任务特征、专业标准以及正式规则(政策、规章和程序)等客观的、不太明显的要素,它们使领导对员工态度及效能的影响作用失效(Kerr & Jermier,1978;Jermier & Kerr,1997)。Podsakoff,MacKenzie & Bommer(1996)的研究发现:与领导者的作用影响相比,替代物单独作用对结果变量有着更强的解释力;当这些替代物共同影响时,替代物的单独作用影响减弱。Jermier & Kerr(1997)指出:许多员工不必从领导者那里获得结构化及情感性支持,他们也能够顺利完成工作,原因在于他们可以从领导之外的人群获得如何开展工作的建议,以及参与多样化组织活动来获得满足感。

3.5.3 相容原理

相容原理的主要观点是:态度与行为效标之间在抽象层次上应实现相互匹配,两者之间作用的关系强度取决于两者在行动、目标、情境和时间四个要素上的匹配一致性;当态度与行为的特定性或一般性相匹配时,态度与行为之间的关联性最强(Ajzen & Fishbein,1977;钱源源,2010)。当目标(如行为聚焦)和情境(如行为发生的环境)之间存在相似性时,构念之间关系的预测效能会提高(Huffman,Watrous-Rodeiguez & King,2008),聚焦于总体(a global focus)的研究将产生总体性研究结论(a global outcome),与之相对应的是,聚焦于局部(a local focus)的研究将产生局部性结论(a local outcome)(Becker & Billings,1993;Hui,Lee & Rousseau,2004)。相容原理是社会心理学领域一个重要的理论基础,多用于解释员工态度与员工行为(倾向)之间的匹配关系(Harrison,Newman & Roth,2006;钱源源,2010)。

3.5.4 多层次理论

社会科学研究的基本假设是:个体并非生活在真空中,个体行为同时受到自身特征和所处外部环境的影响。因此,在组织行为学的相关研究中,学者们常常涉及多水平、多层次的数据结构(张雷,雷雳和郭伯良,2005,P.1-4)。以员工行为中较为典型的一类行为——组织公民行为为例,组织公民行为同时受到个体、团队(组织)以及社会因素的影响,这三类因素分别来自三个不同层次。因此,组织行为研究学者仅采用微观或宏观观点是无法准确、全面地解释组织行为(廖卉和庄瑗嘉,2008)。持有微观观点的学者关注于个体层次而忽略了不同的组织情境对个体行为的影响差异,宏观观点学者围绕组织特征形成理论模型,而忽略组织亚单元(群体、个体)的行为及行动,而多层次理论则融合了两类观点进行综合分析。多层次理论描述了两种情形:(1)由上到下的过程(top-down processes):高层次情境要素直接影响低层次结果变量,或对低层次变量之间的关系产生调节作用;(2)由下到上的过程(bottom-up processes):低层次现象聚合成为高层次现象(Kozlowski & Klein,2000,P.14-15)。多层次理论构建出四种模型:(1)跨层次直接作用模型(cross-level direct-effect models),检验高层次自变量对低层次结果变量的主效果或同时分析高层次与低层次的主效果;(2)跨层次调节模型(cross-level moderator models),检验两个低层次变量之间的关系如何被高层次变量所调节,或低层次变量对高层次与低层次变量之间关系的调节作用;(3)跨层次青蛙池塘模型(cross-level frog-pond models),检验低层次变量在高层次中的相对位置对低层次结果变量的影响;(4)一致的多层次模型(homologous multilevel models),说明构念及构念之间关系可概化到不同的组织实体上(廖卉和庄瑗嘉,2008)。

构念是多层次理论的重要组成要素,研究者应明确说明假设理论模型中构念的所在层次(Kozlowski & Klein,2000,P.29-35)。关于群体层次构念的构成形式有三种:总体型(global)、共享型(shared)和形态型(configural)(Kozlowski & Klein,2000;廖卉和庄瑗嘉,2008;钱源源,2010)。这三种类型群体构念是根据构念来源的层次而进行的划分:总体型构念是在同一层次产生,表现为单一层次现象,共享型和形态型构念则是在低层次产生而在高层次展示的现象,后两类构念在群体成员的特征、行为或认知以及三者之间的互动中产生,通常跨越两层或更多层次(Kozlowski & Klein,2000)。

三种类型群体构念的特征以及操作化的测量方法如下:

(1)总体型构念描述的是客观的群体特征,如公司规模、公司建立时间等,一般由主题专家(subject matter experts,SME)提供该类型构念的相关数据(廖卉和庄瑗嘉,2008),如公司CEO汇报公司整体战略,或由销售副总报告公司销售额(Kozlowski & Klein,2000),以降低测量可能带来的误差。

(2)共享型构念来源于群体内部各成员的共同知觉、情感、反应(Kozlowski

& Klein,2000)、经验、态度、价值观以及行为等(廖卉和庄瑗嘉,2008)。共享型构念隐含着该类型构念是群体内共同现象的基本假设。共享型构念具体的操作化方法是通过将同一群体内所有成员在某个变量上得分的算术平均值作为该群体在这个变量的得分,如 George & Bettenhausen(1990)采用群体内个体成员亲社会行为得分的单位平均值作为群体亲社会行为的得分。需要说明的是,根据参照点不同,共享型构念进一步分为两种类型:**直接一致构念**(direct consensus constructs)和**转移参照点一致构念**(referent-shift consensus constructs)(廖卉和庄瑗嘉,2008)。直接一致构念呈现出群体成员分享他们个别的知觉或特质,如认知能力、风格、人格、智力及行为变量等,采用自我参照式的条款(self-referenced items)进行测量;转移参照点一致构念呈现的是成员共享其群体属性的知觉,描述的是群体集体属性而不是群体属性或个别心理属性,采用的是集体参照式(collective reference)的条款进行测量(Kozlowski & Klein,2000;廖卉和庄瑗嘉,2008)。因此,与直接一致构念通过测量个体知觉或特质不同,转移参照点一致构念测量的参照点不是个体而是群体(如部门或团队),通常测量条款表述为"我们部门/团队……"与直接一致构念的测量相比,转移参照点一致构念的测量产生更少的组内方差以及更多的组间方差(Kozlowski & Klein,2000)。对于采用哪种参照方式作为共享型构念的测量标准,Kozlowski & Klein(2000)指出:两种测量方式在群体层次变量的相关研究均有采用(如团队氛围),在实践应用中,研究者应保持构念的测量与操作化界定一致,而后再进行选择判断具体操作方法。

(3)形态型构念的特征表现为:个体特质以多重的、复杂的方式结合在一起而形成群体特质(Ng & Van Dyne,2005)。与共享型构念不同的是,形态型构念并不要求个体与群体具有相似感知并分享,同质性不是形态型构念的界定特征(Kozlowski & Klein,2000)。形态型构念具体的操作化方法是利用群体内个体在某个变量上得分的极值(如最大值、最小值)或方差(或标准差)作为该群体在该变量的得分(e.g.,Barrick,Stewart,Neubert et al.,1998;Day,Arthur,Jr.,Miyashiro et al.,2004;Bell,2007;钱源源,2010)。极值法基于以下假设:群体内某一成员的特征对群体绩效产生关键性的影响作用(Day,Arthur,Jr.,Miyashiro et al,2004)。方差法则弥补了均值法在测量团队相关概念时所掩盖的关于团队构成差异的相关信息,充分考虑到某一特征在团队内成员的比例,通过相似性的检验判断提供出团队成员之间在该特征上的匹配信息(Barrick,Stewart,Neubert et al.,1998)。

3.5.5　社会认同理论

"社会认同"（social identity）概念最早由 Tajfel（1972，P.292）提出，具体是指"个体对他/她属于某一特定的社会群体以及获得的群体成员资格而带来的情感和价值观的重要性的理解"[①]。"认同"（identity）一词的词根是"相同"，是指同一性、整一性、个别性、独立存在或一种确定的特性组合，社会认同也称为社会身份认同（章志光，2008，P.483）。社会认同理论的核心是探讨社会类别化的心理机制，即探讨个人如何与一个或多个社会类别、社会群体建立心理联系的过程（章志光，2008，P.493）。社会认同使得个体感知到他/她是群体的成员之一，感知到在心理上与群体的命运紧密相连，与群体共享和体验成功与失败（Tajfel & Turner，1985）[②]。

社会情境为个体态度、知觉和行为的感知和比较提供了主观的社会参考框架。个体对于群体内差异做出最小化的主观判断，而对群体间差异做出最大化的主观判断，这样就形成了对内群体和外群体的感知（Abrams & Hogg，1990）。当出现区别内外群体的标志或社会情境中对比线索比较凸显时，人们归属内群体的心理需要会被激活，诱导个体进行社会认同（章志光，2008，P.490）。内外群体的社会分类是群体间差异和内群体凝聚力形成的充分条件（Abrams & Hogg，1990）。群体间的差异使得群体成员受到极大的社会吸引力的影响而向与其具有相似性的其他成员倾斜，支持具有相似性的成员提出的设想和选择，拒绝或反对那些与己不同的想法，导致群体间矛盾的产生、群体间的分裂和敌对状态、负面模式以及对群体外成员的不信任（Hogg & Abrams，1988）[③]。

自我分类理论，也称为社会认同理论的自我分类成分（Hogg & Terry，2000），是社会认同理论的拓展和延伸，它解释了群体行为根据个体自我分类的认知过程而形成的社会认知基础，揭示出个体对于群体的顺从来源于显著的自我包含社会分类，以及群体行为根据个体自我分类的认知过程而形成的社会认知强化（Abrams & Hogg，1990）。个体在自我分类过程中对自我和内群体原型（ingroup prototype）产生认知同化，使自我感知和行为与相关内群体原型的感知和行为保持一致，并产生规范行为、刻板印象、民族优越感、积极的内群体态度和凝聚力、合作和利他主义、情绪传染和移情、集体行为、共享规范及相互

[①]　转引自 Hogg & Terry，2000。

[②]　转引自史江涛，2007。

[③]　转引自米利肯，巴特尔和库尔茨伯格，2008，P.47。

影响(Hogg & Terry,2000)。

3.5.6 各理论在本书中的相互关系

对于工作情境下的社会交换关系的通常假设是组织成员可以区分出社会交换关系的来源,如来自直接上司、同事、所在组织、顾客以及供应商(Cropanzano & Mitchell,2005)。领导替代理论强调了组织正式规则、同事以及任务技术特征等主客观要素对领导力发挥的替代作用(Kerr & Jermier,1978;Jermier & Kerr,1997)。因此,本书根据社会交换关系的来源以及领导替代理论的相关内容,探讨感知组织支持与组织激励的具体维度结构。

员工将他们与组织以及组织代理人(主管)之间的关系作为其行为和态度的预测指标(Van Knippenberg,Van Dick & Tavares,2007),而社会交换理论有助于解释诸多的社会行为(史江涛,2007)。因此,本书以社会交换理论为基础,分析不同类型的感知组织支持对员工行为产生的作用机制。根据互惠规范,工作情境下提供的刺激诱因(如金钱、表扬或罚款、批评)会使员工对其获得的对待做出反馈。因此,本书以社会交换理论和互惠规范为基础,分析不同类型的组织激励对员工行为产生的直接影响,并比较感知组织支持与组织激励对员工行为的影响差异。

刘军(2007)指出某些社会过程(如义务、一般化权利、支配等)采用社会交换理论难以解释。史江涛(2007)也强调凭借内在社会认同而形成的义务性关系中的员工并不仅局限于交换行为,而可能产生单纯的利他行为。本书应用社会认同理论和自我分类理论来解释自己人感知的形成机理以及员工针对组织和针对同事的行为。多层次理论用于解释由个体层次行为聚合转化而成的团队层次行为影响团队创新绩效的作用机制。相容理论则说明了不同来源的感知组织支持及组织激励与员工针对组织及针对个体的行为之间的匹配关系。

理论之间联系的厘清以及理论的有机结合既有助于解释各变量之间的影响关系,也会促进理论本身的丰富和发展(史江涛,2007),以及理论适用范围的检验和拓展。在本书中,五种理论关注各自不同的问题,它们之间并非互不相容,而是相互补充,共同为本书研究框架的构建奠定理论基础。结合本书的研究焦点,笔者绘制出各理论在本书整体性研究框架中的作用示意图,如图3.1所示。

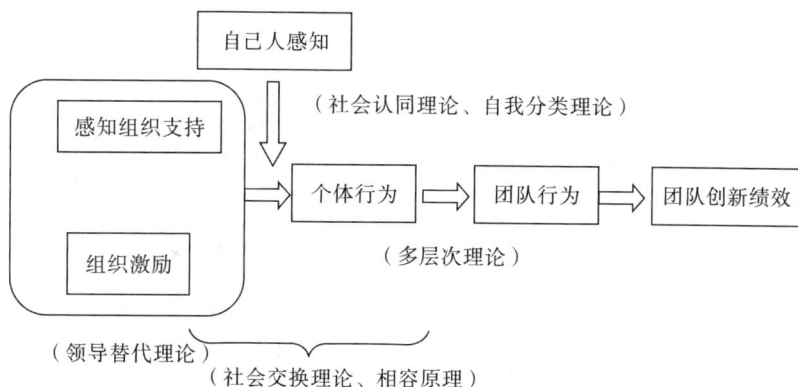

图 3.1　各理论在本书整体研究框架中的作用

❀ 3.6　本书研究框架

本书围绕"感知组织支持、组织激励影响研发团队成员的循规行为、破规行为以及帮助行为,并通过将个体层次行为到团队层次行为的聚合转化,进而分析研发团队行为对研发团队创新绩效的影响"的思路展开具体研究。根据本书的核心问题,并借鉴相关领域的基础理论,笔者构建出本书的研究框架(见图 3.2)。

本书拟通过两个子研究对图 3.2 的研究框架展开具体研究,两个子研究的内容和相互之间的关系如下:

研究一:感知组织支持、组织激励对个体行为的影响作用分析

以高新技术企业研发人员为研究对象,分析不同类型的感知组织支持和组织激励对员工行为的作用机制,以及自己人感知在两类要素对个体行为影响过程中发挥的调节作用。

研究二:团队行为对团队创新绩效的影响作用分析

以高新技术企业研发团队为研究对象,分析并比较由不同构成方法(均值、最大值、最小值、方差法)聚合而成的团队行为对团队创新绩效的影响作用。

研究一与研究二之间的关系:相互独立,又密切联系

本书的整体研究思路围绕"感知组织支持、组织激励→个体行为→团队行为→团队创新绩效"展开:研究一聚焦于个体层次,深入探讨不同类型的感知组织支持和组织激励对于员工循规行为、破规行为及帮助行为的直接影响,以及自己人感知可能发挥的调节作用。研究二聚焦于团队层次,结合研发团队成员

99

自己人感知

◆ **感知组织支持**
感知组织制度支持
感知主管任务导向型支持
感知主管关系导向型支持
感知同事工作支持
感知同事生活支持

◆ **组织激励**
过程导向规则正面物质激励
过程导向规则负面物质激励
结果导向规则正面物质激励
结果导向规则负面物质激励
过程导向规则正面精神激励
过程导向规则负面精神激励
结果导向规则正面精神激励
结果导向规则负面精神激励
过程导向主管正面物质激励
过程导向主管负面物质激励
结果导向主管正面物质激励
结果导向主管负面物质激励
过程导向主管正面精神激励
过程导向主管负面精神激励
结果导向主管正面精神激励
结果导向主管负面精神激励

◆ **个体层次行为**
循规行为

正面破规行为

负面破规行为

顺水人情型帮助行为

额外奉献型帮助行为

◆ **团队层次行为**
循规行为

正面破规行为

负面破规行为

顺水人情型帮助行为

额外奉献型帮助行为

团队创新绩效

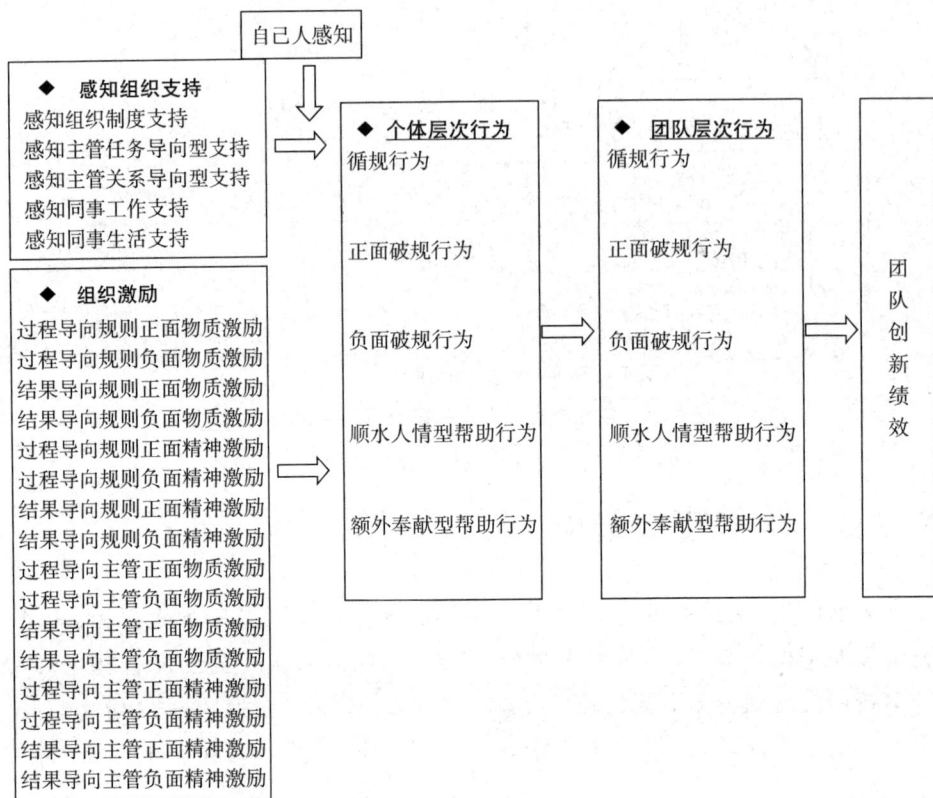

图 3.2　本书的研究框架

的行为及研发团队任务特征,探讨个体行为以不同构成方式向团队层次聚合形成团队行为,进而影响团队创新绩效的作用机制。两个子研究属于不同的研究层次,是相互独立的。

感知组织支持、组织激励、员工行为与团队创新绩效之间的关系研究面临从个体层次到团队层次的跨层次问题。员工行为在感知组织支持、组织激励与团队创新绩效之间发挥的不是同一层次研究内的简单中介作用,而是通过个体行为以某种构成方式聚合而成团队行为进而对团队创新绩效产生影响作用。此外,在统计分析技术上目前没有软件可以对整体模型完成一次性的分析处理。因此,尽管本书构建了感知组织支持、组织激励、员工行为与团队创新绩效的整合模型,但需要通过两个子研究来完成对整体模型的分析。两个子研究通过个体层次扩展到团队层次而联系在一起。因此,两个子研究也是紧密联系、密不可分的。

❊ 3.7　本章小结

　　基于前述相关研究的回顾与梳理,本章首先回顾了以往研究取得的进展,并归纳出后继研究有待进一步解决的内容,从中提炼出本书拟解决的问题;其次,对本书所涉及的重要概念进行了界定,包括:感知组织支持、组织激励、循规行为、破规行为、帮助行为、自己人感知和团队创新绩效;最后,借鉴管理学、社会心理学等领域的基本理论和研究方法,构建出本书的整体研究框架。

第4章 问卷设计、数据收集与数据描述

根据前述的研究框架,本章旨在设计出标准合理的测量工具以实现研究资料的获取与数据的收集。在理论文献研究和实践访谈研究的基础上,本书通过问卷调查的研究方法获得用于实证分析的样本数据,以分析感知组织支持、组织激励、个体行为与自己人感知之间以及团队行为与团队创新绩效之间的定量联系,进而围绕"感知组织支持、组织激励→个体行为→团队行为→团队创新绩效"的逻辑思路展开研究。本章首先遵循问卷设计的基本原则,交代问卷设计的过程;然后结合以往相关研究及小规模访谈获得的相关信息,形成两个子研究所涉及的核心变量的测量量表;最后,围绕高新企业展开大规模调研以收集数据,对调研过程及数据基本情况进行了介绍。

❀ 4.1 问卷设计

问卷调查法是管理学定量研究里应用最为普遍的方法,具有成本低廉、收集数据快速、相对质量较高以及对被调查对象干扰影响小的特点(谢家琳,2008)。问卷设计的目的在于获得恰当的资料并使资料尽可能接近于研究问题和假设(文崇一,2006a)。因此,本书采用了问卷调研法作为获取实证数据的方法。

4.1.1 问卷设计原则

在问卷总体设计方面,本书参考了相关学者就问卷设计提出的建议和注意事项,着重关注于调研问卷的条款内容、条款选项和结构编排三方面。

在问卷条款内容方面,笔者充分考虑到应答者的知识、经验与能力范围,避免出现专业术语和引起歧义的词句,尽量降低问题的敏感性和诱导性,避免社会称许性对应答过程造成的干扰(荣泰生,2005,P.273;谢家琳,2008,P.173-174;文崇一,2006a,P.339)。

在问卷条款选项方面,笔者采用5点量表确保数据具有一定的辨识度,避

免出现非互斥或非穷尽的测量条款(荣泰生,2005,P.272-273;汪洁,2009)。

在问卷结构编排方面,首先对研究者、研究目的、问卷填答所需时间及问卷保密性做出简短说明,有关应答者及所在团队的基本信息放在问卷末尾,问卷整体安排考虑逻辑性和界面友好性(荣泰生,2005,P.276;汪洁,2009)。

4.1.2　问卷设计过程

综合上述问卷设计原则和注意事项,并参考以往学者(e.g.,史江涛,2007;赵卓嘉,2009)的设计过程,本书的问卷设计遵循以下四个步骤进行:

(1)初始调研问卷条款收集

在对相关变量完成已有文献回顾和经典量表收集归纳的基础上,本书结合研究涉及核心变量的概念界定,综合考虑已有研究的相关理论构思与本书涉及变量之间的关联性以及经典量表的信度与效度情况,选择了部分相对成熟的测量条款应用于本书初始调研问卷。

(2)问卷回译

当沿用西方成熟量表时,翻译的准确性是研究者面临的严峻考验(谢家琳,2008)。不恰当的翻译无法真实再现原测量条款的确切含义,在一定程度上会造成调研收集的信息与研究构思和研究目的的背离(徐碧祥,2007)。研究者往往采用回译(back-translation)的方法(Farh,Podsakoff & Cheng,1987;梁觉和周帆,2008)。因此,笔者首先请两位英语专业的研究生将英文版量表译成中文,然后再请两位精通英语的管理学专业博士研究生(英语六级成绩在85分以上)将中文重新译成英文,比较两个英文版本的量表,对存在明显差异或分歧的条款进行修正和重译,直到中文版本量表能正确反映原版量表的测量目的。

(3)小规模访谈

西方理论和量表应用于中国文化情境下的适用性和可行性在跨文化研究中尤为关键(谢家琳,2008)。因此,旨在对现有量表的测量条款进行适当的补充、精炼和完善,笔者与高新技术企业研发团队的若干主管和成员进行了小规模访谈,以确保测量条款在本书的研究背景下的应用。

(4)初始问卷形成

结合已有经典量表和访谈过程中获得的典型事例,并参照问卷设计相关原则,笔者形成了各核心变量的初始测量问卷。

❋ 4.2　小规模访谈

访谈是收集原始资料的重要途径之一,对访谈获得的原始资料的分析与归纳是研究者本人知识深入的过程(刘惠琴,2007,P.26)。因此,笔者在已有理论基础上,分别与高新技术企业研发团队主管和团队成员进行了访谈,从实践角度广泛收集和补充研究所需的相关资料。

访谈于 2009 年 9 月初至 9 月下旬完成。笔者选取了高新技术企业从事研发工作的项目/部门主管和研发人员共 10 名作为访谈对象。为了能够更好地实现访谈的目的,笔者预先将访谈提纲交给受访者,使其对访谈内容有所了解,并与其约定访谈时间。笔者采用两种方式进行一对一的深入访谈:第一种是借助 QQ、MSN 等网络聊天工具进行,第二种是与受访者进行面对面访谈。面对面访谈地点由受访者确定(如受访者的家、办公室或附近咖啡厅),尽可能降低对受访者带来的不便。

访谈过程中,笔者首先从日常工作开始聊起,以营造轻松愉悦的交谈氛围,初步建立笔者与受访者之间的融洽关系;然后,请受访者回忆所在的项目团队(部门或小组)完成产品创新或工艺流程创新以及其他与创新相关的经历,针对任务完成过程中获得的指导与支持的性质和来源、组织奖惩、同事合作等内容进行介绍,尽可能收集实际工作场景下受访者接触和感知到的信息和关键事件。在互动讨论式的访谈过程中,笔者根据具体情况进行适当追问,尽量让受访者参与讨论,并提出自己观点。每次访谈时间基本控制在 40-60 分钟左右。

❋ 4.3 测量条款形成

本书所涉及的变量包括感知组织支持、组织激励、员工行为、自己人感知、团队创新绩效和人口统计特征。感知组织支持包括感知组织制度支持、感知主管任务导向型支持、感知主管关系导向型支持、感知同事工作支持和感知同事生活支持;组织激励包括过程导向规则正面物质激励、过程导向规则负面物质激励、结果导向规则正面物质激励、结果导向规则负面物质激励、过程导向规则正面精神激励、过程导向规则负面精神激励、结果导向规则正面精神激励、结果导向规则负面精神激励、过程导向主管正面物质激励、过程导向主管负面物质激励、结果导向主管正面物质激励、结果导向主管负面物质激励、过程导向主管正面精神激励、过程导向主管负面精神激励、结果导向主管正面精神激励和结果导向主管负面精神激励;员工行为包括循规行为、正面破规行为、负面破规行为、顺水人情型帮助行为和额外奉献型帮助行为。

4.3.1 感知组织支持的初始测量条款

本书主要借鉴了 Eisenberger, Huntington, Hutchison *et al*.(1986)、

McMillan(1997)以及陈志霞（2006）开发的感知组织支持的测量量表。
Eisenberger,Huntington,Hutchison *et al.*(1986)最先开发出 36 条款的感知组
织支持量表(SPOS),该量表是单维度结构,其内部一致性信度 α 值高达 0.97。
McMillan(1997)的 15 条款测量量表测量了 6 个因子(亲密支持、尊重支持、网
络整合、信息支持、物质支持、人员支持),各子量表分别包括 2 到 4 个条款,各
子量表的内部一致性信度都在 0.78 以上。陈志霞(2006)就其提出的"组织支持
感存在权变结构"分别开发出二维(相对狭义)、四维(相对广义)和多维(广义)
的感知组织支持测量量表,三个量表的内部一致性信度 α 值都在 0.73 以上。感
知领导任务导向型支持和感知领导关系导向型支持的测量借鉴了王辉、忻榕和
徐淑英(2006)关于任务导向和关系导向领导行为的相关内容。王辉、忻榕和徐
淑英(2006)的任务导向和关系导向领导行为共包括 6 个维度,内部一致性信度
α 值均在 0.70 以上,量表整体的重测信度为 0.76。感知组织制度支持借鉴了
Kerr & Jermier(1978)的领导替代量表。此外,笔者还根据访谈内容对部分测
量条款进行了修订和补充。感知组织支持初始测量问卷的内容如表 4.1 所示。

表 4.1 感知组织支持的初始测量问卷

条款内容	维　度
单位制度保障我获得工作必需的资金。[f] 单位制度保障我获得工作必需的设施设备。[f] 单位制度保障我获得工作必需的培训。[a] 单位制度保障我的工作按照进度进行。[g] 单位制度为我的学习进修提供便利。[c] 单位制度为我的学习进修提供资助。[c] 单位为我制定了详尽的职业发展规划。[g]	感知组织 制度支持
领导为我提供良好的工作环境和条件。[a] 领导为我安排工作所需的人员支持或助手。[b] 领导为我提供必要的工作信息。[b] 领导对于人员配备和工作量的匹配做出合理安排。[b] 领导愿意倾听我工作中遇到的问题。[a] 在工作上,领导能随时为我提供帮助。[be] 领导会给予我充分的工作自主权。[g] 领导掌握我的工作进展情况。[g] 领导愿意尝试我提出的新计划和新想法。[d] S2.10　领导关注我对工作提出的意见和感受。[ce]	感知主管 任务导向 型支持

续表

条款内容	维　度
领导为我的工作成就感到自豪。[f]	
领导关注我的目标和价值观。[ce]	
领导真正关心我的福利。[ace]	
领导会原谅我的无心之错。[c]	感知主管
当我在生活中遇到困难时，领导会尽力帮助我。[e]	关系导向
领导愿意倾听我的压力。[b]	型支持
领导关心我的个人生活。[d]	
领导像关心家人一样对待我。[d]	
领导关心我的未来职业发展。[d]	
团队成员愿意倾听我工作中遇到的问题。[a]	
团队成员愿意帮助我解决工作中遇到的问题。[g]	
团队成员愿意提供给我必要的工作信息。[b]	感知同事
工作中团队成员和我配合默契。[g]	工作支持
团队成员为我的工作提出意见和建议。[e]	
如果我的工作量超出负荷时，会有团队成员帮助我。[b]	
当我在生活中遇到困难时，团队成员愿意帮助我寻找解决办法。[c]	
团队成员愿意倾听我的压力。[a]	
当我不在场时，团队成员会维护我的利益。[g]	感知同事
当我在工作中取得成绩时，团队成员会为我高兴。[g]	生活支持
当我在工作中出现失误时，团队成员会安慰我。[g]	

条款来源：

a.陈志霞(2006)的相对广义组织支持感问卷，并做适当调整；

b.McMillan(1997)，并做适当调整；

c.Eisenberger,Huntington,Hutchison et al.(1986)，并做适当调整；

d.王辉、忻榕和徐淑英(2006)，并做适当调整；

e.Eisenberger,Stinglhamber,Vandenberghe et al.(2002)，并做适当调整；

f.Kerr & Jermier(1978)，并做适当调整；

g.笔者根据访谈资料所得。

4.3.2　组织激励的初始测量条款

　　组织激励的初始测量条款借鉴以往相关研究的成熟问卷以及笔者在访谈过程中收集到的典型事例后编制而得，具体内容如表 4.2 所示。关于主管正面

激励和主管负面激励借鉴了 Podsakoff，Todor，Grover *et al.*(1984)的领导奖励
和惩罚问卷(leader reward and punishment Questionnaire)的权变奖励行为
(contingent reward behavior)子量表和权变惩罚行为(contingent punishment
behavior)子量表，领导权变奖励行为共有 10 个条款，该研究两组样本的信度均在
0.94以上，领导权变惩罚行为共有 5 个条款，该研究两组样本的信度均在0.81以上。

表 4.2　组织激励的初始测量问卷

条款内容		激励类型
M1.1	根据制度规定，工作时努力，我会得到金钱奖励。	
M1.2	根据制度规定，工作时思维活跃，我会得到金钱奖励。	
M1.3	根据制度规定，工作时不怕困难，我会得到金钱奖励。	
M1.4	根据制度规定，工作时勇于承担责任，我会得到金钱奖励。	过程导向规则
M1.5	根据制度规定，工作时努力，我的福利待遇会提高。	正面物质激励
M1.6	根据制度规定，工作时思维活跃，我的福利待遇会提高。	
M1.7	根据制度规定，工作时不怕困难，我的福利待遇会提高。	
M1.8	根据制度规定，工作时勇于承担责任，我的福利待遇会提高。	
M1.9	根据制度规定，工作时懒惰懈怠，我会被扣奖金。	
M1.10	根据制度规定，工作时心不在焉，我会被扣奖金。	过程导向规则
M1.11	根据制度规定，工作时懒惰懈怠，我的福利待遇会降低。	负面物质激励
M1.12	根据制度规定，工作时心不在焉，我的福利待遇会降低。	
M2.1	根据制度规定，当我的工作为团队带来积极影响，我会获得金钱奖励。	结果导向规则
M2.2	根据制度规定，当我的工作为团队带来积极影响，我的福利待遇会提高。结果导向规则正面物质激励。	正面物质激励
M2.3	根据制度规定，当我的工作对团队造成负面影响，我会被扣奖金。	结果导向规则
M2.4	根据制度规定，当我的工作对团队造成负面影响，我的福利待遇会降低。	负面物质激励
M3.1	根据制度规定，工作时努力，我会获得某项荣誉或奖项。	结果导向规则
M3.2	根据制度规定，工作时思维活跃，我会获得某项荣誉或奖项。	正面物质激励
M3.3	根据制度规定，工作时不怕困难，我会获得某项荣誉或奖项。	
M3.4	根据制度规定，工作时勇于承担责任，我会获得某项荣誉或奖项。	
M3.5	根据制度规定，工作时努力，我会获得职业发展机会。	
M3.6	根据制度规定，工作时思维活跃，我会获得职业发展机会。	过程导向规则
M3.7	根据制度规定，工作时不怕困难，我会获得职业发展机会。	正面精神激励
M3.8	根据制度规定，工作时勇于承担责任，我会获得职业发展机会。	
M3.9	工作时努力，我会得到大家的赞扬。	
M3.10	工作时思维活跃，我会得到大家的赞扬。	
M3.11	工作时不怕困难，我会得到大家的赞扬。	
M3.12	工作时勇于承担责任，我会得到大家的赞扬。	

续表

	条款内容	激励类型
M3.13	根据制度规定,工作时懒惰懈怠,我会受到行政处分。	
M3.14	根据制度规定,工作时心不在焉,我会受到行政处分。	
M3.15	工作时懒惰懈怠,我的职位会受到影响。	
M3.16	工作时心不在焉,我的职位会受到影响	过程导向规则
M3.17	工作时懒惰懈怠,我会被大家忽视。	负面精神激励
M3.18	工作时心不在焉,我会被大家忽视。	
M3.19	工作时懒惰懈怠,我会被大家排斥。	
M3.20	工作时心不在焉,我会被大家排斥。	
M4.1	根据制度规定,当我的工作为团队带来积极影响,我会获得某项荣誉或奖项。	
M4.2	根据制度规定,当我的工作为团队带来积极影响,我会获得职位发展机会。	结果导向规则
M4.3	当我的工作为团队带来积极影响,我会得到大家的赞扬。	正面精神激励
M4.4	当我的工作对团队造成负面影响,我的职位会受到影响。	
M4.5	当我的工作对团队造成负面影响,我会受到行政处分。	
M4.6	当我的工作对团队造成负面影响,我会被大家忽视。	结果导向规则 负面精神激励
M4.7	当我的工作对团队造成负面影响,我会被大家排斥。	
M5.1.	工作时努力,领导会给予我(或推荐我得到)金钱奖励。	
M5.2.	工作时思维活跃,领导会给予我(或推荐我得到)金钱奖励。	
M5.3.	工作时不怕困难,领导会给予我(或推荐我得到)金钱奖励。	
M5.4.	工作时勇于承担责任,领导会给予我(或推荐我得到)金钱奖励。	过程导向主管
M5.5.	工作时努力,领导会给予(或推荐)我提高福利待遇。	正面物质激励
M5.6.	工作时思维活跃,领导会给予(或推荐)我提高福利待遇。	
M5.7.	工作时不怕困难,领导会给予(或推荐)我提高福利待遇。	
M5.8.	工作时勇于承担责任,领导会给予(或推荐)我提高福利待遇。	
M5.9.	工作时懒惰懈怠,领导会(建议)给我降薪或罚款。	
M5.10.	工作时心不在焉,领导会(建议)给我降薪或罚款。	过程导向主管
M5.11.	工作时懒惰懈怠,领导会(建议)降低我的福利待遇。	负面物质激励
M5.12.	工作时心不在焉,领导会(建议)降低我的福利待遇。	
M6.1.	当我的工作为团队带来积极影响,领导会给予我(或推荐我得到)金钱奖励。	
M6.2.	当我的工作为团队带来积极影响,领导会(建议)提高我的福利待遇。	结果导向主管 正面物质激励
M6.3.	当我的工作对团队造成负面影响,领导会(建议)给我降薪或罚款。	
M6.4.	当我的工作对团队造成负面影响,领导会(建议)降低我的福利待遇。	结果导向主管 负面物质激励

续表

条款内容	激励类型
M7.1.　工作时努力,领导会对我认可、赞赏。 M7.2.　工作时思维活跃,领导会对我认可、赞赏。 M7.3.　工作时不怕困难,领导会对我认可、赞赏。 M7.4.　工作时勇于承担责任,领导会对我认可、赞赏。 M7.5.　工作时努力,领导会提供我职业发展机会。 M7.6.　工作时思维活跃,领导会提供我职业发展机会。 M7.7.　工作时不怕困难,领导会提供我职业发展机会。 M7.8.　工作时勇于承担责任,领导会提供我职业发展机会。	过程导向主管 正面精神激励
M7.9.　工作时懒惰懈怠,领导会私下提醒我。 M7.10.　工作时心不在焉,领导会私下提醒我。 M7.11.　工作时懒惰懈怠,领导会公开批评我。 M7.12.　工作时心不在焉,领导会公开批评我。 M7.13.　工作时懒惰懈怠,领导不会分配重要任务给我。 M7.14.　工作时心不在焉,领导不会分配重要任务给我。	过程导向主管 负面精神激励
M8.1.　当我的工作为团队带来积极影响,领导会对我认可赞赏。 M8.2.　当我的工作为团队带来积极影响,领导给予我职业发展机会。	结果导向主管 正面精神激励
M8.3.　当我的工作对团队造成负面影响,领导会私下提醒我。 M8.4.　当我的工作对团队造成负面影响,领导会公开批评我。 M8.5.　当我的工作对团队造成负面影响,领导不会分配重要任务给我。	结果导向主管 负面精神激励

条款来源:笔者根据访谈资料及 Podsakoff,Todor,Grover *et al*.(1984)领导奖励和惩罚问卷进行适当调整而得。

笔者在访谈过程中收集到的资料整理如下:

(1)过程导向激励/结果导向激励

"组织里的激励有看绩效结果的,也有发生在工作过程中的,比如曾经出现员工因为工作态度不好被辞退,领导这么做有杀一儆百的作用。"(受访者 1)

"过程中的物质激励会以研发补贴的形式,而不是奖金。员工努力,项目进展顺利都是衡量员工工作过程的标志。"(受访者 2)

"体现员工工作结果的奖励形式有培训、晋升和轮岗。"(受访者 4)

(2)物质激励/精神激励

"像奖金、涨工资、股票期权等都是物质方面的激励,精神方面的激励有领导的鼓励和表扬,还有项目前景的预期。"(受访者 1)

"每年会有一次工资调整和职位晋升的机会,(工资)只涨不扣,表现好会有个人绩效奖。"(受访者 2)

"……还有在群发邮件中表扬某员工会对该员工起到很好的激励效果"(受访者5)

"物质上(的奖励)有奖金以及和级别匹配的待遇,精神上(的奖励)可能是会分配更重要的任务、组织提供的荣誉奖项以及参与讨论获得更多建议权和决策权。"(受访者4)

(3)规则(明规则/潜规则)激励/主管激励

"领导找我单独谈话会对我有激励的作用,领导提醒我实际是在表达他对我工作的不满。"(受访者1)

"领导在总结会上表扬鼓励优秀的员工,以改进现有的问题……群体规范也是有激励作用的,比如其他员工努力对我来说是一种压力,也是激励我的动力。"(受访者2)

"领导奖惩是最多的,其次是制度规定上(的奖惩),如果两者都没有,那么群体规范会发挥作用,比如在面对需要成员一起合作完成的同质性任务时,大家(会)减少与他/她的配合、疏远他(来表达对他/她的不满)。"(受访者4)

"领导会一对一或者小范围的表扬来鼓励员工、发奖金……;领导惩罚就是减少(某员工)奖金。"(受访者7)

(4)正面激励/负面激励

"……有时候没奖励其实就是惩罚。"(受访者1)

"感觉自己受到的激励多以鼓励为主,应该和现在倡导的以人为本是一致的。因为惩罚会打消工作积极性。"(受访者2)

首先,根据访谈获得的资料可知,物质激励通常表现为金钱及福利待遇的变动。正面的物质激励包括发奖金、涨工资、股票期权等形式,负面的物质激励则以扣奖金为主,工资一般只涨不降;其次,研发人员在工作过程中的表现除了"努力"、"不怕困难"、"勇于承担责任"外,还有一项与生产人员和服务人员相区别的显著特征——"思维活跃"。因此,这几个关键词在过程导向激励测量上均有体现;再次,除了来自制度规定和领导的奖惩外,受访者都提到了"群体规范"这一关键词,均反映出潜规则对于员工的激励作用,因此,笔者通过"得到大家赞扬"、"被大家忽视"、"被大家排斥"等内容对潜规则激励进行相关测量。

4.3.3 循规行为的初始测量条款

Tyler & Blader(2005)针对组织成员的循规行为(rule-following behavior)展开了测量,具体包括服从于组织政策(compliance or conformity with organizational policies)以及自愿顺从组织政策(voluntary deference to organizational policies)两方面内容,前者表达了员工对组织政策规定的容忍,后者则是指员工自主接受规则,即使不受到监督也会遵守组织政策规定,开发的测量量表在 Tyler & Blader(2005)的两个子研究中进行应用。研究一的服从于组织政策量表共包含 4 个条款,由应答者根据他们遵守公司政策的频率进行回答,信度为 0.89,自愿顺从组织政策量表共包含 6 个条款,信度为 0.82;研究二的服从于组织政策量表共包含 5 个条款,信度为 0.79,自愿顺从组织政策量表包含 6 个条款,信度为 0.87。Broadhead-Fearn & White(2006)对于遵守规则行为采用了单一条款进行测量,即"青少年遵守所在收容所的制度手册里规定的规章制度的程度",1～4 分别代表"不违反规则"、"轻微破坏规则"、"对规则破坏的若干行为造成后果但不会赶走该少年"以及"频繁破坏规则造成严重后果使该少年暂时或永久性离开收容所"。本书主要借鉴 Tyler & Blader(2005)对循规行为的测量,将循规行为视为单维度构念,具体条款内容如表 4.3 所示。

表 4.3 循规行为的初始测量问卷

	条款内容
RFB1.1	我运用制度规定指导我开展具体工作。[b]
RFB1.2	我遵守与工作相关的规章制度。[a]
RFB1.3	我按照制度规定进行时间分配。[b]
RFB1.4	即使我不同意领导观点,我也尽可能按照领导指示完成工作。[a]
RFB1.5	即使没有要求、没人知道,我也愿意遵守单位及团队的制度规定。[c]
RFB1.6	我自愿遵守单位规章制度和政策。[c]
RFB1.7	我愿意接受领导对我工作量的判定。[c]
RFB1.8	即使领导不知道我是否做了,我也会执行领导的决定。[d]
RFB1.9	即使我认为这样做不重要,我也会按照领导要求去做。[d]
RFB1.10	我愉快接受领导的决定。[d]

条款来源:

a.Tyler & Blader(2005)的研究一的 compliance with organizational policy 量表;

b.Tyler & Blader(2005)的研究二的 compliance with organizational policy 量表;

c.Tyler & Blader(2005)的研究一的 deference to organizational policy 量表;

d.Tyler & Blader(2005)的研究二的 deference to organizational policy 量表。

4.3.4 破规行为的初始测量条款

正面破规行为强调的是组织成员对组织现有工作方法、生产标准流程提出的建设性和创新性建议及意见,此类行为有助于组织效能的提升。Tsui,

Pearce, Porter et al.(1997)借鉴 Smith, Organ & Near(1983)的研究,采用了 9 条款测量了针对组织的组织公民行为,量表信度为 0.94。Van Dyne & LePine (1998)对建言行为采用了 6 条款的测量量表,分别由员工本人、同事和主管在两个时间点进行评价,量表信度均在 0.88 以上。Morrison & Phelps(1999)针对"主动作为"概念开发了 10 条款的测量量表,量表信度为 0.93。Bettencourt (2004)则针对零售业销售人员变革导向型组织公民行为进行了研究,采用 Morrison & Phelps(1999)的 10 条款测量,其中一个条款与总体量表的相关系数过低而删除,9 条款测量的信度达到了 0.92。本书主要借鉴以上学者的相关测量,对正面破规行为展开相关测量。

负面破规行为强调的是组织成员破坏组织规定和规则而对组织造成负面的影响和后果。本书对负面破规行为的测量借鉴了针对组织的反生产行为、工作场所偏离行为以及具有负面影响后果的破坏规则行为等相关变量。Robinson & Bennett(1995)利用多维尺度技术(multidimensional scaling techniques)确认了工作场所偏离行为的二维四类型结构(人际和组织;严重和微弱);Rotundo & Xie(2008)在中国文化背景下针对反生产行为同样采用了多维尺度技术,证实了反生产行为的二维四类型结构(人际和组织;任务相关性高和低)。Robinson & O'Leary-Kelly(1998)采用了 9 条款测量个体反社会行为,在两个时间点测量的内部一致性信度分别为 0.75 和 0.81,重测信度为 0.87。Bennett & Robinson(2000)针对工作场所偏离行为分别开发出 12 条款的组织偏离行为测量量表和 7 条款的人际偏离行为测量量表,两个量表的信度分别为 0.81 和 0.78。Peterson(2002)以 Robinson & Bennett(1995)的工作场所偏离行为测量条款为基础并进行适当调整。Tyler & Blader(2005)将那些对组织规则有破坏性或违背规则的偏离行为称为破坏规则行为,研究一采用了 4 个条款测量破坏规则行为,量表信度为 0.60,研究二采用了 6 条款测量破坏规则行为,量表信度为 0.76。本书主要借鉴以上学者对相关变量的具体测量条款内容,对负面破规行为展开相关测量。由于负面破规行为的评价聚焦于消极面,采用自评方式会使应答者引起如实回答会受到惩罚的顾虑,进而倾向于减少对此类行为的报告,可能引起负面破规行为的方差范围较小、变量间相关被低估的现象(郭晓薇和严文华,2008)。因此,笔者采用由应答者评价他人的方式来反映应答者本人在负面破规行为上的表现。正面破规行为和负面破规行为的具体测量条款内容如表 4.4 所示。

表 4.4 破规行为的初始测量问卷

条款内容		行为类型
RBB1.1	我私下(或公开)采用改进的生产流程完成工作。[ab]	正面破规行为
RBB1.2	我私下(或公开)改变工作操作方法以便更高效。[a]	
RBB1.3	我私下(或公开)修正无关生产或对生产有负面作用的规章制度。[ab]	
RBB1.4	我私下(或公开)去掉不必要工作流程。[a]	
RBB1.5	我私下(或公开)引进新的技术和方法来提高效率。[ab]	
RBB1.6	即使团队成员反对,我仍与他们交流自己关于工作规则的想法。[bc]	
RBB2.1	有些团队成员不遵守单位制度对同事或团队造成损失。[de]	负面破规行为
RBB2.2	有些团队成员利用单位制度的不完善为自己谋利。[e]	
RBB2.3	有些团队成员总是利用工作时间处理私事。[dfh]	
RBB2.4	有些团队成员找机会休息、装病而不工作。[dfh]	
RBB2.5	有些团队成员拖延怠工。[dfgi]	
RBB2.6	有些团队成员虚报工作业绩。[de]	

条款来源:

a.Morrison & Phelps(1999);b.Tsui,Pearce,Porter *et al*.(1997);c.Van Dyne & LePine (1998);d.Robinson & Bennett(1995);e.Rotundo & Xie(2008);f.Peterson(2002);

g.Robinson & O'Leary-Kelly(1998);h. Bennett & Robinson(2000);i. Tyler & Blader (2005)。

4.3.5 帮助行为的初始测量条款

以往学者分别在中西方文化背景下针对帮助行为展开了丰富的研究,测量量表相对成熟,笔者主要借鉴了与本书研究背景一致的(中国文化背景下)组织公民行为研究的相关测量,选取其中帮助行为的测量条款,同时加入了访谈时获得的相关内容,共同构成了顺水人情型帮助行为和额外奉献型帮助行为的相关测量条款。Farh,Earley & Lin(1997)开发了组织公民行为的本土化测量量表,其中针对同事的利他主义由 4 个条款构成,如"帮助同事解决工作相关问题"、"帮助同事分担工作任务"等,该量表的内部一致性信度 α 值为 0.87。Farh,Zhong & Organ(2004)通过归纳收集中国员工组织公民行为的典型事例,发现中国员工的帮助同事行为与西方文献中"利他主义"或"帮助行为"具有一致性,帮助行为这一维度是中西方情境下组织公民行为的共同维度;与西方员工的帮助相比,中国员工的帮助行为的内涵范畴则相对宽泛,同时涉及工作事务及非工作事务的帮助行为。在访谈过程中,笔者还发现:受访者在谈到帮助同事的相关行为时涉及该行为发生的两类情形,一类是受访者主动帮助同事,另一类是在同事需要帮助向受访者求助时,受访者提供帮助。因此,在顺水人情型帮助行为和额外奉献型帮助行为的相关测量中,笔者加入了帮助行为发生的背景,以期更为准确描述出这两类帮助行为,具体测量条款内容如表 4.5 所示。

表 4.5　帮助行为的初始测量问卷

条款内容		行为
HOB1.1	不占用过多时间、精力时,我会主动与团队成员分享工作信息。[b]	
HOB1.2	不占用过多时间、精力时,我会主动帮助团队成员解决工作问题。[a]	
HOB1.3	不占用过多时间、精力时,我会主动分担团队成员的工作任务。[a]	
HOB1.4	不占用过多时间、精力时,我会主动帮助团队成员解决非工作问题。[c]	顺水人
HOB1.5	不占用过多时间、精力时,当团队成员向我求助,我会与其分享工作信息。[c]	情型帮
HOB1.6	不占用过多时间、精力时,当团队成员向我求助,我会帮其解决工作问题。[c]	助行为
HOB1.7	不占用过多时间、精力时,当团队成员向我求助,我分担其工作任务。[c]	
HOB1.8	不占用过多时间、精力时,当团队成员向我求助,我会帮其解决非工作问题。[c]	
HOB2.1	我主动使用个人资源来帮助团队成员(如个人关系网)。[b]	
HOB2.2	即使占用休息时间,我也会主动帮助同事解决工作相关问题。[c]	
HOB2.3	即使很麻烦,我也主动帮助团队成员解决非工作相关问题。[b]	
HOB2.4	我主动比工作规定多完成很多任务,以减轻同事负担。[a]	额外奉
HOB2.5	当团队成员向我求助,我会使用个人资源来帮助他/她(如个人关系网)。[c]	献型帮
HOB2.6	当团队成员向我求助,即使占用休息时间,我也会帮助其解决工作上相关问题。[c]	助行为
HOB2.7	当团队成员向我求助,我会帮其解决非工作相关问题。[c]	
HOB2.8	当团队成员向我求助,我会比规定任务多完成一些,以减轻同事负担。[c]	

条款来源:

a.Farh,Earley & Lin(1997),并做适当修改;b.Farh,Zhong & Organ(2004),并做适当修改;c.笔者根据访谈资料所得。

4.3.6　自己人感知的初始测量条款

目前,学者们关于"自己人"概念仅限于类别划分的理论探讨阶段(如杨国枢,1993;杨宜音,1995;杨中芳,2000),而对"自己人"概念的操作化测量相对较少,杨宜音(1999)对自己人的定义中包含了"认同"、"信任"、"义务"等内容。赵卓嘉(2009)结合以往研究及访谈结果设计出 11 条款的"自己人认同"量表,该量表的内部一致性信度 α 值为 0.907。Stamper & Masterson(2002)提出了"感知内部人地位"概念,并开发出 6 条款的测量量表,用来测量员工对他们作为组织内部人的地位的感知,该量表的内部一致性信度 α 值为 0.88。在访谈过程中,笔者发现:受访者谈到对自己人现象的看法时会涉及两类自己人:领导自己人、团队自己人,比如"领导自己人理解领导的理念和思路,积极落实,主动完成领导分配的任务并及时和领导沟通反馈,尊重领导";"团队自己人表现为团队成员之间交流顺畅,有团队意识"、"与团队成员和团队主管分享信息和自己的经验,能融入团队讨论中"。因此,笔者在涉及自己人感知的测量条款时纳入了针对团队的自己人感知以及针对主管的自己人感知两方面内容,具体测量条款内容如表 4.6 所示。

表 4.6　自己人感知的初始测量问卷

条款内容
IP1.1　我认为我是所在团队的一部分。[a]
IP1.2　如果团队有人离开,我会觉得不舍。[b]
IP1.3　我相信其他成员对我的批评和意见都是善意的。[b]
IP1.4　团队成员对我不太信任[R]。[b]
IP1.5　我能很好地融入团队的项目讨论。[c]
IP1.6　我对领导总是诚实坦率。[c]
IP1.7　我和领导分享工作的意见和信息。[c]
IP1.8　如果有人说领导的坏话时,我会主动站出来为他/她辩护。[b]
IP1.9　如果领导离开我们部门,我会觉得不舍。[b]
IP1.10　我认为领导对我的批评都是善意的。[b]

条款来源:

a.Stamper & Masterson(2002);b.赵卓嘉(2009),并做适当修改;

c.笔者根据访谈资料所得。

注:[R]表示反向条款。

4.3.7　团队创新绩效的初始测量条款

以往研究对团队(组织)创新绩效的测量既有围绕创新内容从产品创新和流程创新两方面展开(e.g.,陈淑玲,2006;Prajogo & Ahmed,2006),也有围绕创新特征表现如突破性、重要性、新颖性(West & Anderson,1996)、创新能力、创新行为和创新结果(刘惠琴和张德,2007)以及创新有效性、创新效率(郑小勇和楼鞅,2009)等指标进行的主观性评价,还有通过具体客观指标,如创新数量

（West & Anderson,1996）、新产品或新工艺流程的数量、项目组的专利数量或专利应用数量（Pirola-Merlo & Mann,2004）以及研发投入、创新活动规模、发明产出质量、新产品引入程度（Hagedoorn & Cloodt,2003）的主客观评价指标相结合的方法,测量团队在创新方面取得的成果。团队创新绩效的测量通过团队成员与从事类似内容工作的其他团队在新构想、方法、发明和应用的数量上的比较来实现的（Kratzer Leenders & Van Engelen,2004,2005）。关于主观评价和客观指标这两种测量方式的选择,Amabile(1983)建议采用"具有一定效力的主观测量指标",原因是能够确认创新整体的内容具有一定合理性即可,没有必要获得准确的数据。Hagedoorn & Cloodt(2003)在采用四种客观指标测量组织创新绩效时也指出:由于受到行业特殊性质的影响,这些指标之间会有交叉重叠的内容。因此,本书采用主观评价的方法收集团队创新绩效的相关数据,将团队创新绩效视为单因子构念,原因在于团队创新绩效反映出研发团队在创新方面取得的成果,无论在制度或流程上的改进变革,最终都将表现为产品(技术服务)创新。本书围绕产品、流程和制度三方面的创新程度进行测量,将团队创新绩效视为共享型构念中的转移参照点一致构念,相应测量条款主语设定为"我们团队……",具体测量条款内容如表 4.7 所示。

表 4.7　团队创新绩效的初始测量问卷

条款内容
TIP1　我们团队产品创新的种类更多。[a]
TIP2　我们团队的新产品开发时间更短。[c]
TIP3　我们团队经常利用最新技术开发出新产品。[b]
TIP4　我们团队经常添购新的工具或设备提高工作效率。[a]
TIP5　我们团队经常引进新技术来改善产品的生产流程。[a]
TIP6　我们团队对生产流程的设计开发速度更快。[a]
TIP7　我们团队对现有的规章制度进行了修订和完善。[c]

条款来源:a.陈淑玲(2006);b.Prajogo & Ahmed(2006);c.笔者根据访谈资料所得。

4.3.8　人口统计特征的测量

本书采用编码测量法,对个体层面的人口统计特征如性别、年龄、教育程度,以及团队层面的人口统计特征如团队成立时间、团队规模、团队任务类型、团队所处发展阶段等内容进行了测量,相关题项采用分组选择的方式,以消除

应答者对披露个人及团队信息的反感和顾虑,确保问卷质量。关于题项分段设定的标准,笔者主要基于以下依据:

(1)性别

本书沿用以往研究(e.g.,Farh,Earley & Lin,1997;Hui,Lee & Rousseau,2004)对性别的测量方式,根据性别自身的类别属性划分为男性和女性,分别用1 和 0 进行编码。

(2)年龄

本书对年龄的分组参考了 Farh,Earley & Lin(1997)以及 Farh,Hackett & Liang(2007)以 5 年作为一个时间段的分类方式。以上两个研究将应答者年龄分为八组,分别为:20 岁及以下、21~25 岁、26~30 岁、31~35 岁、36~40 岁、41~45 岁,46~50 岁,51 岁及以上。笔者在访谈过程中发现:高新技术企业研发成员趋于年轻化,大多在 25~35 岁之间,因此,本书去掉了高龄组的若干类别,将年龄各组整合后划分为五组,分别为:25 岁及以下、26~30 岁、31~35 岁、36~40 岁、41 岁及以上,分别用 1 到 5 进行编码。

(3)教育程度

Farh,Earley & Lin(1997)在研究中将应答者的教育程度分为五组:初中及以下、高中、职业学校、大学以及研究生院。研发团队由于所面临的任务难度较大,普遍存在高学历的现状特征,因此本书将最低教育程度设定为大专,同时将研究生区分为硕士和博士,即针对教育程度的调研具体分为四组:大专及以下、本科、硕士和博士,分别用 1 到 4 进行编码。

(4)团队建立时间

本书将团队成立时间划分为四组:半年以下、半年~1 年,1~2 年以及 2 年以上,分别用 1 到 4 进行编码。

(5)团队规模

Kratzer,Leenders & Van Engelen(2005)采用小、中、大三类标准来描述团队规模,但是这样主观性设定的标准容易引起应答者的响应偏差。本书借鉴汪洁(2009)将团队规模用实际客观数量指标表示的方法,具体划分为四组:5 人及以下、6~10 人、11~15 人以及 16 人及以上,分别用 1 到 4 进行编码。

(6)团队任务类型

以往研究关于研发活动任务类型主要围绕基础研究、应用研究、产品开发、产品改进及后续服务这四类展开(具体可参见 Kim & Oh,2002)。因此,本书借鉴汪洁(2009)和 Kim & Oh(2002)的观点,结合研究对象的具体任务特征,将团队任务类型划分为四类:基础研究、应用研究、产品开发和技术服务,分别用 1 到 4 进行编码。

(7)团队当前所处发展阶段

群体演化与发展主要分为形成阶段(forming)、动荡阶段(storming)、规范阶段(norming)、执行阶段(performing)和中止阶段(adjourning)。群体成员在这五个阶段具备如下的基本特征:形成阶段里的群体成员建立目标,探索实现目标的方法和手段,成员之间相互依赖寻求指导和帮助;动荡阶段的群体成员拒绝受到群体以及任务需要的影响;规范阶段里的群体成员愿意接受其他成员的意见和要求,团队价值观、团队规范和凝聚力逐渐形成;执行阶段的群体成员各司其职,各自对群体发挥着贡献作用,成员灵活性和团队协作发挥着重要作用;中止阶段里的群体成员处于空闲状态(Tuckman,1965;Tuckman & Jensen,1977)。结合各阶段特征,本书将五阶段进一步明确命名为:初始形成期、冲突动荡期、规范合作期、顺利执行期以及任务中止期,分别用 1 到 5 进行编码。

(8)团队所属行业

由于高新技术企业的所属行业种类繁多,关于行业种类的具体划分标准目前尚无定论,如钱源源(2010)参考国家税务总局对高新技术企业的界定以及国家统计局的高技术产业统计分类目录,并结合实际调研情况,将高新技术企业所属行业分为电子元器件制造、通信设备制造、电子计算机制造、软件服务、信息技术、生物工程和医药等九类。笔者在企业所属行业的类别划分中参考了我国 863 计划对高新技术的界定。我国高新技术是指 863 计划中选择的对中国未来经济和社会发展有重大影响的 8 个领域,具体分为:生物技术领域、航天技术领域、信息技术领域、激光技术领域、自动化技术领域、能源技术领域、新材料领域和海洋技术领域,而从事以上八大领域的企业即为高新技术企业①。因此,本书调研对象的高新技术企业分属于以上八个领域,由应答者填答自己所在团队所属的具体高新技术领域名称。

※ 4.4 数据收集与数据描述

形成正式调研问卷后,笔者结合本书的研究目的和研究分析层次,遵循科学的抽样程序,开展了大规模调研;之后,对样本的基本情况进行描述,并对个别缺失值进行了适当处理,为后继工作的开展提供分析基础。

---

① 百度百科:http://baike.baidu.com/view/215191.htm? fr=ala0_1,2010-04-02。

4.4.1　抽样方法确定

遵循科学的抽样程序是保证科学研究结论有效性的关键环节。本书的样本调研依据标准化抽样程序(可参见荣泰生,2005;贾跃千,2009),围绕研究母体、抽样架构、抽样方法及样本规模四方面内容展开具体讨论。

(1)定义母体

本书的整体研究模型框架由两个子研究构成,分别以高新技术企业研发团队成员以及研发团队整体作为研究对象。高新技术企业是从事生物技术领域、航天技术领域、信息技术领域、激光技术领域、自动化技术领域、能源技术领域、新材料领域、海洋技术领域等领域的研究开发与技术成果转化的企业。笔者以中国境内从事八大行业的高新技术企业的研发团队成员作为问卷的调研对象。

(2)确认抽样架构

笔者在中国各区域范围内选择了在高新技术发展中具有代表性的若干城市,如东北地区的沈阳、长春;华东地区的上海、杭州、苏州、无锡;华南地区的广州、深圳等,确认各地区的高新技术企业名单,从中获取部分有关负责人或企业成员的联系方式并与之取得联系,说明数据收集仅供学术之用后获准进入企业调研的机会,最后确认一份初始的所有可能联系到的调研企业名单。

(3)确认抽样方法

本书以高新技术企业为抽样的基本单位,并以这类企业的研发团队成员为抽样元素,根据调研名单随机抽取原始应答者,再经由原始应答者介绍或提供的信息联系其他符合母体的应答者。

(4)确定样本规模

样本规模要满足数据分析处理的前提要求,如采用多元回归分析方法时,需要每个预测变量最少有 5 个样本,最好 15~20 个样本(Hair 等,1995)[①];对于因子分析而言,样本量至少是测量条款数量的 3 至 5 倍甚至更多(具体见陈正昌,程炳林,陈新丰等,2005;张文彤,2004)。本书将在两个子研究中分别结合具体数据分析方法对样本规模进行详细说明。

4.4.2　研究调研过程

笔者于 2009 年 10 月中旬至 2010 年 2 月中旬进行,历时 5 个月,最终调研在以下城市开展:沈阳、鞍山、长春、北京、天津、青岛、兰州、上海、苏州、扬州、杭

---

① 转引自陈止昌,程炳林,陈新丰等,2005,P.11。

州、温州、无锡、合肥、深圳。东南沿海、中西部地区及东北老工业基地的主要城市都有所涉及。确定多个调研城市的目的是希望尽可能使样本具有多样性和代表性。笔者通过各公司内部电子邮箱地址发放电子版问卷,根据各团队规模的不同,每个团队选取5～8名成员填答,在发放问卷后的一个月时间,再次发放一封邮件以鼓励和提醒未回复的成员完成问卷。

整个理论框架分为两个子研究进行,研究一和研究二分别涉及个体层次和团队层次的相关变量的测量,因此,有效问卷筛选标准的制定同时考虑个体和团队两层次对数据的要求。笔者借鉴相关研究的操作办法,设定了如下的筛选标准:(1)问卷主体部分中缺答题项累计达到或超过10%的问卷予以删除;(2)选择填答"不确定"超过1/3的问卷予以删除;(3)填答呈现明显规律的问卷予以删除,如答案呈"Z"字形排列,或连续勾选12345,或成片保持同样选项(汪洁,2009);(4)基于问卷中设置的反向条款应答评分出现前后不一致的问卷予以删除(汪洁,2009;赵卓嘉,2009);(5)来自同一团队回收的问卷存在明显雷同答案的若干问卷仅保留一份,其余雷同问卷视为无效问卷予以删除(汪洁,2009);(6)若同一团队的问卷数少于3份,则该团队整体也被剔除(汪洁,2009),以确保团队层面的数据处理。

本书共发放180套(964份)问卷,经过问卷的整理,最终回收146套(706份)问卷,经过个体单份问卷及团队整体问卷的检查筛选,最终可用于数据分析的有效问卷为136套(515份)问卷,团队成套数据的有效回收率是75.56%。

4.4.3 样本基本情况描述

根据调研结果,笔者从团队成员基本情况和团队基本情况两方面进行了描述性统计,对两个研究所涉及的核心变量的测量条款得分的均值、标准差、偏度和峰度情况进行了汇报。

(1)团队成员基本情况的描述性统计

团队成员基本信息如表4.8所示,在515份有效问卷中,380位被调查对象是男性,占总数的73.8%,女性所占比例为26.2%;年龄在26～30岁之间的被调查对象最多,占总数的56.5%,其次是介于31～35岁之间,占总数的20.4%,25岁以下的应答者为11.7%,36～40岁以及41岁以上的被调查对象分别为5.6%和5.8%。从性别分布来看,男性比例较大,占总数的73.3%,这和男性成员以理工科学习背景居多有关,因此,从事研发工作的成员以男性为主;从年龄分布来看,年龄在26～30岁的人员超过了半数,而31～35岁和25岁及以下的比例分别为20.6%和11.1%,说明高新技术企业的研发人员以中青年为主。

被调查对象教育程度的分布情况如下:本科学历人数最多,有 284 位,占总数的 55.2%,其次是硕士学历的成员,共有 167 位,占总数的 32.4%,大专及以下学历的研发人员仅占 6.2%,本科及以上学历人员则超过 90%。从教育程度的分布来看,由于其工作性质和内容要求,从事产品开发和技术服务的专业技术人员大多具有高智商和高学历的背景特征。以深圳华为公司为例,在被调查的 8000 余名员工中,大学学历员工占 85%,从事产品开发的科研人员达 3200 多人,其中 70% 以上为硕士、博士和博士后①。

以上信息与正式调研前对被调查对象年龄和教育程度的预计情况基本一致。

表 4.8　团队成员的统计特征描述

统计内容	内容分类	频次	百分比
性别	男	380	73.8%
	女	135	26.2%
年龄	25 岁及以下	60	11.7%
	26~30 岁	291	56.5%
	31~35 岁	105	20.4%
	36~40 岁	29	5.6%
	41 岁及以上	30	5.8%
教育程度	大专及以下	32	6.2%
	本科	284	55.2%
	硕士	167	32.4%
	博士	32	6.2%

注:N=515。

(2)团队基本情况的描述性统计

团队自身基本信息的统计内容包括团队成立时间、团队规模、团队任务类型及团队所处发展阶段四方面内容。团队基本信息的分布状况汇总于表 4.9。

根据表 4.9 可知,团队建立时间在 2 年以上的共有 95 个,占总数的 69.9%,其次是 1~2 年的团队,有 25 个,占 18.4%,建立时间在半年~1 年以及半年以下的团队分别有 12 个和 4 个;从团队规模来看,6~10 人的团队最多,有 46 个,占总数的 33.8%,而 5 人及以下、11~15 人以及 16 人及以上的团队分别占团

---

① 该调查的资料来源:黑儒,2000。

总数的 16.9％、25.7％和 23.5％；在团队任务类型方面，从事产品开发的团队最多，共有 74 个，占总数的 54.4％，其次是应用研究和技术服务类型的团队，分别占总数的 19.1％和 22.8％，基础研究类型的团队最少，仅有 5 个，占总数的 3.7％；从团队所处的发展阶段处来看，处于规范合作期和顺利执行期的团队相对较多，分别占总数的 44.1％和 34.6％，处于初始形成期的团队有 16 个，处于冲突动荡期的团队有 12 个，各占总数的 11.8％和 8.8％，任务中止期团队仅有 1 个；从样本在高新技术领域的行业分布来看，主要集中在新材料开发、信息技术和自动化技术三类，分别占总数的 15.4％、37.5％和 34.6％，从事海洋工程、激光技术、能源技术、生物技术的团队较少，分别占总数的 1.5％、2.9％、5.9％和 2.2％，从事航天技术的团队则没有。

表 4.9 团队基本信息的统计特征描述

统计内容	内容分类	频次	百分比
团队建立时间	半年以下	4	2.9％
	半年～1 年	12	8.8％
	1～2 年	25	18.4％
	2 年以上	95	69.9％
团队规模	5 人及以下	23	16.9％
	6～10 人	46	33.8％
	11～15 人	35	25.7％
	16 人及以上	32	23.6％
团队任务类型	基础研究	5	3.7％
	应用研究	26	19.1％
	产品开发	74	54.4％
	技术服务	31	22.8％
团队所处阶段	初始形成期	16	11.8％
	冲突动荡期	12	8.8％
	规范合作期	60	44.1％
	顺利执行期	47	34.6％
	任务中止期	1	7％

续表

统计内容	内容分类	频次	百分比
团队所属行业	海洋工程	2	1.5%
	激光技术	4	2.9%
	能源技术	8	5.9%
	生物技术	3	2.2%
	新材料开发	21	15.4%
	信息技术	51	37.5%
	自动化技术	47	34.6%

注:N=136。

(3)样本中各条款的描述性统计

表 4.10 是所有测量条款数据的描述性统计信息。从表 4.10 可知,样本调研获得各测量条款数据的偏度绝对值均小于 3,峰度绝对值均小于 10,因此数据总体上基本服从正态分布(Kline,1998)[1],满足进行后继数据分析处理基本条件。

表 4.10　样本各测量条款数据的描述性统计

条款	均值	标准差	偏度		峰度	
	统计值	统计值	统计值	标准差	统计值	标准差
S1.1	3.6485	1.20907	−.606	.108	−.612	.215
S1.2	3.8214	1.00540	−.593	.108	−.221	.215
S1.3	3.1612	1.13455	−.095	.108	−.745	.215
S1.4	3.5146	1.01030	−.426	.108	−.337	.215
S1.5	2.8350	1.21675	.117	.108	−.829	.215
S1.6	2.4485	1.27333	.442	.108	−.891	.215
S1.7	2.3961	1.21212	.468	.108	−.840	.215
S2.1	3.5748	1.02675	−.440	.108	−.426	.215
S2.2	3.3379	1.08331	−.242	.108	−.516	.215
S2.3	3.5845	1.02979	−.303	.108	−.560	.215
S2.4	3.4388	1.04082	−.361	.108	−.502	.215
S2.5	3.7282	1.04187	−.516	.108	−.457	.215

---

[1]　转引自黄芳铭,2005,P.88。

续表

条款	均值	标准差	偏度		峰度	
	统计值	统计值	统计值	标准差	统计值	标准差
S2.6	3.6524	.99491	−.498	.108	−.338	.215
S2.7	3.6252	1.00260	−.382	.108	−.508	.215
S2.8	3.7767	.95758	−.542	.108	−.140	.215
S2.9	3.4699	1.00995	−.247	.108	−.665	.215
S2.10	3.4680	1.00603	−.303	.108	−.564	.215
S3.1	3.2272	1.10219	−.240	.108	−.561	.215
S3.2	3.0252	1.10594	.002	.108	−.709	.215
S3.3	2.9029	1.18613	.020	.108	−.800	.215
S3.4	3.5068	.97710	−.302	.108	−.467	.215
S3.5	3.4311	1.10032	−.229	.108	−.650	.215
S3.6	3.1728	1.14818	−.055	.108	−.774	.215
S3.7	2.9146	1.15715	.137	.108	−.748	.215
S3.8	2.8369	1.21941	.121	.108	−.873	.215
S3.9	2.9417	1.17716	.049	.108	−.827	.215
S4.1	3.6058	.93877	−.458	.108	−.106	.215
S4.2	3.7728	.92145	−.583	.108	.047	.215
S4.3	3.8233	.91350	−.643	.108	.055	.215
S4.4	3.7981	.86095	−.572	.108	.339	.215
S4.5	3.6408	.90238	−.378	.108	−.250	.215
S4.6	3.4796	1.03493	−.363	.108	−.360	.215
S5.1	3.5650	.99275	−.361	.108	−.326	.215
S5.2	3.4330	.97482	−.260	.108	−.448	.215
S5.3	3.5670	.95872	−.291	.108	−.427	.215
S5.4	3.5631	.92385	−.275	.108	−.322	.215
S5.5	3.6078	.93855	−.435	.108	−.235	.215
M1.1	2.6757	1.21505	.223	.108	−.899	.215
M1.2	2.2699	1.17155	.512	.108	−.710	.215
M1.3	2.2932	1.14233	.430	.108	−.821	.215
M1.4	2.3650	1.19611	.383	.108	−.901	.215
M1.5	2.4913	1.16090	.291	.108	−.848	.215
M1.6	2.3515	1.20584	.495	.108	−.742	.215
M1.7	2.3029	1.20855	.524	.108	−.749	.215
M1.8	2.3748	1.22607	.463	.108	−.815	.215
M1.9	2.6466	1.23004	.201	.108	−.949	.215

续表

条款	均值	标准差	偏度		峰度	
	统计值	统计值	统计值	标准差	统计值	标准差
M1.10	2.5379	1.18026	.266	.108	−.853	.215
M1.11	2.5204	1.19217	.308	.108	−.818	.215
M1.12	2.4738	1.17728	.293	.108	−.875	.215
M2.1	2.5670	1.21152	.258	.108	−.950	.215
M2.2	2.4951	1.18743	.313	.108	−.888	.215
M2.3	2.6058	1.19742	.237	.108	−.868	.215
M2.4	2.5068	1.18906	.364	.108	−.790	.215
M3.1	2.7650	1.18893	.023	.108	−1.016	.215
M3.2	2.5728	1.19826	.141	.108	−1.079	.215
M3.3	2.5010	1.18580	.261	.108	−.982	.215
M3.4	2.5301	1.22099	.223	.108	−1.071	.215
M3.5	2.8388	1.18816	−.070	.108	−.933	.215
M3.6	2.7476	1.20729	.015	.108	−.991	.215
M3.7	2.7359	1.21444	.007	.108	−.997	.215
M3.8	2.7961	1.22363	.011	.108	−.989	.215
M3.9	3.2816	1.06972	−.254	.108	−.568	.215
M3.10	3.1670	1.07468	−.204	.108	−.617	.215
M3.11	3.2019	1.08312	−.141	.108	−.670	.215
M3.12	3.0214	1.11303	−.102	.108	−.733	.215
M3.13	2.3806	1.14461	.475	.108	−.549	.215
M3.14	2.4291	1.17709	.426	.108	−.712	.215
M3.15	2.7379	1.15998	.148	.108	−.787	.215
M3.16	2.7282	1.17193	.141	.108	−.799	.215
M3.17	2.8388	1.15663	.000	.108	−.808	.215
M3.18	2.8408	1.13053	.016	.108	−.688	.215
M3.19	2.7650	1.13878	.105	.108	−.720	.215
M3.20	2.7845	1.14772	.065	.108	−.769	.215
M4.1	2.7631	1.17455	.049	.108	−.924	.215
M4.2	2.7981	1.16949	.061	.108	−.855	.215
M4.3	3.1146	1.12820	−.210	.108	−.675	.215
M4.4	2.5223	1.15568	.291	.108	−.779	.215
M4.5	2.7515	1.16381	.078	.108	−.800	.215
M4.6	2.7709	1.16946	.087	.108	−.849	.215
M4.7	2.6660	1.13020	.131	.108	−.743	.215

续表

条款	均值	标准差	偏度		峰度	
	统计值	统计值	统计值	标准差	统计值	标准差
M5.1	2.7379	1.21246	.093	.108	−.972	.215
M5.2	2.5049	1.18086	.273	.108	−.870	.215
M5.3	2.4757	1.18719	.289	.108	−.941	.215
M5.4	2.4660	1.18531	.317	.108	−.875	.215
M5.5	2.5301	1.20010	.247	.108	−.926	.215
M5.6	2.4039	1.17860	.371	.108	−.860	.215
M5.7	2.4699	1.19685	.297	.108	−.950	.215
M5.8	2.4485	1.17147	.274	.108	−.985	.215
M5.9	2.4660	1.16378	.320	.108	−.809	.215
M5.10	2.4524	1.15828	.391	.108	−.683	.215
M5.11	2.3961	1.13074	.466	.108	−.499	.215
M5.12	2.4350	1.13193	.364	.108	−.716	.215
M6.1	2.6816	1.19481	.139	.108	−.923	.215
M6.2	2.5320	1.15713	.224	.108	−.921	.215
M6.3	2.5243	1.14719	.204	.108	−.844	.215
M6.4	2.4699	1.14195	.354	.108	−.656	.215
M7.1	3.4252	1.06763	−.343	.108	−.517	.215
M7.2	3.3845	1.12616	−.379	.108	−.549	.215
M7.3	3.3903	1.09345	−.381	.108	−.471	.215
M7.4	3.3068	1.11893	−.308	.108	−.552	.215
M7.5	3.0330	1.13182	−.154	.108	−.703	.215
M7.6	2.9650	1.13947	−.074	.108	−.767	.215
M7.7	2.9592	1.15538	−.103	.108	−.823	.215
M7.8	2.9922	1.15017	−.139	.108	−.691	.215
M7.9	3.0155	1.09640	−.164	.108	−.647	.215
M7.10	2.9786	1.12347	−.107	.108	−.743	.215
M7.11	2.4951	1.11824	.301	.108	−.690	.215
M7.12	2.5301	1.10735	.256	.108	−.674	.215
M7.13	2.9029	1.14439	.027	.108	−.690	.215
M7.14	2.9417	1.14193	−.035	.108	−.693	.215
M8.1	3.3262	1.07970	−.351	.108	−.519	.215
M8.2	3.1010	1.11825	−.267	.108	−.613	.215
M8.3	2.9767	1.12603	−.110	.108	−.777	.215
M8.4	2.5981	1.08384	.114	.108	−.701	.215

续表

条款	均值	标准差	偏度		峰度	
	统计值	统计值	统计值	标准差	统计值	标准差
M8.5	2.9146	1.14192	.019	.108	−.724	.215
RF1.1	3.5592	1.02588	−.329	.108	−.681	.215
RF1.2	4.1398	.84836	−.770	.108	.049	.215
RF1.3	3.9146	.85100	−.559	.108	−.002	.215
RF1.4	4.0350	.85685	−.831	.108	.549	.215
RF1.5	4.0680	..82592	−.793	.108	.525	.215
RF1.6	4.1340	.80339	−.835	.108	.799	.215
RF1.7	3.8835	.86772	−.472	.108	−.057	.215
RF1.8	3.9942	.86319	−.736	.108	.405	.215
RF1.9	3.9010	.88870	−.573	.108	−.009	.215
RF1.10	3.6369	.88996	−.302	.108	−.163	.215
RB1.1	3.2471	1.07208	−.362	.108	−.378	.215
RB1.2	3.2621	1.11202	−.369	.108	−.490	.215
RB1.3	2.8117	1.17093	−.009	.108	−.866	.215
RB1.4	2.8699	1.15213	−.150	.108	−.850	.215
RB1.5	3.0835	1.06721	−.215	.108	−.582	.215
RB1.6	3.1010	.96308	−.125	.108	−.337	.215
RB2.1	2.4874	.97903	.235	.108	−.576	.215
RB2.2	2.3961	1.11341	.437	.108	−.666	.215
RB2.3	2.6330	1.01318	.243	.108	−.479	.215
RB2.4	2.1748	1.06068	.580	.108	−.461	.215
RB2.5	2.3417	1.04179	.390	.108	−.658	.215
RB2.6	2.3767	1.12014	.411	.108	−.721	.215
HO1.1	3.7165	.87175	−.442	.108	−.079	.215
HO1.2	3.5883	.88517	−.227	.108	−.270	.215
HO1.3	3.7029	.87945	−.313	.108	−.403	.215
HO1.4	3.6058	.89419	−.206	.108	.467	.215
HO1.5	3.8738	.83082	−.496	.108	.120	.215
HO1.6	3.8039	.86117	−.308	.108	−.465	.215
HO1.7	3.8932	.83355	−.405	.108	−.378	.215
HO1.8	3.7689	.85700	−.208	.108	−.636	.215
HO2.1	3.5204	.90667	−.179	.108	−.350	.215
HO2.2	3.2257	.97715	−.049	.108	−.495	.215
HO2.3	3.4330	.95872	−.201	.108	−.566	.215

续表

条款	均值	标准差	偏度		峰度	
	统计值	统计值	统计值	标准差	统计值	标准差
HO2.4	3.2485	.96655	−.151	.108	−.434	.215
HO2.5	3.5845	.87003	−.119	.108	−.568	.215
HO2.6	3.3670	.94152	−.047	.108	−.500	.215
HO2.7	3.5670	.89360	−.268	.108	−.309	.215
HO2.8	3.5068	.91116	−.245	.108	−.311	.215
IP1.1	4.4019	.75346	−1.061	.108	.404	.215
IP1.2	4.0971	.92010	−.871	.108	.372	.215
IP1.3	4.0583	.85785	−.743	.108	.284	.215
IP1.4	4.0039	.79394	−.382	.108	−.335	.215
IP1.5	4.0350	.81256	−.654	.108	.299	.215
IP1.6	3.9883	.89827	−.836	.108	.627	.215
IP1.7	3.8369	.92553	−.572	.108	−.046	.215
IP1.8	3.3515	.99550	−.227	.108	−.251	.215
IP1.9	3.8136	1.00010	−.639	.108	.005	.215
IP1.10	3.8699	.94631	−.581	.108	−.036	.215
TIP1	3.4252	.99988	−.250	.108	−.303	.215
TIP2	3.2796	.97212	−.125	.108	−.318	.215
TIP3	3.3515	.95358	−.172	.108	−.257	.215
TIP4	3.2136	1.01209	−.110	.108	−.386	.215
TIP5	3.3184	.99588	−.316	.108	−.292	.215
TIP6	3.3282	.94348	−.264	.108	−.065	.215
TIP7	3.2252	1.05110	−.258	.108	−.569	.215

注:N=515。

4.4.4 缺失值处理

本书有效样本的缺失值较少,仅在个别条款存在(RB1.1 缺失 3 个观测值、HO2.2 和 IP1.6 各缺失 2 个观测值)。通常对缺失值的处理方法有删除法、估计插补法和常数替代法。删除法会造成信息的浪费,忽视了被删除样本的隐藏信息;常数替代法主观性较强,容易引起数据偏离(赵卓嘉,2009;贾跃千,2009)。因此,本书采用估计插补法进行缺失值的处理。SPSS15.0 中提供五种缺失值的估计插补法替换缺失值:序列替代(series mean)、临近点均值(mean of nearby points)、附近点中位数(median of nearby points)、线性插补法(linear interpolation)和点处的线性趋势(linear trend at point)。本书以团队成员为调研对象,团队成员之间的评价存在一定的相似性,因此,借鉴赵卓嘉(2009)的处理方法,本书采用线性插补法替代缺失值。

❈ 4.5　本章小结

　　本章结合已有研究的相关测量以及小规模访谈获得的资料,进行了核心变量的测量问卷设计,以统一标准的测量工具(问卷形式)进行研究资料的获取与数据的收集,对高新技术企业展开大规模调研;根据预先设定的无效问卷剔除标准,完成了对个体单份问卷和团队整体问卷的检查筛选,从个体和团队两个层次对样本数据基本信息的描述性统计特征进行了汇报,并对个别缺失值进行了适当处理,以供下一步分析之用。

第5章　感知组织支持、组织激励对个体行为的影响作用分析（研究一）

依据本书的整体研究框架,研究一围绕感知组织支持、组织激励对个体行为的直接影响以及自己人感知在此影响过程中发挥的调节作用等主题展开具体的实证分析探讨,研究对象为高新技术企业研发团队成员,研究层次聚焦在个体层次。

研究一涉及感知组织支持、组织激励、个体行为及自己人感知等多个关键变量,部分变量(如组织激励)的内在结构尚不明确。因此,研究一首先通过探索性因子分析和验证性因子分析明确各变量的维度结构,并对测量工具的构思效度和内部一致性信度进行分析说明;其次,研究一围绕各相关变量之间的相互作用关系展开探讨,形成相应的研究假设;最后,利用调研获得的数据对研究一的理论框架和研究假设进行检验,根据数据分析结果得到最终的研究结论。

❋ 5.1　感知组织支持、组织激励、个体行为的结构及信度效度分析

研究一以整体探索性因子分析的结果为基础,对各核心变量的内部结构情况进行初步判断,完成相关变量测量条款的净化筛选工作;然后,通过验证性因子分析进一步确认研究一所涉及的各核心变量的结构,并对各变量的构思效度(聚合效度和辨别效度)进行说明,为研究一的假设推导提供理论基础。

5.1.1　探索性因子分析

研究一将所涉及的六个主要变量(感知组织支持、组织激励、循规行为、破规行为、帮助行为及自己人感知)同时纳入到一个整体模型中进行探索性因子分析,而没有分别针对各变量进行维度结构的探索,主要有三个目的,前两个目的与汪洁(2009)研究目的是一致的:一方面希望从整体上来把握和明确各核心

变量的维度结构情况;另一方面为了判断各核心变量之间是否有交叉测量条款存在,对各变量测量条款进行净化筛选;第三个目的则与研究一所涉及的感知组织支持和组织激励这两个变量有关。在由 Amabile,Conti,Coon et al.(1996)开发的创造力氛围量表(KEYS)里,组织鼓励、主管鼓励和工作团队鼓励都是对团队创造力有促进作用的三类要素。组织鼓励体现在组织文化上,具体表现为冒险和创意的产生、对新构想的公正评价、对创造力的奖励和认可、思想的沟通合作和决策参与;主管鼓励包括主管明确工作目标、上下属之间公开互动、支持团队工作和团队想法;工作团队鼓励通过团队成员背景的多样性、(团队成员)想法的相互开放、信任和相互帮助、(对他人)工作的建设性挑战以及(团队成员对)当前项目的共享承诺而表现出来。Amabile,Conti,Coon et al.(1996)将工作团队鼓励也称为工作团队支持(work group supports)。从三类促进团队创造力的要素内容来看,Amabile,Conti,Coon et al.(1996)并未将对员工创造力有激发作用的激励要素和员工获得的主客观支持条件做严格区分。本书从双因素理论出发,将感知组织支持与组织激励视为两个独立的潜变量,组织激励侧重于对员工行为起到强化作用而激发员工工作积极性的一系列激励因素,组织支持则关注于员工开展工作所必需的主客观条件,对员工行为不必然产生激励影响,起到保健因素的作用。因此,需要通过探索性因子分析来判断感知组织支持与组织激励是否是两个相互独立的变量。

(1)探索性因子分析的具体过程

在进行探索性因子分析之前,首先应对研究一的样本量是否适合进行因子分析做出判断。充足的样本量可以确保因子分析获得可靠而稳定的结果,一般而言,样本量至少测量条款数量的3~5倍或更多(陈正昌,程炳林,陈新丰等,2005;张文彤,2004)。研究一的有效样本量为515份,研究一所涉及的所有变量的测量条款共有163个,有效样本量与测量条款数量比值为3.16,符合因子分析对样本量的最低要求。

除了对样本量的判断外,探索性因子分析的另一前提条件是各测量条款之间应具有一定的相关性和偏相关性,否则不能提取公因子(张文彤,2004,P.220)。测量条款的相关性和偏相关性分别通过 SPSS 的 Bartlett 球体检验和KMO 检验进行判断(马庆国,2002;张文彤,2004)。是否适合进行因子分析的判断标准是:KMO 在 0.9 以上,非常适合;0.8~0.9,很适合;0.7~0.8,适合;0.6~0.7 不太适合;0.5~0.6,勉强适合;0.5 以下,不适合;Bartlett 球体检验的统计值的显著性概率≤显著性水平,则可作因子分析(马庆国,2002,P.320)。经分析,研究一所涉及的 163 个测量条款的 KMO 值为 0.941,且 Bartlett 球体检验的显著性统计值为 0.000，说明研究一的样本适合进行因子分析。

学者们(e.g.，黄逸群，2007；汪洁，2009；钱源源，2010)多采用主成分分析法进行因子提取，采用方差最大法作为因子旋转的方法，进而完成探索性因子分析的整个操作过程。原因在于：主成分分析法利用主成分分析的思想，尽量使各条款的方差能够由主成分所解释(张文彤，2004，P.226)。方差最大旋转法的好处在于它使公共因子的负荷向正负 1 或 0 靠近，有利于解释公共因子的实际含义(马庆国，2002，P.331)。探索性因子分析的结果主要依据方差解释量、特征根等客观指标以及旋转后保留的各因子是否具有实际意义等主观判断进行综合分析而得。方差解释量是衡量因子相对重要性的指标，解释量越大，则该因子对整个构念的贡献越大(张文彤，2004，P.219)。根据经验法则，转轴前的所有因子至少能解释一个条款所能解释的方差，在 75% 的方差能由所抽取的因子解释后，若再抽取的因子对方差的解释贡献率低于 5%，则该因子不再抽取(陈正昌，程炳林，陈新丰等，2005，P.214)。特征根如果小于 1，则该因子的解释力太弱，还不如引入一个原始条款的平均解释力度大(张文彤，2004，P.227)，故仅保留特征根大于 1 的因子。方差解释量对因子的判断标准和特征根小于 1 则不抽取该因子是一致的。郭志刚(1999，P.99)指出：在实际操作应用中，保留因子是否有意义、是否能被解释也是确定因子时应考虑的重要内容。因此，笔者采用主成分分析法提取因子，以方差最大法进行因子旋转，兼顾特征根和方差解释量等客观指标以及数据背后理论含义的主观判断，确认最终因子个数并对因子命名。

旋转后因子矩阵报告出所有条款在各因子上的负荷情况，笔者参考以往学者在研究中的做法，设定了测量条款的筛选标准：(1)当某一测量条款自成一个因子时予以删除，原因在于单条款因子无内部一致性信度可言(赵卓嘉，2009)；(2)当某一测量条款在所有因子上的负荷均小于 0.5 时，或在两个及以上因子的负荷大于 0.5(即出现横跨因子的情况)时，予以删除(杨志荣，2006；查金祥，2006)；(3)直到筛选后所有剩余条款的对应因子负荷都在 0.5 以上，且累计解释方差(cumulative % of variance)超过 50%，才说明量表已满足科学研究的要求(杨志荣，2006)，可进行下一步分析。

根据预设的条款筛选标准，经过四次探索性因子分析，共呈现 19 个特征根大于 1 的公因子，其中所有条款在前 16 个因子上的因子负荷都大于 0.5，前 16 个因子的累积可解释方差达到了 70.381%，后 3 个因子上并无任何条款的因子负荷大于 0.5。Huffman，Watrous-Rodeiguez & King(2008)的研究中也出现过类似情况：组织支持的探索性因子分析结果显示出两个因子，其中第一个因子解释了60%的方差,第二个因子解释了7%的方差,经过检查后发现组织支持的所有测量条款在第一个因子上的因子负荷都大于0.57,因此他们得出了组织支持的单维度因子结构的结论。Huffman,Watrous-Rodeiguez & King(2008)研究说明:尽管旋转出若干因子,而且所有条款在相应的因子上的负荷值都大于0.5,但并不是所有旋转出的因子都会有对应的条款使得条款在该因子上负荷值超过0.5。本书研究一中后3个因子对方差的解释量仅为3%,小于Huffman,Watrous-Rodeiguez & King(2008)研究中被删除的第二个因子对方差的贡献(7%),而且研究一所有测量条款在前16个因子中的对应因子上因子负荷都大于0.5。因此,研究一探索性因子分析共旋转出16个具有实际意义的因子,最终分析结果如表5.1所示。根据各因子包含具体条款的理论含义并按照因子旋转出的先后顺序将这16个因子分别命名为:正面物质激励、感知同事支持、潜规则负面精神激励、主管正面精神激励、额外奉献型帮助行为、感知主管任务导向型支持、循规行为、自己人感知、负面破规行为、顺水人情型帮助行为、感知主管关系导向型支持、正面破规行为、感知组织制度支持、潜规则正面精神激励、负面物质激励和主管负面精神激励。

(2)探索性因子分析的结果

笔者就研究一的探索性因子分析结果从三个方面进行分析阐述:

第一,与预想结构基本一致的因子。感知组织制度支持、感知主管任务导向型支持、感知主管关系导向型支持、正面破规行为、负面破规行为、顺水人情型帮助行为、额外奉献型帮助行为的因子结构与理论构思基本一致。根据预设的筛选标准,以上变量的部分测量条款删减。

第二,与预想结构略有出入的因子。根据表5.1的分析结果,感知同事工作支持和感知同事生活支持合并为一个因子——感知同事支持,说明研发人员对于同事提供工作上的支持和生活上的支持的感知并没有明显差异。对于这一结果,笔者认为员工获得同事提供生活支持如帮忙处理生活上遇到的琐事、解决其生活困难等实际上是在解除其工作的"后顾之忧",使该员工能够全身心投入到工作中,是对其工作的一种间接支持;而员工感知到同事对其工作支持将有助于工作职责的履行和基本任务的完成,保证了员工获得稳定薪酬即生活来源。因此,感知到的同事工作支持和同事生活支持是紧密联系、很难完全割裂开来,两者同属于感知同事支持的内容范畴。

第三,与理论构思有较大差别的因子——组织激励。

首先,物质激励仅从激励方向即正向(奖励)和负向(惩罚)有所区分,来自制度以及主管的正面物质激励的所有测量条款聚合成为一个因子,制度负面物

表 5.1 研究一的探索性因子分析

测量条款	因子																		
	1	2	3	4	5	6	7	8	9	10	11	12	13	14	15	16	17	18	19
S1.3	.182	.172	.012	.068	.015	.210	.109	.049	.041	.053	.100	.019	**.703**	-.016	.010	.066	-.011	.052	.026
S1.4	.107	.275	-.010	-.009	.086	.357	.129	.104	.039	-.004	-.074	.007	**.540**	.137	.083	-.023	.018	-.055	-.012
S1.5	.240	.138	-.067	.056	.180	.109	.041	.004	-.034	-.014	.136	.075	**.739**	.074	.084	.034	.037	-.151	-.033
S1.6	.279	.098	.054	.058	.098	.092	.058	-.006	.040	.073	.178	-.002	**.750**	.073	.028	-.038	-.009	.003	-.040
S1.7	.275	.137	.084	.121	.016	.180	.000	.005	-.031	-.019	.215	.063	**.668**	.008	-.065	.049	-.030	.111	.085
S2.1	.133	.174	.054	.113	-.002	**.577**	.150	.092	-.043	.106	.163	-.022	.242	.074	-.109	-.033	.076	.159	-.122
S2.2	.117	.250	.130	.153	.054	**.609**	.049	.109	-.113	.100	.068	.006	.256	.038	-.018	.026	-.005	.151	-.082
S2.3	.092	.301	.120	.167	-.054	**.632**	.119	.162	-.027	.145	.052	-.050	.219	.040	-.089	.058	-.033	.006	-.138
S2.4	.128	.223	.087	.166	-.019	**.663**	.123	.097	-.042	.013	.195	-.010	.201	-.022	-.023	-.043	.012	.000	.009
S2.5	.140	.248	.038	.154	.065	**.664**	.207	.091	-.101	-.006	.274	.032	.036	.048	.046	-.028	-.077	-.068	.099
S2.6	.091	.270	.057	.150	.084	**.640**	.193	.139	-.072	.054	.302	-.026	.041	.040	.063	-.022	-.044	-.104	.030
S2.7	.129	.225	.016	.138	.072	**.541**	.192	.154	-.140	.153	.237	.016	.110	.112	.016	-.162	.014	-.102	.170
S2.8	.092	.315	.000	.101	.062	**.588**	.199	.096	-.105	.079	.129	-.069	.005	.111	.020	.029	.088	-.072	.041
S3.2	.264	.255	.117	.167	.052	.324	-.005	.105	-.028	.052	**.506**	.150	.242	.117	-.001	.115	.072	-.014	.124
S3.3	.302	.258	.016	.156	.073	.340	.025	.079	-.064	.087	**.503**	.056	.194	.112	.008	.077	.050	.073	-.015
S3.5	.201	.334	.065	.131	.113	.245	.142	.109	-.068	.050	**.605**	.078	.057	.016	.111	-.025	.029	-.113	-.145
S3.6	.245	.266	.095	.178	.109	.321	.184	.099	-.034	.035	**.625**	.042	.038	.087	.041	-.011	-.071	-.067	.094
S3.7	.217	.232	.068	.178	.170	.213	.062	.034	-.027	.072	**.686**	.063	.162	.056	.073	.024	.065	.046	-.001
S3.8	.215	.278	.108	.133	.169	.238	.078	.088	-.041	.073	**.684**	.000	.200	.047	.003	.026	-.036	-.010	-.031
S3.9	.275	.301	.081	.198	.125	.225	.057	.090	-.074	.047	**.614**	.017	.226	.055	-.085	.040	-.055	.101	.045
S4.1	.074	**.652**	.055	.141	.101	.299	.141	.091	-.144	.172	.063	.023	.070	.113	-.013	-.040	.008	-.011	.235
S4.2	.062	**.757**	.056	.115	.116	.239	.114	.140	-.083	.109	.033	-.007	-.014	.031	.012	-.029	.068	.005	.148
S4.3	.107	**.710**	.069	.093	.074	.284	.201	.121	-.136	.121	.000	.032	-.034	-.013	.002	-.032	.008	-.041	.077

续表

测量条款	因子																		
	1	2	3	4	5	6	7	8	9	10	11	12	13	14	15	16	17	18	19
S4.4	.063	**.749**	.041	.057	.099	.137	.187	.157	−.143	.104	.006	.002	.104	.031	.041	−.041	.122	−.064	.044
S4.5	.091	**.743**	.091	.047	.133	.195	.146	.117	−.065	.080	.100	.007	.081	.041	−.015	.002	.154	.018	.003
S4.6	.138	**.644**	.126	.032	.135	.136	.177	.104	−.063	.051	.141	.050	.097	.059	.011	−.043	.051	.113	−.041
S5.1	.053	**.722**	.115	.071	.188	.110	.056	.148	−.030	.135	.202	.005	.114	.096	−.032	−.015	.027	.014	−.023
S5.2	.084	**.722**	.067	.137	.174	.096	−.014	.058	−.068	.162	.206	−.032	.086	.083	.046	−.067	−.041	.028	.058
S5.3	.111	**.708**	.070	.143	.125	.079	.071	.100	−.121	.103	.140	.007	.160	.008	−.036	.014	−.165	.003	−.150
S5.4	.080	**.707**	.055	.163	.108	.048	.099	.136	−.116	.138	.144	.027	.124	.083	−.082	.147	−.193	−.028	−.138
S5.5	.036	**.714**	.015	.150	.081	.115	.147	.142	−.055	.148	.209	.036	.098	.102	−.043	.045	−.086	−.017	−.170
RF1.2	−.074	.186	−.007	.025	.095	.106	**.711**	.155	.000	.097	−.045	−.015	.093	.031	.011	−.042	.063	.050	.208
RF1.3	.006	.236	−.017	.043	.089	.029	**.644**	.152	−.040	.161	.041	.119	.132	.040	.041	.028	.026	.026	.317
RF1.4	−.023	.137	.011	.077	.078	.122	**.707**	.154	−.014	.101	.003	−.042	.037	−.001	.057	.114	.136	−.034	−.179
RF1.6	.015	.123	.044	.073	.125	.104	**.706**	.109	−.056	.085	.034	.043	.059	.034	−.059	−.128	−.073	.041	.183
RF1.7	.068	.165	.070	.109	.071	.206	**.694**	.146	−.059	.087	.163	.058	.043	.086	−.054	−.063	−.096	.079	−.133
RF1.8	.058	.140	−.012	.038	.132	.212	**.705**	.079	−.100	.159	.115	.082	−.071	.013	−.023	.021	−.069	−.083	−.141
RF1.9	.080	.144	−.047	.038	.095	.092	**.734**	.110	−.049	.137	.071	−.004	.046	.016	−.024	.082	.010	−.061	−.135
RB1.1	.008	.005	.005	.014	.071	.009	.148	.025	.101	.053	−.011	**.825**	.034	.011	−.007	−.026	−.009	−.066	.032
RB1.2	.041	.070	.064	.068	.124	−.016	.058	−.013	.067	.033	−.023	**.854**	.003	−.033	.063	−.004	.039	−.025	−.031
RB1.3	.135	.000	−.008	−.048	.071	−.023	−.063	.057	.125	.112	.086	**.821**	.045	.030	.032	.123	.000	−.009	.001
RB1.4	.091	.008	.029	−.019	.070	−.034	−.053	.002	.165	.109	.058	**.829**	.020	.055	−.022	.060	.012	.012	−.019
R3B1.5	.043	.002	.124	.119	.124	.018	.060	.002	.162	.027	.054	**.793**	.019	.079	.012	−.022	−.044	.103	.027
RB2.1	.114	−.099	.093	−.035	.004	−.143	.019	.000	**.728**	−.014	.031	.167	−.019	.036	.000	.088	−.043	−.019	−.060
RB2.2	.140	−.060	.105	.002	.093	−.116	−.067	−.105	**.805**	−.045	−.046	.142	.035	−.040	.020	.042	.054	.028	.009
RB2.3	.029	−.070	.035	−.049	.008	.017	−.015	−.058	**.815**	.038	−.175	.023	−.003	−.026	.000	.070	−.017	−.095	−.125
RB2.4	.061	−.148	.108	−.040	.081	.012	−.113	−.119	**.812**	−.031	−.010	.107	.053	−.022	.054	.066	−.049	−.003	.069

续表

测量条款	因子1	2	3	4	5	6	7	8	9	10	11	12	13	14	15	16	17	18	19
RB2.5	.062	-.162	.079	-.040	.096	-.002	-.063	-.101	**.819**	-.071	.021	.072	-.053	-.026	.064	-.012	.036	-.008	.039
RB2.6	.048	-.183	.129	-.034	.067	-.169	-.036	-.127	**.734**	.026	-.002	.165	.022	-.028	-.006	.044	.051	.066	.083
HO1.1	-.007	.174	.125	.154	.239	.106	.210	.107	-.026	**.698**	.132	.111	-.019	.062	.032	-.043	.053	.003	.145
HO1.2	.090	.170	.064	.137	.300	.090	.116	.146	.004	**.736**	.117	.128	.055	.026	.042	-.006	.041	.027	.173
HO1.3	.106	.273	.097	.148	.277	.084	.157	.176	-.045	**.700**	.076	.110	-.007	-.012	.006	.010	.002	-.038	-.009
HO1.4	.120	.304	.127	.078	.335	.024	.105	.124	.017	**.645**	.099	.091	.053	-.072	-.027	.091	-.011	-.024	.104
HO1.5	.029	.251	.065	.155	.264	.071	.230	.135	-.067	**.702**	-.016	.076	.014	.023	-.024	-.019	.003	.010	-.124
HO1.6	.082	.235	.050	.112	.351	.140	.184	.156	-.018	**.598**	-.035	.030	.074	.026	-.015	.019	-.017	.010	-.232
HO1.7	.049	.251	.063	.156	.386	.143	.206	.159	-.055	**.549**	-.112	.044	.018	.039	-.010	-.036	-.051	.015	-.274
HO2.1	.098	.209	.067	.072	**.667**	.016	.089	.160	.027	.233	.096	.082	.095	-.009	.079	.019	-.039	.055	.055
HO2.2	.170	.133	.135	.008	**.757**	.005	-.030	.056	.003	.029	.035	.143	.040	-.060	.007	.072	-.003	-.114	.063
HO2.3	.088	.293	.107	.017	**.716**	-.029	.084	.105	.023	.178	.117	.040	.067	-.007	.032	0.00	-.042	-.016	.059
HO2.4	.210	.060	.039	.102	**.597**	-.050	.144	.128	.101	.190	.136	.090	.163	.081	-.036	.064	-.048	-.048	.050
HO2.5	.134	.116	.053	.087	**.770**	.081	.149	.102	.129	.188	.124	.067	-.009	.047	.042	.060	-.004	.032	-.017
HO2.6	.178	.025	.071	.027	**.781**	.070	.026	-.006	.048	.048	-.009	.098	.027	.018	.021	.013	.111	-.012	-.047
HO2.7	.117	.234	.057	.063	**.705**	.050	.148	.071	.067	.260	.034	.021	.012	.061	.073	-.018	.030	.060	-.096
HO2.8	.115	.124	.057	.145	**.655**	.047	.141	.121	.065	.329	.066	.042	.026	.103	.007	.008	-.006	.093	-.033
M1.1	**.771**	.159	.009	.063	.078	.093	.033	.030	-.008	.086	-.052	-.064	-.023	.023	-.011	.026	-.018	-.124	-.103
M1.2	**.833**	.093	.064	.120	.096	.050	-.038	.023	.027	.011	.073	.042	.097	.034	-.007	.050	-.128	-.121	-.025
M1.3	**.858**	.053	.056	.062	.068	.015	-.053	.033	.039	.017	.063	.011	.039	.038	.005	.029	-.127	-.127	-.016
M1.4	**.845**	.062	.088	.076	.094	.033	.007	.024	.002	.018	.053	.014	.036	.007	.017	.008	-.123	-.058	.031
M1.5	**.827**	.112	.069	.056	.001	.039	.036	.038	-.012	-.016	.113	.029	.089	.050	.040	.030	-.138	-.044	-.059
M1.6	**.855**	.090	.101	.040	.053	.002	-.018	.028	.051	-.024	.121	.067	.150	.014	.050	.070	-.184	-.016	-.017
M1.7	**.861**	.061	.114	.070	.030	.008	.007	.043	.026	.005	.118	.036	.133	.036	.061	.064	-.184	-.029	-.004

续表

测量条款	因子																		
---	1	2	3	4	5	6	7	8	9	10	11	12	13	14	15	16	17	18	19
M1.8	**.784**	.068	.119	.034	.045	.031	.030	.027	.063	.011	.041	.133	.083	.003	.098	.060	-.184	.032	.010
M2.1	**.786**	.049	.125	.153	.051	.137	.015	.027	-.009	.069	-.079	.054	.091	.053	-.050	.002	.067	.013	.068
M2.2	**.772**	.043	.189	.120	.056	.070	-.017	.017	-.010	-.025	.012	.088	.120	.025	-.017	.091	-.033	.084	.040
M3.2	**.709**	-.009	.227	.140	.017	.085	.059	.067	.010	.000	.102	.025	.121	.075	-.160	.056	.030	-.330	-.002
M3.3	**.740**	-.011	.236	.107	.046	.095	.041	.078	.009	.020	.119	.017	.106	.108	-.124	.005	.003	-.283	.003
M3.4	**.722**	.018	.221	.121	.029	.093	-.003	.086	.044	.012	.092	.023	.122	.099	-.127	.060	-.020	-.293	.010
M3.9	.301	.197	.255	.292	.102	.084	.083	.149	-.084	.039	.097	.069	.053	**.680**	-.024	-.038	-.006	-.029	-.049
M3.10	.253	.189	.201	.299	.035	.129	.109	.126	-.039	.008	.125	.073	.117	**.715**	-.054	.010	.003	.000	-.004
M3.11	.311	.175	.232	.291	.034	.123	.062	.158	-.064	.029	.121	.035	.045	**.730**	-.022	.005	-.014	-.004	-.040
M3.12	.374	.116	.171	.195	.050	.083	.021	.072	.006	.010	.015	.067	.100	**.660**	.046	.119	.008	.026	.094
M3.15	.314	.042	**.742**	.094	-.045	-.009	.047	.055	.066	.065	.045	-.016	.031	.074	.189	.038	-.203	-.010	-.068
M3.16	.322	.036	**.738**	.098	.095	-.018	.047	.098	.070	-.007	.041	.043	.043	.079	.169	.021	-.200	.023	-.058
M3.17	.184	.116	**.842**	.101	.097	.081	.043	.036	.081	.050	.038	.019	-.069	.149	.037	.052	-.099	.045	.006
M3.18	.158	.109	**.849**	.091	.054	.081	.043	.030	.089	.069	.042	.017	-.078	.151	.024	.053	-.036	.014	.044
M3.19	.148	.123	**.843**	.118	.062	.075	-.031	.013	.079	.054	.017	.023	.025	.170	.040	.075	.058	-.011	.025
M3.20	.195	.119	**.824**	.089	.071	.086	-.037	.049	.085	.020	.045	.020	.036	.162	-.009	.099	.026	-.006	.069
M4.1	**.623**	.109	.266	.219	.084	.179	.085	.097	-.021	.038	-.057	.027	.194	.053	-.109	.055	.179	-.056	.106
M4.5	.350	.090	**.687**	.188	.076	.079	.014	.016	.045	.053	.035	.091	.098	-.114	.094	.070	.110	-.015	-.056
M4.6	.289	.085	**.699**	.156	.059	.014	-.014	.009	.078	.120	.058	.095	.016	-.054	.022	.180	.302	-.024	-.018
M4.7	.271	.045	**.658**	.206	.066	.075	-.019	-.034	.067	.123	.106	.021	.056	-.067	.021	.161	.365	-.051	-.013
M5.1	**.732**	.036	.152	.169	.092	.076	.055	.037	.089	.108	.043	-.011	-.030	.059	-.033	.003	.275	-.047	.046
M5.2	**.782**	.026	.099	.186	.111	.071	.031	.023	.146	.060	.134	-.007	.062	.103	.063	.058	.221	.113	.022
M5.3	**.813**	.039	.114	.129	.146	.063	.030	.051	.097	.056	.107	-.009	-.021	.105	.121	-.005	.202	.137	-.014
M5.4	**.802**	.014	.103	.162	.152	.062	.032	.048	.071	.044	.071	.017	-.024	.111	.162	-.013	.180	.162	.003

137

续表

测量条款	因子																		
	1	2	3	4	5	6	7	8	9	10	11	12	13	14	15	16	17	18	19
M5.5	**.748**	.079	.129	.181	.077	.000	.074	.013	.009	.045	.107	-.014	.041	.108	.266	.065	.151	.259	-.065
M5.6	**.758**	.055	.113	.193	.075	-.010	.020	.018	.019	.038	.161	.036	.058	.071	.217	.098	.093	.224	-.039
M5.7	**.759**	.054	.138	.171	.128	.045	.032	.038	.028	.007	.121	.056	.039	.073	.271	.057	.065	.268	-.014
M5.9	.427	-.035	.458	.048	.091	-.013	-.060	-.049	.098	-.005	.026	.052	.025	-.027	**.638**	.140	.040	-.009	.032
M5.10	.422	-.037	.489	.051	.126	-.024	-.033	-.038	.094	-.013	.040	.028	.053	-.033	**.624**	.152	.015	-.015	.009
M5.11	.442	-.057	.474	.004	.096	-.034	-.012	-.020	.053	.032	.053	.040	.054	-.005	**.625**	.183	-.031	.030	-.001
M5.12	.451	-.039	.473	.023	.098	-.047	-.038	-.029	.071	.023	.054	.094	.085	-.024	**.613**	.116	-.022	.042	-.008
M6.1	**.682**	.068	.156	.300	.080	.097	.009	-.015	.037	.105	.008	-.002	.033	.104	.148	.066	.297	.131	.016
M6.2	**.696**	.053	.190	.223	.108	.033	.025	.060	.056	.039	.106	.036	.112	.081	.207	.131	.198	.204	-.015
M7.1	.267	.168	.109	**.714**	.046	.152	.122	.079	-.013	.127	.050	.000	.009	.248	.067	-.045	.164	-.246	-.096
M7.2	.280	.179	.116	**.730**	.094	.171	.082	.076	.003	.126	.077	.030	.061	.189	.049	-.011	.117	-.175	-.097
M7.3	.273	.142	.162	**.731**	.072	.190	.098	.091	.014	.123	.107	.031	-.002	.239	.075	-.047	.060	-.202	-.061
M7.4	.305	.195	.147	**.766**	.085	.089	.074	.098	-.009	.085	.092	.022	.077	.141	.054	-.015	.061	-.095	-.075
M7.5	.397	.128	.154	**.698**	.091	.110	.074	.065	-.102	.106	.143	.029	.124	.048	.021	.039	-.102	.160	.118
M7.6	.418	.133	.175	**.693**	.065	.097	.033	.093	-.095	.088	.153	.076	.150	.033	-.056	.061	-.143	.172	.082
M7.7	.411	.084	.177	**.696**	.054	.124	.026	.058	-.100	.137	.160	.072	.120	.022	.014	.054	-.119	.211	.136
M7.8	.440	.115	.159	**.674**	.041	.085	.035	.079	-.056	.135	.171	.054	.084	.019	.008	.064	-.127	.189	.124
M7.11	.288	-.067	.294	.074	.062	-.042	.005	.005	.146	-.020	.070	.057	.053	.042	.182	**.768**	.011	-.070	-.002
M7.12	.319	-.096	.295	.046	.025	-.051	-.012	-.066	.164	.016	.048	.027	.031	-.006	.134	**.757**	-.023	-.010	-.034
M8.1	.270	.203	.142	**.635**	.116	.161	.067	.172	-.026	.075	.064	-.021	-.041	.135	-.064	.100	.114	-.008	-.086
M8.2	.378	.118	.164	**.591**	.112	.193	.047	.133	-.035	.098	.107	-.005	.006	.058	-.060	.175	-.041	.156	.055
M8.4	.287	.076	.326	.098	.156	-.005	.029	-.018	.112	.010	-.026	.107	.030	.058	-.002	**.667**	.047	.094	.033
IP1.1	-.007	.163	-.066	.098	.038	.152	.086	**.653**	-.107	.222	-.051	-.067	.021	.134	.052	.059	.090	-.132	-.020
IP1.2	.065	.164	-.046	-.038	.149	.037	.058	**.720**	-.090	.134	-.021	.045	.056	-.009	.077	.051	.015	-.071	.133

续表

测量 条款	因子																		
	1	2	3	4	5	6	7	8	9	10	11	12	13	14	15	16	17	18	19
IP1.3	.030	.206	.016	.130	.154	.088	.130	**.628**	−.128	.113	−.114	−.017	.003	.107	.063	.089	−.103	.000	−.062
IP1.5	.044	.098	.055	.127	.123	.018	.209	**.658**	−.002	.157	−.027	−.050	.001	.101	.048	.055	−.137	.009	.180
IP1.6	.016	.186	.046	.082	.020	.032	.215	**.697**	−.105	.005	.147	.091	−.016	.021	−.110	−.075	−.058	.016	−.043
IP1.7	.158	.228	.119	.138	.163	.169	.128	**.607**	−.046	−.033	.204	.034	.031	−.005	−.033	−.114	.069	.048	−.068
IP1.9	.175	.140	.105	.115	.090	.202	.063	**.595**	−.087	.083	.290	.029	.038	.037	−.106	−.059	.093	.151	−.201
IP1.10	.145	.100	.087	.067	−.065	.203	.138	**.632**	−.110	.098	.205	.037	.051	.039	−.135	−.159	.094	.060	−.085
特征根	18.302	8.506	7.815	6.670	5.657	4.995	4.618	4.392	4.381	4.201	4.049	3.850	3.346	2.675	2.309	2.212	1.346	1.288	1.114
方差解释量%	14.641	6.805	6.252	5.336	4.525	3.996	3.695	3.514	3.505	3.361	3.239	2.080	2.677	2.140	1.847	1.769	1.077	1.030	0.892
累计可解释方差%																			73.380

质激励与主管负面物质激励对应的部分测量条款因为在多个因子上出现交叉负荷的现象而删除,物质激励并未按照预想的激励来源(制度还是主管)进行区分。对于这一现象的解释可能有以下三方面原因:a.根据 Levinson(1965)的组织人格化观点可知,主管作为组织的代理人,将组织意愿表达出来。主管在物质激励方面所发挥的作用是主管根据组织制度相关规定对员工直接实施或推荐其获得奖励或惩罚。主管与组织制度实施物质激励的最终来源是统一的,这就导致了员工并不关注于物质激励的不同来源。b.可能与研究一的研究对象有关,研发团队通常面对充满高度创新性、挑战性和不确定性的任务,任务难度大,任务周期长,针对任务的物质奖励通常相对丰厚优越。因此,研发团队成员面对物质激励时关注的是物质激励的实质内容而并不是物质激励的来源。c.与从事简单劳动的员工需要物质激励相比,高层次的研发人员和技术管理人员更看重精神满足和个体成就等精神激励(李卫东,刘洪和陶厚永,2008;毕雪阳,2010),这也可能是物质激励在激励来源上没有进一步细化的又一原因。

其次,探索性因子分析的结果显示出了四个与精神激励有关的因子,分别为主管正面精神激励、主管负面精神激励、潜规则正面精神激励和潜规则负面精神激励。一方面,主管作为组织成员精神激励的重要来源在研究一的探索性因子分析结果中得到了证实;另一方面,潜规则激励主要体现在精神激励的作用方面,具体表现为:组织的"价值观、文化传统、道德伦理和意识形态"(胡瑞仲,2007,P.46)对组织成员产生的精神压力,进而影响和支配组织成员的行为。

最后,组织激励的社会评价模式维度(过程导向-结果导向)在研究一的探索性因子分析结果中并未呈现,笔者认为可能由以下两方面原因引起:a.过程导向和结果导向在组织激励的管理实践中是密不可分的。宋国学(2010)针对基于胜任特征的培训提出了综合导向模式,这种模式的特点是既重视培训过程,也重视培训结果,从而排除了培训结果由于偶然性因素而引起的情况。宝贡敏(2009)也指出:中国古语中即使强调过程(如劝学篇中"不积跬步,无以至千里;不积小流,无以成江海"等内容),也反映出过程为结果服务的思想。现实生活中并不会表现出纯过程论或纯结果论,而是两者的某种综合。过程为结果服务,结果是过程的目标和终点。b.可能与研究一的研究背景有关。研究一围绕高新技术行业展开调研,对于这一行业,能够真正准确观察到其产出结果一般需要较长时间,研发活动的启动与研发成果产生经济效益往往有 5~10 年甚至更长的滞后期(李卫东,刘洪和陶厚永,2008)。因此,针对团队成员的结果导向组织激励较难衡量和精确操作化。

根据上述分析结果可知,中国文化背景下的组织激励可从激励内容(物质—精神)、激励来源(规则—主管)、激励方向(正面—负面)三个维度进行细化,进一步划分为六种组织激励形式,包括:正面物质激励、负面物质激励、主管正面精神激励、主管负面精神激励、潜规则正面精神激励和潜规则负面精神激励。

从研究一的整体探索性因子分析结果可知,研究设计的各核心变量中除组织激励外,其他变量均与理论构思基本一致或略有出入,说明研究一的理论构思具有一定的合理性。组织激励的实证分析结果与理论构思出入较大,部分维度结构出现了合并(如过程导向—结果导向的组织激励以及不同来源的物质激励),可能由以下两方面原因引起:a.组织激励从理论构思开始即采用了本土化研究的思路,在中国文化背景下提出了四个维度,并由此构成 16 种类型的组织激励。组织激励的因子结构的探讨具有探索性研究的性质。b.从严格意义上讲,研究一有效样本量刚刚达到因子分析的底线要求,这也可能是造成组织激励的因子结构与预想出入较大、相对不稳定的原因。

5.1.2　CITC 分析和内部一致性信度检验

在完成探索性因子分析后,笔者对各变量的测量条款进一步净化筛选,主要采用修正条款的总相关系数评估法(Corrected-Item Total Correlation,CITC)及内部一致性信度法共同完成,以确保所有变量测量条款在所属因子中的一致性。

修正条款的总相关系数评估法的目的是为了减少测量条款的多因子负荷现象,旨在删除不恰当条款(Churchill,1979)。一般认为,CITC≤0.5 的测量条款应予以删除(Cronbach,1951;杨志荣,2005),也有学者(e.g.,Bettencourt,2004;Farh,Early & Lin,1997)以 CITC≤0.4 作为删除条款的标准。内部一致性信度通常采用 Cronbach's α 系数表示(e.g.,Morrison,1994;Kelloway,Loughlin,Barling et al.,2002)。根据 Nunnally(1978)的观点,α 值≥0.7 是较为合适的标准阈值,而对于探索性量表而言,α 值达到 0.6 左右即可接受①。由于已经完成了探索性因子分析,研究一所涉及的各变量测量条款相对成熟。因此,研究一以 CITC 小于 0.5 作为测量条款筛选的标准,以 Cronbach's α 系数大于 0.7 作为标准阈值,以删除某一条款后该变量的测量量表的 Cronbach's α 系数明显提高作为最终删除该条款的依据。

经过 SPSS 的分析处理,各变量的 CITC 值和 Cronbach's α 系数值汇总于表 5.2。未删除任何条款的各变量 CITC 值均大于 0.5,α 系数均大于 0.7,潜规

①　转引自赵卓嘉,2009。

则正面精神激励删除条款 M3.12 后 α 系数由 0.932 变为 0.934,并未有大幅提高变化,其他变量各条款删除后该变量的内部一致性信度 α 值不会提高反而降低。因此,说明经过探索性因子分析后,各变量的测量量表的内部一致性信度较好,均满足研究的要求。

表 5.2 研究一各变量的 CITC 值和内部一致性信度分析

变量	条款	CITC	删除该条款后 α 系数	α 系数
感知组织 制度支持	S1.3	0.669	0.816	0.849
	S1.4	0.536	0.848	
	S1.5	0.724	0.800	
	S1.6	0.725	0.800	
	S1.7	0.648	0.822	
感知主管 任务导向 型支持	S2.1	0.644	0.895	0.903
	S2.2	0.666	0.893	
	S2.3	0.709	0.889	
	S2.4	0.721	0.888	
	S2.5	0.742	0.886	
	S2.6	0.747	0.886	
	S2.7	0.671	0.893	
	S2.8	0.643	0.895	
感知主管 关系导向 型支持	S3.2	0.738	0.919	0.928
	S3.3	0.724	0.921	
	S3.5	0.726	0.921	
	S3.6	0.783	0.915	
	S3.7	0.793	0.914	
	S3.8	0.822	0.911	
	S3.9	0.803	0.913	
感知同 事支持	S4.1	0.745	0.940	0.945
	S4.2	0.793	0.938	
	S4.3	0.757	0.940	
	S4.4	0.773	0.939	
	S4.5	0.777	0.939	
	S4.6	0.686	0.943	
	S5.1	0.780	0.939	
	S5.2	0.757	0.940	
	S5.3	0.747	0.940	
	S5.4	0.755	0.940	
	S5.5	0.773	0.939	

续表

变量	条款	CITC	删除该条款后 α 系数	α 系数
正面物质激励	M1.1	0.733	0.733	0.978
	M1.2	0.834	0.834	
	M1.3	0.828	0.828	
	M1.4	0.826	0.826	
	M1.5	0.814	0.814	
	M1.6	0.853	0.853	
	M1.7	0.863	0.863	
	M1.8	0.778	0.778	
	M2.1	0.796	0.796	
	M2.2	0.792	0.792	
	M3.2	0.741	0.741	
	M3.3	0.773	0.773	
	M3.4	0.754	0.754	
	M4.1	0.703	0.703	
	M5.1	0.764	0.764	
	M5.2	0.840	0.840	
	M5.3	0.855	0.855	
	M5.4	0.843	0.843	
	M5.5	0.808	0.808	
	M5.6	0.815	0.815	
	M5.7	0.822	0.822	
	M6.1	0.763	0.763	
	M6.2	0.792	0.792	
负面物质激励	M5.9	0.902	0.957	0.965
	M5.10	0.930	0.948	
	M5.11	0.916	0.952	
	M5.12	0.900	0.957	
主管正面精神激励	M7.1	0.787	0.955	0.959
	M7.2	0.822	0.954	
	M7.3	0.833	0.954	
	M7.4	0.858	0.953	
	M7.5	0.844	0.953	
	M7.6	0.849	0.953	
	M7.7	0.845	0.953	
	M7.8	0.834	0.954	
	M8.1	0.743	0.957	
	M8.2	0.751	0.957	

续表

变量	条款	CITC	删除该条款后 α 系数	α 系数
主管负面精神激励	M7.11	0.828	0.780	0.882
	M7.12	0.821	0.787	
	M8.4	0.771	0.818	
潜规则正面精神激励	M3.9	0.841	0.892	0.932
	M3.10	0.848	0.890	
	M3.11	0.892	0.875	
	M3.12	0.708	0.934	
潜规则负面精神激励	M3.15	0.780	0.945	0.950
	M3.16	0.779	0.945	
	M3.17	0.853	0.942	
	M3.18	0.851	0.942	
	M3.19	0.859	0.941	
	M3.20	0.842	0.942	
	M4.5	0.757	0.947	
	M4.6	0.768	0.946	
	M4.7	0.725	0.948	
循规行为	RF1.2	0.670	0.869	0.885
	RF1.3	0.640	0.872	
	RF1.4	0.655	0.871	
	RF1.6	0.658	0.870	
	RF1.7	0.704	0.865	
	RF1.8	0.700	0.865	
	RF1.9	0.694	0.866	
正面破规行为	RB1.1	0.742	0.888	0.905
	RB1.2	0.781	0.880	
	RB1.3	0.765	0.883	
	RB1.4	0.778	0.880	
	RB1.5	0.743	0.888	
负面破规行为	RB2.1	0.673	0.902	0.908
	RB2.2	0.794	0.885	
	RB2.3	0.720	0.896	
	RB2.4	0.788	0.885	
	RB2.5	0.780	0.887	
	RB2.6	0.722	0.896	

续表

变量	条款	CITC	删除该条款后 α 系数	α 系数
顺水人情 帮助行为	HO1.1	0.745	0.919	0.927
	HO1.2	0.794	0.914	
	HO1.3	0.821	0.911	
	HO1.4	0.754	0.918	
	HO1.5	0.805	0.913	
	HO1.6	0.740	0.919	
	HO1.7	0.728	0.920	
额外奉献 帮助行为	HO2.1	0.707	0.903	0.913
	HO2.2	0.686	0.905	
	HO2.3	0.750	0.899	
	HO2.4	0.647	0.908	
	HO2.5	0.801	0.896	
	HO2.6	0.681	0.905	
	HO2.7	0.754	0.899	
	HO2.8	0.721	0.902	
自己人 感知	IP1.1	0.608	0.860	0.873
	IP1.2	0.621	0.858	
	IP1.3	0.604	0.860	
	IP1.5	0.605	0.860	
	IP1.6	0.664	0.854	
	IP1.7	0.647	0.856	
	IP1.9	0.639	0.857	
	IP1.10	0.665	0.854	

5.1.3　验证性因子分析

研究一利用 AMOS 5.0 对探索性因子分析后得到的 16 个因子结构进行验证,验证性因子分析有以下两个目的:一是进一步确认研究一各变量的维度结构情况,二是对研究一所涉及的各变量的构思效度进行检验。

5.1.3.1　构思效度说明

构思效度清晰反映出该概念应测量什么以及不该反映什么,也传递出该概念的维度结构的相关信息(LePine,Erez & Johnson,2002)。构思效度包括聚合效度(convergent validity,也称收敛效度)和辨别效度(discriminant validity,也称区分效度)。聚合效度是指若干不同测量条款是否在测量同一变量,而辨别效度是指不同变量是否存在显著性差异(张伟雄和王畅,P.2008:293)。聚合效度探讨的是周延性的问题,而辨别效度探讨的是排他性问题,即将不相关的理论建构排除在外(荣泰生,2009,P.84)。

5.1.3.2 验证性因子分析结果

研究一的验证性因子分析结果如表5.3所示,具体从标准化回归系数、建构信度以及平均方差抽取量三方面进行解释说明。

(1)标准化回归系数/因素负荷量

各测量条款的标准化回归系数也称为因素负荷量,表示共同因素对测量条款的影响。若因素负荷量介于0.5~0.95之间,则说明整体模型的基本适配度良好。因素负荷量越大,表示该测量条款能由变量解释的方差越大,该测量条款越能有效反映其要测量的变量性质(吴明隆,2009,P.224)。由表5.3结果可知,各测量条款的因素负荷量介于0.587~0.954之间。因此,研究一各变量的测量条款均有效反映出其测量变量的性质。

(2)建构信度

潜在变量的建构信度(Construct Reliability,CR)作为测量模型内在质量的判别标准之一,CR值在0.60以上即可说明模型的内在质量理想(吴明隆,2009,P.227)。建构信度的计算公式如下:

$$\rho_c = \frac{(\sum \lambda)^2}{[(\sum \lambda)^2 + \sum(\theta)]} = \frac{\sum(\text{标准化因素负荷量})}{[(\sum \text{标准化因素负荷量})^2 + \sum(\theta)]}$$

(公式 5.1)[①]

【说明:θ是观察变量的误差变异量,$\theta = 18$标准化因素负荷量的平方。】

在探索性因子分析中,以内部一致性信度Cronbach's α系数作为各构念的信度系数;在结构方程模型中,以建构信度作为模型潜在变量的信度系数(吴明隆,2009,P.227)。根据表5.3结果显示,所有潜变量的建构信度都在0.85以上,说明研究一测量模型的内在质量很好。

(3)平均方差抽取量

平均方差抽取量(Average Variance Extracted,AVE)表示的是潜变量相对于测量误差而言所能解释的方差总量,通常要求测量条款的解释力超过其误差方差(黄芳铭,2005,P.161)。作为聚合效度指标之一,AVE越大,则说明各测量条款被对应变量解释的方差的比率越大,相对测量误差越小。一般的判别标准是AVE要大于0.50(吴明隆,2009,P.227-228)。AVE的计算公式如下:

$$\rho_v = \frac{(\sum \lambda)^2}{[(\sum \lambda^2) + \sum(\theta)]} = \frac{\sum(\text{标准化因素负荷量})^2}{[\sum \text{标准化因素负荷量}^2 + \sum(\theta)]}$$

(公式 5.2)[②]

[①] 公式5.1来源:吴明隆,2009,P.227。

[②] 公式5.2来源:吴明隆,2009,P.227-228。

【说明:θ 是观察变量的误差变异量,θ＝18 标准化因素负荷量的平方。】

由表 5.3 所示,自己人感知的 AVE 值为 0.464,接近 0.5,其余变量的 AVE 值均在 0.5 以上,说明各变量的测量基本上具有较好的聚合效度。

表 5.3　研究一的验证性因子分析

因子结构	测量条款	标准化因素负荷量(R)	临界比	R^2	CR	AVE
感知组织制度支持	S1.3	0.712	15.204	0.507	0.851	0.537
	S1.4	0.587	12.527	0.345		
	S1.5	0.804	17.072	0.646		
	S1.6	0.811	17.221	0.658		
	S1.7	0.728	—	0.530		
感知主管任务导向型支持	S2.1	0.675	14.175	0.456	0.904	0.541
	S2.2	0.693	14.526	0.480		
	S2.3	0.744	15.500	0.554		
	S2.4	0.753	15.678	0.567		
	S2.5	0.794	16.439	0.630		
	S2.6	0.804	16.624	0.646		
	S2.7	0.727	15.289	0.529		
	S2.8	0.684	—	0.468		
感知主管关系导向型支持	S3.2	0.773	20.983	0.598	0.928	0.649
	S3.3	0.759	20.414	0.576		
	S3.5	0.759	20.423	0.576		
	S3.6	0.817	22.868	0.667		
	S3.7	0.824	23.202	0.679		
	S3.8	0.857	24.764	0.734		
	S3.9	0.844	—	0.712		
感知同事支持	S4.1	0.783	19.950	0.613	0.946	0.613
	S4.2	0.818	21.173	0.669		
	S4.3	0.789	20.141	0.623		
	S4.4	0.799	20.487	0.638		
	S4.5	0.801	20.570	0.642		
	S4.6	0.710	17.596	0.504		
	S5.1	0.797	20.419	0.635		
	S5.2	0.777	19.735	0.604		
	S5.3	0.765	19.337	0.585		
	S5.4	0.775	19.668	0.601		
	S5.5	0.794	—	0.630		

续表

因子结构	测量条款	标准化因素负荷量(R)	临界比	R²	CR	AVE
正面物质激励	M1.1	0.736	—	0.542	0.978	0.656
	M1.2	0.841	19.998	0.707		
	M1.3	0.837	19.895	0.701		
	M1.4	0.834	19.814	0.696		
	M1.5	0.823	19.526	0.677		
	M1.6	0.867	20.709	0.752		
	M1.7	0.876	20.946	0.767		
	M1.8	0.794	18.752	0.630		
	M2.1	0.794	18.758	0.630		
	M2.2	0.799	18.878	0.638		
正面物质激励	M3.2	0.734	17.216	0.539	0.978	0.656
	M3.3	0.768	18.069	0.590		
	M3.4	0.752	17.665	0.566		
	M4.1	0.700	16.329	0.490		
	M5.1	0.765	18.003	0.585		
	M5.2	0.853	20.324	0.728		
	M5.3	0.869	20.748	0.755		
	M5.4	0.859	20.471	0.738		
	M5.5	0.829	19.674	0.687		
	M5.6	0.837	19.902	0.701		
	M5.7	0.847	20.154	0.717		
	M6.1	0.771	18.150	0.594		
	M6.2	0.808	19.118	0.653		
负面物质激励	M5.9	0.928	—	0.861	0.965	0.873
	M5.10	0.954	42.954	0.910		
	M5.11	0.934	39.861	0.872		
	M5.12	0.921	37.836	0.848		
主管正面精神激励	M7.1	0.769	—	0.591	0.958	0.695
	M7.2	0.807	20.055	0.651		
	M7.3	0.814	20.279	0.663		
	M7.4	0.850	21.400	0.723		
	M7.5	0.893	22.817	0.797		
	M7.6	0.903	23.172	0.815		
	M7.7	0.901	23.082	0.812		
	M7.8	0.885	22.543	0.783		
	M8.1	0.726	17.626	0.527		
	M8.2	0.765	18.795	0.585		

续表

因子结构	测量条款	标准化因素负荷量(R)	临界比	R^2	CR	AVE
主管负面精神激励	M7.11	0.922	19.565	0.850	0.889	0.731
	M7.12	0.917	19.513	0.841		
	M8.4	0.708	—	0.501		
潜规则正面精神激励	M3.9	0.896	20.938	0.803	0.926	0.760
	M3.10	0.898	20.985	0.806		
	M3.11	0.944	22.106	0.891		
	M3.12	0.735	—	0.540		
潜规则负面精神激励	M3.15	0.783	17.437	0.613	0.949	0.678
	M3.16	0.784	17.461	0.615		
	M3.17	0.907	20.183	0.823		
	M3.18	0.906	20.165	0.821		
	M3.19	0.913	20.322	0.834		
	M3.20	0.896	19.935	0.803		
	M4.5	0.728	16.205	0.530		
	M4.6	0.748	16.642	0.560		
	M4.7	0.708	—	0.501		
循规行为	RF1.2	0.700	—	0.490	0.885	0.524
	RF1.3	0.680	14.267	0.462		
	RF1.4	0.699	14.628	0.489		
	RF1.6	0.701	14.679	0.491		
	RF1.7	0.769	16.002	0.591		
	RF1.8	0.765	15.928	0.585		
	RF1.9	0.746	15.565	0.557		
正面破规行为	RB1.1	0.785	—	0.616	0.905	0.657
	RB1.2	0.820	19.969	0.672		
	RB1.3	0.821	19.999	0.674		
	RB1.4	0.831	20.296	0.691		
	RB1.5	0.794	19.193	0.630		
负面破规行为	RB2.1	0.706	16.569	0.498	0.909	0.625
	RB2.2	0.830	20.104	0.689		
	RB2.3	0.755	17.940	0.570		
	RB2.4	0.845	20.533	0.714		
	RB2.5	0.827	20.009	0.684		
	RB2.6	0.773	—	0.598		

续表

因子结构	测量条款	标准化因素负荷量(R)	临界比	R^2	CR	AVE
顺水人情型帮助行为	HO1.1	0.783	18.754	0.613	0.928	0.648
	HO1.2	0.826	19.997	0.682		
	HO1.3	0.861	21.036	0.741		
	HO1.4	0.804	19.354	0.646		
	HO1.5	0.830	20.110	0.689		
	HO1.6	0.764	18.222	0.584		
	HO1.7	0.763	—	0.582		
额外奉献型帮助行为	HO2.1	0.750	—	0.563	0.915	0.574
	HO2.2	0.687	15.747	0.472		
	HO2.3	0.784	18.250	0.615		
	HO2.4	0.687	15.755	0.472		
	HO2.5	0.846	19.870	0.716		
	HO2.6	0.695	15.948	0.483		
	HO2.7	0.817	19.117	0.667		
	HO2.8	0.776	18.023	0.602		
自己人感知	IP1.1	0.645	—	0.416	0.873	0.464
	IP1.2	0.648	12.658	0.420		
	IP1.3	0.646	12.629	0.417		
	IP1.5	0.641	12.538	0.411		
	IP1.6	0.712	13.669	0.507		
	IP1.7	0.713	13.678	0.508		
	IP1.9	0.709	13.625	0.503		
	IP1.10	0.727	13.893	0.529		

表 5.3 中临界比(critical ratio)相当于 t 检验值。如果该值大于 1.96,则说明参数估计值在 0.05 水平下显著;如果该值大于 2.58,则说明参数估计值在 0.01水平下显著;若显著性概率小于 0.001,则分析结果会以"＊＊＊"提示(吴明隆,2009,P.223)。根据结构方程模型的分析结果可知,各测量条款对相应潜变量的回归系数在 0.001 水平下都显著不等于 0,说明各测量条款在对相应潜变量的解释上均有实际意义的贡献。

研究一还通过对各变量之间的相关系数的平方与各变量的 AVE 值的比较来完成辨别效度的检验:当相关系数的平方小于 AVE(即相关系数小于 AVE 的平方根)时,各变量具有较好的辨别效度(Fornell & Larcker,1981;Podsakoff & MacKenzie,1994;王重鸣,2001;Bettencourt,2004;郑梅莲,2009)。表 5.4 显示了辨别效度的检验结果。对角线上括号内数值为各变量 AVE 的平方根,非

表 5.4　研究一的辨别效度检验

变量	PIS	PSTS	PSRS	PCS	PMM	NMM	SPSM	SNSM	LPM	LNM	RF	RB1	RB2	HO1	HO2	IP
PIS	(0.733)															
PSTS	.521**	(0.736)														
PSRS	.549**	.694**	(0.805)													
PCS	.411**	.632**	.608**	(0.783)												
PMM	.423**	.319**	.482**	.259**	(0.890)											
NMM	.202**	.065	.232**	.054	.575**	(0.934)										
SPSM	.369**	.511**	.569**	.446**	.616**	.314**	(0.834)									
SNSM	.180**	.033	.188**	.039	.454**	.548**	.298**	(0.855)								
LPM	.344**	.420**	.472**	.411**	.520**	.274**	.629**	.255**	(0.872)							
LNM	.173**	.232**	.302**	.252**	.450**	.613**	.423**	.483**	.461**	(0.823)						
RF	.253**	.478**	.349**	.460**	.125**	-.018	.278**	.011	.249**	.097*	(0.724)					
RB1	.122**	.022	.158**	.078	.151**	.152**	.129**	.177**	.145**	.133**	.105*	(0.811)				
RB2	-.008	-.235**	-.119**	-.260**	.124**	.237**	-.071	.286**	-.054	.177**	-.158**	.279**	(0.791)			
HO1	.240**	.411**	.391**	.554**	.235**	.118**	.433**	.107*	.281**	.245**	.487**	.226**	-.073	(0.805)		
HO2	.289**	.265**	.398**	.429**	.336**	.261**	.347**	.221**	.277**	.269**	.343**	.254**	.114**	.655**	(0.758)	
IP	.236**	.480**	.424**	.496**	.238**	.023	.389**	.009	.373**	.190**	.451**	.074	-.242**	.470**	.364**	(0.681)

注:$N=515$。* 表示 $p<0.05$，** 表示 $p<0.01$。下同。

为简洁起见,表 5.4 中各变量均用字母代码表示。具体含义如下。

PIS=感知组织制度支持;PSTS=感知主管任务导向型支持;PSRS=感知主管关系导向型支持;PCS=感知同事支持;PMM=正面物质激励;
NMM=负面物质激励;SPSM=主管正面精神激励;SNSM=主管负面精神激励;LPM=潜规则正面精神激励;LNM=潜规则负面精神激励;
RF=循规行为;RB1=正面破规行为;RB2=负面破规行为;HO1=顺水人情型帮助行为;HO2=额外奉献型帮助行为;IP=自己人感知。

151

对角线上的数值为变量之间的相关系数。由表 5.4 可知,各变量的 AVE 平方根均大于其所在行与列上的变量之间的相关系数,表明各变量之间具有较好的辨别效度,研究一包含的所有变量可进行有效的区分。

为简洁起见,表 5.4 中各变量均用字母代码表示。具体含义如下。下同。

PIS=感知组织制度支持;PSTS=感知主管任务导向型支持;PSRS=感知主管关系导向型支持;PCS=感知同事支持;PMM=正面物质激励;

NMM=负面物质激励;SPSM=主管正面精神激励;SNSM=主管负面精神激励;LPM=潜规则正面精神激励;LNM=潜规则负面精神激励;

RF=循规行为;RB1=正面破规行为;RB2=负面破规行为;HO1=顺水人情型帮助行为;HO2=额外奉献型帮助行为;IP=自己人感知。

5.1.4 内容效度分析

内容效度是指一个测验本身所能包含的概念意义范围或程度,即测验的内容是否针对欲测的目的,而且是否具有代表性和适用性(黄芳铭,2005,P.263)。内容效度的判定主要依靠研究者在概念定义和语义上的主观判定,而非统计分析(荣泰生,2005,P.145-146;黄芳铭,2005,P.263;钱源源,2010)。

本书相关变量测量条款的编制参考了现有的成熟量表,这些量表已经过大量的实证研究的检验,已获得了相关专家和学者的广泛认可。笔者在这些成熟量表的基础上,通过与企业员工访谈以及专家学者的交流讨论,并结合研究目标和研究对象的具体特征,对量表内容表达和结构编排等方面进行修订、补充和完善,因此,可认为本书所采用的量表具有较好的内容效度。

5.1.5 共同方法偏差

若一项研究仅采用自我报告法收集数据,尤其是由同一对象在同一时间提供数据,会引起共同方法偏差问题(Campbell & Fiske,1959;Robinson & O'Leary-Kelly,1998;Podsakoff,MacKenzie,lee et al.,2003)。作为一种典型的系统偏差,共同方法偏差会造成变量之间的观察关系"假象般"扩大(artificially inflate)(Robinson & O'Leary-Kelly,1998),进而影响变量之间关系结论的有效性(Podsakoff,MacKenzie,lee et al.,2003)。研究一属横截面研究,均采用员工自评的方式测量感知组织支持、组织激励、个体行为及自己人感知等内容,可能引起共同方法偏差问题。因此,应对研究一的共同方法偏差问题的严重性进行检验。

在统计学上,很多学者(e.g.,刘慧君,2005;李晶,2008;汪洁,2009;钱源源,

2010)采用 Harman 单因子检验法(Harman's single-factor test)对共同方法偏差问题的严重性进行检验。该方法的基本假设前提是:如果存在严重的共同方法偏差问题,则应该出现以下两种情况之一:只分析出一个公因子,或者某一个公因子解释了测量的大部分协方差(Podsakoff,MacKenzie,lee *et al.*,2003;李晶,2008,P.130)。具体操作步骤如下:研究者将所有变量放在一起进行探索性因子分析,检验未旋转因子解(unrotated factor solution)中可解释大部分变量方差的因子数量(Podsakoff,MacKenzie,Lee *et al.*,2003)。笔者沿用以往学者的思路,采用 Harman 单因子检验法判断共同方法偏差对研究一的影响程度,将研究变量所有条款进行探索性因子分析后,结果显示出 19 个特征根大于 1 的公因子,其中解释力度最大的公因子的特征根为 34.63,解释了总方差的 27.704%,并未出现只有一个公因子或某一个单独因子解释了所有变量的大部分协方差的情况。因此,共同方法偏差对研究一可能造成的影响并不严重。

❈ 5.2　假设提出

根据社会交换理论,员工与组织之间的关系建立在员工付出的努力、忠诚与员工获得的收益(如工资、认可)之间交换的基础之上(Levinson,1965;Rhoades & Eisenberger,2002)。员工感知到较高程度的组织支持,该员工会形成回报组织的知觉义务(Pearce & Herbik,2004),增加工作的努力程度(Stinglhamber & Vandenberghe,2003),进而表现出有利于组织的行为(如组织公民行为)(Shore & Wayne,1993;Moorman,Blakely & Niehoff,1998)。由此可知,感知组织支持对员工行为产生重要的影响作用。根据社会交换理论,激励源与激励对象之间存在交换关系:激励源利用诱因(资源或代价)换取激励对象对其目标实现的贡献,激励对象因为需要激励源提供的诱因来满足其需要而以自己的劳动作为与激励源的交换(李垣和刘益,1999)。因此,组织激励对员工行为也会产生重要的影响作用。

根据相容原理,针对某一目标的态度与指向该目标的单一或多个行为效标之间存在匹配对应的关系(Ajzen & Fishbein,1977;钱源源,2010)。员工根据社会交换的参照对象表现出特定类型的组织公民行为,如员工与主管的社会交换将激发员工做出有利于主管的组织公民行为,类似的,员工与组织的社会交换将激发员工表现出有利于组织的组织公民行为(Bettencourt,2004)。在研究一中,员工行为目标或对象包括组织(制度)及同事两类。因此,员工感知到的组织制度支持与员工针对组织的行为相匹配,类似的,员工感知到的同事支持与员工针对同事的行为相匹配。以往研究将主管视为组织的代理人（Levinson，1965），员工会将主管对其有利或不利的态度及对待划归到组织支持的内容范畴（Eisenberger，Huntington，Hutchison et al.，1986），认为主管受到组织驱使和影响而为（Huffman，Watrous-Rodeiguez & King，2008），那么，员工感受到的主管支持、主管激励与员工针对组织的行为相匹配。潜规则是组织成员私下认可并实际遵守的行为规范，以非公开、隐蔽的形式存在（胡瑞仲，2007；吴思，2009）。当组织成员的行为表现符合组织群体规范要求时，其他成员会表现出对该成员的认可、赞赏及其他积极态度；反之，当其行为表现违背了组织群体规范要求时，其他成员会以排斥、漠视、疏远或其他冷暴力的方式来表达对其的不满。正如霍桑试验中团体压力现象的存在，潜规则通过组织群体对成员行为造成压力，进而规范和引导成员行为，及时纠正偏离于组织群体规范方向的成员行为。因此，潜规则激励与员工针对组织的行为相匹配。以下将分别探讨不同类型的感知组织支持和组织激励对员工行为的具体影响作用。

5.2.1　感知组织支持、组织激励与循规行为的关系

构成感知组织支持概念基础的社会交换理论指出：感知到自己获得组织支持的员工会形成增加支持组织目标实现行为的知觉义务（Shore & Wayne，1993）。当组织成员具有较高的感知组织支持时，他们会对组织产生高度的认同感，表现出对组织更多的情感忠诚（Rhoades，Eisenberger & Armeli，2001；Eisenberger，Armeli，Rexwinkel et al.，2001）。获得培训或知识等信息支持以及预防性设备等工具支持的员工在未来时间里会感到舒适并减少恐惧感（Barling，1996）。感知组织支持与员工的工作出勤呈正相关（Eisenberger，Fasolo & Davis-LaMastro，1990）。当团队成员感知到组织规章制度、政策流程对其完成分配任务提供的协助程度较高时，他们能够保持平和而稳定的工作情绪，认可并严格遵守组织的制度章程和生产流程，并以此作为其开展工作的依据和保障，表现出更多符合组织规范的行为。因此，研究一提出：

H1-1[①]：感知组织制度支持对团队成员的循规行为有正向影响。

由于主管作为组织代理人在组织中发挥着关键作用（Levinson，1965），员工会将主管对其的态度视为组织对其的态度（Eisenberger，Huntington，Hutchison et al.，1986）。根据社会关系的一般理论（Fiske，1992），主管与员工

---

　　① 本书对假设统一采用"H 数字-数字"的表示方式，"H1-1"中前面的数字 1 代表研究一，后面的数字代表该研究的第一个假设，如"H2-3"表示研究二的第三个假设，下同。

之间的关系属于权威分级关系(Frone,2000)。权威分级关系的特征是:个体之间基于线性层级秩序而彼此关联,上层权威者掌握下层人员所不具备的威望、特权以及其他优惠条件(Fiske,1992)。上层权威者控制着下层劳动者的行动和劳动产品(如加薪、晋升、工作日程)(Frone,2000)。作为上层权威者的主管由于掌握着信息、资源及其他条件,为处于下层的员工提供与工作任务直接相关的支持和帮助(如设置合理且具有可行性的任务目标、协助员工解决工作中遇到的技术问题、提供必要的工作信息、监控项目整体的运作进程以及有效分配资源等)。员工会将主管对其的积极态度视为组织对其的积极态度,进而表现出回报组织和主管的行为,如严格遵守组织规定和主管要求,服从并接受组织和主管的工作安排,顺利高效完成分配的任务。因此,研究一提出:

H1-2:感知主管任务导向型支持对团队成员的循规行为有正向影响。

5.2.2　感知组织支持、组织激励与正面破规行为的关系

组织重视员工的成就、以友好的方式对待员工,既会诱发出员工关心组织福利和帮助组织实现目标的知觉义务(Eisenberger,Armeli,Rexwinkel et al.,2001),也会增加员工在工作情境中的自我价值感(Chen,Aryee & Lee,2005)。根据社会交换理论,员工愿意对他们从组织或主管那里获得的有利对待进行回报,以自发行动的方式使组织或主管受益(Bettencourt,2004)。当员工获得支持而产生回报组织的知觉义务时,他们会表现出超出角色要求的行为,如组织公民行为(Shore & Wayne,1993;Moorman,Blakely & Niehoff,1998),员工就组织改进提供建设性意见的倾向会提高(Eisenberger,Fasolo & Davis-LaMastro,1990),以减少组织与员工之间关系的不平衡性(Shore & Wayne,1993)。员工感受到组织对其的支持越多,他/她表现的组织公民行为的可能性越大。原因在于:如果组织为其成员提供高效完成工作所需的培训、资源和方法,那么组织成员能够充分理解和意识到组织公民行为对组织运作的重要性,也会表现出超过基本工作描述的行为(Pearce & Herbik,2004)。已有研究证实:感知组织支持对员工角色外行为有正向影响(Shore & Wayne,1993;Rhoades & Eisenberger,2002)。

管理者协助员工评估关键问题或思考技术难题,员工出于回报的想法会为管理者提供技术信息和创新思想,在解决技术难题和做出重大评估时提供支持和协助(法瑞斯,1982)[①]。主管根据下属的工作内容来鼓励他/她参与决策,那

---

① 转引自杰恩和川迪斯,2005,P.205。

么该下属会更愿意对组织效能的提升发表自己的意见和建议(Choi,2007)。当成员感知到来自团队主管的与任务相关的支持(如主管为团队成员设置具有可行性的工作目标,有效且合理地分配团队资源,提供必备的信息技术,及时对下属工作的阶段性成果予以反馈)时,团队成员的自我价值感会增加,团队成员会形成回报主管、协助主管开展工作的知觉义务,更愿意主动表达自己关于组织制度、生产流程等方面的建议和想法,为团队整体运作效率的提升和长远发展献计献策。由以上论述,研究一提出:

H1-3:感知主管任务导向型支持对团队成员的正面破规行为有正向影响。

由于主管发挥着组织代理人的身份和作用(Levinson,1965),员工对组织的态度会受到主管对其态度的影响(Eisenberger,Huntington,Hutchison *et al.*,1986),员工将其与所在组织的雇佣关系视为与特定组织成员(尤其是其直接主管)的关系(Hui,Lee & Rousseau,2004)。根据社会交换理论,组织成员感知到较高程度的组织支持,那么该成员会形成回报组织的知觉义务(Pearce & Herbik,2004)。因此,受到较高程度主管支持的员工会形成回报主管的知觉义务。从组织和主管获得的支持等关系性刺激对员工行为决策有着重要的影响作用(Matertz,JR.,Griffeth,Campbell *et al.*,2007)。有研究表明:较高的领导成员交换质量会促使员工表现出更多的变革导向型组织公民行为(Bettencourt,2004)。主管愿意倾听并排解下属的工作压力,关心下属的生活现状,关注下属的未来职业成长,会引发出下属对主管的强烈信任感、认同感和情感依附并产生回报主管的知觉义务(钱源源,2010)。在研发团队中,团队成员回报主管的方式之一是以自发行动减轻主管工作负担和压力,替主管分忧,如针对现有工作管理制度和生产流程提出改善和变革意见,充分发挥其聪明才智和精湛技能,将自己掌握的新技术与新方法引入到生产设计流程中以提高整体工作效率。因此,研究一提出:

H1-4:感知主管关系导向型支持对团队成员的正面破规行为有正向影响。

根据社会交换理论,激励源向激励对象提供诱因(资源或代价)以满足其需要,激励对象以自己的劳动(如行为)作为与激励源的交换(李垣和刘益,1999)。强化权变对于个体亲社会行为的形成和发展产生影响作用(Skinner,1978)[①]。已有研究表明:当主管提供权变社会奖励(如表扬)和积极反馈时,员工会表现出更多的有利于组织效能的功能行为(如检查生产机器、帮助同事)(Welsh,Luthans & Sommer,1993)。当银行内主管对银行职员服务做出直接、正面、形

---

① 转引自 Brief & Motowidlo,1986。

象的特定反馈,该职员会为顾客提供更好的服务(Luthans,1991)。主管鼓励员工参与决策,员工会更愿意对那些无效的和不必要的组织流程及政策进行实践确认,就组织效能提升发表自己的意见和建议(Choi,2007)。因此,团队主管对团队成员的积极行为做出正面反馈(如公开表扬、一对一的私下鼓励甚至是点头微笑或在肩膀上轻拍示意等细微动作),会满足成员在精神方面的需求,建立自信并培养出他们对工作的兴趣。出于对主管认可的回报,团队成员愿意发挥出更多的创造性和创新能力,承担更多的责任,接受更艰苦和具有挑战性的任务,升级改造现有技术或应用新技术,修正或改进现有生产流程和方法以提高工作效率。因此,研究一提出:

H1-5:主管正面精神激励对团队成员的正面破规行为有正向影响。

　　研发团队所面对的任务难度较大,不确定性因素较多,因此,研发团队里频繁发生带有质疑性质的集体讨论,团队成员在集体讨论中对科学思想和发现进行批判性评价(杰恩和川迪斯,2005,P.25)。潜规则的作用机制表现为个体间互动时产生的非制度化的付出与报酬之间的交换(黎翔,2009)。员工从同事获得的暗示影响着他/她对组织公民行为典型活动的责任感知(Morrison,1994),那么也会影响他/她表现出的具体行为。研发团队成员就某一问题发表自己看法后,团队内其他成员对该观点做出建设性的响应和反馈,对该成员发表看法的行为起到强化作用。当团队成员在工作过程中的努力思考和勇于尝试都受到团队内其他成员的欢迎和赞赏,工作取得的进展和突破都获得团队成员的鼓励和认可,那么该成员会更愿意大胆表达自己的意见,敢于改变现状和挑战权威,表现出更多的促进团队发展的积极行为。Brief & Motowidlo(1986)也指出:非正式机制的正强化有助于亲社会行为的增加。因此,研究一提出:

H1-6:潜规则正面精神激励对团队成员的正面破规行为有正向影响。

　　已有多项研究证实了有形强化物(如金钱)在不同情境下针对不同研究对象都是有效的(详见 Podsakoff,Todor,Grover et al.,1984)。作为外部刺激要素,无论是组织制度提供薪酬、和级别关联的额外津贴、股权、奖品以及舒适的办公环境等易察觉的实物奖励,还是由主管推荐或给予的物质性奖赏,都会在一定程度上满足员工的物质需求,起到引导和改变员工行为的作用。正所谓"重赏之下必有勇夫",在物质奖励的刺激下,研发团队成员更易于运用现有知识和技能来改善现有生产工艺和工作流程,不畏困难,勇于尝试和突破,以实现提高生产效率的目标,表现出更多的正面破规行为。因此,研究一提出:

H1-7:正面物质激励对团队成员的正面破规行为有正向影响。

5.2.3　感知组织支持、组织激励与负面破规行为的关系

Rhoader & Eisenberger(2002)元分析证实了感知组织支持对员工的退却行为产生显著的负向影响。Colbert,Mount,Harter *et al.*(2004)研究发现：感知组织支持与员工的人际偏离行为呈负相关。刘慧君(2005)研究发现：员工感知组织支持对员工的人际偏离行为和组织偏离行为均呈负向影响关系，而且，感知组织支持对人际偏离行为的影响程度比组织偏离行为的影响程度大。员工获得培训或知识等信息支持以及预防性设备等工具支持，在未来的工作中会减少员工的恐惧感(Barling,1996)，缓解员工的工作压力(Witt & Carlson,2006)[①]。那么，当员工遇到阻碍或阻力无法顺利开展工作，而主管没有发挥其在组织中的影响作用，如为该员工提供较少(或未提供)与工作任务直接相关的信息、资源及反馈，或未在员工超出能力范围或工作量较大时进行合理适度调整，即员工感知到较低程度的主管任务导向型支持时，员工会认为主管不支持他们实现其任务目标而产生挫败感、不满及其他负面情绪，其恐惧感和工作压力有所增加，可能会做出不利于主管及组织的行为。Van Knippenberg,Van Dick & Tavares(2007)指出：当个体对他与组织或组织代理人(主管)的关系不满时，他们会从雇佣关系中脱离。脱离关系的具体方式包括离职、缺勤、迟到以及与工作无关的私人活动如闲聊、做私事等。由以上分析和实证研究结论可知，员工感知到的主管任务导向型支持程度越低，员工表现出越多的负面破规行为。因此，研究一提出：

H1-8：感知主管任务导向型支持对团队成员的负面破规行为有负向影响。

在破坏行为的传统解释模型里，是否存在正式约束机制是影响员工破坏行为的主要因素，监督员工行为及对员工行为实施的惩罚制裁都会减少员工的偏离行为和工作场所偷窃行为(Robinson & O'Leary-Kelly,1998)。主管对员工的不良行为进行批评、劝诫会降低员工负面行为发生的频率，实现纠正员工行为的目的。因此，研究一提出：

H1-9：主管负面精神激励对团队成员的负面破规行为有负向影响。

根据"吸引—选择—损耗"框架和社会信息处理理论，群体中的个体仔细分析其所处的工作环境，从接触的环境中获取信息以解释群体发生的事件，根据环境做出相应行为的调整，并对他们的行为以及结果形成预期和态度认知(Schneider,1975；Salancik & Pfeffer,1978)。团队成员在共享的、可比较的工

---

① 转引自 Huffman,Watrous-Rodriguez & King,2008。

作环境下会接收到相同的社会暗示,这些包括积极行为和消极行为在内的社会暗示会使得大部分团队成员对自身态度和行为进行调整,以适应其所处的环境并符合社会群体的预期(Robinson & O'Leary-Kelly,1998)。中国人的社会取向特征之一是他人取向,对他人给自己的意见、标准和褒贬特别敏感(杨国枢,1993)。中国人顾全面子(Ho,1976),面子在人际间角色关系的平衡方面发挥着至关重要的作用(杨国枢,1993)。那么,当团队成员表现出如工作懈怠、懒惰或其他违背组织规范的行为而引起团队内其他成员的反感和不满时,其他成员往往不会以公开直接的方式而是含蓄委婉地表达出自己的反对或厌恶的态度,避免对方丢面子,如减少与该成员的互动合作、与其疏远等,那么该成员通过观察所处他人的态度或行为的变化而对自身行为进行调整,减少或消除违背组织规范的负面行为,以适应所处的工作环境。崔金生(2005)也指出:潜规则作为组织内部人际关系的基本准则,发挥着指导组织成员行为的作用。因此,研究一提出:

H1-10:潜规则负面精神激励对团队成员的负面破规行为有负向影响。

5.2.4　感知组织支持、组织激励与顺水人情型帮助行为的关系

根据相容原理,感知同事支持作为局部聚焦的构念,应与局部性结论(如组织公民行为中的助人行为)的相关程度更大(Hui,Lee & Rousseau,2004)。那么,基于社会交换理论,员工感知到同事支持时,更易于表现出针对同事的行为,如帮助行为。

社会关系的一般理论强调:社群分享关系关注于个体之间的相似性而不是差异,不同个体之间由于存在某些相似特征而产生了认同感进而联系在一起,彼此平等对待和相互吸引;而对等匹配关系基于均衡的分配公平原则和一对一的互惠原则表现出"以牙还牙,以眼还眼"(Fiske,1992)。在团队中,团队成员之间既存在社群分享关系(Frone,2000),也存在对等匹配关系(Fiske,1992)。

中国人的人际关系的基本样式是人情(翟学伟,1993)。人情除去本义即"七情六欲"的情绪反应外,还包含可以用于馈赠交换的社会资源以及人际关系相处的互动策略的双重含义(金耀基,2005;张志平,2008)。中国组织内的同事帮助行为包括与工作任务直接相关以及纯粹个人层面非工作相关内容(Farh,Zhong & Organ,2004),具体表现为两方面内容:团队成员在工作过程中遇到技术瓶颈或工作量过大超出负荷时,其他成员提供知识及技能来帮助该成员解决以上问题;由于生活琐事(如亲人生病)影响团队成员的任务进度,其他成员为其提供援助解决其"后顾之忧",使能够全身心投入到工作中。团队成员获

得同事提供的知识、技能以及情感上的鼓励安慰后,会产生回报他人的知觉义务,在此过程中,人情作为社会资源发挥着馈赠交换的作用。此外,研究一关注对象是研发团队成员,这一类型的成员大多具有较为相近或互补的知识背景和技能,通过知识分享和整合共同攻坚或分工协作解决某项任务。成员之间的合作形式不是一对一,而是一对多或多对多的复杂格局。受恩惠于他人的某一成员,在不占用过多时间及精力也不影响到自己本职工作的情形下,更易于利用自己的经验和技能帮助那些同样处于困境中的其他成员,使其他成员的工作效率得到提升。因此,研究一提出:

H1-11:感知同事支持对团队成员的顺水人情型帮助行为有正向影响。

根据社会交换理论,员工与主管之间的关系建立在员工付出的努力与员工获得回报之间的交换的基础上(Levinson,1965;Rhoades & Eisenberger,2002)。员工会根据主管对待他们的方式而做出自身行为的判断。团队主管对团队成员的行为和绩效结果提供正面反馈(如公开或私下的表扬、鼓励),满足了该成员对赞许和认可的需要,使得该成员将组织成员身份与自我认同相结合,进而产生与主管的正面情感联结,激发出该成员对主管报恩的知觉义务。那么,除了更为努力积极地投入工作,该成员还会主动为主管分忧,减轻主管工作压力,与团队成员交流工作的经验和心得,在不影响本职工作的情况下帮助其他团队成员解决工作及非工作相关问题,以确保团队整体任务的顺利进展。因此,研究一提出:

H1-12:主管正面精神激励对于团队成员的顺水人情帮助行为有正向影响。

5.2.5 感知组织支持、组织激励与额外奉献型帮助行为的关系

根据社会交换理论,主管关心下属情绪压力,与下属建立良好的人际关系,下属会产生回报主管的知觉义务,表现出有利于主管的积极行为,使主管将更多精力放在宏观战略制定而不是细微琐事的处理(钱源源,2010)。主管协调沟通(如主管与下属和谐相处)和关爱下属(主管关心下属生活现状)会促进下属形成较高程度的组织承诺、感知组织支持和公平感,进而使下属表现出更为积极的工作态度(王辉,忻榕和徐淑英,2006)。团队成员感受到较高程度来自团队主管提供的与任务相关的支持和协助,他们会形成与团队成员身份相匹配的义务和责任的内在主观认同,发自内心来回报主管而不求回报,如牺牲个人休息时间替同事完成一定工作量以保证项目的整体进度,或协助同事解决工作和非工作相关问题,以减轻主管的工作负担。因此,研究一提出:

H1-13:感知主管关系导向型支持对团队成员额外奉献型帮助行为有正向

影响。

施报双方的交换方式表面看是礼尚往来,其形成的法则具有使人际关系结构趋于稳定的功能,中国式的社会交换表现为双方在交换过程中不停地欠人情(翟学伟,2007)。中国人在接受他人恩惠后不仅要还人情,还会比实际得到的恩惠要回报的更多,中国人情法则是报(恩)总是大于施,如"滴水之恩,涌泉相报"、"你敬我一尺,我敬你一丈"(翟学伟,1993)。中国人在人际关系交往过程中,并非希望人际关系的交换达到平衡,交往双方都无意一次性结清,而是继续制造对方的亏欠(翟学伟,2007),原因在于一旦达到平衡则意味着交往双方关系的终止。双方通过"报大于施"的螺旋式上升式互动来强化彼此关系,此时的人情发挥着"人际关系相处的互动策略"(金耀基,2005;张志平,2008)的关键作用。在研发团队中,团队成员在获得其他成员在工作及非工作相关事务上的帮助时,出于自己与其他成员之间人际关系的维系和巩固的考虑,他会做出回报更多的行为(如牺牲个人利益、占用休息时间或运用个人资源等额外奉献),以促进和推动与其他成员的互动。从成本-收益的经济学视角也可以理解:团队成员为其他需要帮助的成员付出更多,也是为自己以后再遇到困难时得到他人更多回报而进行的一种投资预期。基于以上分析,研究一提出:

H1-14:感知同事支持对团队成员的额外奉献型帮助行为有正向影响。

5.2.6　自己人感知的调节作用分析

调节作用是指一个变量(X_1)影响了另一个变量(X_2)对 Y 的影响作用(罗胜强和姜嬿,2008b,P.318)。以 $Y=\beta_0+\beta_1 X_1+\beta_2 X_2+\beta_3 X_1 X_2$ 为例,X_1 对 Y 的影响是 β_1,X_2 对 Y 的影响是 β_2,β_1 和 β_2 分别表示主效应的大小,β_3(X_1 和 X_2 的乘积项的系数)表示调节作用的大小。调节变量 X_1 既可以对关系方向产生影响,也可以对关系强度产生影响。调节作用分为两类,一类是增强型(reinforcement),即随着 X_1 变大,X_2 对 Y 的影响关系越来越强;另一类是干扰型(interference)(也称为削弱型),即随着 X_1 变大,X_2 对 Y 的影响关系逐渐减弱。β_2 和 β_3 的大小和正负共同决定了调节作用是增强型还是削弱型(罗胜强和姜嬿,2008b,P.318-319)。

中国人根据人际的社会关系来界定自己的身份,即以社会角色界定自我,最具代表性的是儒家的五伦关系。父子、夫妻、兄弟是家人关系,君臣和朋友是熟人关系。中国人根据各类关系进行不同角色之间的转换,进而表现出相应的态度及行为(杨国枢,1993)。黄光国(Hwang,1987)的"人情与面子"模型以社会交换理论为基础,强调人们根据自己与交往对象的具体关系类型(情感性、工具性或混合性)而采用相应的互动法则。在人际交往过程中,情感性关系遵循需求法则,即满足交往双方对关爱、安全、归属感等方面的情感需求;工具性关系遵循公平原则,即进行计算式与功利性的人际交往;混合性关系遵循人情法则,即通过恩惠的接受和回报来维系交往双方的关系。

杨国枢(1993)指出:中国人强调自己人与外人之别,"关系类型可能作为干预或节制因素(moderator factor)决定互动双方的对待方式和反应类型"。在家族以外的场合,中国人通常采用特殊主义的态度与做法来对待"自己人",即强调例外情形或特权的运用,强调规范、规则和章法应在必要时进行调整和灵活使用,关系的亲疏、权势的大小则作为是否"必要"的判定依据。Hogg & Abrams(1988)指出:社会认同理论和自我分类理论导致内外群体的产生,进而使得个体成员向内群体倾斜,而对外群体不信任,并远离此类人群[1]。郑伯埙(1995)指出:内群体偏差(in-group bias)具有跨文化的普适性,华人组织里的个体将自己与他人归类为不同类别后而形成后续反应:对自己人群体做出较佳的评价或反应,而对外人群体的评价或反应较为负面和消极。基于以上分析,**自己人感知对感知组织支持、组织激励与员工行为之间的关系可能具有调节作用。**

由于具有共同经历、相似结果、相近文化价值观等因素,团队成员之间形成了一种人际关系形式——盟约关系(Farh,Early & Lin,1997)。团队成员对所在团队(主管和同事)逐渐产生依附感、信任感和归属感,会将团队成员视为工作上的合作伙伴、朋友和知己,在其心理格局中逐渐接纳、认可整个团队,形成自己人感知的知觉判断。杨宜音(1999)指出:相对意义自己人的特征之一是自愿承担责任和义务。根据社会交换理论,研发团队成员感受到主管对其任务提供的协助和指导的程度越高,他们产生对主管施以回报的想法就愈加强烈,尤其是当团队成员对于所在团队产生的自己人感知程度较高时,该个体会将团队成员身份融合在自我认同和自我分类中,产生与团队共同分享利益得失的责任感,承担相应的责任和义务,严格遵守已有制度规定和方法流程来执行主管分配的任务,利用自身知识和能力确保研发团队任务的顺利完成。因此,研究一提出:

H1-15:自己人感知对感知主管任务导向型支持与循规行为之间的关系具有"增强型"的调节作用,即:自己人感知程度越高,感知主管任务导向型支持与团队成员的循规行为之间的影响关系越强。

---

① 转引自米利肯、巴特尔和库尔茨伯格,2008,P.47。

　　具有"自己人感知"的团队成员会产生感恩怀德的情感,愿意更为努力工作以贡献一己之力,也愿意主动从事角色之外的对组织有益的工作。此外,作为"自己人"的成员往往居于团队内部的核心地位,能有更多机会使用或争取到更多的生产或服务资源(郑伯埙,1995)。自己人感知程度较高的团队成员往往对主管产生较强的信任和依赖的情感依附,主管的鼓励和表扬都会被该成员视为主管出自真心的认可而不是为了控制和引诱成员提高生产率的手段。当具有较高程度的自己人感知时,接受主管积极评价和反馈的团队成员会出于回报主管的考虑而做出有利于主管和团队发展的行为,充分利用自身的优势地位为团队发展献计献策,如结合自身实践经验针对团队现有规章制度、业务流程标准和行为规范等提出建设性意见和变革性措施,以进一步提高团队的工作效率。因此,研究一提出:

　　H1-16:自己人感知对于主管正面精神激励与团队成员的正面破规行为有"增强型"调节作用:自己人感知程度越高,主管正面精神激励与团队成员正面破规行为之间的影响关系越强。

　　中国人在对待自己人时往往采用特殊主义的处理方式,即强调例外情形和特权的运用,允许规章制度在必要时的调整和灵活使用(杨国枢,1993)。当团队成员具有较高程度的自己人感知时,他/她会在其表现出其偏离于组织规范和制度规定的行为时希望主管能够"放一马",得到与"外人"成员的差别对待,那么面对主管对其的监督、批评和劝诫,不易减弱其负面行为的强度和减少负面行为重复的可能性。也就是说,在团队成员具有较高程度的自己人感知的情况下,主管负面精神激励对其负面破规行为的影响关系会被削弱。因此,研究一提出:

　　H1-17:自己人感知对于主管负面精神激励与团队成员的负面破规行为有"削弱型"调节作用:自己人感知程度越高,主管负面精神激励与团队成员负面破规行为之间的影响关系越弱。

5.2.7　假设汇总与研究模型

　　研究一共提出了 17 个假设,全部为探索性假设。笔者将研究一所涉及的假设内容及假设性质汇总于表 5.5。

表 5.5　研究一的假设汇总表

编号	假设内容	假设性质
H1-1	感知组织制度支持对团队成员的循规行为有正向影响。	探索性假设
H1-2	感知主管任务导向型支持对团队成员的循规行为有正向影响。	探索性假设
H1-3	感知主管任务导向型支持对团队成员正面破规行为有正向影响。	探索性假设
H1-4	感知主管关系导向型支持对团队成员正面破规行为有正向影响。	探索性假设
H1-5	主管正面精神激励对团队成员的正面破规行为有正向影响。	探索性假设
H1-6	潜规则正面精神激励对团队成员的正面破规行为有正向影响。	探索性假设
H1-7	正面物质激励对团队成员的正面破规行为有正向影响。	探索性假设
H1-8	感知主管任务导向型支持对团队成员负面破规行为有负向影响。	探索性假设
H1-9	主管负面精神激励对团队成员的负面破规行为有负向影响。	探索性假设
H1-10	潜规则负面精神激励对团队成员的负面破规行为有负向影响	探索性假设
H1-11	感知同事支持对团队成员的顺水人情型帮助行为有正向影响。	探索性假设
H1-12	主管正面精神激励对于团队成员顺水人情帮助行为有正向影响。	探索性假设
H1-13	感知主管关系导向型支持对团队成员的额外奉献型帮助行为有正向影响。	探索性假设
H1-14	感知同事支持对团队成员的额外奉献型帮助行为有正向影响。	探索性假设
H1-15	自己人感知对于感知主管任务导向型支持与团队成员循规行为之间的关系有"增强型"的调节作用:自己人感知程度越高,感知主管任务导向支持与团队成员的循规行为之间的影响关系越强。	探索性假设
H1-16	自己人感知对于主管正面精神激励与团队成员的正面破规行为有"增强型"调节作用:自己人感知程度越高,主管正面精神激励与团队成员正面破规行为之间的影响关系越强。	探索性假设
H1-17	自己人感知对于主管负面精神激励与团队成员的负面破规行为有"削弱型"调节作用:自己人感知程度越高,主管负面精神激励与团队成员负面破规行为之间的影响关系越弱。	探索性假设

从总体来看,研究一提出的主要假设涉及以下三方面内容:

(1)根据社会交换理论,不同类型的感知组织支持、组织激励对个体循规行为、破规行为以及帮助行为的作用方向的差异。

(2)根据相容原理,来源于主管和组织的感知组织支持及主管激励与针对组织的个体行为(循规行为、破规行为)产生匹配效应,来源于同事的感知组织支持及潜规则激励与针对同事的个体行为(帮助行为)之间产生匹配效应。

(3)结合中国文化背景下组织内人际关系的特点,自己人感知对感知主管支持、主管激励与个体行为之间关系的调节作用。

图 5.1 绘制出所有假设关系,表示感知组织支持、组织激励对员工行为影响作用的理论模型。图 5.2 表示感知组织支持、组织激励对员工行为的直接影响作用,包括H1-1至 H1-14。图 5.3 表示自己人感知对感知组织支持、组织激励与员工行为之间关系产生的调节作用,包括 H1-15 至 H1-17。

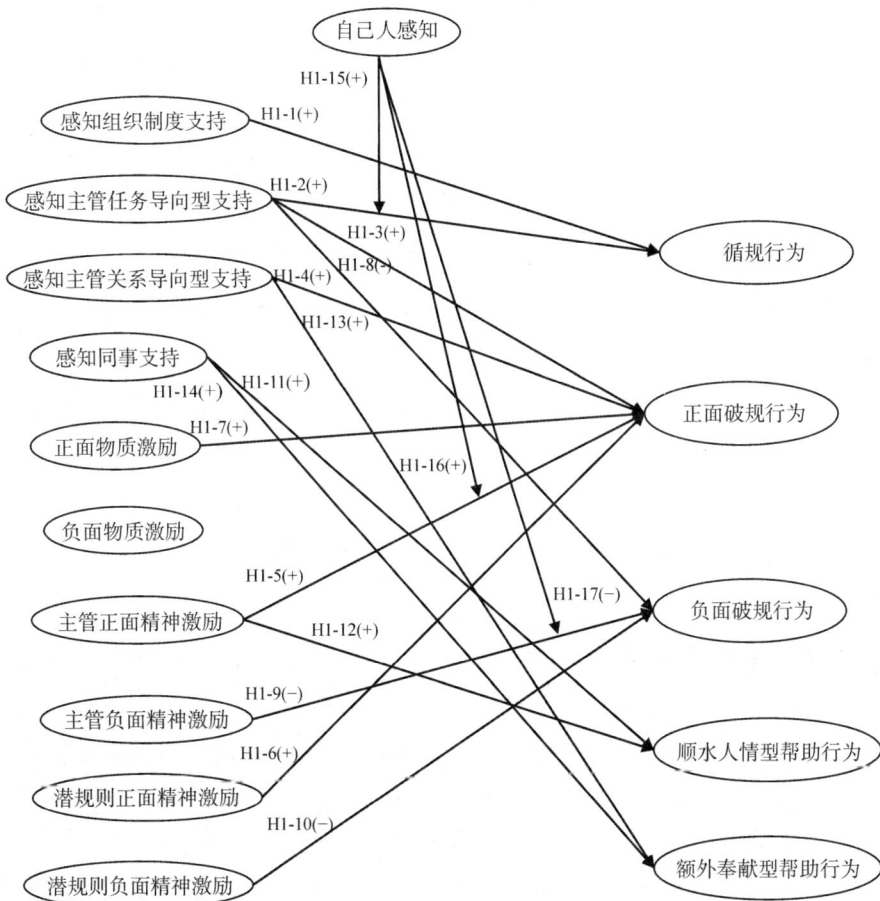

说明:＋表示正向影响/增强型调节作用　－表示负向影响削弱型调节作用

图 5.1　感知组织支持、组织激励对个体行为影响作用的整体模型

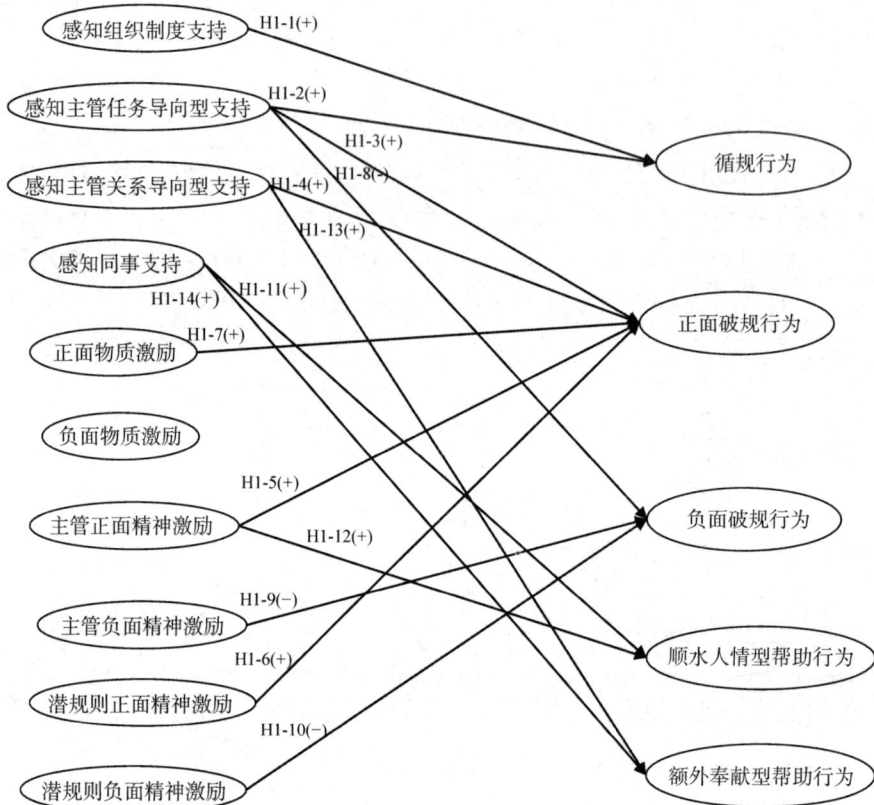

说明:＋表示正向影响　一表示负向影响

图 5.2　感知组织支持、组织激励对个体行为的直接影响作用

❋ 5.3　假设检验

　　为了检验研究一提出的各项假设,首先,笔者论述了选择多元线性回归分析方法作为假设检验方法的原因;其次,笔者对自变量与因变量之间的线性关系进行初始判断,完成方差齐性检验、残差独立性检验以及多重共线性检验,确保研究一的数据满足多元线性回归分析的前提条件;之后,笔者通过方差分析确认哪些变量是研究一的控制变量,对属分类变量的控制变量进行虚拟变量的转换,以便进行后继的实证分析,保证研究过程的科学性、严谨性以及研究结论的真实可信;最后,笔者应用多元线性回归分析方法,对研究一的各项假设进行了检验。

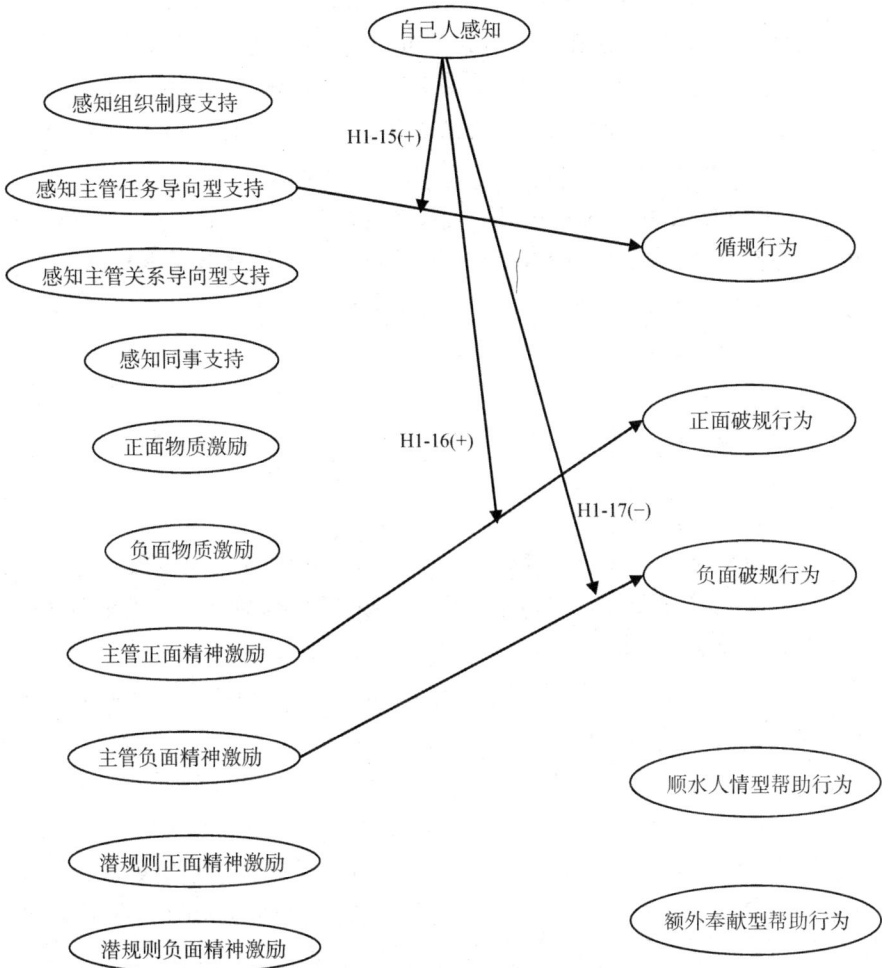

说明:＋表示增强型调节作用　－表示削弱型调节作用

图 5.3　自己人感知对感知组织支持、组织激励与个体行为之间关系的调节作用

5.3.1　检验方法选择

　　研究一提出的理论模型(见图 5.1)可采用多元线性回归分析和结构方程模型两种统计方法进行检验。多元线性回归分析一次能处理多个自变量与一个因变量之间的关系,结构方程模型可同时处理多个变量之间的关系(陈正昌,程炳林,陈新丰等,2005,P.327)。因此,越来越多的研究采用结构方程模型的方法来检验多个自变量与多个因变量之间的关系。需要说明的是,结构方程模型是一种大样本的统计分析技术,结构方程模型分析获得稳定结果的前提是充足的样本量(黄芳铭,2005;吴明隆,2009)。关于结构方程模型分析所需的样本量要求,学者们提出了经验法则(rule of thumb):每个观察变量(即测量条款)至少要有 10 个或 20 个样本(吴明隆,2009);有效样本量与观察变量的比值应大于某一数值(如 10)(侯杰泰,温忠麟和成子娟,2004),模型样本量与观察变量的比例至少为 10:1 至 15:1(Thompson,2000)①。样本量的不足会造成模型收敛失败,进而影响参数估计的准确性(侯杰泰,温忠麟和成子娟,2004;赵卓嘉,2009)。尽管学者们就结构方程模型分析所需样本量的最低要求各抒己见,尚无定论,但都强调了结构方程模型作为大样本分析的统计技术之一,分析所需的有效样本量与观察变量的比例最好超过 10。Boyle,Stankov & Cattell(1995)指出:"结构方程模型技术被过分强调了其作用价值,提出的结构模型的有效性是与数据量以及使用的样本直接关联,而竞争模型的检验会受到不充足的数据集(inadequate empirical data sets)的影响,……会引起由来已久的GIGO(garbage in-garbage out)问题"。与结构方程模型相比,多元线性回归分析对于所需样本量的要求相对较宽。研究一有效样本量与测量条款之间的比值小于 5。因此,为了确保获得稳定而可靠的研究结论,研究一应采用多元线性回归分析方法完成假设检验。

与研究一类似,同样关注于变量之间关系的直接影响作用以及调节作用的其他研究(e.g.,Farh,Early & Lin,1997;Robinson & O'Leary-Kelly,1998;Hui,Lee & Rousseau,2004)也采用了多元线性回归的统计分析方法。相比结构方程模型,多元线性回归分析较为容易地识别出变量的调节作用(贾跃千,2009),而调节作用是研究一的关注焦点之一。因此,结合现有样本量和以往研究的操作经验,笔者采用多元线性回归分析方法对研究一的各项假设进行检验。

5.3.2 检验方法的适用条件分析

研究一借鉴以往学者的研究思路(e.g.,马庆国,2002;张文彤,2004),遵循以下步骤为后继应用多元线性回归分析方法做好准备。首先,对自变量与因变量之间的线性关系进行初始判断,观察变量间趋势;然后,进行方差齐性检验、残差间独立性检验以及多重共线性检验,以确保数据满足多元线性回归分析的前提条件。

---

① 转引自吴明隆,2009,P.5。

(1)判断自变量与因变量之间的线性关系

研究一采用相关系数矩阵和散点图的方法观察变量之间的趋势。如果出现非线性的曲线趋势,则可尝试通过变量转换进行修正(张文彤,2004,P.92)。表 5.4 显示了 16 个变量之间的相关程度。在 120 个相关系数的结果中,除了14 个相关系数不显著外,其余变量之间相关系数均在 0.01 或 0.05 概率水平下显著,相关系数绝对值最大为 0.694($p<0.01$),最小为 0.105($p<0.05$),表明研究一中各变量之间具有一定的线性趋势。为了保证研究的科学性和严谨性,研究一在检验假设时,依然将没有相关性的变量纳入到分析中。此外,根据数据散点图可知:两个变量之间相关性越高,其散点图越能体现出线性趋势。图 5.4表示感知主管任务导向型支持与感知主管关系导向型支持之间关系的数据散点图。鉴于篇幅所限,其余变量之间的数据散点图不再列出。

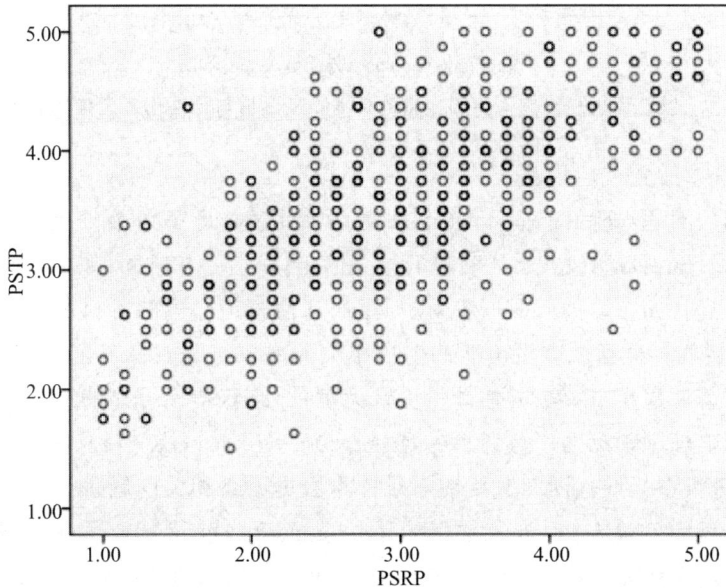

图 5.4 数据散点图(感知主管任务导向型支持与感知主管关系导向型支持)

(2)方差齐性检验

方差齐性是指残差不随所有变量取值水平的改变而改变,具体检验方法通过绘制标准化预测值与标准化残差值的散点图进行判断(张文彤,2004,P.106)。如果残差图存在明显的变化趋势,没有通过方差齐性检验,即出现异方差问题,会导致回归参数的估计值无偏因而影响研究结论(马庆国,2004,P.290-292)。以正面破规行为作为因变量绘制出的标准化预测值与标准化残差值的散点图(见图 5.5)没有发现明显的规律性。以其他因变量绘制出的标准化预测值与标准化残差值的散点图均通过方差齐性检验,由于篇幅所限,故不再逐一列出。因此,研究一样本数据视为通过方差齐性检验。

Scatterplot
Dependent Variable:RB1

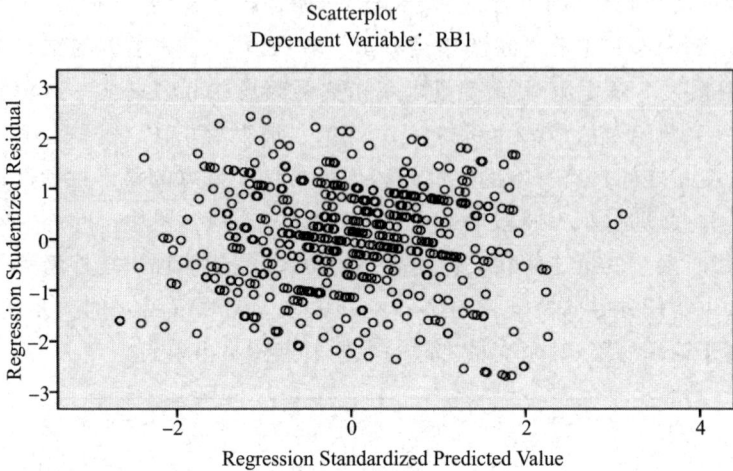

图5.5　以正面破规行为作为因变量的标准化预测值与标准化残差值的散点图

(3)残差间独立性检验

自相关问题(即残差间不相互独立)通常与时间序列数据有关,但根据Kendall & Buckland(1971,P.8)对自相关的定义——"在时间(如在时间序列数据中)或空间(如在横截面数据中)按顺序所列观察值序列的各成员之间存在着相关"[①],说明横截面数据也可能产生自相关问题(古亚拉提,2000)。自相关问题会造成普通最小二乘法的估计量不是无偏估计,获得不可靠的 t 检验和 F 检验进而影响模型预测的严重后果(马庆国,2002,P.294;古亚拉提,2000,P.247)。因此,在进行多元线性回归分析前需对样本数据的自相关问题进行检验。对于自相关问题的检验方法,最为常用的是杜宾-沃森(Durbin-Watson)检验(简称DW 检验),判断标准是:Durbin-Watson 统计量 d 的取值范围介于 0 与 4 之间,如果 d 值接近于 0,则表明存在正的自相关;如果 d 值接近于 4,则表明存在负的自相关;如果 d 值接近于 2,则倾向于残差间相互独立,即无自相关问题(马庆国,2002;张文彤,2004)。

以循规行为、正面破规行为、负面破规行为、顺水人情型帮助行为和额外奉献型帮助行为分别作为因变量,将所有自变量和人口统计特征都放入到回归方程中,计算出 DW 统计量 d 值分别为 2.062、1.927、1.732、1.915 和 1.852,都接近

---

　① 转引自古亚拉提,2000,P.244。

于 2,说明研究一的样本数据无自相关问题,满足进行多元线性回归分析的前提条件。

(4)多重共线性检验

多重共线性(multicollinearity)是指自变量之间存在较高程度的线性相关关系。若存在多重共线性,则自变量的偏回归系数会出现无穷多个解或无解的情况,一旦不能获得所有参数的唯一估计值,那么也不能根据该样本进行假设检验而做出任何统计推论(张文彤,2004,P.113;古亚拉提,2000,P.202;荣泰生,2005,P.467;Kleinbaum,Kupper,Muller et al.,2006,P.237)。多重共线性通过强制进入法(Enter)进行检验,将所有自变量放入回归方程中,根据 SPSS 输出结果中各变量的容忍度(Tolerance)和方差膨胀因子(Variance inflation factor,VIF)这两个指标来判定多重共线性的严重程度。判定的标准是:容忍度越小,说明多重共线性越严重。若容忍度小于 0.1 时,说明存在严重的多重共线性。方差膨胀因子是容忍度的倒数,一般认为 VIF 应不大于 5,也可放宽至不大于10(张文彤,2004,P.113-114;马庆国,2002,P.289)。当检验结果出现较为严重的多重共线性问题时,应采用后向逐步回归法(Backward),先逐步剔除不重要的解释变量,再次进行多重共线性检验,直至此模型中的 VIF 和容忍度达到"VIF值都小于 10,容忍度都大于 0.1"的要求(马庆国,2002,P.298;钱源源,2010)。

依照以上步骤,笔者将全部解释变量放入到以循规行为作为因变量的回归模型中,发现"感知主管任务导向型支持×自己人感知"的容忍度为 4.64E−5,VIF 值为 21548(如表 5.6 所示),说明研究一的回归模型存在较为严重的多重共线性问题,剔除该变量后回归模型剩余变量的 VIF 和容忍度均达到要求。因此,在以个体层次行为作为因变量构建回归模型时剔除了"感知主管任务导向型支持×自己人感知",各模型的多重共线性检验情况在回归分析结果中分别进行汇报。

表 5.6　研究一的多重共线性诊断

变　　量	模型一		模型二	
	容忍度	VIF	容忍度	VIF
(常量)				
性别	.927	1.079	.927	1.079
年龄	.958	1.044	.958	1.044
感知组织制度支持	.572	1.748	.572	1.748
感知主管任务导向型支持	.371	2.698	.371	2.698

续表

变　　量	模型一		模型二	
	容忍度	VIF	容忍度	VIF
感知主管关系导向型支持	.364	2.744	.364	2.744
感知同事支持	.477	2.095	.477	2.095
正面物质激励	.373	2.683	.373	2.683
负面物质激励	.385	2.600	.385	2.600
主管正面精神激励	.399	2.507	.399	2.507
主管负面精神激励	.591	1.692	.591	1.692
潜规则正面精神激励	.510	1.961	.510	1.961
潜规则负面精神激励	.394	2.539	.394	2.539
自己人感知	.619	1.616	.619	1.616
感知组织制度支持×自己人感知	.651	1.536	.651	1.536
感知主管任务导向型支持×自己人感知	.444	2.254	.444	2.254
感知主管关系导向型支持×自己人感知	$4.641E-5$	21548.165	—	—
感知同事支持×自己人感知	.466	2.148	.466	2.148
正面物质激励×自己人感知	.364	2.744	.364	2.744
负面物质激励×自己人感知	.406	2.460	.406	2.460
主管正面精神激励×自己人感知	.342	2.925	.342	2.925
主管负面精神激励×自己人感知	.621	1.609	.621	1.609
潜规则正面精神激励×自己人感知	.431	2.319	.431	2.319
潜规则负面精神激励×自己人感知	.381	2.625	.381	2.625

因变量:循规行为

5.3.3　控制变量分析与确认

控制变量是除自变量以外对因变量产生影响的要素。如果不对此类变量加以控制,自变量与因变量之间的关系将会受到影响(Pedhazur & Schmelkin,1991,P.211-212;钱源源,2010)。对于人口统计特征等分类变量在统计学上意义的判断,应遵循以下原则:首先通过总体检验结果,对分类变量从总体上对因变量有无影响做出判断。如果没有影响,则所有分类变量不再纳入后继分析;

当出现总体检验有差异,而个别变量无统计学意义时,由于总体检验比分项检验更具有权威性,在原则上应将所有分类变量都纳入到模型中,以确保分类变量所代表含义的正确性(张文彤,2004,P.173)。

笔者对研究一所涉及的性别、年龄、教育程度对团队成员行为的影响分别进行分析,以判断这三个人口统计变量是否是研究一的控制变量。具体分析方法如下:二分变量的性别采用独立样本 T 检验的方法,多分类变量的年龄和教育程度采用单因素方差分析的方法。方差分析结果的判断标准是:方差齐性时,方差分析根据 LSD 的两两 t 检验结果判断均值是否存在差异;方差非齐性时,方差分析根据 Tamhane 的两两 t 检验结果判断均值是否存在差异(马庆国,2002,P.216)。如果某个人口统计特征是研究一的控制变量,那么该变量将在回归分析中做进一步处理。对于不是控制变量的人口统计特征,不纳入研究一的后继分析。

(1)性别对团队成员行为的影响分析

研究一采用独立样本 T 检验分析方法来判断不同性别在团队成员各行为上是否存在显著差异。性别对团队成员各行为的影响作用分析结果如表 5.7 所示:在置信度为 95% 的水平下,性别不同,团队成员的循规行为、正面破规行为、负面破规行为、顺水人情型帮助行为和额外奉献型帮助行为均没有显著差异。由于不能排除在同时考虑性别与感知组织支持、组织激励等因素时,性别对团队成员各行为产生影响的可能性,而且以往研究发现了性别对于员工行为的影响作用,如性别对组织公平与组织公民行为之间的关系强度具有调节作用:在男性组样本里,两者关系强度更大(Farh,Earley & Lin,1997)。因此,为了使研究过程更为严谨科学,研究结论更为真实可信,笔者在分析团队成员各行为的影响因素时将性别作为控制变量纳入回归方程[①]。

表 5.7　性别对团队成员各行为的影响作用分析结果

因变量	方差齐性检验		均值差异检验	
	显著性概率	是否齐性	显著性概率	是否显著
循规行为	.133	是	.068	否
正面破规行为	.976	是	.903	否
负面破规行为	.134	是	.220	否
顺水人情型帮助行为	.736	是	.814	否
额外奉献型帮助行为	.971	是	.287	否

① 关于控制变量的分析过程借鉴了钱源源(2010)研究的分析思路。

(2)年龄对团队成员行为的影响分析

年龄对团队成员各行为的影响作用分析结果如表 5.8 所示：在置信度为 95％的水平下，团队成员年龄不同，其循规行为、正面破规行为、负面破规行为、顺水人情帮助行为均没有显著差异，而在额外奉献行为上则存在显著差异。

由于不同年龄团队成员在额外奉献型帮助行为上表现出显著差异，需进一步分析究竟是哪几个年龄组的额外奉献型帮助行为有显著差异。单因素方差分析结果如表 5.9 所示[①]：在置信度为 95％的水平下，处于 36～40 岁之间的团队成员，表现出的额外奉献帮助行为显著高于 26～30 岁以及 31～35 岁之间的团队成员。因此，在分析感知组织支持、组织激励对团队成员各行为的影响时，笔者将年龄作为研究的控制变量，与感知组织支持、组织激励一起放入回归方程进行分析。

表 5.8　年龄对团队成员各行为的影响作用分析结果

因变量	方差齐性检验		均值差异检验	
	显著性概率	是否齐性	显著性概率	是否显著
循规行为	.111	是	.126	否
正面破规行为	.319	是	.902	否
负面破规行为	.551	是	.833	否
顺水人情型帮助行为	.821	是	.066	否
额外奉献帮助行为	.479	是	.029	是

表 5.9　年龄对团队成员行为影响的两两比较结果

因变量	分析方法	I	J	均值差 I—J	标准误	显著性概率
额外奉献	LSD	26～30 岁	36～40 岁	−.39175*	.14177	.006
帮助行为		31～35 岁	36～40 岁	−.30119*	.15272	.049

注：* 表示 $p < 0.05$。

(3)教育程度对团队成员行为的影响分析

教育程度对团队成员各行为的影响作用分析结果如表 5.10 所示：在置信度为 95％的水平下，教育程度不同，团队成员的循规行为、正面破规行为、负面破规行为、顺水人情帮助行为以及额外奉献行为均无显著差异。以往研究也没有发现教育程度对员工行为的影响，说明教育程度不是研究一的控制变量。

---

① 由于两两比较结果较多，研究一仅列出分组对比检验中有显著差异的两组比较结果。

表 5.10 教育程度对团队成员行为的影响作用分析结果

因变量	方差齐性检验		均值差异检验	
	显著性概率	是否齐性	显著性概率	是否显著
循规行为	.176	是	.095	否
正面破规行为	.644	是	.766	否
负面破规行为	.763	是	.294	否
顺水人情帮助行为	.009	否	.088	否
额外奉献帮助行为	.003	否	.562	否

综合以上分析结果,研究一将性别和年龄作为控制变量,与自变量共同代入回归方程进行检验。

(4)类别变量转换为虚拟变量

当研究中包含分类变量时,即使是有序分类变量,各类别之间的差距也是无法准确衡量的,按照编码数值来分析实际上是强行规定为等距,这种做法可能引入更大的误差(张文彤,2004,P.171)。应将原始的多分类变量转换为虚拟变量(罗胜强和姜嬿,2008b;张文彤,2004,P.171)。因此,研究一所涉及的控制变量(年龄、性别)都是分类变量,在进行后继分析前应先将分类变量转换为虚拟变量。

虚拟变量,又称哑变量(dummy variables),其数目等于分类变量的水平个数减1(罗胜强和姜嬿,2008b)。利用 SPSS 软件可将分类变量转化为虚拟变量。需要说明的是,有序类别变量如果能从具体内容含义上说明不同等级对反应变量的影响程度是一致的(如文化程度),则可将该变量视为连续型变量进行处理(张文彤,2004,P.175)。

根据以上观点,研究一对于控制变量的处理采取以下方式:由于年龄分为五组,以 5 年作为年龄分段的时间标准,五组依次呈现出递增趋势,因此将年龄视作连续变量处理。性别分为两类,以一个虚拟变量的方式(1=男性,0=女性)引入方程。

5.3.4 多元线性回归检验模型

在完成了回归分析的各项前提条件检验后,研究一采用强制进入法将所有变量分三步纳入到回归模型中:第一步,将控制变量和因变量放入方程;第二步,将自变量及调节变量放入方程,通过 F 检验判断回归模型整体是否有效,根据判定系数 R^2 对回归模型的整体效果进行评价;当整个回归模型具有统计学意义后,利用 t 检验判断具体某个自变量与因变量之间是否存在线性关系,通过比较标准化偏回归系数来判断多个自变量对因变量解释贡献的大小(张文彤,2004,P.95-97;Hui,Lee & Rousseau,2004)。以上两个步骤完成了直接影响作用的假设检验。调节作用检验需要对原始数据稍作处理,将连续变量进行中心化,以减小回归方程中变量之间的多重共线性问题(Robinson & O'Leary-Kelly,1998;Hui,Lee & Rousseau,2004)。在前两步骤的基础上,第三步将自变量与调节变量的中心化后的乘积项继续放入方程,根据增量效应 ΔR^2 是否显著来判定调节作用是否存在;若调节作用存在,则进一步分析该调节作用是增强型还是削弱型的影响效果(Farh,Early & Lin,1997;罗胜强和姜嬿,2008b)。

研究一的因变量分别为循规行为、正面破规行为、负面破规行为、顺水人情型帮助行为和额外奉献型帮助行为。因此,分别构建 5 个多元线性回归方程。方程如下:

$$Y_{1i} = \beta_{0i} + \beta_{1i}X_1 + \beta_{2i}X_2 + \beta_{3i}X_3 + \beta_{4i}X_4 + \beta_{5i}X_5 + \beta_{6i}X_6 + \beta_{7i}X_7 + \beta_{8i}X_8 + \beta_{9i}X_9$$
$$+ \beta_{10i}X_{10} + \beta_{11i}X_{11} + \beta_{12i}X_{12} + \beta_{13i}Z + \beta_{14i}X_3Z + \beta_{15i}X_4Z + \beta_{16i}X_5Z$$
$$+ \beta_{17i}X_6Z + \beta_{18i}X_7Z + \beta_{19i}X_8Z + \beta_{20i}X_9Z + \beta_{21i}X_{10}Z + \beta_{22i}X_{11}Z + \varepsilon_{1i}$$

(公式 5.1)

$i=1,\cdots,5$,Y_{11} 至 Y_{15} 分别表示循规行为、正面破规行为、负面破规行为、顺水人情型帮助行为和额外奉献型帮助行为;X_1 表示性别,X_2 表示年龄,X_3 表示感知组织制度支持,X_4 表示感知主管任务导向型支持,X_5 表示感知主管关系导向型支持,X_6 表示感知同事支持,X_7 表示正面物质激励,X_8 表示负面物质激励,X_9 表示主管正面精神激励,X_{10} 表示主管负面精神激励,X_{11} 表示潜规则正面精神激励,X_{12} 表示潜规则负面精神激励,Z 表示自己人感知;β_0 代表常数项,β_1 至 β_{13} 分别表示各自变量对 Y_{1i} 的主效应,β_{14} 至 β_{22} 分别表示各自变量与调节变量乘积项对因变量的调节效应,ε_{1i} 表示误差项。

5.3.5 感知组织支持、组织激励与循规行为之间关系的假设检验

以循规行为作为因变量的多元线性回归分析结果如表 5.11 所示,采用强制进入法分三步构建出模型一、模型二和模型三的多元线性回归方程。模型一仅考虑了控制变量的作用。由结果可知,性别对循规行为没有显著影响($\beta=-0.080$,n.s.[①])。年龄对循规行为也没有显著影响($\beta=0.035$,n.s.)。模型二的分析结果表明:感知组织支持、组织激励对循规行为的主效应显著($F=18.299$,$p<0.001$)。感知主管任务导向型支持对循规行为有显著的正向影响($\beta=$

---

① n.s.＝not significant,表示"不显著"

0.275，$p<0.001$)。感知同事支持对循规行为有显著的正向影响($\beta=0.208$，$p<$
0.001)。自己人感知对循规行为有显著的正向影响($\beta=0.249$，$p<0.001$)。模
型三将控制变量、自变量和调节变量、自变量和调节变量中心化后的乘积项同
时纳入到方程中计算得出 $R^2=0.367$，说明包含控制变量、自变量、调节变量和
自变量与调节变量的乘积项在内的 22 个变量共解释了循规行为的 36.7％ 的变
化。考虑了调节效应后，构建的模型三对循规行为的解释力显著提高了 4.5％
($\Delta F=3.877$，$p<0.001$)，说明存在显著的调节效应。

表 5.11　感知组织支持、组织激励对循规行为的回归分析结果

变　　量	模型一	模型二	模型三
性别	−.080	−.011	−.006
年龄	.035	.050	.046
感知组织制度支持		.013	−.015
感知主管任务导向型支持		.275***	.277***
感知主管关系导向型支持		−.050	−.033
感知同事支持		.208***	.188***
正面物质激励		−.070	−.085
负面物质激励		−.004	−.055
主管正面精神激励		.019	.029
主管负面精神激励		.063	.096*
潜规则正面精神激励		.014	.001
潜规则负面精神激励		−.067	−.024
自己人感知		.249***	.247***
感知组织制度支持×自己人感知			.057
感知主管任务导向型支持×自己人感知			.129*
感知同事支持×自己人感知			−.081
正面物质激励×自己人感知			.121*
负面物质激励×自己人感知			.129*
主管正面精神激励×自己人感知			−.061
主管负面精神激励×自己人感知			−.159**
潜规则正面精神激励×自己人感知			.007
潜规则负面精神激励×自己人感知			−.073
R^2	0.008	0.322	0.367
ΔR^2	0.008	0.314	0.045
F	1.989	18.299***	12.958***
ΔF	1.989	21.108***	3.877***

注：* 表示 $p<0.05$，** 表示 $p<0.01$，*** 表示 $p<0.001$。

对模型三的具体解释说明如下:(1)整体模型考虑调节效应后,感知主管任务导向型支持对循规行为的影响关系强度增大,标准化偏回归系数由 0.275 提高到 0.277($p<0.001$)。"感知主管任务导向型支持 * 自己人感知"对循规行为具有显著的正向影响($\beta=0.129,p<0.001$)。主效应系数的符号与调节效应系数的符号方向相同(均为正),说明自己人感知对感知主管任务导向型支持和循规行为之间的关系有显著的**增强型调节作用**,即自己人感知程度越高,感知主管任务导向型支持对循规行为影响关系越强。(2)整体模型考虑调节效应后,感知同事支持对循规行为的影响关系强度减小,标准化偏回归系数由 0.208 降低到 0.188($p<0.001$)。(3)整体模型考虑调节效应后,主管负面精神激励对循规行为的影响由不显著($\beta=0.063,n.s.$)变为具有显著正向影响($\beta=0.096,p<0.05$)。"主管负面精神激励×自己人感知"对循规行为具有显著的负向影响($\beta=-0.159,p<0.01$)。主效应影响关系的符号(+)与调节效应影响关系的符号(-)相反,说明自己人感知对主管负面精神激励与循规行为之间的关系具有显著的**削弱型调节作用**,即自己人感知程度越高,主管负面精神激励与循规行为之间的影响关系越弱。(4)整体模型考虑调节效应后,正面物质激励对循规行为负向的影响作用关系的标准化偏回归系数由 -0.070 变为 -0.085($n.s.$)。"正面物质激励×自己人感知"对循规行为具有显著的正向影响($\beta=0.121,p<0.05$)。主效应系数的符号与调节效应系数的符号方向相反,说明自己人感知对正面物质激励与循规行为之间具有显著的**削弱型调节作用**,而正面物质激励对循规行为的主效应并不显著。此种情况可以从理论构思和统计分析两方面进行解释:整体模型无论是否考虑调节效应,自己人感知对循规行为均具有显著的正向影响作用增强(模型二:$\beta=0.249$,$p<0.001$;模型三:$\beta=0.247,p<0.001$)。从理论上来看,主效应的标准化偏回归系数为负,说明正面物质激励越多,团队成员的循规行为越少,即当团队采用金钱或其他物质条件作为诱饵要求团队成员遵守团队现有规则制度及惯例做法,可能引起团队成员的反感和不满进而减少团队期望的循规行为。自己人感知程度越高,即意味着团队成员在团队内产生的归属感和认同感越强,可能会缓解团队成员由于受到外界正面物质刺激带来的抵触情绪,削弱正面物质激励对循规行为的负向影响效果。由于调节效应是交互作用的特例,换另一个角度来思考,将自己人感知作为自变量,而正面物质激励作为调节变量。那么,两者乘积项对因变量的影响关系显著,说明正面物质激励程度越高,自己人感知对循规行为的影响关系越弱。此外,从统计分析来看,自变量与调节变量之间乘积项对因变量的影响关系显著,只能说明自变量对因变量的主效应会随着调节变量的取值而发生

变化。这种变化有以下几种情形:a.无论是否考虑调节效应时,主效应都显著,调节效应使得主效应反映出的变量之间影响关系的强度发生变化(如本例中感知主管任务导向型支持对循规行为的影响分析)。b.调节效应使得主效应影响关系的显著性发生变化(由不显著变为显著)(如本例中主管负面精神激励对循规行为的影响分析)。c.无论是否考虑调节效应,主效应都不显著,仅有调节效应显著。此种情况说明:并不能保证在调节变量上所有取值,自变量对因变量的所有主效应都是显著的,但至少某一点上的取值使得自变量对因变量的主效应是显著的,否则调节效应不可能显著。本例中正面物质激励对循规行为的影响分析即为此种情况。(5)整体模型考虑调节效应后,负面物质激励对循规行为的负向影响作用关系的标准化偏回归系数由 -0.004 变为 -0.055(n.s.)。"负面物质激励×自己人感知"对循规行为具有显著的正向影响($\beta=0.129$,$p<0.05$)。主效应系数的符号与调节效应系数的符号方向相反,说明自己人感知对正面物质激励与循规行为之间具有显著的**削弱型调节作用**。而负面物质激励对循规行为的主效应并不显著,对于此种情况的解释可参考上例"正面物质激励×自己人感知"对循规行为具有显著影响,而主效应并不显著的结论。(6)由标准化偏回归系数可知,对循规行为的解释贡献由大到小依次为:感知主管任务导向型支持、自己人感知和感知同事支持。

根据回归分析结果,以循规行为作为因变量的回归方程如下:

循规行为 $=-0.006\times$性别$+0.046\times$年龄$-0.015\times$感知组织制度支持$+$
$0.277\times$感知主管任务导向型支持$-0.033\times$感知主管关系导向型支持$+$
$0.188\times$感知同事支持$-0.085\times$正面物质激励$-0.055\times$负面物质激励$+$
$0.029\times$主管正面精神激励$+0.096\times$主管负面精神激励$+$
$0.001\times$潜规则正面精神激励$-0.024\times$潜规则负面精神激励$+$
$0.247\times$自己人感知$+0.057\times$"感知组织制度支持×自己人感知"$+$
$0.129\times$"感知主管任务导向型支持×自己人感知"$-$
$0.081\times$"感知同事支持×自己人感知"$+0.121\times$"正面物质激励×自己人感知"$+0.129\times$"负面物质激励×自己人感知"$-0.061\times$"主管正面精神激励×自己人感知"$+0.007\times$"潜规则正面精神激励×自己人感知"$-0.073\times$"潜规则负面精神激励×自己人感知"

5.3.6 感知组织支持、组织激励与正面破规行为之间关系的假设检验

以正面破规行为作为因变量的多元线性回归分析结果如表 5.12 所示,利用强制进入法分三步构建出三个多元线性回归方程。由模型一结果可知:性别和

年龄这两个控制变量对正面破规行为没有显著的影响关系。模型二分析结果表明感知组织支持、组织激励对正面破规行为的主效应显著（$F=2.893$，$p<0.001$）。感知主管任务导向型支持对正面破规行为有显著的负向影响（$\beta=-0.204$，$p<0.01$）。感知主管关系导向型支持对正面破规行为有显著的正向影响（$\beta=0.180$，$p<0.01$）。模型三将控制变量、自变量和调节变量以及自变量和调节变量中心化后的乘积项同时纳入到方程中计算得出 $R^2=0.108$，说明包含控制变量、自变量、调节变量和自变量与调节变量的乘积项在内的 22 个变量共解释了正面破规行为的 10.8% 的变化。考虑了调节效应后，模型三对正面破规行为的解释力显著提高了 3.8%（$\Delta F=2.354$，$p<0.05$），说明存在显著的调节效应。

表 5.12　感知组织支持、组织激励对正面破规行为的回归分析结果

变　　量	模型一	模型二	模型三
性别	−.005	−.028	−.038
年龄	−.025	−.005	−.013
感知组织制度支持		.068	.077
感知主管任务导向型支持		−.204**	−.217**
感知主管关系导向型支持		.180*	.198**
感知同事支持		.007	.001
正面物质激励		−.030	−.020
负面物质激励		.031	.029
主管正面精神激励		.009	.010
主管负面精神激励		.100	.091
潜规则正面精神激励		.064	.072
潜规则负面精神激励		.032	.023
自己人感知		.046	.039
感知组织制度支持×自己人感知			−.129*
感知主管任务导向型支持×自己人感知			−.065
感知同事支持×自己人感知			−.038
正面物质激励×自己人感知			−.014
负面物质激励×自己人感知			.092
主管正面精神激励×自己人感知			−.060
主管负面精神激励×自己人感知			.020
潜规则正面精神激励×自己人感知			.129*
潜规则负面精神激励×自己人感知			−.043
R^2	0.001	0.070	0.108
ΔR^2	0.001	0.069	0.038
F	0.170	2.893***	2.714***
ΔF	0.170	3.386***	2.354*

注：* 表示 $p<0.05$，** 表示 $p<0.01$，*** 表示 $p<0.001$。

对模型三的具体解释说明如下:(1)整体模型考虑调节效应后,感知主管任务导向型支持对正面破规行为的影响关系强度增大,标准化偏回归系数由 -0.204 变为 $-0.217(p<0.01)$。感知主管关系导向型支持对正面破规行为的影响关系强度增大,标准化偏回归系数由 0.180 变为 $0.198(p<0.001)$。(2)"感知组织制度支持×自己人感知"对正面破规行为具有显著的负向影响($\beta=-0.129,p<0.05$)。感知组织制度支持对正面破规行为具有正向影响作用($\beta=0.077$,n.s.)。主效应系数的符号与调节效应系数的符号相反,说明自己人感知对感知组织制度支持和正面破规行为之间的关系有显著的**削弱型调节作用**,即自己人感知程度越高,感知组织制度支持对正面破规行为的影响关系越弱。主效应不显著而调节效应显著说明至少自己人感知在某一点取值时,感知组织制度支持对正面破规行为的主效应是显著的。(3)整体模型考虑调节效应后,"潜规则正面精神激励×自己人感知"对正面破规行为具有显著的正向影响($\beta=0.129,p<0.05$)。潜规则正面精神激励对正面破规行为具有正向影响作用($\beta=0.072$,n.s.)。两者系数符号相同(均为正),说明自己人感知对感知组织制度支持和正面破规行为之间的关系有显著的**增强型调节作用**,即自己人感知程度越高,感知组织制度支持对正面破规行为的影响关系越强。主效应不显著而调节效应显著说明至少自己人感知在某一点取值时,潜规则正面精神激励对正面破规行为的主效应是显著的,否则调节效应不可能显著。(4)根据标准化偏回归系数可知,与感知主管关系导向型支持相比,感知主管任务导向型支持对正面破规行为的解释力的贡献更大。

根据回归分析结果,以正面破规行为作为因变量的回归方程如下:

正面破规行为 $=-0.038×$ 性别 $-0.013×$ 年龄 $+0.077×$ 感知组织制度支持 $-0.217×$ 感知主管任务导向型支持 $+0.198×$ 感知主管关系导向型支持 $+0.001×$ 感知同事支持 $-0.038×$ "感知同事支持×自己人感知" $-0.020×$ 正面物质激励 $-0.014×$ "正面物质激励×自己人感知" $+0.029×$ 负面物质激励 $+0.092×$ "负面物质激励×自己人感知" $+0.010×$ 主管正面精神激励 $+0.091×$ 主管负面精神激励 $+0.072×$ 潜规则正面精神激励 $+0.023×$ 潜规则负面精神激励 $+0.039×$ 自己人感知 $-0.129×$ "感知组织制度支持×自己人感知" $-0.065×$ "感知主管任务导向型支持×自己人感知" $-0.060×$ "主管正面精神激励×自己人感知" $+0.020×$ "主管负面精神激励×自己人感知" $+0.129×$ "潜规则正面精神激励×自己人感知" $-0.043×$ "潜规则负面精神激励×自己人感知"

5.3.7 感知组织支持、组织激励与负面破规行为之间关系的假设检验

以负面破规行为作为因变量的多元线性回归分析结果如表 5.13 所示,利用强制进入法分三步构建出三个多元线性回归方程。模型一分析结果表明性别和年龄这两个控制变量对负面破规行为没有显著的影响关系。模型二分析结果表明感知组织支持、组织激励对负面破规行为的主效应显著($F=10.650, p<0.001$)。感知主管任务导向型支持对负面破规行为有显著的负向影响($\beta=-0.147, p<0.05$)。感知同事支持对负面破规行为有显著的负向影响($\beta=-0.186, p<0.01$)。主管负面精神激励对负面破规行为有显著的正向影响($\beta=0.165, p<0.01$)。潜规则负面精神激励对负面破规行为有显著的正向影响($\beta=0.203, p<0.01$)。自己人感知对负面破规行为有显著的负向影响($\beta=-0.124, p<0.05$)。模型三将控制变量、自变量和调节变量以及自变量和调节变量中心化后的乘积项同时纳入到方程中计算,得出 $R^2=0.274$,说明包含控制变量、自变量、调节变量和自变量与调节变量的乘积项在内的 22 个变量共解释了负面破规行为的 27.4% 的变化。考虑了调节效应后,模型三对负面破规行为的解释力显著提高了 5.7%($\Delta F=4.292, p<0.001$),说明存在显著的调节效应。

对模型三的具体解释说明如下:(1)整体模型考虑调节效应后,感知组织制度支持对负面破规行为的影响由不显著($\beta=0.098,$ n.s.)变为显著的正向影响($\beta=0.111, p<0.05$)。感知主管任务导向型支持对负面破规行为的影响关系强度增大,标准化偏回归系数由 0.05 概率水平下的 -0.147 变为 0.01 概率水平下的 -0.180。感知同事支持对负面破规行为的影响关系强度减小,标准化偏回归系数由 -0.186 变为 -0.171($p<0.01$)。正面物质激励对负面破规行为的影响由不显著($\beta=0.104,$ n.s.)变为显著的正向影响($\beta=0.146, p<0.05$)。主管负面精神激励对负面破规行为的影响关系强度增大,标准化偏回归系数由 0.165 变为 0.173($p<0.01$)。潜规则负面精神激励对负面破规行为的影响关系强度增大,标准化偏回归系数由 0.203 变为 0.217($p<0.01$)。自己人感知对负面破规行为的影响关系强度增大,标准化偏回归系数由 0.05 概率水平下的 -0.124 变为 0.01 概率水平下的 -0.130。(2)整体模型考虑调节效应后,"主管负面精神激励×自己人感知"对负面破规行为有显著的负向影响($\beta=-0.116, p<0.05$)。主管负面精神激励对负面破规行为具有显著的正向影响($\beta=0.173, p<0.01$)。主效应系数的符号与调节效应系数的符号相反,说明自己人感知对主管负面精神激励与负面破规行为之间的关系有显著的削弱型调节作用,即自己人感知程

度越高,主管负面精神激励对负面破规行为的影响关系越弱。(3)根据标准化偏回归系数可知,对负面破规行为的解释贡献由大到小依次为:潜规则负面精神激励、感知主管任务导向型支持、主管负面精神激励、感知同事支持、正面物质激励、自己人感知和感知组织制度支持。

表 5.13　感知组织支持、组织激励对负面破规行为的回归分析结果

变　　量	模型一	模型二	模型三
性别	.054	.001	.005
年龄	−.021	−.016	−.014
感知组织制度支持		.098	.111
感知主管任务导向型支持		−.147*	−.180**
感知主管关系导向型支持		.018	.035
感知同事支持		−.186**	−.171**
正面物质激励		.104	.146*
负面物质激励		−.007	−.029
主管正面精神激励		−.091	−.111
主管负面精神激励		.165**	.173**
潜规则正面精神激励		−.042	−.041
潜规则负面精神激励		.203**	.217***
自己人感知		−.124*	−.130**
感知组织制度支持×自己人感知			−.059
感知主管任务导向型支持×自己人感知			−.077
感知同事支持×自己人感知			−.076
正面物质激励×自己人感知			−.071
负面物质激励×自己人感知			.100
主管正面精神激励×自己人感知			−.042
主管负面精神激励×自己人感知			−.116*
潜规则正面精神激励×自己人感知			.058
潜规则负面精神激励×自己人感知			−.035
R^2	0.003	0.217	0.274
ΔR^2	0.003	0.213	0.057
F	0.864	10.650***	8.421***
ΔF	0.864	12.391***	4.292***

注:* 表示 $p < 0.05$,** 表示 $p < 0.01$,*** 表示 $p < 0.001$。

根据回归分析结果,以负面破规行为作为因变量的回归方程如下:
负面破规行为=0.005×性别−0.014×年龄+0.111×感知组织制度支持−

0.180×感知主管任务导向型支持＋0.035×感知主管关系导向型支持－0.171×感知同事支持－0.076×"感知同事支持×自己人感知"＋0.146×正面物质激励－0.071×"正面物质激励×自己人感知"－0.029×负面物质激励－0.111×主管正面精神激励＋0.173×主管负面精神激励－0.041×潜规则正面精神激励＋0.217×潜规则负面精神激励－0.130×自己人感知－0.059×"感知组织制度支持×自己人感知"－0.077×"感知主管任务导向型支持×自己人感知"＋0.100×"负面物质激励×自己人感知"－0.042×"主管正面精神激励×自己人感知"－0.116×"主管负面精神激励×自己人感知"＋0.058×"潜规则正面精神激励×自己人感知"－0.035×"潜规则负面精神激励×自己人感知"

5.3.8 感知组织支持、组织激励与顺水人情型帮助行为之间关系的假设检验

以顺水人情型帮助行为作为因变量的多元线性回归分析结果如表5.14所示,采用强制进入法分三步构建出三个多元线性回归方程。从模型一的分析结果可知,性别和年龄这两个控制变量对顺水人情型帮助行为的影响均没有显著影响。模型二分析结果表明感知组织支持、组织激励对顺水人情型帮助行为的主效应显著($F=26.172,p<0.001$)。感知同事支持对顺水人情型帮助行为有显著的正向影响($\beta=0.399,p<0.001$)。主管正面精神激励对顺水人情型帮助行为有显著的正向影响($\beta=0.244,p<0.001$)。潜规则正面精神激励对顺水人情型帮助行为有显著的负向影响($\beta=-0.131,p<0.01$)。自己人感知对顺水人情型帮助行为有显著的正向影响($\beta=0.242,p<0.001$)。模型三将控制变量、自变量和调节变量以及自变量和调节变量中心化后的乘积项同时纳入到方程中计算得出$R^2=0.427$,说明包含控制变量、自变量、调节变量和自变量与调节变量的乘积项在内的22个变量共解释了顺水人情型帮助行为的42.7%的变化。考虑了调节效应后,模型三对顺水人情型帮助行为的解释力显著提高了2.3%($\Delta F=2.196,p<0.05$),说明存在显著的调节效应,但较为微弱。

对模型三的具体解释说明如下:(1)整体模型考虑调节效应后,感知同事支持对顺水人情型帮助行为的影响关系强度减小,标准化偏回归系数由0.399变为0.376($p<0.001$)。主管正面精神激励对顺水人情型帮助行为的影响关系强度增大,标准化偏回归系数由0.244变为0.249($p<0.001$)。潜规则正面精神激

励对顺水人情型帮助行为的影响关系强度略有增大,标准化偏回归系数由
-0.131变为-0.132($p<0.001$)。自己人感知对顺水人情型帮助行为的影响关
系强度增大,标准化偏回归系数由0.242变为0.253($p<0.001$)。(2)"负面物质
激励×自己人感知"对顺水人情型帮助行为有显著的正向影响($\beta=0.112$,$p<$
0.05),负面物质激励对顺水人情型帮助行为具有负向影响关系($\beta=-0.008$,
n.s.),主效应与调节效应的系数符号相反,说明自己人感知对负面物质激励与
顺水人情型帮助行为之间的关系具有**削弱型调节作用**。自己人感知对顺水人
情型帮助行为有显著的正向影响($\beta=0.253$,$p<0.001$),可将自己人感知视为自
变量,将负面物质激励视为调节变量,那么主效应系数与调节效应系数的符号
相同,说明负面物质激励对自己人感知和顺水人情型帮助行为之间的影响关系
有显著的**增强型调节作用**,即随着负面物质激励程度的增加,自己人感知程度
对顺水人情型帮助行为的影响关系逐渐增强。(3)"主管负面精神激励×自己
人感知"对顺水人情型帮助行为产生显著的负向影响($\beta=-0.108$,$p<0.05$)。
主管负面精神激励对顺水人情型帮助行为具有正向影响关系($\beta=0.041$,n.s.)。
主效应与调节效应的系数符号相反,说明自己人感知对主管负面精神激励与顺
水人情型帮助行为之间的关系具有显著的**削弱型调节作用**。自己人感知对顺
水人情型帮助行为有显著的正向影响($\beta=0.253$,$p<0.001$)。可将自己人感知
视为自变量,将主管负面精神激励视为调节变量,主效应系数与调节效应系数
的符号方向相反,说明主管负面精神激励对自己人感知和顺水人情型帮助行为
之间的影响关系有显著的**削弱型调节作用**,即随着主管负面精神激励程度的增
加,自己人感知程度对顺水人情型帮助行为的影响关系逐渐减弱。(4)根据标
准化偏回归系数可知,对负面破规行为的解释贡献由大到小依次为:感知同事
支持、自己人感知、主管正面精神激励和潜规则正面精神激励。

表5.14　感知组织支持、组织激励对顺水人情型帮助行为的回归分析结果

变　　量	模型一	模型二	模型三
性别	.010	.049	.044
年龄	.011	.033	.023
感知组织制度支持		.001	$-.013$
感知主管任务导向型支持		.001	$-.004$
感知主管关系导向型支持		$-.037$	$-.015$
感知同事支持		.399***	.376***
正面物质激励		$-.058$	$-.075$
负面物质激励		.023	$-.008$
主管正面精神激励		.244***	.249***

续表

变　　量	模型一	模型二	模型三
主管负面精神激励		.025	.041
潜规则正面精神激励		−.131**	−.132**
潜规则负面精神激励		.081	.097
自己人感知		.242***	.253***
感知组织制度支持×自己人感知			−.050
感知主管任务导向型支持×自己人感知			.011
感知同事支持×自己人感知			.000
正面物质激励×自己人感知			.096
负面物质激励×自己人感知			.112*
主管正面精神激励×自己人感知			−.024
主管负面精神激励×自己人感知			−.108*
潜规则正面精神激励×自己人感知			.067
潜规则负面精神激励×自己人感知			−.042
R^2	0.000	0.404	0.427
ΔR^2	0.000	0.404	0.023
F	0.056	26.172***	16.696***
ΔF	0.056	30.914***	2.196*

注：* 表示 $p<0.05$，** 表示 $p<0.01$，*** 表示 $p<0.001$。

根据回归分析结果，以顺水人情型帮助行为作为因变量的回归方程如下：

顺水人情型帮助行为＝0.044×性别＋0.023×年龄−0.013×感知组织制度支持−0.004×感知主管任务导向型支持−0.015×感知主管关系导向型支持＋0.376×感知同事支持−0.075×正面物质激励＋0.096×"正面物质激励×自己人感知"−0.008×负面物质激励＋0.112×"负面物质激励×自己人感知"＋0.249×主管正面精神激励＋0.041×主管负面精神激励−0.132×潜规则正面精神激励＋0.097×潜规则负面精神激励＋0.253×自己人感知−0.050×"感知组织制度支持×自己人感知"＋0.011×"感知主管任务导向型支持×自己人感知"−0.024×"主管正面精神激励×自己人感知"−0.108×"主管负面精神激励×自己人感知"＋0.067×"潜规则正面精神激励×自己人感知"−0.042×"潜规则负面精神激励×自己人感知"

5.3.9　感知组织支持、组织激励与额外奉献型帮助行为之间关系的假设检验

以额外奉献型帮助行为作为因变量的多元线性回归分析结果如表 5.15 所示,采用强制进入法分三步构建出三个多元线性回归方程。模型一仅考虑了控制变量的作用。由结果可知,性别和年龄这两个控制变量对额外奉献型帮助行为均没有显著影响。由模型二结果可知:感知组织支持、组织激励对顺水人情型帮助行为的主效应显著($F = 18.161, p < 0.001$)。年龄对额外奉献型帮助行为有显著的正向影响($\beta = 0.096, p < 0.05$)。感知主管任务导向型支持对额外奉献型帮助行为有显著的负向影响($\beta = -0.209, p < 0.001$)。感知主管关系导向型支持对额外奉献型帮助行为有显著的正向影响($\beta = 0.152, p < 0.05$)。感知同事支持对额外奉献型帮助行为有显著的正向影响($\beta = 0.316, p < 0.001$)。负面物质激励对额外奉献型帮助行为有显著的正向影响($\beta = 0.119, p < 0.05$)。自己人感知对额外奉献型帮助行为有显著的正向影响($\beta = 0.241, p < 0.001$)。模型三将控制变量、自变量和调节变量以及自变量和调节变量中心化后的乘积项同时纳入到方程中计算得出:$R^2 = 0.335$,说明包含控制变量、自变量、调节变量和自变量与调节变量的乘积项在内的 22 个变量共解释了额外奉献型帮助行为的 33.5% 的变化。考虑了调节效应后,模型三对额外奉献型帮助行为的解释力有微弱提高(1.4%),但并不显著($\Delta F = 1.186$, n.s.),说明并不存在显著的调节效应。

对模型三的具体解释说明如下:整体模型考虑调节效应后,年龄对额外奉献型帮助行为的影响关系强度减小,标准化偏回归系数由 0.096 变为 0.092($p < 0.05$)。感知主管任务导向型支持对额外奉献型帮助行为的影响关系强度略有增大,标准化偏回归系数由 -0.209 变为 -0.210($p < 0.001$)。感知主管关系导向型支持对额外奉献型帮助行为的影响关系强度增大,标准化回归系数由 0.05 概率水平下的 0.152 变为 0.01 概率水平下的 0.162。感知同事支持对额外奉献型帮助行为的影响关系强度减小,标准化回归系数由 0.316 变为 0.307($p < 0.001$)。负面物质激励对额外奉献型帮助行为的影响关系强度减弱,由显著的正向影响($\beta = 0.119, p < 0.05$)变为不显著的正向影响($\beta = 0.106$, n.s.)。自己人感知对额外奉献型帮助行为的影响关系强度增大,标准化回归系数由0.214 变为 0.234($p < 0.001$)。以上结果说明,尽管整体模型并不存在显著的调节效应,但自变量对因变量的影响关系强度因调节效应的考虑而发生了微弱的改变。

表 5.15　感知组织支持、组织激励对额外奉献型帮助行为的回归分析结果

变　量	模型一	模型二	模型三
性别	.047	.062	.062
年龄	.061	.096*	.092*
感知组织制度支持		.089	.080
感知主管任务导向型支持		−.209***	−.210**
感知主管关系导向型支持		.152*	.162**
感知同事支持		.316***	.307***
正面物质激励		.046	.048
负面物质激励		.119*	.106
主管正面精神激励		.051	.039
主管负面精神激励		.075	.085
潜规则正面精神激励		−.067	−.063
潜规则负面精神激励		.017	.017
自己人感知		.214***	.234***
感知组织制度支持×自己人感知			−.024
感知主管任务导向型支持×自己人感知			−.054
感知同事支持×自己人感知			.015
正面物质激励×自己人感知			.012
负面物质激励×自己人感知			.026
主管正面精神激励×自己人感知			.109
主管负面精神激励×自己人感知			−.088
潜规则正面精神激励×自己人感知			.012
潜规则负面精神激励×自己人感知			.003
R^2	0.006	0.320	0.335
ΔR^2	0.006	0.314	0.014
F	1.518	18.161***	11.253***
ΔF	1.518	21.068***	1.186

注：* 表示 $p<0.05$，** 表示 $p<0.01$，*** 表示 $p<0.001$。

根据回归分析结果，以额外奉献型帮助行为作为因变量的回归方程如下：

额外奉献型帮助行为 $=0.062\times$性别$+0.093\times$年龄$-0.024\times$"感知组织制度支持×自己人感知"$+0.080\times$感知组织制度支持$+0.015\times$"感知同事支持×自己人感知"$-0.210\times$感知主管任务导向型支持$+0.162\times$感知主管关系导向型支持$+0.307\times$感知同事支持$+0.109\times$"主管正面精神激励×自己人感

知"－0.054×"感知主管任务导向型支持×自己人感知"＋
0.048×正面物质激励＋0.012×"正面物质激励×自己
人感知"＋0.106×负面物质激励＋0.026×"负面物质激
励×自己人感知"＋0.039×主管正面精神激励＋0.085×
主管负面精神激励－0.063×潜规则正面精神激励＋
0.017×潜规则负面精神激励＋0.234×自己人感知－
0.088×"主管负面精神激励×自己人感知"＋0.012×
"潜规则正面精神激励×自己人感知"＋0.003×"潜规则
负面精神激励×自己人感知"

※ 5.4　研究结论

　　研究一以高新技术企业研发团队成员为研究对象,关注于感知组织支持、
组织激励对团队成员的循规行为、正面破规行为、负面破规行为、顺水人情型帮
助行为和额外奉献型帮助行为的直接影响,以及自己人感知在直接影响过程中
发挥的调节作用。实证分析结果基本支持研究一提出的一系列假设,也有部分
假设未被证实。此外,研究一还发现了假设未涉及的变量间影响关系。笔者从
已证实假设、未证实假设以及额外发现三方面对研究结果进行说明。已证实假
设在本章的假设推导部分已进行详细的论述,在第七章的研究结论中会进行综
合分析,故本节不单独展开讨论。

5.4.1　已证实假设

　　(1)H1-2:感知主管任务导向型支持对团队成员的循规行为有正向影响。
多元回归分析结果显示:感知主管任务导向型支持对循规行为有显著的正向影
响($\beta=0.277,p<0.001$)。因此,H1-2 得到证实。

　　(2)H1-4:感知主管关系导向型支持对团队成员的正面破规行为有正向影
响。多元回归分析结果显示:感知主管关系导向型支持对正面破规行为有显著
的正向影响($\beta=0.198,p<0.01$)。因此,H1-4 得到证实。

　　(3)H1-8:感知主管任务导向型支持对团队成员的负面破规行为有负向影
响。多元回归分析结果显示:感知主管任务导向型支持对负面破规行为有显著
的负向影响($\beta=-0.180,p<0.01$)。因此,H1-8 得到证实。

　　(4)H1-11:感知同事支持对团队成员的顺水人情型帮助行为有正向影响。
多元回归分析结果显示:感知同事支持对顺水人情帮助行为有显著的正向影响

（$\beta=0.376, p<0.001$）。因此，H1-11得到证实。

（5）H1-12：主管正面精神激励对于团队成员的顺水人情帮助行为有正向影响。多元回归分析结果显示：主管正面精神激励对顺水人情帮助行为有显著的正向影响（$\beta=0.249, p<0.001$）。因此，H1-12得到证实。

（6）H1-13：感知主管关系导向型支持对团队成员的额外奉献型帮助行为有正向影响。多元回归分析结果显示：感知主管关系导向型支持对额外奉献帮助行为有显著的正向影响（$\beta=0.162, p<0.01$）。因此，H1-13得到证实。

（7）H1-14：感知同事支持对团队成员的额外奉献型帮助行为有正向影响。多元回归分析结果显示：感知同事支持对额外奉献帮助行为有显著的正向影响（$\beta=0.307, p<0.001$）。因此，H1-14得到证实。

（8）H1-15：自己人感知对感知主管任务导向型支持与循规行为之间的关系具有"增强型"的调节作用，即：自己人感知程度越高，感知主管任务导向型支持与团队成员的循规行为之间的影响关系越强。多元回归分析结果显示："感知主管任务导向型支持 * 自己人感知"对循规行为具有显著的正向影响（$\beta=0.129, p<0.001$），在考虑调节效应后，感知主管任务导向型支持对循规行为的影响关系强度增大，标准化偏回归系数由0.275提高到0.277（$p<0.001$），主效应与调节效应系数的符号一致，说明自己人感知对感知主管任务导向型支持和循规行为之间的关系有显著的增强作用，即自己人感知程度越高，感知主管任务导向型支持对循规行为影响关系越强。因此，H1-15得到证实。

（9）H1-17：自己人感知对于主管负面精神激励与团队成员的负面破规行为有"削弱型"调节作用：自己人感知程度越高，主管负面精神激励与团队成员负面破规行为之间的影响关系越弱。多元回归分析结果显示："主管负面精神激励×自己人感知"对负面破规行为具有显著的负向影响（$\beta=-0.116, p<0.05$），主管负面精神激励对负面破规行为具有显著的正向影响（$\beta=0.173, p<0.01$），主效应与调节效应系数符号相反。因此，自己人感知对主管负面精神激励与团队成员的负面破规行为之间的关系有"削弱型"调节作用，即H1-17得到证实。

5.4.2　未证实假设

（1）H1-1：感知组织制度支持对团队成员的循规行为有正向影响。多元回归分析结果显示：感知组织制度支持对循规行为具有负向影响作用，但在0.05的概率水平下不显著（$\beta=-0.015$, n.s.）。笔者认为这一结果可能与研究一的研究对象具有一定的特殊性有关。研究一以高新技术企业研发团队成员作为调研对象。研发人员的创造性思维常常会同已建立的规则制度和程序发生冲突，研发人员有时甚至会挑战团队内部已有的权威、价值观和知识体系。以组织制度对员工上下班时间的规定为例，对于从事一般任务的员工而言，组织规则制度和流程规定有利于他们顺利开展工作，做好工作与生活的平衡。因此，他们愿意遵守组织内部的相关制度。而研发人员在执行研发任务的过程中常常自愿加班连续作业，其研究思路不宜受到外界干扰。相比固定的工作时间，研发人员更愿意组织制度中体现出机动性和灵活性，甚至自己在组织制度规定的某些方面具有一定的自主性和支配性。因此，研发人员感知到的组织制度支持不一定会促进其循规行为的增加，可能会起到阻碍作用。因此，H1-1 没有得到证实。

（2）H1-3：感知主管任务导向型支持对团队成员的正面破规行为有正向影响。多元回归分析结果显示：感知主管任务导向型支持对正面破规行为有显著的负向影响（$\beta = -0.217$，$p < 0.01$）。因此，H1-3 没有得到证实。对于这一结果，笔者认为，当团队成员感知到主管对其任务提供较多的指导和协助以及必要的工作信息及反馈，团队成员更易适应和满足于团队现状，没有必要也不愿冒险打破现有格局而实施任何变革。因此，感知主管任务导向型支持水平越高，团队成员的正面破规行为越少。

（3）H1-5：多元回归分析结果显示主管正面精神激励对团队成员的正面破规行为有正向影响。多元回归分析结果显示：主管正面精神激励对正面破规行为有正向影响作用，但在 0.05 的概率水平下不显著（$\beta = 0.010$，n.s.）。因此，H1-5 没有得到证实。就这一结果，笔者认为，团队主管对团队成员的积极行为予以表扬和认可，团队成员会出于对主管的回报而更为努力、高效地履行任务职责。团队成员回报主管的内容和方式既可以表现为服从于主管安排，减少对组织现状及现有人际关系的挑战和变革，也可以是针对组织制度、生产流程等内容提出变革性建议和看法，主动替主管分忧。因此，主管对员工的正面精神激励并不必然导致该员工的正面破规行为的增加。主管正面精神激励与团队成员的正面破规行为之间的关系可能受到其他因素的影响，如成员个性要素、团队氛围等。另外，科恩（2006，P.88）以表扬为例也说明了正面精神激励可能引起的负面作用：表扬表示某人能力低下、使人感到压力、促发低风险策略以避免失败以及降低个体对任务本身的兴趣，"表扬是提高人们工作质量的糟糕赌注"。

（4）H1-6：潜规则正面精神激励对团队成员的正面破规行为有正向影响。多元回归分析结果显示：潜规则正面精神激励对正面破规行为产生正向的影响作用，但在 0.05 的概率水平下不显著（$\beta = 0.072$，n.s.）。因此，H1-6 没有得到证实。笔者认为：团队内部潜移默化的行为惯例和准则对员工行为是具有强化机制的作用，但并不一定会促使员工对现有技术、流程及团队管理提出建设性的变革意见，潜规则正面精神激励可能是正面破规行为的必要条件而非充分条件，只有在以鼓励创新、倡导变革和尝试的团队氛围下，团队成员正面破规行为才会增加。

(5)H1-7：正面物质激励对团队成员的正面破规行为有正向影响。多元回归分析结果显示：正面物质激励对正面破规行为产生负向影响作用，但在 0.05 的概率水平下不显著（$\beta=-0.020$，n.s.）。因此，H1-7 没有得到证实。Amabile（1998）分析了最为常用的外部激励措施——金钱失效的原因：金钱并不必然阻碍个体的创造力发挥，但在很多情况下，金钱并不起作用，尤其是在金钱使得人们感到被收买或被控制的情况；金钱本身并没有使员工对工作充满热情。罗切斯特大学的爱德华·戴也谈道："金钱会起到'卖掉'一个活动内在动力的作用"[①]。因此，就这一实证分析结果，笔者认为团队制度规定以及主管给予的物质性奖励以表彰团队成员为团队做出的努力和贡献，会有操纵和控制团队成员之嫌。正面物质激励的强化作用可能会扼杀掉研发团队成员的创造性思维分析的能力和兴趣，因此，突破传统思维方式，对生产技术、制造流程等提出合理化建议等成员的自发行为会由于受到金钱等物质刺激而受到限制或削弱，而不是通常认为的增加。

(6)H1-9：主管负面精神激励对团队成员的负面破规行为有负向影响。多元回归分析结果显示：主管负面精神激励对负面破规行为有显著的正向影响（$\beta=0.173$，$p<0.01$），因此，H1-9 没有得到证实。关于这一结果，笔者认为主管对员工行为的批评、劝诫等方式可能会导致员工产生逆反心理，形成被控制和被操纵的知觉意识，根据社会交换理论，当员工受到不利对待后会表现出负面的互惠倾向即报复（Cropanzano & Mitchell，2005），进而公开或暗地违抗组织制度或主管要求，表现出更多对团队造成破坏性的行为。

(7)H1-10：潜规则负面精神激励对团队成员的负面破规行为有负向影响。多元回归分析结果显示：潜规则负面精神激励对负面破规行为有显著的正向影响（$\beta=0.217$，$p<0.001$），因此，H1-10 没有得到证实。这一结果也可运用社会交换理论和互惠规范的相关观点进行解释：互惠规范的补偿物具有正面或负面的特征（Cropanzano & Mitchell，2005）。正面补偿物表现为团队成员在获得外界有利对待后以积极行为方式回报利益提供方。负面补偿物的影响作用则反

---

① 转引自科恩，2006，P.61。

映在团队成员遭遇到其他成员的排斥、孤立或其他潜规则的惩罚制裁方式,产生强烈的报复心理,继而做出不利于团队成员和团队发展的破坏行为。因此,潜规则负面精神激励程度越高,团队成员表现出的负面破规行为越多。

(8)H1-16:自己人感知对于主管正面精神激励与团队成员的正面破规行为有"增强型"调节作用:自己人感知程度越高,主管正面精神激励与团队成员正面破规行为之间的影响关系越强。而多元回归分析结果显示:"主管正面精神激励×自己人感知"对正面破规行为的影响作用并不显著($\beta = -0.060$, n.s.)。因此,H1-16 没有得到证实。对于这一结果,笔者认为主管正面精神激励可能对团队成员的创造性产生一定的负面影响作用,即降低了团队成员对创新和突破的兴趣以及团队成员为了避免被主管批评而避免冒风险。自己人感知表示团队成员对团队整体以及团队主管产生的信任、认可和依附的感知程度。自己人感知程度越高,团队成员对团队整体和团队主管产生的信任感、认可程度和依附程度越高,越会激发出研发团队成员利用专业知识和创新能力为团队发展献计献策的责任感和使命感,对于主管正面精神激励对成员正面破规行为的负面作用的削弱程度越强。

5.4.3　额外发现

笔者从人口统计变量以及感知组织支持、组织激励对个体行为的直接影响作用,自己人对感知组织支持、组织激励和个体行为之间关系的调节作用,以及各行为影响前因要素作用强度的比较等三方面内容来归纳研究一的额外发现。

5.4.3.1　直接影响作用

研究一发现:年龄对额外奉献型帮助行为有显著的正向影响($\beta = 0.096$, $p < 0.05$),这一结果可以通过额外奉献型帮助行为的动机进行解释。Gebauer, Riketta, Broemer et al.(2008)指出履行个体职责(压力)和获得快乐是人类帮助行为的两类动机。随着团队成员年龄的增长,阅历的丰富,他/她对所在团队及主管赋予其的职责使命会有更为深入的理解和认识,与团队成员之间的配合更为默契。较年长的团队成员将占用个人休息时间或耗费其他精力和资源对团队内其他成员提供帮助的行为视为其履行个体职责的体现。他/她在帮助同事的过程中也会获得精神层次的满足,达到"我奉献,我快乐"的精神状态。因此,随着年龄的增长,团队成员的额外奉献型帮助行为可能会随之增加。

研究一发现:感知主管任务导向型支持对额外奉献型帮助行为有显著的负向影响($\beta = -0.209$, $p < 0.001$)。出现这一结果的,笔者认为可能与研究一的对象特征有关:与其他类型的员工(如生产人员、销售人员)相比,研究一关注于研

发人员,他们需要面对的任务难度和不确定性更大,承受的工作压力也更多。当研发团队成员获得主管提供的与任务直接相关的支持和协助后,会将更多精力投入到任务执行中。而人的时间和精力是有限的。因此,当员工感知到主管为其提供的与任务相关的支持越多,意味着他们将有限的时间精力投入到本职工作中,解决任务相关问题,而没有更多时间和精力提供对其他团队成员的协助,尤其是要额外耗费时间和精力提供的帮助,即额外奉献型帮助行为。

研究一发现:感知同事支持对循规行为有显著的正向影响($\beta = 0.188$, $p < 0.001$)。感知同事支持对负面破规行为有显著的负向影响($\beta = -0.171$, $p < 0.01$)。以上结果说明当团队成员感受到较高程度的同事支持时,他更易于融入整个团队中,使得与团队成员之间的项目讨论和成员间协作配合更为默契。根据杨国枢(1993)关于中国人关系取向"关系和谐性"特征的论述:中国人强调关系的和谐,一旦建立起稳定的社会秩序便不会轻易打破。因此,感知同事支持越高,团队成员越会遵守团队已有的制度规定和方法流程,以期与其他成员共同顺利完成团队整体工作任务,减少违背现有制度规定和主管要求的负面行为的可能性。

研究一发现:正面物质激励对负面破规行为有较为微弱的正向影响($\beta = 0.146$, $p < 0.05$),这一结果反映出正面物质激励具有一定的负面作用效果。奖励是把动机视作操纵行为的手段,奖励的基本性质是控制(科恩,2006,P.44-45)。当团队成员所处的外部环境对其施以金钱及其他物质上的刺激时,团队成员可能会由于自身被操纵被控制而引发心理上的反感。根据社会交换理论及互惠规范(Cropanzano & Mitchell,2005),产生负面互惠倾向的团队成员会表现出对团队发展可能造成破坏性的行为。因此,正面物质激励会导致负面破规行为的增加。

研究一发现:主管负面精神激励对循规行为有显著的正向影响($\beta = 0.096$, $p < 0.05$)。主管对团队成员施以批评、劝诫或职位变动调整的方式会对该成员行为起到一定的引导和约束的作用,"大棒"政策诱导出研发人员为避免精神上的痛苦而以模式化和重复性的方法做事,使该成员表现出遵守现有组织制度规定以及遵循现有生产流程和研发程序的行为。因此,主管负面精神激励有助于团队成员的循规行为的增加。

研究一发现:自己人感知对循规行为有显著的正向影响($\beta = 0.247$, $p < 0.001$),自己人感知对负面破规行为有显著的负向影响($\beta = -0.130$, $p < 0.01$),说明团队成员对团队具有较高程度的归属感时,对于组织的制度规定和生产流程也具有较高程度的认同感。因此,自己人感知程度较高的团队成员更

易于遵守制度规定和团队规范,不会表现出对组织造成破坏影响的负面行为。自己人感知对顺水人情帮助行为有显著的正向影响($\beta = 0.242, p < 0.001$),自己人感知对额外奉献帮助行为有显著的正向影响($\beta = 0.241, p < 0.001$)。上述结果也是可以理解的,团队成员的自己人感知程度较高时,他会对自己所在的自己人群体做出较佳的评价或反应(郑伯埙,1995)。因此,无论是否占用额外时间、精力和资源,自己人感知程度较高的团队成员都会尽可能地帮助其他成员解决工作及工作之外的问题。

5.4.3.2　调节作用

根据研究一的分析结果,除了对潜规则正面精神激励与正面破规行为之间的关系表现为增强型调节作用外,笔者发现自己人感知对组织激励与员工行为之间的关系普遍表现为削弱型调节作用,对于这一现象,笔者认为组织激励以激发、引导、约束和控制组织成员的行为为目的,在实施过程中易引起组织成员"被控制"和"被操纵"的知觉意识。自己人感知则是员工对所在团队整体以及团队主管所产生的接纳、认可以及情感依附的感知,由此产生的信任感和依赖感会对被操纵和被控制引发的情绪反应产生一定的削弱作用。以下将针对具体研究结果分别进行解释说明。

正面物质激励对循规行为具有负向影响作用($\beta = -0.085,$ n.s.),"正面物质激励×自己人感知"对循规行为具有显著的正向影响($\beta = 0.121, p < 0.05$)。因此,自己人感知对正面物质激励与循规行为之间的关系具有显著的削弱型调节作用。负面物质激励对循规行为具有负向影响作用($\beta = -0.055,$ n.s.),"负面物质激励×自己人感知"对循规行为有显著的正向影响($\beta = 0.129, p < 0.05$)。因此,自己人感知对负面物质激励与循规行为之间的关系具有显著的削弱型调节作用。对于以上调节效应的影响,笔者认为由自己人感知引发的信任感、认同感和归属感会削弱物质激励引发员工的被操纵和控制的情感知觉,同时也说明了无论是以奖励为主的正面物质激励和以惩罚为主的负面物质激励都会对员工遵守团队内相关制度规定和流程规范的循规行为产生一定的负面影响效果。

主管负面精神激励对循规行为具有显著的正向影响($\beta = 0.096, p < 0.05$),"主管负面精神激励×自己人感知"对循规行为具有显著的负向影响($\beta = -0.159, p < 0.01$)。因此,自己人感知对主管负面精神激励与循规行为之间的关系具有显著的削弱型调节作用。通常来说,主管对员工行为的劝诫、批评越多,员工越会遵循组织规章制度和服从主管的任务安排。而在团队成员的自己人感知程度较高时,团队成员不需要主管过多的监督就可以约束自身行为,使

之与主管期望的方向一致。因此,主管的劝诫和批评对下属行为的约束控制的影响作用被削弱。

感知组织制度支持对正面破规行为具有正向影响作用($\beta=0.077$, n.s.),"感知组织制度支持×自己人感知"对正面破规行为具有显著的负向影响($\beta=-0.129$, $p<0.05$),因此,自己人感知对感知组织制度支持与正面破规行为之间的关系具有显著的削弱型调节作用。这一结论也是可以理解的:当团队成员感知到组织政策制度对其提供较高程度与任务相关的协助和指导时,他们能够较为顺畅地执行任务,并由此产生回报组织制度提供支持的知觉义务。成员回报的方式之一是使组织制度规范和生产流程趋于完善,以进一步提高团队生产效率。因此,他们会结合任务执行过程中发现的现有生产制度、管理制度的不足提出建设性意见,表现出一定程度的正面破规行为。在具有较高程度自己人感知的情形下,他们更易于接受现状,认可现有组织制度的正确性和合理性,不愿轻易打破现状而接受创新。因此,自己人感知对感知组织制度支持与正面破规行为之间的关系具有一定的削弱型调节作用效果。

潜规则正面精神激励对正面破规行为具有正向影响作用($\beta=0.072$, n.s.),"潜规则正面精神激励×自己人感知"对正面破规行为具有显著的正向影响($\beta=0.129$, $p<0.05$),因此,自己人感知对潜规则正面精神激励与正面破规行为之间的关系具有显著的增强型调节作用。这一结果可以运用杨国枢(1993)"他人取向"的观点进行解释。他人取向是指中国人在心理与行为上易受到他人影响的一种强烈取向,他人取向表现为在积极方面尽量获得他人的赞同、接受帮助及欣赏,在消极方面则尽量避免他人的责罚、讥笑、拒绝及冲突,他人取向的主要运作特征包括顾虑他人意愿、顺从他人意志、关注规范及重视名誉(杨国枢,1993)。同事的积极和消极的反应在团队内不再是相对的参考标准,而是具有绝对的社会权威和公信力。同事们的赞扬和认可会使该成员在团队内建立良好的名誉,让当事人觉得自己很有面子,使得该成员为进一步维系和巩固该成员在团队内同事心中的"美好形象"而表现出更为积极主动的行为。在自己人感知程度越高,也就是团队成员对于所在团队的认同感和归属感越强的情况下,潜规则正面精神激励对团队成员正面破规行为的正向促进作用越强。

负面物质激励对顺水人情型帮助行为具有负向影响作用($\beta=-0.008$, n.s.),"负面物质激励×自己人感知"对顺水人情型帮助行为有显著的正向影响作用($\beta=0.112$, $p<0.05$)。因此,自己人感知对负面物质激励与顺水人情型帮助行为之间的关系具有显著的削弱型调节作用。主管负面精神激励对顺水人

情型帮助行为具有正向影响作用($\beta = 0.041$, n.s.),"主管负面精神激励×自己人感知"对顺水人情型帮助行为具有显著的负向影响作用($\beta = 0.108$, $p < 0.05$)。因此,自己人感知对主管负面精神激励与顺水人情型帮助行为之间的关系具有显著的削弱型调节作用。较高程度的自己人感知引发的信任感和依赖感会在一定程度上削弱由于负面激励给员工带来的被操纵和控制的情感知觉,进而影响负面激励与员工行为之间的关系。因此,自己人感知对负面物质激励以及主管负面精神激励与顺水人情型帮助行为之间的关系均起到削弱型调节作用。

5.4.3.3　作用强度的比较

由多元回归分析结果中标准化偏回归系数绝对值大小的比较可知,影响循规行为的前因要素根据影响作用由大到小分别为:感知主管任务导向型支持、感知同事支持以及自己人感知,其中,感知主管任务导向型支持对循规行为的贡献程度最大($\beta = 0.275$, $p < 0.001$)。影响正面破规行为的前因要素根据影响作用由大到小分别为:感知主管任务导向型支持、感知主管关系导向型支持以及自己人感知,其中,感知主管任务导向型支持对正面破规行为的贡献程度最大($\beta = -0.217$, $p < 0.01$)。影响负面破规行为的前因要素根据影响作用由大到小分别为:感知组织制度支持、感知主管任务导向型支持、感知同事支持、正面物质激励、主管负面精神激励、潜规则负面精神激励以及自己人感知。其中,潜规则负面精神激励对负面破规行为的贡献程度最大($\beta = 0.217$, $p < 0.001$)。影响顺水人情型帮助行为的前因要素根据影响作用由大到小分别为:感知同事支持、主管正面精神激励、潜规则正面精神激励以及自己人感知。其中,感知同事支持对顺水人情型帮助行为的贡献程度最大($\beta = 0.376$, $p < 0.001$)。影响额外奉献型帮助行为的前因要素根据影响作用由大到小分别为:年龄、感知主管任务导向型支持、感知主管关系导向型支持、感知同事支持以及自己人感知。其中,感知同事支持对额外奉献型帮助行为的贡献程度最大($\beta = 0.307$, $p < 0.001$)。

根据以上结论可知,在研发团队中,感知主管任务导向型支持对研发团队成员的循规行为和正面破规行为都发挥着最为重要的影响。在影响团队成员负面破规行为的诸多因素中,潜规则负面精神激励的影响作用最大。与相容原理一致,感知同事支持对针对同事的顺水人情型帮助行为和额外奉献型帮助行为的影响作用最大。对研究一假设检验结果的汇总如表 5.16 所示。

表 5.16 研究一的假设检验结果

编号	假设内容	检验结果
H1-1	感知组织制度支持对团队成员的循规行为有正向影响。	不支持
H1-2	感知主管任务导向型支持对团队成员的循规行为有正向影响。	支持
H1-3	感知主管任务导向型支持对团队成员正面破规行为有正向影响。	不支持
H1-4	感知主管关系导向型支持对团队成员正面破规行为有正向影响。	支持
H1-5	主管正面精神激励对团队成员的正面破规行为有正向影响。	不支持
H1-6	潜规则正面精神激励对团队成员的正面破规行为有正向影响。	不支持
H1-7	正面物质激励对团队成员的正面破规行为有正向影响。	不支持
H1-8	感知主管任务导向型支持对团队成员负面破规行为有负向影响。	支持
H1-9	主管负面精神激励对团队成员的负面破规行为有负向影响。	不支持
H1-10	潜规则负面精神激励对团队成员的负面破规行为有负向影响。	不支持
H1-11	感知同事支持对团队成员的顺水人情型帮助行为有正向影响。	支持
H1-12	主管正面精神激励对于团队成员顺水人情帮助行为有正向影响。	支持
H1-13	感知主管关系导向型支持对团队成员的额外奉献型帮助行为有正向影响。	支持
H1-14	感知同事支持对团队成员的额外奉献型帮助行为有正向影响。	支持
H1-15	自己人感知对于感知主管任务导向型支持与团队成员的循规行为之间的关系有"增强型"的调节作用。	支持
H1-16	自己人感知对于主管正面精神激励与团队成员的正面破规行为之间的关系有"增强型"调节作用。	不支持
H1-17	自己人感知对于主管负面精神激励与团队成员的负面破规行为之间的关系有"削弱型"调节作用。	支持

❋ 5.5　本章小结

　　本章主要基于社会交换理论及相容原理,结合中国文化背景下组织内人际关系特点及人情要素的影响,深入分析了不同类型的感知组织支持、组织激励对员工循规行为、正面破规行为、负面破规行为以及顺水人情型帮助行为和额外奉献型帮助行为的直接影响,以及自己人感知对感知组织支持、组织激励影响员工行为过程中发挥的调节效应,形成了一系列研究假设。根据前期编制开发的相应测量问卷,笔者针对高新技术企业研发团队成员展开调研,收集大样本数据,运用多元线性回归分析方法对研究一的各项假设进行了检验。最后,笔者对研究一已证实假设、未证实假设以及额外发现进行了说明和讨论。

第6章 团队行为对团队创新绩效的影响作用分析(研究二)

依据本书的整体研究框架,研究二以高新技术企业的研发团队为研究对象,从团队层次分析循规行为、正面破规行为、负面破规行为、顺水人情型帮助行为、额外奉献型帮助行为对团队创新绩效的影响作用。

研究二具体完成以下内容:首先,结合研发人员行为及研发团队任务特征,剖析了作为共享型或形态型构念的团队循规行为、团队正面破规行为、团队负面破规行为、团队顺水人情型帮助行为、团队额外奉献型帮助行为对团队创新绩效的影响作用,提出了相关研究的假设;然后,实现个体层次变量向团队层次变量的聚合转化:通过测算团队成员组内评分一致性程度的指标 r_{wg} 值,考察将个体成员对各个变量的评价值聚合到团队层次数据的合理性,再利用聚合后的团队层次数据,明确各变量的维度结构并对测量工具的构思效度和内部一致性信度进行分析说明,以确保理论模型分析和构建的合理性;最后,通过实证调研收集的数据完成相关假设的检验,结合研究二结论展开进一步讨论说明。

※ 6.1 假设提出

研究过程中,预测变量与效标变量之间常常出现分析层次不匹配的现象(Day,Arthur,Jr.,Miyashiro *et al.*,2004),如效标变量属于团队层次而预测变量属于个体层次的研究。研究应在同一层次展开分析和相关假设,以避免分析层次不匹配对研究模型造成的负面影响(Klein,Dansereau & Hall,1994)。研究二关注于员工行为对团队创新绩效的影响作用,效标变量为团队创新绩效,因此,需将员工行为从个体层次聚合转化为团队层次,即在团队层次上展开团队行为与团队创新绩效之间关系的一系列具体研究。研究二采用的是Kozlowski & Klein(2000)"由下到上进程"的分析思路,实现个体层次变量向团队层次变量的聚合转化。

根据多层次理论的相关内容,团队层次变量包括总体型(global)、共享型

(shared)和形态型(configural)三种类型(Kozlowski & Klein,2000;廖卉和庄瑷嘉,2008;钱源源,2010)。三种类型团队层次变量是根据变量的来源层次进行区分:总体型构念是在同一层次产生,表现为单一层次现象,共享型和形态型构念则是在低水平产生而在高水平展示的现象(Kozlowski & Klein,2000)。总体型构念多为描述客观群体特征的变量(廖卉和庄瑷嘉,2008)。共享型构念大多是群体内部成员的共同知觉、情感和反应(Kozlowski & Klein,2000)以及经验、态度、价值观和行为等(廖卉和庄瑷嘉,2008)。构造型构念则是个体特质以多重、复杂的方式形成的现象(Ng & Van Dyne,2005)。以下将分别探讨不同类型的团队行为对团队创新绩效的影响作用。

6.1.1　团队层次循规行为与团队创新绩效的关系

一旦某一成员加入到团队里,获得了团队成员身份,他/她就必须接受作为团队成员服从于团队制度规范和规则要求的事实(Katz,1964)。团队成员遵循团队主要政策和程序,接受隐性或显性的组织行为规范,遵守日常事务的规定(Brief & Motowidlo,1986)以及依照传统既定的思维模式和成熟理论来解决现有问题(刘秋华,2005),以确保个体成员任务以及团队整体任务的顺利执行。根据马修森和马修森(2003,P.98)的观点,研发团队依赖于团队成员参与那些描述步骤的、系统性的并带有纪律性的过程来实现最终结果,保证最终决策的正确性。高新技术企业实现突破性创新越来越难,其研发团队的创新多着眼于现有产品和生产工艺的改进以及服务的升级。团队成员遵循已有成熟、固定的团队制度和工作流程的循规行为可以避免各种假设和不必要的冲突矛盾。团队成员要实现创新和突破,应对团队任务形成整体认知判断,在实践过程中结合以往研究经验和分析思路提出自己见解和看法,进而实现产品和技术的创新。由此可知,循规行为是实现团队创新的前提和基础。

研发团队内部存在高度的任务互依性,每位成员的输入都会对团队输出结果产生重要影响(Barrick,Stewart,Neubert et al.,1998)。研发团队成员循规行为的平均水平反映出成员在完成具有创新性和突破性的任务时遵循已有规则、采用既定方法和研究思路的比例。Day,Arthur,Jr.,Miyashiro et al.(2004)指出:对于一些智力性质的任务而言,掌握正确解决方案的群体成员比例越高,群体绩效越好。每个团队成员的循规行为对于团队有效运作和提升团队整体效能都发挥着同等重要的作用,并不关心是谁表现出的循规行为,也不关心循规行为在团队成员中的分布情况,而关注于团队整体表现出循规行为的比例高低。因此,研究二将循规行为视为<u>共享型构念</u>,采用均值法作为团队层次循规

行为的操作化测量方法。基于以上讨论,研究二提出:

H2-1:循规行为在团队内的均值对研发团队的团队创新绩效有正向影响。

6.1.2 团队层次正面破规行为与团队创新绩效的关系

团队里某一成员表现出突出的认知能力,会引导其他团队成员沿着这一方向和趋势发展,有助于团队整体有效评估外界形势,以实施正确的发展战略。在这种情况下,个体层次变量的最大值决定了团队层次变量的得分(Kozlowski & Klein,2000,P.71)。尽管均值法可以使研究结果更为稳定,但是稳定性对于研究效度而言是必要条件而非充分条件(Day,Arthur,Jr.,Miyashiro *et al*.,2004)。计算简单算术平均值的操作方法会掩盖住一些重要信息(Barrick,Stewart,Neubert *et al*.,1998),尤其是研究二围绕研发团队展开探讨,研发团队所面对的任务多以创新活动的形式呈现,研发人员各自工作范围难以清晰界定,在解决具有突破性和创造性的任务过程中,某些研发团队成员的突出破规行为比团队整体表现出的破规行为的比例对于团队创新绩效的影响作用更大。因此,与循规行为在团队中的均值作为团队循规行为的操作化测量方法所不同,团队成员的正面(负面)破规行为以团队内最大值作为操作化测量方法更为合适。

为了能够更自由也更具有创造性地开展工作,某些产品开发项目团队允许其成员放宽和打破规则(Kylén & Shani,2002)。研发团队所面临的任务要求成员具有一定的探索性和创造性,在原有思路和解决方案的基础上有所突破和创新,对现有生产技术、制造流程以及团队管理建设提出合理化建议和变革性实践。团队成员表现出更多尝试突破的信心和勇气,勇于挑战和质疑权威,团队成员不断的试错和改进对于团队实现产品创新、流程创新和制度创新等方面都发挥着至关重要的作用。因此,正面破规行为对团队创新绩效有正向的影响作用。

Nemeth 提出了"少数派"(minority)的观点,他认为:少数派观点的重要性在于激发了群体成员的多样化观点和思想,即使少数派的观点是错误的,他们也对群体探索新方法和制定新决策做出了贡献(Nemeth,1986)。研发团队内最能干成员的能力和行为往往影响着研发团队任务执行和问题解决的关键突破口。此类成员针对研发任务从不同角度和背景提出的观点对于其他成员具有抛砖引玉的作用。一条程序代码的小小变动,一个零部件形状的细微调整,都可能成为突破研发"瓶颈"的关键要素,有助于引发整个团队内部的头脑风暴。突出成员的勇于突破和尝试变革的积极行为还会在团队内产生良好的示范效应,形成积极的"社会暗示"。当团队成员的观点受到鼓励并能相互启发时,团队易形成更多的新想法和新知识。已有研究表明:团队成员的建设性意见有助于团队整体的发展(MacKenzie,Podsakoff & Paine,1999),个体建言行为在团队内的最大值与团队创新绩效呈正相关(宝贡敏和钱源源,2009),倡导推动式建言行为在团队中的最大值对技术创新团队的团队创新性有正向影响,批评指正式建言行为在团队中的最大值对技术创新团队的团队创新效率有正向影响(钱源源,2010)。基于以上讨论,团队成员在团队内的正面破规行为的最大值越高,越有助团队创新绩效的提升。因此,研究二将正面破规行为视为形态型构念,采用最大值法作为团队层次循规行为的操作化测量方法,并提出:

H2-2:正面破规行为在团队内的最大值对研发团队的团队创新绩效有正向影响。

6.1.3　团队层次负面破规行为与团队创新绩效的关系

团队内每位成员都提供独特的信息,发挥着各自的贡献,任何成员有缺陷的输入都会导致团队产生差的预测结果(Barrick,Stewart,Neubert et al.,1998)。团队成员故意破坏组织核心政策、规章和流程,不服从组织和主管安排,消极怠工擅离职守甚至偷窃,都会对组织整体效能产生负面的影响效果(Robinson & Bennett,1995;Rotundo & Xie,2008)。Dunlop & Lee(2004)以快餐业为研究背景证实了部门整体偏离行为(部门成员偏离行为的均值)对部门效能具有预测作用。正所谓"一条臭鱼腥了一锅汤",团队中"害群之马"往往对研发团队整体创新表现发挥关键性的影响力。在研发团队里,与负面行为在团队内的平均程度相比,负面行为在团队内的最大值对团队创新绩效的影响作用可能更为突出。团队内某位成员的破坏规则行为会影响团队成员之间分工协作,在关键时刻或重要节点处阻碍团队任务进程,影响团队整体效率,对团队在创新方面成果取得会造成"功亏一篑"的致命打击。负面破规行为在团队内最大值越高,对团队创新绩效的消极影响作用效果越强。基于以上讨论,研究二将负面破规行为视为形态型构念,采用最大值法作为团队层次负面破规行为的操作化测量方法,提出:

H2-3:负面破规行为在团队内的最大值对研发团队的团队创新绩效有负向影响。

6.1.4　团队层次帮助行为与团队创新绩效的关系

与他人分享资源或协助他人完成工作等内容的帮助行为,是有利于工作群体和组织的自发行为之一(Organ,1988;Borman & Motowidlo,1993;钱源源,2010),在减少团队内摩擦、促进团队正常运作的同时,还发挥着提升团队士气和团队凝聚力的积极作用(Podsakoff & MacKenzie,1997)。因此,团队内帮助行为对团队的创新绩效产生积极的影响作用。

如前所述(3.2小节),以往研究多采用均值法(算术平均或加权平均)作为群体层次帮助行为的操作化测量方法,而均值法会掩盖住一些关键性信息(Barrick,Stewart,Neubert *et al.*,1998),而且群体内的个体成员并不总是贡献出相同数量的帮助行为(Ng & Van Dyne,2005)。因此,采用均值法作为群体帮助行为操作化测量方法可能是造成以往研究结论不稳定的原因之一。

与以往研究不同,本研究(研究二)将团队层次帮助行为视为形态型构念,原因在于研发团队具有高度的任务互依性特征,成员之间的互助协作和资源共享较为频繁,能力最强的成员在研发团队的任务执行过程中往往起到关键性作用,决定了团队成果的数量和质量,具体表现为:经验丰富的老员工为新加入组织的成员提供工作所需信息,传授基本技能方法,使新成员能够较快适应工作环境,提高其生产效率,对于部门的整体效能的提升也有着重要影响(Podsakoff & MacKenzie,1997)。能力较弱的成员从能力较强的成员获得越多的帮助和支持,越有助于团队整体绩效的提升(Ng & Van Dyne,2005)。因此,研究二采用最大值法作为团队层次顺水人情型帮助行为和额外奉献型帮助行为的操作化测量方法。

同事不仅作为工作角色存在,同时还带有朋友、邻居、同志及同社区成员等多重身份(Farh,Zhong & Organ,2004)。因此,与以往研究(e.g.,Podsakoff & MacKenzie,1997;Ng & Van Dyne,2005)将帮助行为界定为在工作相关领域内自愿对群体其他成员提供协助的行为所不同,本书研究焦点中的两类帮助行为同时关注于团队成员在工作相关领域以及工作之外的范围对其他成员提供的协助。当研发团队成员遇到工作相关问题和困难时,会首先考虑向团队内其他成员寻求帮助,原因在于同一团队内成员之间任务具有高度的关联性和可借鉴性,其他成员在不必占用过多时间、精力和资源的情况下,凭借已有知识、经验和技能略加点拨便会使该问题迎刃而解,产生醍醐灌顶之效,提高该成员的工作效率,对于团队整体绩效也会产生促进作用。团队成员表现出的顺水人情型帮助行为的最大值越高,越有助于其他成员的个人绩效的提升,进而促进团队整体创新绩效的提升。因此,研究二将顺水人情型帮助行为视为形态型构念,采用最大值法作为团队层次顺水人情型帮助行为的操作化测量方法,并提出:

H2-4:顺水人情型帮助行为在团队内的最大值对研发团队的团队创新绩效有正向影响。

在中国文化背景下,组织成员受到集体主义的影响(Farh,Zhong & Organ,2004),会做出为了集体利益而牺牲个体利益的行为。具有亲社会动机的个体更易于重视他人利益,将关注焦点放在外在变化而非个体的内在变化,更易于对他人及组织贡献做出识别(Grant & Mayer,2009)。为了确保团队任务进度,受集体主义和亲社会动机影响的研发团队成员愿意占用自己额外时间、精力和资源与他人分享自己的工作知识和经验,为他人工作扫清障碍,甚至承担更多工作量来协助团队内其他成员。正如 Podsakoff & MacKenzie(1997)所述,帮助行为的副产品包括提升团队士气和凝聚力,减少成员间冲突,营造良好的工作环境,培养成员对团队的归属感。因此,除了可以加快团队任务整体进度以及改善团队任务质量外,额外奉献型帮助行为还会使团队成员更为重视他人和组织利益,影响和带动其他团队成员在团队整体任务的完成过程中做出额外贡献,促进团队成员彼此间协作配合,形成互助友爱、团结奉献的良好氛围,促进其他成员个体创新绩效以及团队创新绩效的提升。团队成员表现出的额外奉献型帮助行为的最大值越高,团队创新绩效越高。因此,研究二将额外奉献型帮助行为视为形态型构念,采用最大值法作为团队层次额外奉献型帮助行为的操作化测量方法,并提出:

H2-5:额外奉献型帮助行为在团队内的最大值对研发团队的团队创新绩效有正向影响。

6.1.5　假设汇总与研究模型

基于多层次理论,研究二在团队层次上分析了循规行为、正面破规行为、负面破规行为、顺水人情型帮助行为以及额外奉献型帮助行为对团队创新绩效的影响作用,相应的研究假设见表 6.1,研究二的理论框架见图 6.1。

表 6.1　研究二的假设汇总表

编号	假设内容	假设性质
H2-1	循规行为团队内的均值对研发团队的团队创新绩效有正向影响。	探索性假设
H2-2	正面破规行为在团队内的最大值对研发团队的团队创新绩效有正向影响。	验证性假设
H2-3	负面破规行为在团队内的最大值对研发团队的团队创新绩效有负向影响。	探索性假设

续表

编号	假设内容	假设性质
H2-4	顺水人情型帮助行为在团队内的最大值对研发团队的团队创新绩效有正向影响。	探索性假设
H2-5	额外奉献型帮助行为在团队内的最大值对研发团队的团队创新绩效有正向影响。	探索性假设

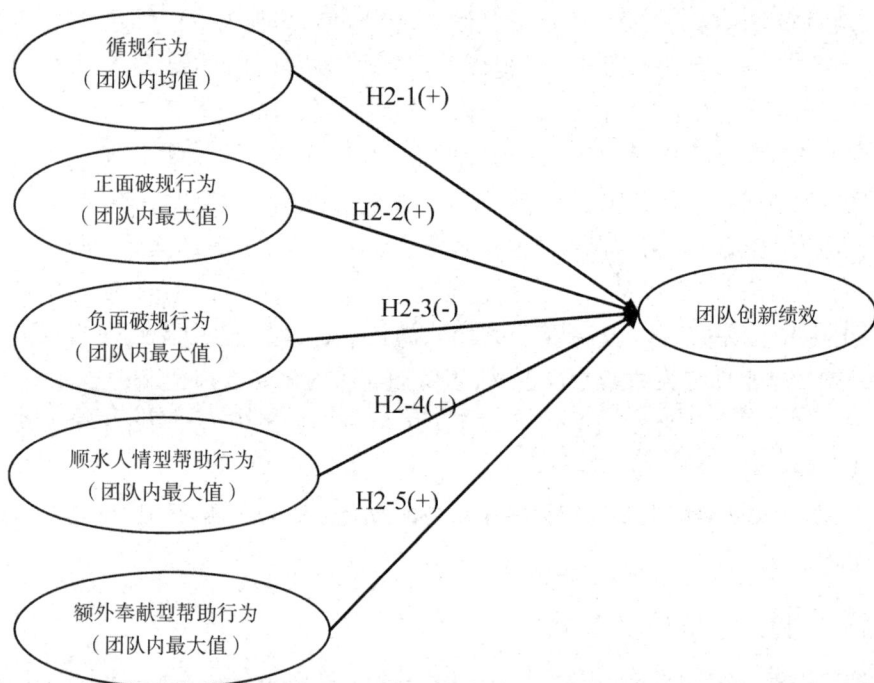

说明：＋代表正向影响　－代表负向影响

图6.1　团队行为影响团队创新绩效的模型

❋ 6.2　团队层次数据的聚合转化与信度效度评估

　　研究二各项假设检验所需的数据均在研究一的实证调研时获得,关于调研对象选择、问卷设计、调研过程、问卷筛选标准、问卷回收情况以及有效样本个体层次的描述性统计已在研究一的 4.4 小节详细说明。因此,有关过程不再重复叙述。

6.2.1　团队层次数据聚合

研究二通过分析团队层次变量之间的影响作用,构建出包含一系列假设的理论模型。在将个体层次变量聚合到团队层次变量前,首先需要通过实证分析证明聚合的合理性。研究二主要涉及三类团队层次变量:第一类是循规行为(由团队成员自我评价),属于共享型构念中的直接一致构念;第二类是团队创新绩效(由团队成员根据团队总体情况进行评价),属共享型构念中的转移参照点一致构念;第三类是破规行为和帮助行为,属形态型构念。研究二对共享型构念的测量采用均值法(即同一团队内个体成员在该变量上的测量值得分的算术平均值代表该变量在团队层次的分值),对形态型构念的测量采用最大值法(即同一团队内个体成员在某一变量上的测量值得分的最大值代表该变量在团队层次的分值)。共享型构念在将个体得分计算均值聚合为团队得分的前提条件是团队内部成员对于某现象的评分具有高度相似性(Klein,Dansereau &Hall,1994)。形态型构念的特点是:个体以多重、复杂方式结合在一起,不必表现出成员之间评分的一致度(Kozlowski & Klein,2000),但由于问卷调研数据以团队作为基本单位进行收集,同一团队内成员的回答应表现出一定的一致性。因此,研究二参考 Chan(1998)、Bliese(2000)、Choi(2007)、赵卓嘉(2009)和钱源源(2010)等人的做法,采用 r_{wg} 指标对成员在各行为以及团队创新绩效上的组内评分一致性进行评估。r_{wg} 取值介于 0 至 1 之间,越接近 1 表示团队内个体成员评分一致度越高。学者们(e.g.,Robinson & O'Leary-Kelly,1998;Ng& Van Dyne,2005)多采用 0.70 作为的 r_{wg} 判定临界值,即 r_{wg} 均值大于 0.70,说明由个体层次向团队层次聚合具有足够的一致度(conformity)。此外,样本中超过 70% 的团队满足以上标准,则表示研究采用团队层次分析比个体层次分析更为合适(汪洁,2009;赵卓嘉,2009)。

用来衡量组内评分一致性的 r_{wg} 指标包括两种:适用于单一条款的 $r_{wg(1)}$ 及适用于多项条款的 $r_{wg(j)}$ 。

$r_{wg(1)}$ 的公式如下:

$$r_{wg(1)} = 1 - \left(\frac{S_{xj}^2}{\sigma_{EU}^2} \right) \qquad (公式 6.1)[①]$$

$$[\sigma_{EU}^2 = (A^2 - 1)/12]$$

说明:$r_{wg(1)}$ 表示群体中 k 个回答者对单一条款 X 的组内评分一致性,S_x^2 是

[①]　公式 6.1 来源:James,Demaree & Wolf,1984,1993;廖卉和庄瑗嘉,2008,P.338。

指观察到的 X 方差，σ^2_{EU} 是期望随机方差，是假设所有回答者只存在随机测量误差下所期望的 X 方差。A 表示测量等级的数量，如研究二采用五点量表，因此 $A=5$，$\sigma^2_{EU}=2$。

$$r_{wg(j)} = \frac{J\left[1-\left(\dfrac{S^2_{xj}}{\sigma^2_{EU}}\right)\right]}{J\left[1-\left(\dfrac{S^2_{xj}}{\sigma^2_{EU}}\right)\right]+\left(\dfrac{S^2_{xj}}{\sigma^2_{EU}}\right)} \qquad \text{（公式 6.2）[1]}$$

说明：J 表示测量条款数量，$r_{wg(j)}$ 表示 J 个平行条款上所有回答者的组内一致度，S^2_{xj} 是指在 J 个条款上所观察到的方差的平均数，σ^2_{EU} 是期望随机方差。

研究二所有变量都包含多个条款，因此采用公式 6.2 计算 r_{wg} 指标。对每个团队在循规行为、正面破规行为、负面破规行为、顺水人情型帮助行为、额外奉献型帮助行为以及团队创新绩效的 r_{wg} 进行计算，结果如表 6.2 所示。调研的各团队在循规行为、负面破规行为、顺水人情型帮助行为、额外奉献帮助行为以及团队创新绩效上评分的 r_{wg} 均值都在 0.88 以上，且 $r_{wg} \geqslant 0.7$ 的团队数量占所有团队的比例均超过 85%，正面破规行为评分的 r_{wg} 均值为 0.722，$r_{wg} \geqslant 0.7$ 的团队数量占所有团队的比例也超过 70% 的比例要求，说明研究二在团队层次分析员工行为对创新绩效的影响关系更为合适，可将个体层次变量聚合到团队层次变量并进行下一步分析。

表 6.2　研究二团队层次变量的组内一致性检验

团队层次变量	r_{wg} 均值	$r_{wg} \geqslant 0.7$ 的团队数量所占百分比
循规行为	0.888	97.06%
正面破规行为	0.722	70.59%
负面破规行为	0.970	85.29%
顺水人情帮助行为	0.906	97.79%
额外奉献帮助行为	0.910	92.65%
团队创新绩效	0.900	93.38%

6.2.2　测量条款的描述性统计

由于个体层次员工行为的描述性统计在表 4.10 中已经汇报，因此不再重复，表 6.3 反映的是团队层次行为及团队创新绩效测量条款的描述性统计情况。

---

[1]　公式 6.2 来源：James，Demaree ＆ Wolf，1984，1993；廖卉和庄瑷嘉，2008，P.338。

表 6.3　研究二团队层次行为及团队创新绩效测量条款的描述性统计

条款	均值	标准差	偏度		峰度	
			统计值	标准差	统计值	标准差
RF1.2	4.1415	.46196	−.428	.208	.314	.413
RF1.3	3.9216	.49316	−.044	.208	−.116	.413
RF1.4	4.0500	.48570	−.296	.208	.716	.413
RF1.6	4.1272	.46496	−.548	.208	1.382	.413
RF1.7	3.8870	.49756	.167	.208	−.168	.413
RF1.8	3.9923	.54190	−.589	.208	.159	.413
RF1.9	3.9013	.51505	−.530	.208	1.321	.413
RB1.1	3.2522	.64840	−.242	.208	.384	.413
RB1.2	3.2623	.66304	−.239	.208	.394	.413
RB1.3	2.8228	.66206	.036	.208	−.263	.413
RB1.4	2.8743	.72293	.177	.208	−.419	.413
RB1.5	3.0937	.59057	.118	.208	−.594	.413
RB2.1	2.4904	.58043	.191	.208	−.336	.413
RB2.2	2.4097	.63652	.229	.208	−.081	.413
RB2.3	2.6368	.63054	.140	.208	.058	.413
RB2.4	2.1906	.63596	.317	.208	−.117	.413
RB2.5	2.3491	.61423	.319	.208	.011	.413
RB2.6	2.3871	.70006	.384	.208	.269	.413
HO1.1	3.7118	.52950	−.418	.208	.261	.413
HO1.2	3.5843	.55574	−.376	.208	.374	.413
HO1.3	3.7135	.52906	−.129	.208	−.003	.413
HO1.4	3.6105	.54069	−.086	.208	.007	.413
HO1.5	3.8806	.49375	−.229	.208	.072	.413
HO1.6	3.8034	.53663	−.038	.208	−.292	.413
HO1.7	3.8939	.53964	−.160	.208	.108	.413
HO2.1	3.5202	.58441	−.120	.208	.515	.413
HO2.2	3.2235	.58291	.052	.208	.258	.413
HO2.3	3.4377	.60055	−.136	.208	−.217	.413
HO2.4	3.2504	.51660	.134	.208	.136	.413
HO2.5	3.5892	.51448	−.039	.208	.088	.413
HO2.6	3.3708	.51811	−.154	.208	.134	.413
HO2.7	3.5638	.53567	−.274	.208	−.026	.413
HO2.8	3.5183	.51422	−.243	.208	.459	.413

续表

条款	均值	标准差	偏度		峰度	
			统计值	标准差	统计值	标准差
TIP1	3.4292	.56718	.208	.208	−.104	.413
TIP2	3.2762	.55013	.019	.208	.666	.413
TIP3	3.3391	.53807	.153	.208	.270	.413
TIP4	3.2225	.57028	.128	.208	−.294	.413
TIP5	3.3205	.59059	−.287	.208	−.006	.413
TIP6	3.3294	.54781	−.111	.208	.318	.413
TIP7	3.2153	.69850	−.401	.208	.753	.413

注:$N = 136$。

6.2.3 团队层次变量的内部一致性信度检验

研究二借鉴已有研究(汪洁,2009)的做法,仍采用个体层面数据进行内部一致性信度和构思效度分析检验,使用 Cronbach's α 系数来表示团队层次行为和团队创新绩效的内部一致性信度,结果如表 6.4 所示。

表 6.4　团队层次变量的内部一致性信度

团队层次变量	条款数量	α
循规行为	7	0.885
正面破规行为	5	0.905
负面破规行为	6	0.908
顺水人情型帮助行为	7	0.927
额外奉献型帮助行为	8	0.913
团队创新绩效	7	0.876

6.2.4 测量效度分析

研究二首先进行探索性因子分析,对循规行为、正面破规行为、负面破规行为、顺水人情型帮助行为、额外奉献型帮助行为以及团队创新绩效这些关键变量的维度结构进行初步了解;然后通过验证性因子分析确认各核心变量的维度结构,并对测量工具的构思效度(聚合效度和辨别效度)进行分析说明。

6.2.4.1 探索性因子分析

与研究一的探索性因子分析操作步骤一致,首先,通过计算 KMO 值和 Bartlett 球体检验来判断样本是否适合进行因子分析(马庆国,2002),结果显示:KMO=0.899,且 Bartelett 球体检验显著性概率为 0,说明研究二样本数据适合进行因子分析;然后,借鉴以往学者分析处理方法(e.g.,马庆国,2002;张文彤,2004),采用主成分分析法提取因子,采用方差最大法进行因子旋转,以特征根大于 1 作为因子确认的标准,分析结果如表 6.5 所示,共旋转出 6 个特征根大于 1 的公因子,累积可解释方差为 65.632%,所有测量条款在对应因子上负荷值都大于 0.5,无交叉负荷现象。

表 6.5　研究二的探索性因子分析

测量条款	因子					
	1	2	3	4	5	6
RF1.2	.068	.157	**.748**	.057	−.029	−.024
RF1.3	.090	.202	**.672**	.180	−.063	.120
RF1.4	.079	.157	**.740**	.058	−.016	−.058
RF1.6	.113	.118	**.728**	.093	−.079	.050
RF1.7	.082	.158	**.750**	.169	−.089	.057
RF1.8	.133	.187	**.739**	.061	−.109	.074
RF1.9	.112	.149	**.762**	.070	−.055	−.002
RB1.1	.053	.061	.165	.011	.100	**.824**
RB1.2	.120	.079	.069	.029	.077	**.849**
RB1.3	.084	.102	−.067	.143	.138	**.824**
RB1.4	.080	.100	−.057	.089	.176	**.832**
RB1.5	.120	.075	.064	.098	.171	**.796**
RB2.1	.020	−.028	−.006	.046	**.756**	.162
RB2.2	.110	−.046	−.094	.038	**.840**	.136
RB2.3	−.015	.033	−.011	−.081	**.825**	.008
RB2.4	.066	−.047	−.131	.030	**.844**	.102
RB2.5	.082	−.086	−.082	−.019	**.841**	.068
RB2.6	.062	−.029	−.094	−.053	**.782**	.176
HO1.1	.197	**.746**	.235	.115	−.035	.109
HO1.2	.264	**.784**	.145	.143	−.007	.138
HO1.3	.254	**.800**	.195	.105	−.063	.107
HO1.4	.327	**.735**	.131	.123	.003	.100
HO1.5	.215	**.792**	.254	.057	−.083	.064
HO1.6	.314	**.699**	.224	.097	−.039	.014
HO1.7	.340	**.667**	.249	.083	−.079	.019
HO2.1	**.669**	.345	.127	.173	.007	.077
HO2.2	**.786**	.112	−.014	.115	.027	.141

续表

测量条款	因子					
	1	2	3	4	5	6
HO2.3	**.750**	.291	.128	.071	−.002	.047
HO2.4	**.634**	.222	.151	.201	.103	.111
HO2.5	**.762**	.291	.172	.132	.122	.066
HO2.6	**.785**	.107	.031	.059	.084	.095
HO2.7	**.701**	.371	.179	.106	.054	.011
HO2.8	**.636**	.412	.170	.141	.058	.045
TIP1	.152	.167	.123	**.741**	.005	−.044
TIP2	.095	.098	.142	**.791**	.020	−.011
TIP3	.049	.142	.110	**.777**	−.002	.056
TIP4	.026	.053	.135	**.692**	.006	.043
TIP5	.112	.079	.015	**.798**	−.022	.124
TIP6	.117	.079	.073	**.777**	−.078	.117
TIP7	.171	−.014	.037	**.599**	.021	.077
特征根	10.785	5.265	3.318	2.815	2.518	1.552
可解释方差	12.234%	12.221%	10.981%	10.533%	10.458%	9.204%
累积可解释方差						65.632%

6.2.4.2　验证性因子分析

与研究一类似,研究二进行验证性因子分析有两个目的:(1)进一步确认研究所涉及的各核心变量的维度结构情况;(2)对测量工具的构思效度进行检验。研究二的验证性因子分析结果如表 6.6 所示,具体从三方面进行解释说明。

(1)标准化回归系数/因素负荷量

表 6.6 结果显示各测量指标的标准化因素负荷量介于 0.529～0.849 之间。标准化回归系数(也称为因素负荷量)的数值介于 0.5～0.95 之间,则表示整体模型基本适配度良好,该数值越大,则说明各测量指标则越能反映所测量的构念特质(吴明隆,2009,P.224),因此,研究二的整体测量模型的基本适配度较好。

(2)建构信度

潜在变量的建构信度(CR)在 0.60 以上,说明测量模型具有理想的内在质量(吴明隆,2009,P.227)。根据表 6.6 结果可知,各潜变量的建构信度介于 0.88～0.928 以上,满足 CR 大于 0.6 的要求。因此,研究二测量模型的内在质量良好。

(3)平均方差抽取量

平均方差抽取量(AVE)作为聚合效度的指标之一。一般以 AVE 大于 0.5 作为判别标准,AVE 越大,则测量越能反映共同因素构念的潜在特质(吴明隆, 2009,P.227-228)。根据表 6.6 结果所示,所有一阶因子的 AVE 值均大于 0.5, 说明研究二各变量测量工具具有较好的聚合效度。

表 6.6　研究二的验证性因子分析

因子结构	测量条款	标准化因素负荷量(R)	临界比	R^2	CR	AVE
循规行为 RF	RF1.2	0.699	—	0.489	0.885	0.524
	RF1.3	0.683	14.267	0.466		
	RF1.4	0.700	14.596	0.490		
	RF2.2	0.703	14.665	0.494		
	RF2.3	0.764	15.833	0.584		
	RF2.4	0.763	15.821	0.582		
	RF2.5	0.749	15.547	0.561		
正面破规行为 RB1	RB1.1	0.786	—	0.618	0.905	0.656
	RB1.2	0.821	20.036	0.674		
	RB1.3	0.820	20.018	0.672		
	RB1.4	0.830	20.313	0.689		
	RB1.5	0.793	19.209	0.629		
负面破规行为 RB2	RB2.1	0.705	—	0.497	0.909	0.625
	RB2.2	0.830	17.689	0.689		
	RB2.3	0.757	16.189	0.573		
	RB2.4	0.845	17.983	0.714		
	RB2.5	0.829	17.665	0.687		
	RB2.6	0.768	16.426	0.590		
顺水人情型帮助行为 HO1	HO1.1	0.785	—	0.616	0.928	0.648
	HO1.2	0.829	20.902	0.687		
	HO1.3	0.861	21.954	0.741		
	HO1.4	0.803	20.050	0.645		
	HO1.5	0.830	20.913	0.689		
	HO1.6	0.763	18.788	0.582		
	HO1.7	0.759	18.681	0.576		

续表

因子结构	测量条款	标准化因素负荷量（R）	临界比	R^2	CR	AVE
额外奉献型帮助行为 HO2	HO2.1	0.747	—	0.558	0.914	0.573
	HO2.2	0.684	15.603	0.468		
	HO2.3	0.780	18.038	0.608		
	HO2.4	0.685	15.649	0.469		
	HO2.5	0.849	19.833	0.721		
	HO2.6	0.696	15.913	0.484		
	HO2.7	0.820	19.076	0.672		
	HO2.8	0.779	18.022	0.607		
团队创新绩效 TIP	TIP1	0.750	—	0.563	0.880	0.515
	TIP2	0.796	17.894	0.634		
	TIP3	0.771	17.316	0.594		
	TIP4	0.626	13.842	0.392		
	TIP5	0.747	16.730	0.558		
	TIP6	0.764	17.142	0.584		
	TIP7	0.529	11.593	0.280		

此外，研究二还通过对各变量之间的相关系数的平方与各变量的 AVE 值进行比较进行了辨别效度的检验。当相关系数的平方小于 AVE（即相关系数小于 AVE 的平方根），则说明各变量具有较好的辨别效度（Fornell & Larcker，1981；Podsakoff & MacKenzie，1994；王重鸣，2001；Bettencourt，2004；郑梅莲，2009）。表 6.7 显示了研究二的辨别效度检验的结果，其中，对角线上括号内数值为各变量的 AVE 的平方根，非对角线上的数值为变量之间的相关系数。由表 6.7 可知，各测量变量 AVE 平方根均大于其所在行与列上的变量之间的相关系数，表明各测量工具之间具有较好的辨别效度，可进行有效的区分。

表 6.7　研究二的辨别效度检验

	RF	RB1	RB2	HO1	HO2	TIP
循规行为 RF	(0.724)					
正面破规行为 RB1	.105*	(0.810)				
负面破规行为 RB2	−.158**	.279**	(0.791)			
顺水人情型帮助行为 HO1	.487**	.226**	−.073	(0.805)		
额外奉献型帮助行为 HO2	.343**	.254**	.114**	.655**	(0.757)	
团队创新绩效 TIP	.281**	.181**	−.012	.304**	.336**	(0.718)

注：* 表示 $p<0.05$，** 表示 $p<0.01$。

6.2.5　共同方法偏差

研究二通过员工自我报告法收集数据,可能引起共同方法偏差问题(Podsakoff,MacKenzie,lee et al.,2003)。因此,笔者延续研究一的分析思路,采用 Harman 单因子检验法对共同方法偏差问题进行检验。该方法的基本假设前提和具体操作步骤在 5.1.5 小节中已做出详细介绍,此处不再重复叙述。研究二的变量的所有条款放在一起进行探索性因子分析后,结果显示出 6 个特征根大于 1 的公因子,累计可解释方差达到了 65.634%,其中解释力度最大的公因子的特征根为 10.786,解释了总方差的 26.965%,并未出现只有一个公因子或某一个单独因子解释了所有变量的大部分协方差的情况。此外,由于研究二相关变量的测量在个体和团队两个层次进行:员工行为在个体层次上测量,团队创新绩效在团队层次上测量,这样做可使共同方法偏差造成的影响降到最低(Barrick,Stewart,Neubert et al.,1998)。因此,共同方法偏差问题在研究二中可能造成的影响可以忽略不计。

❈ 6.3　假设检验

首先,笔者回顾了团队层次变量的四种操作化测量方法(均值法、方差法、最大值法或最小值法);其次,为了使研究二的分析论证过程更为严密,笔者将五种个体行为按照四种操作化方法得到的团队行为均纳入到研究二各项假设的检验中,以期发现变量间新的影响关系;再次,沿用研究一的分析思路,对研究二假设检验方法采用多元线性回归分析法以及该方法的适用条件逐一进行了说明,确认了研究二的控制变量,并将属分类变量的控制变量转换为虚拟变量,以便后继分析之用;最后,应用多元线性回归分析方法完成研究二各项假设的检验。

6.3.1　团队层次数据的操作化方法

Steiner(1972)根据任务类型的不同提出了由个体层次变量向团队层次变量聚合的四种操作化方法:

(1)可加性(additive)任务,该种任务类型的特征是:每一个体都完成具有相似性的任务,整个群体绩效是每位成员贡献加总求和计算而得(Day,Arthur,Jr.,Miyashiro et al.,2004),并不关注是谁提供的能力或力量(Barrick,Stewart,Neubert et al.,1998),比如拔河、铲雪、采摘浆果、锄地(Day,Arthur,

Jr.,Miyashiro *et al*.,2004)、移动重物(Barrick,Stewart,Neubert *et al*.,1998)等任务。通常采用**均值法**(或总和法)作为计算可加性任务相关的群体层次变量的操作方法(Day,Arthur,Jr.,Miyashiro *et al*.,2004;Bell,2007)。

(2)互补性(compensatory)任务,该种任务类型的特征是:低效率员工的绩效能够由高效率员工的绩效进行弥补(Bell,2007)。群体面对互补性任务的问题并不能很容易得到解决方案。群体成员的态度既有风险规避型,也有风险偏好型,两种对立态度对决策的影响差异会抵消(Barrick,Stewart,Neubert *et al*.,1998)。任何个体决策判断的偏差都会影响最终决策方案的制定(Day,Arthur,Jr.,Miyashiro *et al*.,2004),比如群体设定房间温度,预测股票价格(Day,Arthur,Jr.,Miyashiro *et al*.,2004)、新产品销售预测(Barrick,Stewart,Neubert *et al*.,1998)等任务。通常采用**方差法**(或标准差法)作为计算互补性任务相关的群体层次变量的操作化测量的最佳方式(Day,Arthur,Jr.,Miyashiro *et al*.,2004)。

(3)分离性(disjunctive)任务,该种任务类型的特征是:能力最突出的个体对群体绩效发挥决定性作用。以拔河比赛为例,当比赛规则设定为每位成员依次拉绳子,力气最大成员的得分作为该群体得分,那么这项拔河任务就是分离性任务。问题解决性任务(如一群数学家都为某一方程求解)也是分离性任务(Day,Arthur,Jr.,Miyashiro *et al*.,2004)。通常采用**最大值法**作为计算分离性任务相关的群体层次变量的操作化测量方法(Day,Arthur,Jr.,Miyashiro *et al*.,2004)。

(4)连接性(conjunctive)任务,该种任务类型的特征是:群体内表现最差的成员决定了群体绩效,群体内所有成员都必须成功才能保证团队整体成功。仍以拔河比赛为例,当比赛规则制定为每位成员依次轮流拉绳子,力气最小成员的得分作为该群体最终得分,那么此项任务即是连接性任务,此外还有产品生产线上的任务也属于连接性任务(Day,Arthur,Jr.,Miyashiro *et al*.,2004)。通常采用**最小值法**作为计算连接性任务相关的群体层次变量的操作化测量方法(Day,Arthur,Jr.,Miyashiro *et al*.,2004)。

四种任务类型对应的特征以及操作化测量方法如表6.8所示。

表6.8　任务类型、任务特征与群体层次变量操作化测量方法

任务类型	任务特征	操作化测量方法
可加性任务	群体内个体完成相似性任务,每一个体都对整体有所贡献,不关注由谁提供能力或力量。	均值法(总和法)

续表

任务类型	任务特征	操作化测量方法
互补性任务	不同能力的个体之间可互补,如低效率个体的绩效能够由高效率个体的绩效进行弥补。	方差法(标准差法)
分离性任务	能力最突出的个体决定着群体绩效。	最大值法
连接性任务	能力最差的个体决定着群体绩效。	最小值法

资料来源:笔者根据 Barrick,Stewart,Neubert *et al*.(1998)、Day,Arthur,Jr.,Miyashiro *et al*.(2004)以及 Bell(2007)的观点整理而得。

Steiner(1972)的四种任务分类方式为共享型构念和形态型构念的操作化测量方式提供了重要的理论依据,对于解释个体层次变量向团队层次变量的聚合转化有着重要意义(Bell,2007)。四种操作化方法各有利弊:均值法数据基于多个数据点,而不是一个数据点,在具体操作化测量团队层次相关变量时比极值法(最大值、最小值)的估计结果更为稳定(Kenny,Kashy & Bolger,1988)[①];方差法和极值法(即最大值法、最小值法)则弥补了均值法(简单聚合加总平均)造成重要信息的缺失的不足:方差法关注于个体特征的变化性,极值法则强调了某一个体对整个群体的关键性决定作用(Barrick,Stewart,Neubert *et al*.,1998)。因此,有学者(e.g.,Barrick,Stewart,Neubert *et al*.,1998)建议依据团队执行的任务性质或特征来合理选择均值法、方差法、最大值法或最小值法之一作为团队层次相关变量的操作化测量方法。

需要说明的是,依据群体成员对最终产品的贡献的结合方式(即群体绩效如何评分)来判定任务特征和任务类型,但这些任务类型并不一定要直接转化为任务执行过程中成员行为之间的关系,也不是必须依赖于任务的物理或环境属性才能实现,更不是与任务需要的绩效过程相关联(McGrath,1984)[②]。四种任务分类方式的边界划分仅仅适用于实验室任务而不适用于执行多重复杂任务的现实场景(Bell,2007),原因在于大多数团队执行的是那些具有高度互依性的任务,其任务内容并不完全是某一特定任务类型,往往同时涵盖可加性、互补性、连接性和分离性的成分要素(Pearce & Herbik,2004)。现实情况中往往是某一成分要素占主导作用或多种成分要素共同发挥影响作用。

Barrick,Stewart,Neubert *et al*.(1998)在探讨团队构成要素(个体能力、个

---

① 转引自 Day,Arthur,Jr.,Miyashiro *et al*.,2004。

② 转引自 Day,Arthur,Jr.,Miyashiro *et al*.,2004。

性)、团队进程(社会凝聚力)和团队结果(团队能力和团队绩效)之间的关系时，并没有对团队构成要素在均值法、方差法、最大值法、最小值法的每种操作方法与团队结果之间的关系都进行假设，但是在假设检验和结果报告中将四种操作方法的相关结果均呈现出来。尽管研究二结合研发团队成员及任务特征，选取了均值法或最大值法作为个体行为向团队行为聚合转化的操作方法，分析了不同类型团队行为对团队创新绩效的影响关系并提出了相应假设，但由于不能排除以另外三种操作化方法构成(除研究假设中采用的均值法或最大值法)的团队行为对团队创新绩效的影响作用。为了使研究过程更为科学严谨，也希望在基于不同操作化测量方法构成的团队行为对团队创新绩效的影响上有新的发现，本研究(研究二)也沿用 Barrick，Stewart，Neubert et al.(1998)的研究思路，除了涉及假设推导中以某一具体操作化方法构成的团队行为外，笔者还将其他操作化方法构成的团队行为作为自变量一并纳入到假设检验里，即将五种个体行为分别按照均值、最大值、最小值和方差的操作化方式聚合而成的团队行为都纳入到研究二的实证分析过程中。

6.3.2　检验方法选择

研究二以团队为分析层次，有效样本量为 136 个团队，以均值、最大值、最小值和方差四种操作化测量方式形成的团队行为变量和团队创新绩效共有 21 个。在不含转换为虚拟变量后的控制变量的情况下，研究二有效样本量与各潜变量对应的观察变量之比远远小于 10。根据结构方程模型分析对样本量的一般要求：样本能量与观察变量之间比值大于 10(吴明隆，2009；侯杰泰，温忠麟和成子娟，2004)。因此，研究二为了确保获得稳定而可靠的研究结论，采用多元线性回归分析的方法来检验各项假设。

6.3.3　检验方法的适用条件分析

研究二采用多元线性回归分析方法完成假设检验，因此与研究一的分析步骤一致(如前 5.3.2 小节所述)。笔者首先对拟分析的自变量和因变量之间的线性关系进行初步判断，然后进行方差齐性检验、残差间独立性检验以及多重共线性检验，逐一确认研究二的数据满足多元线性回归分析的各项前提条件，以保证后继数据分析的科学性和严谨性。

(1)判断自变量与因变量之间的线性关系

根据表 6.9 结果可知，190 个相关系数中有 87 个相关系数不显著，103 个相关系数显著，显著的相关系数的绝对值超过 0.7 共有 11 个(具体如表 6.9 中黑体字所示)。相关系数最大的是顺水人情型帮助行为在团队中的均值(HO1均)与顺水人情型帮助行为在团队中的最小值(HO1 最小)的相关系数是 0.80($p<0.01$)。根据冯力(2004)提出的"样本相关系数不应超过 0.7"作为是否存在严重多重共线性问题的经验判定标准可知,研究二各变量之间可能存在较为严重的多重共线性问题,多重共线性的严重程度将在后面进行详细分析讨论。为了保证研究二的科学性和严谨性,笔者在检验有关回归假设时,将没有相关性的变量也纳入到分析中。此外,笔者做数据散点图分析时发现:变量之间的线性相关程度通过散点图有所体现,相关性越高,线性趋势越明显。图 6.2 以共享型构念为例,表示顺水人情型帮助行为在团队内的均值与团额外奉献型帮助行为在团队内的均值之间关系的数据散点图。鉴于篇幅所限,其余变量之间的数据散点图不再画出。

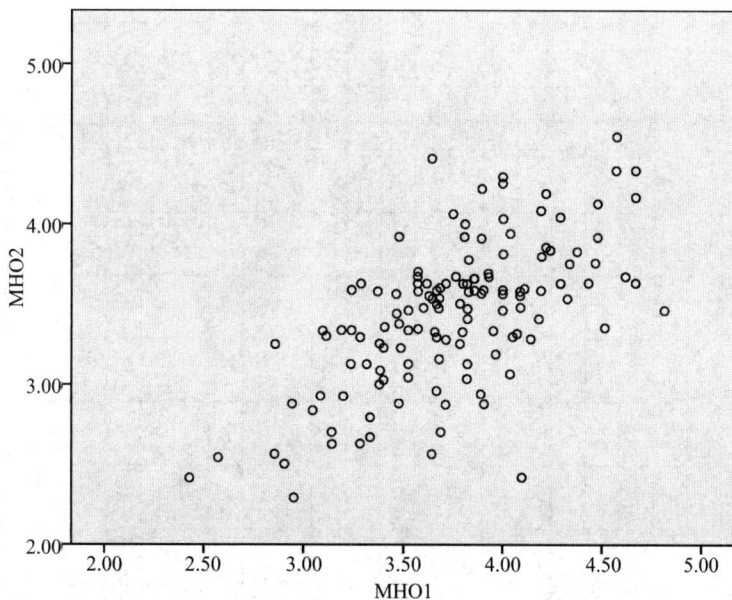

图 6.2　数据散点图(顺水人情型帮助行为均值与额外奉献型帮助行为均值)

(2)方差齐性检验

以团队创新绩效作为因变量绘制出的标准化预测值与标准化残差值的残差图(见图 6.3)没有发现明显的规律性,因此,研究二的样本数据视为通过方差齐性检验。

表 6.9　四种操作化方法构成的团队行为与团队创新绩效的 Pearson 相关系数

	1	2	3	4	5	6	7	8	9	10	11	12	13	14	15	16	17	18	19	20	21
1.RF 均																					
2.RB1 均	0.11																				
3.RB2 均	-0.27**	0.22*																			
4.HO1 均	0.51**	0.28**	-0.21*																		
5.HO2 均	0.37**	0.21**	-0.03	0.63**																	
6.RF 方差	-0.24**	0.02	-0.16	0.05	0.16																
7.RB1 方差	0.25**	-0.17	-0.18*	0.26*	0.26**	-0.03															
8.RB2 方差	0.17*	0.12	0.06	0.13	0.15	0.03	0.23**														
9.HO1 方差	0.02	-0.21**	-0.24**	-0.05	0.04	0.31**	0.09	0.13													
10.HO2 方差	0.10	-0.16	-0.20*	0.02	-0.07	0.10	0.18*	0.12	0.42**												
11.RF 最大	0.78**	0.14	-0.29**	0.52**	0.40**	0.28**	0.19*	0.20*	0.14	0.16											
12.RB1 最大	0.27**	0.76**	0.09	0.37**	0.36**	-0.03	0.40**	0.20*	-0.09	-0.03	0.26**										
13.RB2 最大	-0.09	0.27**	0.75**	-0.04	0.09	-0.09	-0.04	0.63**	-0.08	-0.07	-0.04	0.23**									
14.HO1 最大	0.47**	0.13	-0.33	0.79**	0.54**	0.19*	0.26**	0.18*	0.46**	0.26**	0.58**	0.31**	-0.06								
15.HO2 最大	0.34**	0.10	-0.18*	0.52**	0.72**	0.20*	0.29**	0.19*	0.33**	0.51**	0.44**	0.30**	0.04	0.68**							
16.RF 最小	0.77**	0.04	-0.06	0.33**	0.18*	-0.70**	0.20*	0.03	-0.12	0.02	0.34**	0.17	-0.06	0.20*	0.10						
17.RB1 最小	-0.07	0.78**	0.27**	0.05	0.04	0.05	-0.67**	-0.10	-0.21*	-0.25*	-0.02	0.31**	0.16	-0.08	-0.11	-0.06					
18.RB2 最小	-0.28**	0.12	0.78**	-0.21*	-0.09	-0.16	-0.31**	-0.47**	-0.23*	-0.23*	-0.32**	-0.07	0.30**	-0.35**	-0.25*	0.00	0.31**				
19.HO1 最小	0.38**	0.28**	-0.07	0.80**	0.46**	-0.09	0.12	-0.03	-0.54**	-0.18*	0.32**	0.25**	-0.07	0.39**	0.24**	0.33**	0.15	0.01			
20.HO2 最小	0.24**	0.21**	0.06	0.45**	0.78**	0.07	0.08	-0.01	-0.17	-0.58**	0.21*	0.21*	0.03	0.27**	0.29**	0.16	0.17	0.09	0.48**		
21.TIP	0.36**	0.27**	-0.02	0.35**	0.37**	0.02	0.22*	0.23**	-0.03	-0.06	0.35**	0.38**	0.09	0.25**	0.27**	0.22**	0.10	-0.11	0.25**	0.28**	

注：$N = 136$。* 表示 $p < 0.05$，** 表示 $p < 0.01$。RF 表示循规行为，RB1 表示正面破规行为，RB2 表示负面破规行为，HO1 表示顺水人情型帮助行为，HO2 表示额外奉献型帮助行为，TIP 表示团队创新绩效。"均"、"方差"、"最大"、"最小"分别表示均值，方差，最大值和最小值，如"RF 均"表示循规行为在团队中的均值，其余类推。以下同。

Scatterplot
Dependent Variable：团队创新绩效

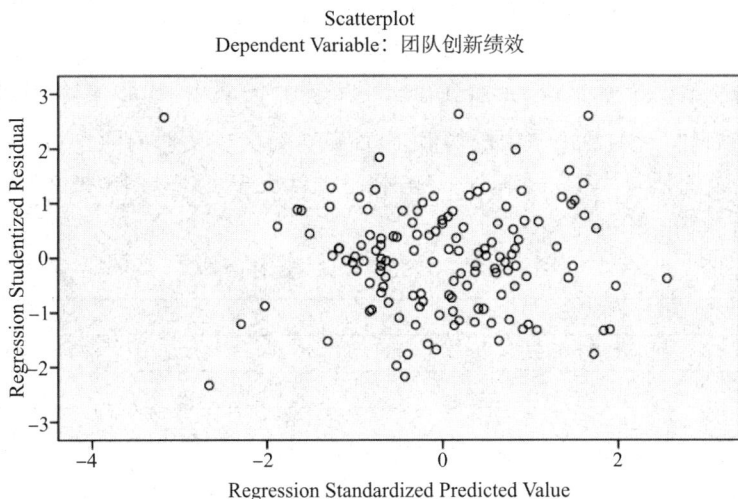

图 6.3 以团队创新绩效作为因变量的标准化预测值与标准化残差值的散点图

（3）残差间独立性检验

研究二模型 DW 统计量 d 值等于 1.906，接近于 2。根据马庆国(2002)的 DW 检验判断标准：研究二的样本数据无自相关问题，满足回归分析的前提条件。

（4）多重共线性检验

在前述判断自变量与因变量之间线性关系中，根据研究二变量之间相关系数，已初步判定变量之间存在一定程度的多重共线性问题。笔者沿用研究一的多重共线性检验步骤：采用强制进入法进行回归分析，根据各自变量的容忍度和方差膨胀因子(VIF)判定模型的多重共线性的严重程度；一旦多重共线性问题严重时，采用后向逐步回归法，逐步剔除解释变量并再次进行多重共线性检验，直到此模型中的 VIF 和容忍度达到"VIF 值都小于 10，容忍度都大于 0.1"的要求(e.g.，马庆国，2002；张文彤，2004；钱源源，2010)，以五种个体行为在团队内的均值、最大值、最小值和方差以及团队建立时间、团队规模、团队任务类型和团队发展阶段作为自变量，以团队创新绩效为因变量，采用强制进入法进行回归分析。根据表 6.10 的结果可知，研究二回归模型存在非常严重的多重共线性问题。造成该问题的原因可能是根据同一个体行为通过不同操作化方法计算得到该行为在团队层次的四个分值，多个团队行为变量的原始数据来源相同。

笔者采用后向逐步回归法逐步删除变量以降低多重共线性对研究二回归模型的影响程度。如表 6.11 所示，依次剔除了团队发展阶段 S1(初始形成期 vs.顺利执行期)、顺水人情型帮助行为在团队内的最小值、正面破规行为在团队内的方差、团队发展阶段 S3(规范合作期 vs.顺利执行期)、团队任务类型 T3(产

品开发 vs.技术服务)、团队发展阶段 S2(冲突动荡期 vs.顺利执行期)、团队建立
时间、额外奉献型帮助行为在团队内的均值、循规行为在团队内的方差、正面破
规行为在团队内的最小值、正面破规行为在团队内的均值、循规行为在团队内
的最小值、循规行为在团队内的均值、负面破规行为在团队内的均值后,回归模
型剩余自变量满足"VIF 值都小于 10,容忍度都大于 0.1"要求(张文彤,2004),
因此可进行下一步的分析。

表 6.10　研究二的多重共线性诊断

变　　量	容忍度	VIF
(常量)		
RF 均	.080	12.448
RB1 均	.077	13.045
RB2 均	.065	15.414
HO1 均	.067	14.874
HO2 均	.079	12.683
RF 方差	.100	9.954
RB1 方差	.083	12.035
RB2 方差	.082	12.218
HO1 方差	.080	12.463
HO2 方差	.084	11.935
RF 最大	.121	8.280
RB1 最大	.095	10.544
RB2 最大	.049	20.248
HO1 最大	.072	13.941
HO2 最大	.096	10.451
RF 最小	.065	15.419
RB1 最小	.057	17.537
RB2 最小	.089	11.285
HO1 最小	.055	18.050
HO2 最小	.056	17.717
基础研究 vs 技术服务	.665	1.504
应用研究 vs 技术服务	.507	1.972
产品开发 vs 技术服务	.563	1.776
初始形成期 vs 顺利执行期	.621	1.610
冲突动荡期 vs 顺利执行期	.733	1.364
规范合作期 vs 顺利执行期	.582	1.717
团队建立时间	.879	1.138
团队规模	.779	1.284

因变量:团队创新绩效

222

表6.11 研究二团队行为对团队创新绩效回归分析的多重共线性检验

变量	模型1 容忍度	模型1 VIF	模型2 容忍度	模型2 VIF	模型3 容忍度	模型3 VIF	模型4 容忍度	模型4 VIF	模型5 容忍度	模型5 VIF	模型6 容忍度	模型6 VIF	模型7 容忍度	模型7 VIF	模型8 容忍度	模型8 VIF
团队建立时间	.830	1.137	.880	1.136	.884	1.132	.884	1.131	.888	1.126	.890	1.123	.893	1.120	—	—
团队规模	.731	1.280	.809	1.235	.810	1.235	.810	1.234	.817	1.223	.817	1.223	.820	1.220	.852	1.174
基础研究 vs.技术服务	.635	1.505	.708	1.412	.708	1.412	.718	1.393	.721	1.387	.809	1.237	.814	1.229	.816	1.226
应用研究 vs.技术服务	.517	1.935	.535	1.870	.538	1.859	.551	1.815	.554	1.806	.829	1.206	.837	1.195	.837	1.195
产品开发 vs.技术服务	.570	1.754	.576	1.736	.577	1.734	.584	1.712	.588	1.700	—	—	—	—	—	—
匀始形成期 vs.顺利执行期	.624	1.601	—	—	—	—	—	—	—	—	—	—	—	—	—	—
冲突动荡期 vs.顺利执行期	.737	1.356	.777	1.286	.778	1.286	.783	1.278	.821	1.218	.822	1.217	—	—	—	—
规范合作期 vs.顺利执行期	.531	1.721	.701	1.426	.709	1.411	.716	1.397	—	—	—	—	—	—	—	—
循规行为均值①	.031	12.334	.082	12.253	.082	12.176	.082	12.154	.082	12.153	.083	12.058	.083	11.999	.083	11.991
正面破规行为均值	.079	12.657	.079	12.651	.079	12.650	.080	12.497	.080	12.489	.080	12.477	.081	12.396	.081	12.393
负面破规行为均值	.072	13.794	.073	13.695	.074	13.541	.080	12.425	.081	12.406	.081	12.358	.081	12.296	.081	12.294
顺水人情型帮助行为均值	.038	14.615	.069	14.439	.115	8.723	.121	8.298	.121	8.294	.121	8.232	.122	8.201	.125	7.992
额外奉献型帮助行为均值	.079	12.701	.080	12.442	.089	11.202	.090	11.166	.090	11.153	.090	11.149	.090	11.062	.092	10.928
循规行为最大值	.122	8.168	.124	8.055	.129	7.773	.129	7.766	.129	7.764	.129	7.757	.129	7.756	.130	7.694
正面破规行为最大值	.036	10.433	.096	10.371	.097	10.288	.177	5.644	.177	5.642	.181	5.531	.181	5.519	.181	5.514
负面破规行为最大值	.055	18.323	.055	18.323	.055	18.183	.064	15.657	.064	15.526	.064	15.514	.064	15.514	.065	15.486
顺水人情型帮助行为最大值	.072	13.936	.074	13.551	.084	11.888	.087	11.450	.087	11.447	.088	11.384	.089	11.299	.092	10.923
额外奉献型帮助行为最大值	.035	10.516	.095	10.476	.096	10.412	.098	10.225	.098	10.181	.099	10.139	.099	10.136	.099	10.099
循规行为最小值	.034	15.516	.065	15.446	.068	14.655	.068	14.654	.068	14.619	.068	14.609	.070	14.207	.070	14.189
正面破规行为最小值	.057	17.481	.058	17.378	.058	17.318	.165	6.063	.165	6.063	.165	6.062	.165	6.061	.165	6.061

① 受篇幅所限,笔者将"循规行为在团队内的均值"简写为"循规行为均值",表格内其他行为相关变量命名也采用了类似的表述方式。

续表

变量	模型1 容忍度	模型1 VIF	模型2 容忍度	模型2 VIF	模型3 容忍度	模型3 VIF	模型4 容忍度	模型4 VIF	模型5 容忍度	模型5 VIF	模型6 容忍度	模型6 VIF	模型7 容忍度	模型7 VIF	模型8 容忍度	模型8 VIF
负面破规行为最小值	.089	11.287	.090	11.116	.095	10.505	.095	10.494	.097	10.350	.097	10.334	.098	10.239	.098	10.215
顺水人情型帮助行为最小值	.056	17.868	.057	17.650	—	—	—	—	—	—	—	—	—	—	—	—
额外奉献型帮助行为最小值	.057	17.631	.058	17.319	.069	14.487	.073	13.736	.073	13.610	.074	13.579	.075	13.280	.076	13.138
循规行为在方差	.100	9.950	.101	9.936	.108	9.264	.108	9.259	.110	9.089	.110	9.082	.115	8.693	.116	8.647
正面破规行为方差	.083	12.098	.083	12.002	.083	11.983	—	—	—	—	—	—	—	—	—	—
负面破规行为方差	.083	12.005	.083	11.980	.086	11.676	.095	10.554	.096	10.420	.096	10.414	.096	10.408	.096	10.367
顺水人情型帮助行为方差	.080	12.474	.080	12.474	.233	4.288	.236	4.242	.243	4.122	.245	4.085	.247	4.045	.255	3.928
额外奉献型帮助行为方差	.084	11.928	.084	11.893	.095	10.573	.099	10.134	.099	10.069	.100	10.044	.102	9.781	.102	9.781

变量	模型9 容忍度	模型9 VIF	模型10 容忍度	模型10 VIF	模型11 容忍度	模型11 VIF	模型12 容忍度	模型12 VIF	模型13 容忍度	模型13 VIF	模型14 容忍度	模型14 VIF	模型15 容忍度	模型15 VIF
团队建立时间	.853	1.173	.853	1.173	.855	1.170	.859	1.164	.861	1.162	.948	1.055	.948	1.055
团队规模	.824	1.213	.825	1.212	.838	1.194	.892	1.121	.892	1.121	.925	1.081	.925	1.081
基础研究 vs.技术服务	.854	1.171	.863	1.159	.877	1.141	.890	1.124	.911	1.098	.911	1.098	.928	1.077
应用研究 vs.技术服务	—	—	—	—	—	—	—	—	—	—	—	—	—	—
产品开发 vs.技术服务	—	—	—	—	—	—	—	—	—	—	—	—	—	—
冲突动荡期 vs.顺利执行期	—	—	—	—	—	—	—	—	—	—	—	—	—	—
规范合作期 vs.顺利执行期	—	—	—	—	.336	2.980	—	—	.336	3.272	—	—	—	—
循规行为均值	.824	1.213	.084	11.911	.084	11.886	.085	11.811	.084	—	.087	11.491	—	—
正面破规行为均值	.854	1.171	.086	11.623	.086	11.678	.086	11.660	.087	11.493	—	—	—	—
负面破规行为均值	.824	1.213	.083	12.019	—	—	.150	6.654	—	—	—	—	—	—
顺水人情型帮助行为均值	.854	1.171	.148	6.759	.148	6.746	.197	5.076	.151	6.642	.152	6.588	.152	6.588
额外奉献型帮助行为均值	—	—	.196	5.105	.196	5.076	—	—	—	—	—	—	—	—
循规行为最大值	.130	7.692	.197	—	.197	—	.197	—	.197	3.188	.575	1.738	.584	1.711

续表

变　量	模型 9 容忍度	模型 9 VIF	模型 10 容忍度	模型 10 VIF	模型 11 容忍度	模型 11 VIF	模型 12 容忍度	模型 12 VIF	模型 13 容忍度	模型 13 VIF	模型 14 容忍度	模型 14 VIF	模型 15 容忍度	模型 15 VIF
正面破规行为最大值	.196	5.103	.200	5.010	.334	2.993	.700	1.429	.700	1.429	.718	1.393	.724	1.381
负面破规行为最大值	.065	15.479	.072	13.979	.074	13.495	.074	13.439	.076	13.117	.078	12.860	.124	8.073
顺水人情型帮助行为最大值	.096	10.442	.101	9.885	.101	9.863	.102	9.822	.102	9.806	.102	9.805	.102	9.767
额外奉献型帮助行为最大值	.121	8.274	.124	8.054	.124	8.045	.124	8.037	.126	7.965	.127	7.891	.128	7.809
循规行为最小值	.071	14.172	.179	5.573	.180	5.557	.184	5.441	—	—	—	—	—	—
正面破规行为最小值	.169	5.918	.171	5.853	—	—	—	—	—	—	—	—	—	—
负面破规行为最小值	.099	10.095	.103	9.740	.103	9.712	.105	9.559	.106	9.404	.107	9.306	.159	6.287
顺水人情型帮助行为最小值	—	—	—	—	—	—	—	—	—	—	—	—	—	—
额外奉献型帮助行为最小值	.123	8.117	.133	7.543	.133	7.511	.133	7.497	.133	7.497	.134	7.437	.137	7.316
循规行为方差	.116	8.646	—	—	—	—	—	—	—	—	—	—	—	—
正面破规行为方差	—	—	—	—	—	—	—	—	—	—	—	—	—	—
负面破规行为方差	.036	10.363	.104	9.645	.107	9.302	.108	9.224	.110	9.099	.113	8.821	.115	8.710
顺水人情型帮助行为方差	.258	3.876	.303	3.305	.303	3.295	.304	3.288	.305	3.274	.306	3.269	.306	3.267
额外奉献型帮助行为方差	.104	9.590	.109	9.210	.109	9.210	.109	9.189	.109	9.136	.110	9.054	.112	8.914

6.3.4 控制变量确认

笔者对研究二所涉及的团队规模、团队发展阶段、团队建立时间对团队创新绩效的影响进行分析,以判断这三个团队特征是否是研究二的控制变量。具体分析方法和判断标准在研究一中已详细说明,故此处不再重复赘述。

(1)团队规模对团队创新绩效的影响分析

如前所述(2.5.3.2 小节),学者们就团队规模对团队创新绩效的影响关系主要存在三类观点:(a)团队规模越大,团队创新绩效越高,原因在于:在规模较大的团队里,团队成员的创新突破性较强(West & Anderson,1996);规模较大的团队成员常常具有多样化的背景特征,更易于产生创意,实现创新的资源也更丰富,而且规模较大的团队的领导更愿意对下属工作开展指导(Mullen,Symons,Hu et al.,1989)。(b)团队规模越大,团队创新绩效越低,原因在于:团队规模的扩大会引发工作超负荷、社会惰性现象、沟通障碍、决策障碍及团队进程的其他损耗,团队成员不易在共享目标和意见上达成一致(Curral,Forrester,Dawson et al.,2001;钱源源,2010),较小规模的团队的成员职责相对明确,团队易于整合且更高效工作(Clark & Fujimoto,1981)[1]。(c)团队规模与团队创新绩效之间呈"∩"形的曲线关系,原因在于:团队规模过小,会导致团队目标模糊,团队内部缺乏明确领导,而且缺乏多样化的观点来激发团队成员的创造性思维(杰恩和川迪斯,2005,P.82)。团队规模过大,一方面会导致工作超负荷、团队行动迟缓、团队运作过程混乱(Clark & Fujimoto,1981)[2],使得团队主管占用较多时间用于团队管理,导致团队成员没有足够时间表达思想和发挥创造性(杰恩和川迪斯,2005,P.82);另一方面,团队内部可能会形成一些竞争性的小团队,难以控制团队成果(罗宾斯,2002,P.116)。因此,适中的团队规模(4 或 5 个以上,12 个以下)最有效(罗宾斯,2002,P.116)。Kratzer,Leenders & Van Engelen(2005)的实证研究证实了团队规模与团队绩效之间呈"∩"型曲线关系。由以上分析可知,团队规模可能对研发团队的团队创新绩效产生影响作用。

笔者采用单因素方差分析方法,判断不同规模的团队在团队创新绩效上是否存在显著差异,结果如表 6.12 所示。在置信度为 95%的水平下,团队规模不同,团队创新绩效并没有显著差异。尽管以往研究虽没有直接的实证结果支持

---

① 转引自哈里斯,2004,P.99。

② 转引自哈里斯,2004,P.99。

团队规模与团队创新绩效存在相关关系的结论,但学者们围绕团队规模与团队创新、团队规模与团队绩效展开了一系列详细的论述和实证分析,这些观点和结果足以引起笔者就团队规模对团队创新绩效影响关系的关注,而且并不能排除在同时考虑团队规模与团队行为等因素时,团队规模会对团队创新绩效产生影响的可能性。因此,为了使研究过程更为严谨科学,研究结果更为真实准确,笔者将团队规模作为研究二的控制变量进行分析。

表 6.12　团队规模对团队创新绩效的影响作用分析结果

变　量	方差齐性检验		均值差异检验	
	显著性概率	是否齐性	显著性概率	是否显著
团队创新绩效	.974	是	.119	否

(2)团队发展阶段对团队创新绩效的影响分析

Tuckman 及其同事(Tuckman,1965;Tuckman & Jensen,1977)提出了群体发展阶段(Stages of Group Development)的观点:在群体所处的不同发展阶段(形成期、动荡期、规范期、执行期和中止期),群体结构(即人际互动模式)和任务活动均呈现出不同的特点,如表 6.13 所示。团队是一种特殊的群体(Bell,2004),是为了实现某一目标而由相互协作的个体组成的正式群体(李卫东,刘洪和陶厚永,2008),因此,团队发展遵循群体发展阶段的规律。群体所处的发展阶段对于群体绩效产生相应的影响作用:以动荡期和规范期为例,处于动荡期的群体内部表现出较高水平的人际冲突(Tuckman,1965),而组织内部冲突对组织创造力有阻碍作用(Amabile,1996,1997);处于规范期的群体成员逐渐适应自己在群体中的身份和角色,会形成群体认同感(Smith,2005),容易接受来自群体内其他成员的意见(Tuckman,1965),有助于群体绩效的提升。已有研究表明:团队成员之间的人际互动质量会促进团队创造力的提升(Kao,1991)[①],团队成员之间的亲密程度越高,团队创新绩效越好(Kratzer,Leenders & Van Engelen,2006),团队成员间的沟通频率则对团队创新绩效产生负面作用(Kratzer,Leenders & Van Engelen,2004)。因此,处于规范期的团队内部频繁发生的人际互动也会对团队创新绩效产生影响。刘惠琴(2007)以学科团队为研究对象,证实了团队发展阶段与团队创新绩效呈"U"形曲线关系。由以上分析可知,团队发展阶段可能会对研发团队的团队创新绩效产生影响。

---

① 转引自 Kylén & Shani,2002。

表 6.13　群体发展的阶段特征

阶段名称	群体结构特点 ——人际关系互动模式	任务活动特征 ——任务相关的互动内容
形成阶段（Forming）	测试、互依	对任务的兴趣（关注）
动荡阶段（Storming）	群体内冲突	对任务需求的情感相应
规范阶段（Norming）	形成内群体知觉和凝聚力；发展新标准，适应新角色	任务数据及信息的公开交换；亲密情感，沟通反馈意见表达
执行阶段（Performing）	角色灵活化、功能化；解决结构性问题，结构支持任务表现	人际结构作为任务活动主要工具；将群体能量运用于任务中，形成解决方案
中止阶段（Adjourning）	对领导及群体成员的分别产生焦虑感和悲伤情绪	自我评估

资料来源：Tuckman(1965)；Tuckman & Jensen(1997)

　　笔者采用单因素方差分析方法，判断处于不同发展阶段的团队在团队创新绩效上是否存在显著差异，结果如表 6.14 所示。在置信度为 95％ 的水平下，团队发展不同，团队创新绩效并没有显著差异。以往研究虽没有直接实证支持团队发展阶段与团队创新绩效的相关关系的结论，但不同学者的研究结论反映出不同阶段各自特征对团队创新绩效可能产生的影响（e.g.，Kratzer，Leenders & Van Engelen，2004；2006b），也就是说研究二并不能排除在同时考虑团队发展阶段与团队行为等因素时，团队发展阶段对团队创新绩效产生影响的可能性。因此，为了使研究过程更为严谨科学，研究结果更为真实准确，笔者将团队规模作为研究二的控制变量进行分析。

表 6.14　团队发展阶段对团队创新绩效的影响作用分析结果

变　量	方差齐性检验		均值差异检验	
	显著性概率	是否齐性	显著性概率	是否显著
团队创新绩效	.602	是	.776	否

（3）团队建立时间对团队创新绩效的影响分析

　　就团队建立时间对团队创新绩效之间的影响关系，主要存在两类观点：（1）团队建立时间越长，团队创新绩效越低。原因在于随着研发团队建立时间变长，研发人员会越来越满足于他们狭窄的研究领域，而对更新更广阔的研究领

域进行开拓表现出越来越少的兴趣(Pelz & Andrews,1966①;Bantel &
Jackson,1989)。团队成员在一起工作的时间越久,他们对于关键信息资源的沟
通、对环境的细致观察和团队内外部交流越少(Katz,1982)。因此,在团队成
员不发生变动的情况下,团队会随着建立时间的增加而表现出更少的创新性,在
创新方面取得的成果逐渐减少(Kratzer,Leenders & Van Engelen,2004)。(2)
团队建立时间越长,团队创新绩效越高。持有此类观点的学者(e.g.,West &
Anderson,1996)认为团队在一起工作的时间越长,团队越可能创造出新的工作
方式,使得团队成员参与决策和有效交流,有利于团队创新。由以上分析可知,
团队建立时间可能对研发团队的团队创新绩效产生影响。

　　笔者采用单因素方差分析方法,判断处于不同建立时间的团队在团队创新
绩效上是否存在显著差异,结果如表 6.15 所示。在置信度为 95％的水平下,团
队建立时间不同,团队创新绩效并没有显著差异。但以往学者们(e.g.,Katz,
1982;Bantel & Jackson,1989;West & Anderson,1996;Kratzer,Leenders &
Van Engelen,2004)的不同观点和研究结论足以引起研究二就团队规模对团队
创新绩效影响关系的关注,而且研究二无法排除在同时考虑团队建立时间与团
队行为时,团队建立时间对团队创新绩效产生影响的可能性。因此,笔者将团
队建立时间也作为研究二的控制变量一并进行后继分析。

表 6.15　团队建立时间对团队创新绩效的影响作用分析结果

变　量	方差齐性检验		均值差异检验	
	显著性概率	是否齐性	显著性概率	是否显著
团队建立时间	.338	是	.314	否

　　(4)团队任务类型对团队创新绩效的影响分析

　　笔者采用单因素方差分析方法,判断处于不同任务类型的团队在团队创新
绩效上是否存在显著差异,结果如表 6.16 所示。在置信度为 95％的水平下,团
队任务类型不同,团队创新绩效并没有显著差异。尽管以往研究并未得到关于
团队任务类型对团队创新绩效产生显著影响差异的结论,但并不能排除同时考
虑团队任务类型与团队行为时,团队任务类型对研发团队团队创新绩效产生影
响的可能性。因此,为了使研究过程更为严谨科学,研究结果更为真实准确,笔
者将团队任务类型作为控制变量一并进行后继分析。

————————

① 转引自杰恩和川迪斯,2005,P.55。

表 6.16　团队任务类型对团队创新绩效的影响作用分析结果

变　量	方差齐性检验		均值差异检验	
	显著性概率	是否齐性	显著性概率	是否显著
团队任务类型	.201	是	.682	否

（5）类别变量转换为虚拟变量

根据前述分析,研究二的控制变量包括:团队规模、团队发展阶段、团队建立时间和团队任务类型。团队规模作为有序分类变量,分别为"5 人及以下"、"6~10 人"、"11~15 人"和"16 人及以上"四组,不同等级对反应变量(团队创新绩效)的影响程度是一致的(张文彤,2004,P.175),类似的还有团队建立时间("半年以下"、"半年~1 年"、"1~2 年"以及"2 年以上"),因此,研究二将团队规模和团队建立时间作为连续变量代入回归方程。

团队发展阶段的频次统计结果如前述表 4.9 所示,由于处于任务中止期的团队样本只有 1 个,无法满足进行多元回归分析时每个预测变量至少要有 5 个样本的最低要求(陈正昌,程炳林,陈新丰等,2005,P.11),因此,任务中止期阶段不列入研究二的分析。研究二将团队发展阶段转换为 3 个哑变量,分别为 S1("初始形成期 vs.顺利执行期")、S2("冲突动荡期 vs.顺利执行期")和 S3("规范合作期 vs.顺利执行期")。团队任务类型转换为 3 个哑变量,分别为 T1("基础研究 vs.技术服务")、T2("应用研究 vs.技术服务")、T3("产品开发 vs.技术服务")[①]。具体转换过程可参见陈正昌,程炳林,陈新丰等(2005,P.18-22)。

6.3.5　多元线性回归检验模型

完成回归分析的各项前提条件检验后,研究二中各项假设的检验方法与研究一的直接效应的假设检验方法一致:通过强制进入法将控制变量、因变量以及自变量分别放入回归方程中;在判断回归模型整体有效的前提下,具体分析哪些自变量对因变量产生显著影响作用。

研究二的多元线性回归方程构建如下:

$$Y_2 = \beta'_0 + \beta'_1 X'_1 + \beta'_2 X'_2 + \beta'_3 X'_3 + \beta'_4 X'_4 + \beta'_5 X'_5 + \beta'_{6i} X'_6 + \beta'_7 X'_7 + \beta'_8 X'_8 + \beta'_9 X'_9 + \beta'_{10} X'_{10} + \beta'_{11} X'_{11} + \beta'_{12} X'_{12} + \beta'_{13} X'_{13} + \beta'_{14} X'_{14} + \varepsilon_2$$

（公式 6.3）

---

① 参考陈正昌,程炳林,陈新丰等(2005)的处理方式,笔者在对团队发展阶段和团队任务类型进行虚拟变量赋值时均以最后一类作为基准类。

Y_2表示团队创新绩效,X_1'表示团队规模,X_2'表示团队任务类型 $T1$(基础研究 $vs.$技术服务),X_3'表示团队任务类型 $T2$(应用研究 $vs.$技术服务),X_4'表示顺水人情型帮助行为在团队内的均值,X_5'表示循规行为在团队内的最大值,X_6'表示正面破规行为在团队内的最大值,X_7'表示负面破规行为在团队内的最大值,X_8'表示顺水人情型帮助行为在团队内的最大值,X_9'表示额外奉献型帮助行为在团队内的最大值,X_{10}'表示负面破规行为在团队内的最小值,X_{11}'表示额外奉献型帮助行为在团队内的最小值,X_{12}'表示负面破规行为在团队内的方差,X_{13}'表示顺水人情型帮助行为在团队内的方差,X_{14}'表示额外奉献型帮助行为在团队内的方差;β_0'表示常数项,β_1'至 β_{14}'分别表示各自变量对因变量的主效应,ε_2表示误差项。

6.3.6　团队层次行为与团队创新绩效之间关系的假设检验

以团队创新绩效作为因变量的多元线性回归分析结果如表 6.17 所示,采用强制进入法分两步构建出模型一和模型二。模型一仅考虑控制变量的作用,由结果可知,团队规模和团队任务类型对团队创新绩效均没有显著影响。模型二的分析结果表明:五种个体行为采用四种操作方法构成的团队行为对团队创新绩效的主效应显著($F=4.557,p<0.001$),构建的模型二对团队创新绩效的解释力显著提高了 31.6%($\Delta F=5.312,p<0.001$)。其中,顺水人情型帮助行为在团队内的均值对团队创新绩效有显著的正向影响($\beta=0.386,p<0.05$),循规行为在团队内的最大值对团队创新绩效有显著的正向影响($\beta=0.264,p<0.01$),正面破规行为在团队内的最大值对团队创新绩效有显著的正向影响($\beta=0.248,p<0.01$),负面破规行为在团队内的最大值对团队创新绩效有显著的负向影响($\beta=-0.527,p<0.05$),顺水人情型帮助行为在团队内的最大值对团队创新绩效有显著的负向影响($\beta=-0.524,p<0.05$),额外奉献型帮助行为在团队内的最大值对团队创新绩效有显著的正向影响($\beta=0.512,p<0.05$),负面破规行为在团队内的最小值对团队创新绩效有显著的正向影响($\beta=0.421,p<0.05$),负面破规行为在团队内的方差对团队创新绩效有显著的正向影响($\beta=0.650,p<0.05$),额外奉献型帮助行为在团队内的方差对团队创新绩效有显著的负向影响($\beta=-0.508,p<0.05$)。

表 6.17　团队行为对团队创新绩效的回归分析结果

变　　量	模型一	模型二
团队规模	.134	.121
基础研究 vs.技术服务	.080	.083
应用研究 vs.技术服务	.089	.080
顺水人情型帮助行为在团队内的均值		.386*
循规行为在团队内的最大值		.264**
正面破规行为在团队内的最大值		.248**
负面破规行为在团队内的最大值		$-.527^*$
顺水人情型帮助行为在团队内的最大值		$-.524^*$
额外奉献型帮助行为在团队内的最大值		.512*
负面破规行为在团队内的最小值		.421*
额外奉献型帮助行为在团队内的最小值		$-.317$
负面破规行为在团队内的方差		.650*
顺水人情型帮助行为在团队内的方差		.176
额外奉献型帮助行为在团队内的方差		$-.508^*$
R^2	0.029	0.345
ΔR^2	0.029	0.316
F	1.317	4.557***
ΔF	1.317	5.312***

注：* 表示 $p<0.05$，** 表示 $p<0.01$，*** 表示 $p<0.001$。

根据回归分析结果,以团队创新绩效作为因变量的回归方程如下：

团队创新绩效＝0.121×团队规模＋0.083×团队任务类型(基础研究 vs.技术服务)＋

0.080×团队任务类型(应用研究 vs.技术服务)＋

0.386×顺水人情型帮助行为在团队内的均值＋

0.264×循规行为在团队内的最大值＋

0.248×正面破规行为在团队内的最大值－

0.527×负面破规行为在团队内的最大值－

0.524×顺水人情型帮助行为在团队内的最大值＋

0.512×额外奉献型帮助行为在团队内的最大值＋

0.421×负面破规行为在团队内的最小值－

0.317×额外奉献型帮助行为在团队内的最小值＋

0.650×负面破规行为在团队内的方差＋

0.176×顺水人情型帮助行为在团队内的方差－

0.508×额外奉献型帮助行为在团队内的方差

❈ 6.4　研究结论

研究二以高新技术企业研发团队为研究对象,检验了团队层次的循规行为、正面破规行为、负面破规行为、顺水人情型帮助行为和额外奉献型帮助行为对团队创新绩效的影响。根据实证分析的结果,研究二中有三个假设获得了证实,也有部分假设未被证实。本章的假设推导(6.1 小节)对已证实假设进行了详细的论述,在最后一章也会对本书的两个子研究进行综合性归纳分析,故本节对于已经获得证实的假设仅做简要说明,对未证实假设和额外发现展开讨论。

6.4.1　已证实假设

H2-2:正面破规行为在团队内的最大值对研发团队的团队创新绩效有正向影响,H2-3:负面破规行为在团队内的最大值对研发团队的团队创新绩效有负向影响,H2-5:额外奉献型帮助行为对团队内的最大值对研发团队的团队创新绩效有正向影响。根据多元回归分析的结果(表 6.17)显示:正面破规行为在团队内的最大值对团队创新绩效有显著的正向影响($\beta = 0.248, p < 0.01$),负面破规行为在团队内的最大值对团队创新绩效有显著的负向影响($\beta = -0.527, p < 0.05$),额外奉献型帮助行为对团队内的最大值对团队创新绩效有显著的正向影响($\beta = 0.512, p < 0.05$),因此 H2-2、H2-3 和 H2-5 得到了证实。

6.4.2　未证实假设

(1)H2-1:循规行为在团队内的均值对研发团队的团队创新绩效有正向影响。由于研究二中研发团队任务并未局限于某一特定的任务类型,由同一批原始数据根据不同方法(均值、最大值、最小值和方差)计算得出团队循规行为的四个分值,循规行为在团队中的均值与循规行为在团队中的最大值的 Pearson 相关系数为 $0.78(p < 0.01)$(如表 6.9 所示),具有较高的相关性,因此,在多重共线性检验中(见表 6.11),循规行为在团队内的均值被剔除。H2-1 没有得到证实。

(2)H2-4:顺水人情型帮助行为在团队内的最大值对研发团队的团队创新绩效有正向影响。多元回归分析结果(表 6.17)显示:顺水人情型帮助行为在团队内的最大值对研发团队的团队创新绩效有显著的负向影响($\beta = -0.524, p < 0.05$)。这一结果与假设内容刚好相反,也就是说顺水人情型帮助行为在团队内

的最大值越大,研发团队的团队创新绩效越差。出现这一结果的可能原因是:顺水人情型帮助行为表现为团队内成员在不影响本职工作的前提下,不必占用额外的时间、精力和自身资源来帮助团队内其他成员,实质是已有的知识和技能的转移,而未实现任何新知识的产生即知识创造。尽管作为受益方的其他团队成员的工作效率会得到提升,通过借鉴已有经验和方法完成了分配的研发任务,但是该过程却省略了团队成员自身思考、突破和发挥创造力的环节,使得该同事在可能产生创新想法的工作投入减少,习惯于接受已有经验而不愿打破常规寻求捷径和新思路。因此,顺水人情型帮助行为在团队中的最大值越大,团队成员在创新上的取得的成果越少,团队创新绩效越低。

6.4.3 额外发现

笔者从不同操作法构成的团队行为对团队创新绩效的直接影响作用、团队创新绩效影响前因要素作用强度的比较以及团队特征要素对团队创新绩效的影响作用三方面,归纳出研究二的额外发现。

6.4.3.1 直接影响作用

研究二发现:顺水人情型帮助行为在团队内的均值对研发团队的团队创新绩效有正向促进作用($\beta = 0.386, p < 0.05$)。George & Bettenhausen(1990)对群体帮助行为采用了共享型构念的观点,强调群体内的个体都具有相似感知,且帮助行为作为群体的共同现象存在,因而采用均值法作为群体帮助行为的操作方法。Ng & Van Dyne(2005)指出团队成员之间在任务执行过程中发生着频繁的资源和支持交换,能力较强的员工对能力较弱的员工提供帮助会使其工作效能得到提升。团队整体绩效是由团队成员个体绩效汇总而得。因此,可以理解"顺水人情型帮助行为的均值越大,越有助于团队创新绩效的提升"这一结果。Day, Arthur, Jr., Miyashiro et al.(2004)指出对于接受智力性质特征任务的团队来说,掌握正确解决方案的成员比例越高,群体绩效越好。研究二的研究对象是研发团队,其任务带有较高水平的智力性质,根据工作相关内容提供的顺水人情型帮助行为有助于团队成员技术能力和业务知识水平的提升,顺水人情型帮助行为的均值越大,意味着团队成员掌握必备业务能力和经验的比例越高,团队整体的创新绩效越好。

研究二发现:循规行为在团队内的最大值对研发团队的团队创新绩效有正向促进作用($\beta = 0.264, p < 0.01$)。对于这一结果,笔者认为:任何任务类型的团队都要求团队成员遵循团队规章制度和相关生产流程,团队制度作为一种约束机制保证成员的生产安全,也是团队实现创新的保障和基石。团队创新是组织

纪律性与个体创造性平衡发展的匹配过程。Kozlowski & Klein(2000,P.71)指出:当团队内某一个体在认知能力突出时,其他成员沿着该方向共同有效评估形势,个体能力的最大值决定了群体产出。循规行为的最大值,表示遵循团队规章制度和生产流程的行为表现最突出的成员,该成员对于团队内其他成员的行为具有一定的影响力,能够说服和带动其他成员规范自身行为,使得团队所有成员的行为表现均符合团队发展的要求,进而保证团队整体在创新过程中纪律性的要求。

研究二发现:负面破规行为在团队内的最小值对研发团队的团队创新绩效有正向促进作用($\beta=0.421,p<0.05$)。这一结果说明了研发团队的团队创新绩效会因为个别成员负面破规行为较少而受到重大影响。员工的偏离行为在对组织产生破坏性的负面影响的同时也会伴随积极的结果,此类行为对于组织的发展发挥着传递信号的作用(Robinson & Bennett,1995)。研发团队的任务往往同时涵盖可加性、互补性、连接性和分离性的多种成分要素(Pearce & Herbik,2004)。当连接性要素在团队任务中占主导作用时,每位团队成员都要对团队任务做出贡献,任何成员的错误"输入"都会导致团队产生较差的预测结果(Barrick,Stewart,Neubert *et al*.,1998)。团队中负面破规行为的最小值可以为团队主管提供警示的信号作用,使团队主管针对团队成员负面破规行为做出及时纠正和反馈,以进一步改善生产流程或对制度进行适度调整,进而提高团队整体的工作效率。从这一角度来看,负面破规行为在团队中的最小值对于团队创新绩效有促进作用。对于研发团队主管而言,要关注于团队成员违反组织政策及规定、消极怠工背后的真正原因:是该成员主观意愿还是客观条件导致。如果因为某项制度限制了其创造性思维能力的发挥或某个机器设备运转不畅导致新产品开发进程受到阻碍,那么就应该针对性地进行政策微调及生产设备的改良。因此,高新技术企业不应仅看到负面破规行为的消极作用,较少的负面破规行为对于研发团队在创新上的进展和突破是有一定的促进作用。

研究二发现:负面破规行为在团队内的方差对研发团队的团队创新绩效有正向促进作用($\beta=0.650,p<0.05$)。这一结果说明团队成员的负面破规行为在团队中的异质性对于团队创新发挥着正向的促进影响作用。笔者认为:研发团队在完成团队任务中表现出的负面破规行为的差异很大,会引起团队主管对团队管理的多视角的关注和反思,主管围绕团队的管理制度实施一系列针对性的变革,进而使团队的创新绩效获得显著提升。因此,团队中负面破规行为的最高与最低水平之间的差距越大,团队创新绩效越好。

研究二发现:额外奉献型帮助行为在团队内的方差对研发团队的团队创新

绩效有负向影响($\beta=-0.508,p<0.05$)。这一结果说明团队成员的额外奉献型帮助行为在团队中的异质性不利于团队创新绩效的提升。Ng & Van Dyne(2005)指出处于同一群体内的成员表现出的帮助行为往往存在很大的差异性。因此,额外奉献型帮助行为占用了实施该行为的团队成员的时间、精力和资源,牺牲个人利益来帮助其他同事,额外奉献型帮助行为在团队中会表现出较大的差异。Steiner(1972)指出:当需要团队集体共同努力时,团队成员输入的较大差异会引起成员的挫败感和不满情绪[1]。尤其是当团队内不同成员的额外奉献型帮助行为存在较大差异时,额外奉献较少的成员会引起一定的挫败感和不满情绪而影响到个体创新绩效以及团队创新绩效。因此,额外奉献型帮助行为在团队内的方差越大,研发团队的团队创新绩效越低。

6.4.3.2 作用强度的比较

根据多元回归分析结果中标准化偏回归系数绝对值大小的比较可知,影响团队创新绩效的前因要素根据影响作用由大到小分别为:顺水人情型帮助行为在团队内的均值、循规行为在团队内的最大值、正面破规行为在团队内的最大值、负面破规行为在团队内的最大值、顺水人情型帮助行为在团队内的最大值、额外奉献型帮助行为在团队内的最大值、负面破规行为在团队内的最小值、负面破规行为在团队内的方差和额外奉献型帮助行为在团队内的方差。其中,负面破规行为在团队内的方差对团队创新绩效的贡献程度最大($\beta=0.650$,$p<0.05$)。

6.4.3.3 团队特征对团队创新绩效的影响作用

研究二回归分析结果证实了团队特征等相关变量对团队创新绩效没有显著的影响关系。第一,团队规模对团队创新绩效没有显著的影响关系($\beta=0.121$,n.s.);第二,团队任务类型对于团队创新绩效没有显著的影响关系,具体分析结果为基础研究与技术服务两种任务类型对团队创新绩效没有显著的影响差异($\beta=0.083$,n.s.),应用研究与技术服务两种任务类型对团队创新绩效没有显著的影响差异($\beta=0.080$,n.s.)。后一结果与汪洁(2009)研究发现团队任务类型对于团队创新和团队绩效不存在显著差异的结论是一致的,可能的原因是研发团队任务反映出研发任务内容的复杂性和不确定性的总体特征,因而任务类型的具体差异对于团队创新绩效的影响不显著。

研究二假设检验结果汇总如表6.18所示。

---

[1] 转引自 Ng & Van Dyne,2005。

表 6.18 研究二的假设检验结果

编号	假设内容	检验结果
H2-1	循规行为在团队内的均值对研发团队创新绩效有正向影响。	不支持
H2-2	正面破规行为在团队内的最大值对研发团队创新绩效有正向影响。	支持
H2-3	负面破规行为在团队内的最大值对研发团队创新绩效有负向影响。	支持
H2-4	顺水人情型帮助行为在团队内的最大值对研发团队创新绩效有正向影响。	不支持
H2-5	额外奉献型帮助行为在团队内的最大值对研发团队创新绩效有正向影响。	支持

❋ 6.5 本章小结

基于多层次理论,研究二从团队层次分析了循规行为、正面破规行为、负面破规行为、顺水人情型帮助行为和额外奉献型帮助行为对团队创新绩效的影响效果,形成一系列研究假设,以高新技术企业研发团队为研究对象,运用多元线性回归分析方法对各项假设进行了检验,最后对已证实假设、未证实假设以及额外发现进行了说明和讨论。

第7章　研究结论与展望

本章根据实证研究的检验结果对主要结论进行归纳汇总,联系已有相关研究结论对本书的研究结论进行解释和说明,指出这些结论在管理实践中的应用启示,最后总结和分析本书的局限性,并在此基础上指出后继研究的方向。

❋ 7.1　研究结论

本书结合高新技术企业研发团队成员特征及研发任务特征,以社会交换理论、领导替代理论、相容原理、社会认同理论及多层次理论为研究的理论基础,围绕"感知组织支持、组织激励→个体行为→团队行为→团队创新绩效"的研究思路,以两个子研究展开了具体的分析讨论。聚焦于个体层次的研究一探讨了不同类型的感知组织支持、组织激励对员工循规行为、破规行为及帮助行为的影响作用,以及自己人感知在此过程中发挥的调节作用;聚焦于团队层次的研究二分析了团队行为对团队创新绩效的影响作用。员工行为(个体行为和团队行为)在感知组织支持、组织激励与团队创新绩效之间发挥的不是同一层次的简单中介作用,而是由低层次研究向高层次研究必备的过渡环节。整体理论模型由 22 个研究假设构成,其中 21 个假设具有探索性研究的性质,以往研究并未发现有直接的研究支持证据。经过假设检验和研究结果的分析讨论,笔者将本书的主要研究结论归纳为以下三个方面的内容:

7.1.1　感知组织支持、组织激励及员工行为的维度划分

在中国文化背景下,本书通过对以往研究文献的梳理回顾以及访谈研究获得的资料,开发了相应的测量工具,经研究数据验证测量工具具备较好的信度与效度。通过探索性因子分析,本书在感知组织支持、组织激励及员工行为的维度划分上得到了以下研究结论:

7.1.1.1　感知组织支持的维度划分

结论 1:感知组织支持是由感知组织制度支持、感知主管任务导向型支持、

感知主管关系导向型支持和感知同事支持共同构成的合并型多维构念。

以往研究对于感知组织支持的维度划分主要存在两类观点：第一种是感知组织支持视为单维度结构（Eisenberger，Huntington，Hutchison *et al.*，1986），将感知组织支持和感知主管支持视为两个独立概念（Eisenberger，Stinglhamber，Vandenberghe *et al.*，2002；Stinglhamber & Vandenberghe，2003；Maertz，Griffeth，Campbell *et al.*，2007），在感知主管支持的测量时借鉴感知组织支持量表（SPOS），仅将测量条款主语由"组织"修改为"主管"，这种测量方法会引起共同方法偏差的问题（Shanock & Eisenberger，2006）。第二种是从不同划分视角将感知组织支持视为多维度结构（McMillan，1997；凌文铨，张治灿和方俐洛，2001；凌文铨，杨海军和方俐洛，2006），但多维度的不同划分视角之间存在着一定程度的交叉、重叠和遗漏。

本书根据支持来源、领导风格及支持内容，将感知组织支持视为由感知组织制度支持、感知主管任务导向型支持、感知主管关系导向性支持、感知同事工作支持以及感知同事生活支持组成的多维构念。根据以往研究相关变量测量量表和访谈获得的资料，本书开发出感知组织支持的测量量表。本书通过样本调研获取的数据，检验和说明了该量表的内部一致性信度、构思效度和内容效度。研究一结果表明：感知组织支持是由感知组织制度支持、感知主管任务导向型支持、感知主管关系导向型支持和感知同事支持共同构成，属合并型多维构念。感知组织制度支持、感知主管任务导向型支持、感知主管关系导向型支持和感知同事支持测量量表的 Cronbach's α 系数分别为 0.849、0.903、0.928 和 0.945，都超过了 0.7 的临界标准，满足科学研究的要求；四个因子的测量量表的建构信度（CR）均大于 0.85，AVE 的平方根均大于各因子间相关系数，说明感知组织制度支持、感知主管任务导向型支持、感知主管关系导向型支持和感知同事支持测量量表具有较好的构思效度，也说明将感知组织支持视为合并型多维构念具有一定的科学性和合理性。

首先，本书的研究结论证实了存在三类支持来源：组织制度、主管及同事，挖掘出组织制度这一重要的组织支持来源；其次，研究发现同事工作支持和同事生活支持两者合并为一个因子（同事支持），证实了中国员工对于工作角色认知模糊和工作边界划分不确定性的特点，与本书未按照传统研究思路从"角色内/外"对员工行为进行分类是一致的；再次，本书的研究结论说明了感知组织支持与感知主管支持之间的关系。以往研究（e.g.，Eisenberger，Stinglhamber，Vandenberghe *et al.*，2002；Maertz，Griffeth，Campbell *et al.*，2007）将感知组织支持与感知主管支持作为两个变量进行研究，并比较两者影响效果的差异。术书研究发现:感知主管支持是感知组织支持的潜因子之一,两者不是两个独立的构念。因此,以往研究的相关结论是有待于进一步探讨和修正的。最后,这一研究结论为本书整体研究框架中探索感知组织支持对员工各行为的影响作用奠定了理论基础。

7.1.1.2　组织激励的维度划分

结论 2:组织激励可从激励内容、激励方向和激励来源三方面进行细化,是由正面物质激励、负面物质激励、主管正面精神激励、主管负面精神激励、潜规则正面精神激励以及潜规则负面精神激励共同构成的组合型多维构念。

从激励内容来看,组织激励包括物质(实物)激励和精神激励两大类(Urbanski,1986;Goulet,1994;俞文钊,2006),也有学者称之为货币性刺激和非货币性刺激(Abratt & Smythe,1989);从激励方向来看,奖励和惩罚分别从正向和负向对个体行为产生强化作用(科恩,2006;俞文钊,2006);从激励来源来看,本书提出:组织激励既包括来自组织正式制定的规章制度(即显规则)的激励,也包括来自组织潜移默化约定俗成的基本准则(即潜规则)的激励,还包括来自组织代理人——主管的激励;此外,本书还借鉴社会评价模式的相关内容从过程导向和结果导向视角剖析了组织激励。根据激励内容、激励方向、激励来源以及社会评价模式的相关内容,本书提出了组织激励是由以上四个共同构成的组合型多维构念。

根据研究一的探索性因子分析结果可知,激励内容和激励方向这两个维度均有所体现,激励来源主要体现在主管以及非公开表达的潜规则,社会评价模式的过程导向和结果导向则没有体现,即组织激励是正面物质激励、负面物质激励、主管正面精神激励、主管负面精神激励、潜规则正面精神激励以及潜规则负面精神激励共同构成,属组合型多维构念。正面物质激励、负面物质激励、主管正面精神激励、主管负面精神激励、潜规则正面精神激励以及潜规则负面精神激励测量量表的 Cronbach's α 系数分别为 0.978、0.965、0.959、0.882、0.932 和 0.950,都超过了 0.7 的临界标准,满足科学研究的要求。六个因子的测量量表的建构信度(CR)均大于 0.88,AVE 的平方根均大于各因子间相关系数,说明正面物质激励、负面物质激励、主管正面精神激励、主管负面精神激励、潜规则正面精神激励以及潜规则负面精神激励测量量表具有较好的构思效度,也说明将组织激励视为组合型多维构念具有一定的科学性和合理性。

以往研究(e.g.,Podsakoff,Todor,Grover *et al.*,1984;Farh,Podsakoff & Cheng,1987)多关注于来自主管(领导)的奖惩(激励)。本书研究结论除证实主管激励的存在外,还发现了一个重要的激励来源——组织的潜规则。在中国文化背景里,潜规则处于"只可意会,不可言传"的微妙境地,在组织成员之间以非公开表达的方式发挥着对成员行为约束和引导的作用。当成员努力投入到工作中,主动参与集体讨论,表现出思维活跃、敢于克服困难自我挑战等一系列积极表现时,会受到其他组织成员的认可赞赏;反之,当个体成员在整个团队或组织中表现出消极怠工等其他负面行为时,会受到其他组织成员的忽视、排斥或其他"冷处理"等隐蔽的对待方式。与组织正式制定出来的要求大家共同遵守的原则和规定相比,潜规则以非公开表达、隐蔽的方式存在于组织中,通过实施公众舆论压力(胡瑞仲,2007),发挥着引导、约束和强化组织成员行为的重要作用。潜规则激励与中国文化的面子要素是直接关联的:当行为低于可接受的最低水平,个体的面子就有可能失去,因此,个体的主观意志在很大程度上要受到迎合他人社会期望的必要性的约束(Ho,1976)。即使个体有内心自律自省的一面,也会表现出从众的他律倾向(金耀基,2006)。由于中国人对面子的重视和依赖,为了使双方均不失面子,通常采用含蓄的沟通表达方式,即交往双方要通过推理和领悟才能听懂"弦外之音"(杨忠等,2006,P.12)。即使看透也不说透,说话做事都会留有余地,在对他人评价时多采用委婉的用词或以褒扬为主,缺点少说或不说回避(杨忠等,2006,P.288)。此外,组织成员由于不具有正式权力,故也不会采用公开惩罚的方式来表达对某些成员的不满。因此,组织成员通过忽视、排斥等冷处理方式实现员工行为修正的目的。综合以上分析,潜规则主要发挥着与精神层面相关联的约束力和影响力的作用,证实了潜规则正面精神激励和潜规则负面精神激励两类组织激励的存在。

社会评价模式维度在组织激励的探索性因子分析的结果中并未呈现出来,说明过程导向和结果导向两者在组织激励中是紧密联系、密不可分的,过程是为结果服务的(宝贡敏,2009)。组织激励实施的过程是确保实现组织目标结果的前提和基础,结果是过程的目标和终点,组织激励并不会仅仅表现出纯过程导向,或者纯结果导向,而是两者的结合。

根据分析结果可知,组织激励可从激励来源、激励内容以及激励方向三方面进行细化剖析,但分析结果并未完全按照这三类标准进行两两交叉组合后而形成相应的组织激励类型:物质激励在激励来源方面并未体现出差异,而仅从激励方向上进一步区分为正面物质激励和负面物质激励;潜规则激励主要表现为对员工精神产生的无形压力和动力,而在物质激励方面发挥的作用较为微弱;组织显规则主要通过组织代理人即主管对员工实施奖惩,因而,激励来源主要表现为主管以及组织的潜规则两方面。关于组织激励维度划分的研究结论为本书整体研究框架中探索组织激励对员工行为的影响作用奠定了理论基础。

7.1.1.3　员工行为的维度划分

结论 3：从行为对象来看，员工行为包括针对组织的循规行为、破规行为和针对同事的帮助行为，帮助行为又可进一步划分为顺水人情型帮助行为和额外奉献型帮助行为。

以往研究从角色内外边界出发，将员工行为划分为角色内行为（任务表现）和角色外行为（组织公民行为、反生产行为）（Williams & Anderson，1991；Van Dyne & LePine，1998；Rhoades & Eisenberger，2002）。在中国组织内，员工并不是基于微观组织情景所赋予的工作角色来认定其权利和义务，而且东西方文化对于员工帮助行为的内涵界定存在一定的差异。因此，沿用以往研究从角色边界内/外的分析思路探讨影响中国组织内员工行为的因素及作用效果是存在一定局限的。

本书借鉴行为对象的分类方式，将员工行为划分为针对组织的员工行为和针对个体的员工行为两大类，针对组织的员工行为分为循规行为和破规行为，针对个体的员工行为则关注于发生在组织内个体之间的帮助行为。结合中国文化特色中人情要素（翟学伟，2004；金耀基，2005）和规范性关系（周丽芳，2002）的相关内容，本书提出了两类帮助行为——顺水人情型帮助行为和额外奉献型帮助行为，在概念操作化测量中加入了非工作内容的帮助行为，经检验：开发的测量量表具有较好的内部一致性信度和构思效度。此外，本书的研究结果也验证了根据行为对象进行维度划分在员工行为相关研究中的合理性和正确性。

7.1.2　感知组织支持、组织激励对员工行为的作用机制

本书将感知组织支持、组织激励与员工行为纳入到个体层次的同一分析框架中，感知组织支持由感知组织制度支持、感知主管任务导向型支持、感知主管关系导向型支持和感知同事支持共同构成，组织激励由正面物质激励、负面物质激励、主管正面精神激励、主管负面精神激励、潜规则正面精神激励以及潜规则负面精神激励共同构成，员工行为由循规行为、正面破规行为、负面破规行为、顺水人情型帮助行为和额外奉献型帮助行为共同构成，探讨了感知组织支持、组织激励对员工行为的影响作用，以及自己人感知在感知组织支持、组织激励对员工行为的影响中发挥着调节作用，主要形成以下结论：

结论 4：感知组织支持、组织激励与员工行为之间存在相容匹配现象：当感知组织支持、组织激励的来源与行为对象一致时，变量之间呈现显著的影响关系。

根据相容原理,态度与行为效标之间在抽象层次上应实现相互匹配,两者之间作用的关系强度取决于两者在行动、目标、情境和时间四个要素上的匹配一致性;当态度与行为的特定性或一般性相匹配时,态度与行为之间的关联性最强(Ajzen & Fishbein,1977;钱源源,2010)。当目标(如行为聚焦)和情境(如行为发生的环境)之间存在相似性时,构念之间关系的预测效能会提高(Huffman,Watrous-Rodeiguez & King,2008)。根据社会交换理论,个体获得对方的有利对待后会形成回报对方的义务(Rhoades & Eisenberger,2002)。因此,获得来自组织制度及主管(组织代理人)的有利对待的员工会表现出有利于组织及主管的行为,获得来自组织内同事的有利对待(帮助)的员工会表现出有利于同事的行为。

本书研究发现:感知主管任务导向型支持有助于增加团队成员的循规行为($\beta = 0.277$,$p < 0.001$),减少团队成员的负面破规行为($\beta = -0.180$,$p < 0.01$);感知主管关系导向型支持有助于增加团队成员的正面破规行为($\beta = 0.198$,$p < 0.01$);感知同事支持有助于增加团队成员的顺水人情型帮助行为($\beta = 0.376$,$p < 0.001$)和额外奉献型帮助行为($\beta = 0.307$,$p < 0.001$);主管负面精神激励有助于增加团队成员的循规行为($\beta = 0.096$,$p < 0.05$);主管负面精神激励对负面破规行为有显著的正向影响($\beta = 0.173$,$p < 0.01$)。由以上研究结论可知,来自组织代理人的主管支持和主管精神激励对与组织制度规定和主管要求相关的循规行为和破规行为产生显著影响。来自组织成员的同事支持对针对组织成员的两种帮助行为均产生显著影响。感知组织支持、组织激励与行为对象之间存在相容匹配现象,即证实了相容原理(Ajzen & Fishbein,1977;Huffman,Watrous-Rodeiguez & King,2008)。

以往研究围绕感知组织支持对员工行为的影响关系展开,得到了若干研究结论,如感知组织支持对角色外行为(组织公民行为)有显著的正向影响作用(Rhoades & Eisenberger,2002;Chen,Aryee & Lee,2005;Chen,Eisenberger,Johnson et al.,2009)。感知组织支持对员工的退却行为有显著的负向影响(Rhoades & Eisenberger,2002);感知组织支持对员工的人际偏离行为产生负向影响作用(Colbert,Mount,Harter et al.,2004);感知组织支持与员工的人际偏离行为和组织偏离行为均呈现负向影响关系(刘慧君,2005)。本书将感知组织支持从支持来源(组织制度、主管和同事)进一步深入细化,研究发现"感知主管关系导向型支持有助于增加团队成员的正面破规行为"与 Rhoades & Eisenberger(2002)的研究结论是一致的;研究发现"感知主管任务导向型支持对团队成员的负面破规行为产生负向影响"与 Rhoades & Eisenberger(2002)、

Colbert，Mount，Harter *et al*.(2004)以及刘慧君(2005)的研究结论也是趋于一致的。

结论 5：感知组织支持、组织激励对员工行为的影响作用反映出社会交换理论中互惠规范的补偿物性质特征：获得正面对待的员工给予正面回报，获得负面对待的员工做出负面还击。

社会交换理论的研究者们常将员工与组织之间的雇佣关系视为员工付出的努力和忠诚与员工获得的薪酬、额外福利、认可等物质性和社会性奖励之间的交易(Levinson，1965；Rhoades & Eisenberger，2002；Eisenberger 等，1997；Adebayo & Nwabuoku，2008)。社会交换理论的基本原则是互惠规范，双方必须遵守交换原则即利益回报的义务要求，获得他人友好对待的个体要对他人予以回报(Gouldner，1960；Eisenberger，Armeli，Rexwinkel *et al*.，2001；Stinglhamber & Vandenberghe，2003)。互惠规范的补偿物性质包括正面和负面两种，获得正面对待的个体给予正面回报，获得负面对待的个体进行负面还击(Cropanzano & Mitchell，2005)。因此，对组织付出努力与忠诚的员工会获得物质性以及社会性奖励的回报(Rhoades & Eisenberger，2002)，该员工获得回报后会以更为积极的行为和行动来回报利益提供方；而遭遇到批评、孤立以及其他惩罚制裁方式的员工，会产生报复的情绪反应，做出具有破坏性质的负面行为。本书研究发现：感知主管关系导向型支持有助于增加团队成员的正面破规行为($\beta=0.198,p<0.01$)，感知同事支持有助于增加团队成员的顺水人情型帮助行为($\beta=0.376,p<0.001$)和额外奉献型帮助行为($\beta=0.307,p<0.001$)，即证实了互惠补偿物的正面性质特征。本书研究发现：主管负面精神激励显著增加团队成员的负面破规行为($\beta=0.173,p<0.01$)，潜规则负面精神激励也会显著增加团队成员的负面破规行为($\beta=0.217,p<0.001$)，即证实了互惠补偿物的负面性质特征。

结论 6：自己人感知在感知组织支持、组织激励对员工行为的影响关系中发挥着调节作用，其中，自己人感知对组织激励与员工行为之间的关系主要表现为削弱型调节作用。

自己人和外人是中国人的人际关系分类的两大基本类型(费孝通，1998；杨宜音，1999)。在华人组织里，个体将自己与他人归类为不同类别后形成后续反应：对自己人群体易于做出积极评价或反应，而对外人群体则做出负面的评价或反应(郑伯埙，1995)。本书研究结论反映出：自己人感知在感知组织支持、组织激励对员工行为的影响关系中发挥着调节作用，证实了杨国枢(1993)提出"关系类型可能作为干预或节制因素决定互动双方的对待方式和反应类型"的观点。

本书的研究发现:自己人感知对组织激励与员工行为之间的关系的调节作用普遍表现为削弱型,如自己人感知对主管负面精神激励与负面破规行为之间的关系具有显著的削弱型调节作用,自己人感知对正面物质激励与循规行为之间的关系具有显著的削弱型调节作用,自己人感知对负面物质激励与循规行为之间的关系具有显著的削弱型调节作用,自己人感知对主管负面精神激励与循规行为之间的关系具有显著的削弱型调节作用等。原因在于组织激励以激发、引导、约束和控制组织成员的行为为目的,实施组织激励的过程中可能引起该成员被操纵和被控制的知觉意识。个体在既有关系基础上做出自己与他人心理距离的认知判断后形成的具有包容性的群体是自己人(杨宜音,1999),团队成员具有较高程度的自己人感知时,他/她对团队整体以及团队主管产生较高程度的接纳、认可和情感依附,由自己人感知引发的信任感和归属感会削弱由于被操纵控制引发的情感知觉。本书还发现:自己人感知对潜规则正面精神激励与正面破规行为之间的关系具有显著的增强型调节作用,这一结论与杨国枢(1993)的他人取向观点是一致的:他人取向观点强调了个体为了迎合他人而表现出积极迎合和顺从他人之意,关注规范并重视名誉而避免他人责罚(杨国枢,1993)。团队成员的自己人感知程度越高,他/她对团队的归属感和依赖感越强,他人取向特征则愈加明显,团队成员的认可、肯定等积极反馈会激发出该成员更多的正面破规行为。

此外,本书还证实了自己人感知对感知组织支持与员工行为之间的关系也发挥着调节作用,具体调节效应表现如下:自己人感知对感知组织制度支持与正面破规行为之间的关系具有显著的削弱型调节作用,说明:当团队成员具有较高程度的自己人感知时,他们更易于接受现状,认可现有组织制度的正确性和合理性,不愿轻易打破现状而进行创新活动。自己人感知对感知主管任务导向型支持与循规行为之间的关系具有显著的增强型调节作用,说明:当团队成员具有较高程度的自己人感知时,他们将团队成员身份与自我认同融合在一起,在接受主管对其提供与任务相关的协助和指导后,产生回报主管的知觉义务,回报方式之一是严格遵守已有制度规定和方法流程来执行主管分配的任务,利用自身知识和能力确保研发团队任务的顺利完成。

7.1.3　员工行为对团队创新绩效的作用机制

结论7:研发团队成员的个体行为以共享型和形态型构成方式聚合成团队行为,并对研发团队的团队创新绩效产生不同的作用效果。

借鉴多层次理论,本书提出了作为共享型构念的团队循规行为与团队创新绩效之间关系的假设,以及作为形态型构念的团队正面破规行为、团队负面破规行为、团队顺水人情型帮助行为、团队额外奉献型帮助行为与团队创新绩效之间关系的假设。为了使研究过程更为科学严谨,研究结论更为真实可信,笔者借鉴以往研究采用四种操作化方法(均值法、最大值法、最小值法和方差法)聚合团队特征变量(e.g.,Barrick,Stewart,Neubert et al.,1998;Day,Arthur,Jr.,Miyashiro et al.,2004;钱源源,2010)的做法,检验研究假设时将个体行为按照四种操作化方法构成的团队行为都纳入到研究二的实证分析中,在团队行为对团队创新绩效的影响作用方面得到了以下结论:

结论 7-1:研发团队内个别成员的突出行为对团队创新绩效产生显著的影响作用。循规行为、正面破规行为和额外奉献型帮助行为在团队内的最大值对团队创新绩效有正向的促进作用,顺水人情型帮助行为在团队内的最大值对团队创新绩效起到负向的阻碍作用,负面破规行为在团队内的最小值和最大值对团队创新绩效分别产生促进和阻碍的影响作用。

高新技术企业的研发团队多从事不确定性、高风险和机遇并存的复杂活动。组织制度作为组织实现创新和突破的保障和基础,发挥着约束机制的作用(丹敦,2004,P.3)。通过循序渐进的、系统的、有纪律性的过程,组织才能实现稳步的突破和创新(马修森和马修森,2003,P.98)。本书研究发现:循规行为在团队内的最大值对研发团队的团队创新绩效有正向促进作用($\beta=0.264,p<0.01$),证实了"团队内某一个体在某项能力及行为表现突出时,会带动其他成员沿着该方向共同实现团队目标"(Kozlowski & Klein,2000,P.71)的观点,说明个别成员的循规行为会在团队内起到示范效应,循规行为在团队内的最大值有助于团队创新绩效的提升。

本书研究发现:正面破规行为在团队内的最大值对团队创新绩效有显著的正向影响($\beta=0.248,p<0.01$),与以往研究证实"研发团队成员的建言行为在团队内的最大值与团队创新绩效正相关"(宝贡敏和钱源源,2009)以及"倡导推动式建言行为在技术创新团队中的最大值对技术创新团队的团队创新性有正向影响/批评指正式建言行为在技术创新团队中的最大值对技术创新团队的团队创新效率有正向影响"(钱源源,2010)的研究结论是一致的。

Dunlop & Lee(2004)的研究证实了偏离行为在部门内的均值对于部门效能有预测作用。本书的研究则发现:负面破规行为在团队内的最大值对团队创新绩效有显著的负向影响($\beta=-0.527,p<0.05$),负面破规行为在团队内的最小值对团队创新绩效有显著的正向影响($\beta=0.421,p<0.05$)。本书研究结论说

明：个别成员的负面破规行为对于团队整体在创新上取得的成果发挥着决定性的影响作用，而且负面破规行为在团队内的最高水平和最低水平对于团队创新绩效产生了完全相反的作用效果。团队成员故意破坏现有制度规定和流程、从事与工作无关的活动等负面行为，会在团队内形成"消极的社会暗示"而引发群体效应（Robinson & O'Leary-Kelly，1998），对团队绩效产生负面影响（Robinson & Bennett，1995；Rotuando & Xie，2008）。因此，对团队创新绩效起到损害作用的是负面破规行为在团队内最高水平。此外，事物是具有两面性的。负面破规行为在团队内的最小值有助于团队创新绩效的提升与"员工偏离行为对组织发展发挥着传递信号的作用"（Robinson & Bennett，1995）的观点是一致的。"亡羊补牢"、"防微杜渐"等词语也说明了成员负面行为在团队内表现出最低水平对团队绩效的提升是有一定的积极作用。以上结论丰富和拓展了团队负面行为影响作用的相关研究。

以往研究发现：研发团队成员的帮助行为在团队内的最小值与团队创新绩效正相关（宝贡敏和钱源源，2009），问题解决式帮助行为在团队内的最小值对团队创新效率有正向影响，知识分享式帮助行为在团队内的最小值对创新有效性有正向影响（钱源源，2010）。与以往研究相比，本书从人情要素（翟学伟，2004；金耀基，2005）和规范性关系（周丽芳，2002）的视角出发，探索了由极值法（最大值、最小值）构成的团队顺水人情型帮助行为和团队额外奉献型帮助行为对团队创新绩效的影响。本书的研究发现：顺水人情型帮助行为在团队内的最大值对研发团队的团队创新绩效有显著的负向影响（$\beta = -0.524$，$p < 0.05$），额外奉献型帮助行为对团队内的最大值对团队创新绩效有显著的正向影响（$\beta = 0.512$，$p < 0.05$）。Ng & Van Dyne（2005）指出：在复杂且具有高度互依性的团队里，团队绩效需要团队成员协同合作。团队成员在某个关键节点对其他成员略加点拨和提示，可能会扼杀了该同事打破常规发现捷径实现创新的机会。顺水人情型帮助行为在团队内越突出，成员的创新意愿越低，进而影响了团队创新绩效。而额外奉献型帮助行为是团队成员奉献自己时间和资源来帮助其他同事，在帮助其他成员顺利实现其个人目标的同时，也发挥着榜样和楷模的带动作用，进一步激发和强化每位团队成员的责任感，保质保量甚至超额完成分配的任务，在团队创新方面取得更多的成果。因此，顺水人情型帮助行为在团队内的最大值对团队创新绩效负向影响，而额外奉献型帮助行为对团队内的最大值对研发团队的团队创新绩效有正向影响。

结论 7-2：研发团队成员的顺水人情型帮助行为在团队内的均值对研发团队的团队创新绩效有正向促进的作用。

以往研究发现:保险人员在部门内帮助行为的加权平均值与部门绩效呈负相关(Podsakoff & MacKenzie,1994);学生帮助行为在群体中的均值与群体绩效呈曲线关系(Ng & Van Dyne,2005);技术创新团队成员帮助行为在团队内的均值与团队创新绩效正相关(宝贡敏和钱源源,2009)。本书研究发现:在多种团队行为中,仅有顺水人情型帮助行为在团队内的均值对团队创新绩效有正向促进的作用($\beta=0.386,p<0.05$)。本书与以往研究结论不同主要有两个原因,一是研究对象存在差异,二是本书对帮助行为进行了细分,证实了帮助行为在团队内的均值促进团队创新绩效的类型是顺水人情型,而额外奉献型帮助行为对团队创新绩效的影响主要取决于团队内的最高水平(即最大值)。

结论 7-3:研发团队成员的负面破规行为在团队内的方差对研发团队的团队创新绩效有正向影响作用,额外奉献型帮助行为在团队内的方差对研发团队的团队创新绩效有负向影响作用。

本书研究发现:负面破规行为在团队内的方差对研发团队的团队创新绩效有正向促进作用($\beta=0.650,p<0.05$)。与其他操作化方法(最小值、最大值)构成的团队负面破规行为相比,负面破规行为在团队内的方差对于团队创新绩效的影响作用最大。这一结论说明:团队成员在负面破规行为上存在差异性对团队创新绩效有积极的影响作用。高效的研发团队应承认并接受员工负面破规行为的存在,团队成员之间在负面破规行为上的差异会引起管理者的关注,对于团队的发展传递着预警信号的作用,这一结论与"员工偏离行为对组织发展发挥着传递信号的作用"(Robinson & Bennett,1995)的观点是一致的。

本书研究还发现:额外奉献型帮助行为在团队内的方差对研发团队的团队创新绩效有负向影响($\beta=-0.508,p<0.05$)。这一结论说明:团队成员在额外奉献型帮助行为上的差异性越大,越不利于研发团队的团队创新绩效的提升,与 Ng & Van Dyne(2005)研究发现"团队成员表现出的帮助行为最大值与最小值之间差距越大,团队绩效越差"是一致的。

7.1.4 本书的整合模型

本书以感知组织支持、组织激励和员工行为的维度划分为研究起点,实证分析确认了感知组织支持是由感知组织制度支持、感知主管任务导向型支持、感知主管关系导向型支持和感知同事支持共同构成,组织激励由正面物质激励、负面物质激励、主管正面精神激励、主管负面精神激励、潜规则正面精神激励以及潜规则负面精神激励共同构成,员工行为包括针对组织的循规行为、(正面/负面)破规行为以及针对个体的(顺水人情型/额外奉献型)帮助行为,关键变量的结构分析为本书的个体层次研究(研究一)提供了理论基础。以社会交换理论、相容原理为基础,研究一证实了感知组织支持、组织激励与员工行为对象之间的相容匹配现象,探明了不同类型的感知组织支持、组织激励与员工行为之间的关系以及自己人感知发挥的调节作用。之后,结合研发团队成员及其任务特征,本书在团队层次上分析了以共享型构念为主要特征的团队循规行为和以形态型构念为主要特征的团队破规行为及团队帮助行为对团队创新绩效的影响作用。以上研究问题共同构成了本书探讨的主要内容。本书的整合模型如图 7.1 所示。

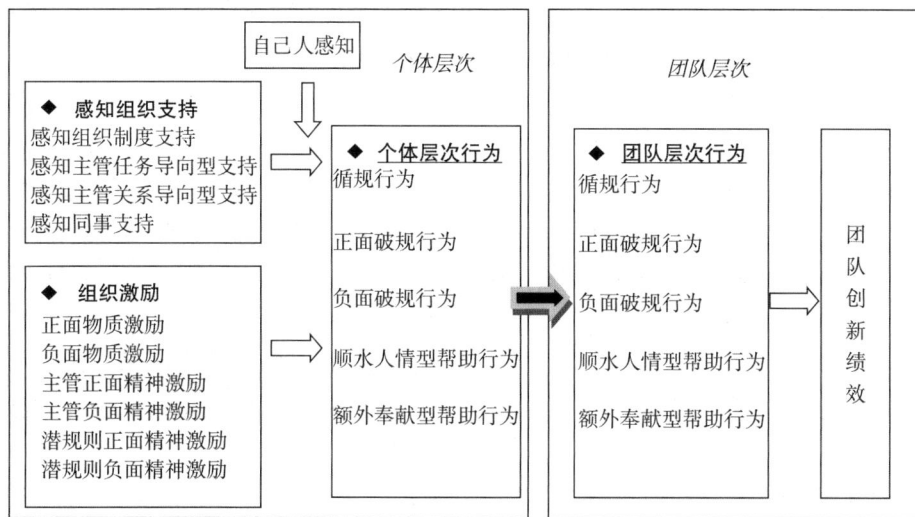

图 7.1 本书的整合模型

❀ 7.2 实践启示

本书围绕感知组织支持、组织激励、员工行为(个体行为、团队行为)与团队创新绩效之间的关系展开研究,取得了若干研究结论。笔者将这些研究结论落实于管理实践,将本书的实践启示归纳为以下三方面:

第一,应重视组织支持的不同来源,为组织成员提供工作及非工作相关的支持和协助。

本书研究发现:员工感知到的组织支持包括感知到的组织制度支持、主管任务导向型支持、主管关系导向型支持和同事支持。组织制度是员工感知组织支持的一个重要来源。因此,组织通过制定具有一致性的指导方针、规章制度和行动章程,明确各成员职责目标,为成员提供必要的基本设施设备和技能培训,有助于提升成员的专业化技术能力,切实可行的规章制度和工作流程,能够保证团队运作的稳定性和团队成员的执行力。

本书研究发现:感知主管任务导向型支持有助于增加团队成员的循规行为,减少团队成员的负面破规行为,感知主管关系导向型支持有助于增加团队成员的正面破规行为。对主管而言,主管应从与工作任务直接相关和非任务相关两方面为员工提供支持。主管提供与工作任务关联的支持和协助,对于研发团队成员依据现有规章制度和工作流程开展研发活动起到辅助和配合的作用,有助于研发活动的顺利开展。当团队成员面对资源受限或技术瓶颈而无法顺利开展工作时,他们易于产生挫败感、不满和懈怠的负面情绪,进而做出不利于主管和团队的行为。在这样的情况下,团队主管应发挥出整体组织协调的能力,合理进行资源配置,鼓励团队成员克服困难发挥创造性以突破局限和实现创新。在关系导向型支持方面,团队主管要着力于细节的处理,以情感人,比如:喜欢光线较强的员工尽量安排在靠窗的位置,还有的员工喜欢在安静角落里面工作,那么也尽量满足他们的要求,为团队成员提供舒适满意的工作环境。此外,团队主管还要善于观察团队成员的情绪波动,倾听并排解他们在工作及生活中的压力,满足他们在关爱、归属感等方面的情感需求,使每位团队成员都感受到自己被关注和被重视,建立起对主管的信任和认可,以及对团队的责任感和归属感,引发出团队成员回报主管的知觉义务,并进一步做出有利于主管及团队的行为,如提出对现有工作管理制度和生产流程的意见和看法,发挥其经验和能力将新技术与新方法引入到产品升级和技术改造的应用中。正如哈里斯(2004,P.113)所说:"体贴表现为无数件小事,而不是一件大事"。

本书研究发现:感知同事支持对两类针对同事的帮助行为均有促进作用。在成员之间支持协作方面,团队成员之间每天发生着频繁的交流活动,而"高效的团队协作和成功的创新常常是良性循环的产物"(哈里斯,2004,P.89)。因此,应组织开展多样化活动,增进团队成员之间的了解和信任,鼓励团队成员之间进行积极对话,提供平等互动的交流平台,促进团队成员之间进行知识共享、整合和新知识的创造,形成互助互依的良好氛围。

第二,应运用多样化激励方式,关注正面物质激励和潜规则负面精神激励可能引发的负面效果。

本书研究发现:组织激励包括正面物质激励、负面物质激励、主管正面精神激励、主管负面精神激励、潜规则正面精神激励以及潜规则负面精神激励。不同的组织激励对员工行为产生不同的影响效果:主管正面精神激励对于团队成

员的顺水人情帮助行为有正向影响作用;主管负面精神激励有助于增加团队成
员的循规行为,但对负面破规行为也有显著的正向影响;正面物质激励对团队
成员的负面破规行为有较为微弱的正向影响,潜规则负面精神激励对团队成员
的有正向影响。首先,主管在营造良好的团队互助氛围,鼓励团队成员之间互
动合作时,应多采用鼓励、表扬等正面精神激励的方式,以强化成员的帮助同事
行为,引发成员回报主管的知觉义务,在不影响自身工作进度的情况下协助主
管来帮助其他团队成员解决工作及非工作相关问题,以确保团队整体任务的顺
利进展。对于成员的循规行为,主管采用批评、劝诫或职位变动调整等方法会
有一定的修正和约束作用,但在面对成员违反组织规定的负面行为时,应谨慎
采用以上方法,避免引发成员的逆反心理,进而对主管和组织做出报复行为。
其次,主管应关注奖金、奖品、额外福利等正面物质激励产生的微弱的负面效
果,避免由物质性奖励所引发员工的被操纵感和被控制感。再次,主管应鼓励
成员间相互信任、开诚布公、愿意寻求和施与帮助,避免出现个别成员被群体孤
立、排斥或其他潜规则的惩罚制裁,以及由此引发的消极情绪和负面行为。

　　本书研究还发现:自己人感知对组织激励与员工行为之间的关系主要表现
为削弱型调节作用。因此,主管应加强与下属之间的友好相处及良性互动,构
建良好的组织—员工关系,使下属形成较高程度的自己人感知,对组织和主管
产生信任感和归属感,以削弱实施组织激励的过程中可能引起该成员被操纵和
被控制的知觉意识,使下属出于对主管的尊重、敬慕和拥戴而自愿、自发跟随管
理者实现组织目标,发挥出更多能动性和创造力。

　　**第三,应提高团队成员在顺水人情型帮助行为上的平均水平,重视团队内
个别成员的突出行为对团队绩效的关键影响,适当保持团队成员在负面破规行
为上的差异,尽量使整个团队在额外奉献型帮助行为的表现程度接近。**

　　本书仅证实了顺水人情型帮助行为的均值对团队创新绩效有正向促进作
用,而其他类型行为的均值对于团队创新绩效并没有显著的影响作用,说明提
高每个团队成员在顺水人情型帮助行为上的表现对于团队创新绩效的提升有
促进作用,而并不是提高所有团队成员的循规行为、正面破规行为、负面破规行
为和额外奉献型帮助行为的平均水平,就一定能提升团队创新绩效。

　　本书研究发现:循规行为、正面破规行为和额外奉献型帮助行为的最大值
对团队创新绩效有促进作用,说明管理者应关注于团队内个别成员在循规行
为、正面破规行为和额外奉献型帮助行为在团队内的最高水平,发挥个别成员
在团队中的榜样示范作用,以带动整个团队发挥出最大的潜能。

　　本书研究发现:负面破规行为在团队中的最大值、最小值和方差均对团队

创新绩效有显著影响作用。对于管理者而言,应关注个别成员在负面破规行为上的突出表现以及成员之间在负面破规行为上的差异,避免由于消极的社会暗示而导致群体效应,充分利用负面破规行为对组织发展提供警示信号的作用,及时发现问题并解决,以使损失降到最低。

本书研究还发现:额外奉献型帮助行为在团队内的方差对研发团队的团队创新绩效有负向影响作用。因此,管理者应尽量降低团队成员在额外奉献型帮助行为上的差异,发挥整体组织协调的能力,合理进行资源配置,做好团队任务在个体中的分解,设定合适工作量并权衡利弊,保持团队目标和个人目标的一致性,保证团队成员在完成自身任务的前提下有精力帮助其他同事,充分调动和挖掘成员潜能,最大程度利用研发团队成员的多样化知识和技能,以释放出创新团队的高效创造性能量。

❋ 7.3   研究局限与展望

本书以高新技术行业为研究背景,从组织支持和组织激励这两类组织情境要素入手,通过两个子研究分别在个体层次和团队层次探讨了感知组织支持、组织激励对团队成员行为的影响作用,以及由个体层次向团队层次聚合而成的团队行为对研发团队的团队创新绩效的影响作用。笔者力求遵循科学、严谨的分析步骤和操作方法,以获得相对严密、可信的研究结论,但任何研究都是有必要进一步深入思考和修正完善。限于笔者精力、财力以及资料数据可得范围等因素,本书存在一定的研究局限。笔者从研究对象和研究设计两方面归纳本书的研究局限:

在研究对象方面,本书在创新竞争中表现最为激烈的高新技术企业展开实证调研,以高新技术企业研发团队成员为调研对象,解释了组织支持、组织激励、员工行为与研发团队创新绩效的作用机理。本书的研究结论适用于高新技术行业,在其他行业下应用是有一定的局限性。根据 Amabile(1998)的观点,创新和创造力多发生在企业的营销和研发部门。因此,未来研究可在其他行业内的企业以及不同类型团队(如营销团队)中,或在高等院校和科研机构的学科团队内进行研究,以验证本书研究结论的适用性。

在研究设计方面,本书属横截面研究,未能全面反映出团队成员合作互动过程中团队行为的纵向动态特征。建议未来研究采用实验(或准实验)方法,进一步深入分析挖掘团队运作的动态发展过程,探究团队成员互动过程对团队创新绩效的影响机制。

参考文献

[1]Abrams, D. , & Hogg, M. A. Comments on the motivational status of self-esteem in social identity and intergroup discrimination. European Journal of Social Psychology, 1988, 18, 317-334.

[2] Abrams, D. , & Hogg, M. A. Social identification, self-categorization and social influence. European Review of Social Psychology, 1990, 1(1), 195-228.

[3] Abratt, R. , & Smythe, M. R. A survey of sales incentive programs, Industrial Marketing Management. 1989, 18(3), 209-214.

[4] Adebayo, S. O. , & Nwabuoku, U. C. Conscientiousness and perceived organizational support as predictors of employee absenteeism. Pakistan Journal of Social Sciences, 2008, 5(4), 363-367.

[5] Anderson, N. , De Dreu, C. K. W. , & Nijstad, B. A. The rountinization of innovation research: a constructively critical review of the state-of-the-science. Journal of Organizational Behavior, 2004, 25, 147-173.

[6] Ajzen, I. , & Fishbein, M. Attitude-behavior relations: A theoretical analysis and review of empirical literature. Psychological Bulletin, 1977, 84 (5), 888-918.

[7] Alper, S. , Tjosvold, D. , & Law, K. Conflict management, efficacy, and performance in organizational teams. Personnel Psychology, 2000, 53(3), 625-642.

[8] Amabile, T. M. The social psychology of creativity: a componential conceptualization. Journal of Personality and Social Psychology, 1983, 45, 357-376.

[9] Amabile, T. M. Motivational Synergy: toward new conceptualizations of intrinsic and extrinsic motivation in the workplace. Human Resource Management Review, 1993, 3(3), 185 201.

[10] Amabile, T. M. Motivating creativity in organizations: On doing what you love and loving what you do. California Management Review, 1997, 40(1), 39-58.

[11] Amabile, T. M. How to kill creativity. Harvard Business Review, 1998, 9/10, 77-87.

[12] Amabile, T. M., Conti, R., Coon, H., Lazenby, J., & Herron, M. Assessing the work environment for creativity. Academy of Management Journal. 1996, 39(5), 1154-1184.

[13] Amabile, T. M., Hill, K. G., Hennessey, B. A., & Tighe, E. M. The Work Preference Inventory: Assessing Intrinsic and Extrinsic Motivational Orientations. Journal of Personality and Social Psychology, 1994, 66(5), 950-967.

[14] Ambrose, M. L., & Kulik, C. T. Old friends, new faces: motivation research in the 1990s. Journal of Management, 1999, 25(3), 231-292.

[15] Arvey, R. D., & Ivancevich, J. M. Punishment in organizations: a review, propositions and research suggestions. Academy of Management Review, 1980, 5(1), 123-132.

[16] Atkinson, J. W. Introduction to motivation, Princeton, NJ: Van Nostrand, 1964.

[17] Bachrach, D. G., Powell, B. C., Collins, B. J., & Richey, R. C. Effects of Task Interdependence on the Relationship Between Helping Behavior and Group Performance. Journal of Applied Psychology, 2006, 91(6), 1396-1405.

[18] Bantel, K. A., & Jackson, S. E. Top management and innovations in banking: does the demography of the top team make a difference? Strategic Management Journal, 1989, 10, 107-124.

[19] Barling, J. The prediction, experience, and consequences of workplace violence. In G. R. Vandenbos & E. Q. Bulatao(eds.) Violence on the job: identifying risks and developing solutions. American Psychological Association, 1996, 29-49.

[20] Baron, R. A., & Neuman, J. H., Workplace Aggression—the Iceberg beneath the tip of workplace violence; evidence on its forms, frequency, and targets. Public Administration Quarterly, 1998, 21(4), 446-464.

[21] Barrick, M. R., Stewart, G. L., Neubert, M. J., & Mount, M. K. Relating member ability and personality to work-team processes and team effectiveness. Journal of Applied Psychology, 1998, 83(3), 377-391.

[22] Bass, B. M., & Avolio, B. J. Transformational leadership theory: A response to critiques. In M. M. Chemmers & R. Ammons (Eds.), Leadership and Research: Perspectives and direction. California: Academic Press, 1993, 49-80.

[23] Baucus, M. S., Norton, W. I., Jr., Baucus, M. S., & Human, S. E. Fostering Creativity and Innovation without Encouraging Unethical Behavior. Journal of Business Ethics, 2008, 81, 97-115.

[24] Becker, T. E., & Billings, R. S. Profiles of commitment: an empirical test. Journal of Organizational Behavior, 1993, 14(2), 177-190.

[25] Bell, S. T. Setting the stage for effective teams: a meta-analysis of team design variables and team effectiveness. Doctoral Dissertation. Texas A&M University, 2004.

[26] Bell, S. T. Deep-level composition variables as predictors of team performance: a meta-analysis. Journal of Applied Psychology, 2007, 92 (3), 595-615.

[27] Bettencourt, L. A. Change-oriented organizational citizenship behaviors: the direct and moderating influence of goal orientation. Journal of Retailing, 2004, 80, 165-180.

[28] Bennett, R. J., & Robinson, S. L. Development of a measure of workplace deviance. Journal of Applied Psychology, 2000, 85(3), 349-360.

[29] Bliese, P. D. Within-group agreement, non-in-dependence and reliability: implications for data aggregation and analysis. In K. J. Klein & S. W. Klozlowski (Eds.), Multilevel Theory, Research and Methods in Organizations. San Francisco: Jossey-Bass, 2000, 349-381.

[30] Borman, W. C., & Motowidlo, S. J. Expanding the criterion domain to include elements of contextual performance. In N. Schmitt & W. C. Borman (Eds.), Personnel selection in organizations. San Francisco: Jossey-Bass, 1993, 71-98.

[31] Boyle, G. J., Stankov, L., & Cattell, R. B. Measurement and statistical model in the study of personality and intelligence. Humanities & Social

Sciences papers, 1995, 1, 1-74.

[32] Brief, A. P., & Motowidlo, S. J. Prosocial organizational behaviors. Academy of Management Review, 1986, 11(4), 710-725.

[33] Broadhead-Fearn, D., & White, K. M. The role of self-efficacy in predicting rule-following behaviors in shelters for homeless youth: A test of the theory of planned behavior. Journal of Social Psychology, 2006, 143 (3), 307-325.

[34] Bunce, D., & West, M. A. Personality and perceptions of group climate factors as predictors of individual innovation at work. Applied Psychology: An International Review, 1995, 44, 199-215.

[35] Burningham, C., & West, M. A. Individual, climate, and group interaction processes as predictors of work team innovation. Small Group Research, 1995, 26(1), 106-117.

[36] Cameron, J., & Pierce, W. D. Reinforcement, reward and intrinsic motivation: a meta-analysis. Review of Educational Research, 1994, 64(3), 363-423.

[37] Campbell, D. T., & Fiske, D. W. Convergent and discriminant validation by the multitrait-multimethod matrix. Psychological Bulletin, 1959, 56 (2), 81-105.

[38] Chan, D. Functional relations among constructs in the same content domain at different level of analysis: a typology of composition models. Journal of Organizational Behavior, 1998, 83(2), 234-246.

[39] Chatman, J. A., Polzer, J. T., Barsade, S. G., & Neale, M. A. Being different yet feeling similar: the influence of demographic composition and organizational culture on work processes and outcomes. Administrative Science Quarterly, 1998, 43(4), 749-780.

[40] Chen, X. P., & Chen, C. C. On the intricacies of the Chinese guanxi: a process model of guanxi development. Asia Pacific Journal of Management, 2004, 21(3), 305-323.

[41] Chen, Z. X., Aryee, S., & Lee, C. Test of a mediation model of perceived organizational support. Journal of Vocational Behavior, 2005, 66, 457-470.

[42] Chen, Z, X., Eisenberger, R., Johnson, K. M., Sucharski, I. L., & Aselage, J. Perceived organizational support and extra-role performance:

Which leads to which? Journal of Social Psychology, 2009, 149(1), 119-124.

[43] Chen, Z. X., Tsui, A. S., & Farh, J. L. Loyalty to supervisor vs. Organizational commitment: Relationships to employee performance in China. Journal of Occupational and Organizational Psychology, 2002, 75(3), 339-356.

[44] Choi, J. M. Change-oriented organizational citizenship behavior: effects of work environment characteristics and intervening psychological processes. Journal of Organizational Behavior, 2007, 28, 467-484.

[45] Chou, L. F., Cheng, B. S., Huang, M. P., & Cheng, H. Y. Guanxi networks and members' effectiveness in Chinese work teams: mediating effects of trust networks. Asian Journal of Social Psychology, 2006, 9, 79-95.

[46] Churchill, G. A. Jr. A paradigm for developing better measures of marketing constructs. Journal of Marketing Research, 1979, 16(2), 64-73.

[47] Cohen, F., Solomon, S., Maxfield, M., Pyszczynski, T., & Greenberg, J. The effects of mortality salience on evaluations of charismatic, task-oriented, and relationship-oriented leaders. Psychological Science. 2004, 15(12), 846-851.

[48] Colbert, A. E., Mount, M. K., Harter, J. K., Witt, L. A., & Barrick, M. R. Interactive effects of personality and perceptions of the work situation on workplace deviance. Journal of Applied Psychology, 2004, 89, 599-609.

[49] Cole, M. S., Bruch, H., & Vogel, B. Emotion as mediators of the relations between perceived supervisor support and psychological hardiness on employess cynicism. Journal of Organizational Behavior, 2006, 27, 463-484.

[50] Cook, K. S., & Rice, E. Social exchange theory. In J. Delamater(Eds.), Handbook of Social Psychology. New York: Kluwer Academic/Plenum Publishers, 2003, 53-55.

[51] Cropanzano, R., & Mitchell, M. S. Social exchange theory: an interdisciplinary review. Journal of Management, 2005, 31(6), 874-900.

[52] Cronbach, L. J. Coefficient alpha and the internal structure of tests. Psychometrika, 1951, 16(3), 297-334.

[53] Cumming, A., & Oldham, G. R. Enhancing creativity: managing work contexts for the high potential employee. California Management Review, 1997, 40(1), 22-38.

[54] Curral, L. A., Forrester, R. H., Dawson, J. F., & West, M. A. It's what you do and the way that you do it: team task, team size, and innovation-related group processes. European Journal of Work and Organizational Psychology, 2001, 10(2), 187-204

[55] Damanpour, F., & Evan, W. M. Organizational innovation and performance: the problem of "organizational lag". Administrative Science Quarterly, 1984, 29, 392-409.

[56] Day, E. A., Arthur, Jr., W., Miyashiro, B., Edwards, B. D., Tubré, T. C., & Tubré, A. H. Criterion-related validity of statistical operationalizations of group general cognitive ability as a function of task type: comparing the mean, maximum, and minimum. Journal of Applied Social Psychology, 2004, 34(7), 1521-1549.

[57] Deci, E. L. The effects of contingent and noncontingent rewards and controls on intrinsic motivation. Organizational behavior and human performance, 1972, 8, 217-229.

[58] Drach-Zahavy, A., & Somech, A. Understanding team innovation: the role of team processes and structures. Group Dynamics: Theory, Research, and Practice, 2001, 5(2), 111-123.

[59] Dunlop, P. D., & Lee, K. Workplace deviance, organizational citizenship behavior, and business unit performance: the bad apples do spoil the whole barrel. Journal of Organizational Behavior, 2004, 25, 67-80.

[60] Eder, P., & Eisenberger, R. Perceived organizational support: Reducing the negative influence of coworker withdrawal behavior. Journal of Management, 2008, 34, 55-68.

[61] Eisenbeiss, S. A., Van Knippenberg, D., & Boerner, S. Transformational Leadership and Team Innovation: Integrating Team Climate Principles. Journal of Applied Psychology, 2008, 93(6), 1438-1446.

[62] Eisenberger, R., Armeli, S., Rexwinkel, B., Lynch, P. D., & Rhoades, L. Reciprocation of perceived organizational support. Journal of Applied Psychology, 2001, 86(5), 42-51.

［63］Eisenberger, R., Cummings, J., Armeli, S., & Lynch, P. Perceived organizational Support, Discretionary Treatment, and Job Satisfaction. Journal of Applied Psychology, 1997, 82(5), 812-820.

［64］Eisenberger, R., Fasolo, P., & Davis-LaMastro, V. Perceived organizational support and employee diligence, commitment, and innovation. Journal of Applied Psychology, 1990, 75(1), 51-59.

［65］Eisenberger, R., Huntington, R., Hutchison, S., & Sowa, D. Perceived Organizational Support. Journal of Applied Psychology, 1986, 71(3), 500-507.

［66］Eisenberger, R., Stinglhamber, F., Vandenberghe, C., Sucharski, I., & Rhoades, L. Perceived supervisor support: Contributions to perceived organizational support and employee retention. Journal of Applied Psychology, 2002, 87(3), 565-573.

［67］Evan, W. M. & Black, G. Innovation in business organizations: some factors associated with success or failure of staff proposals. Journal of business, 1967, 40, 519-530.

［68］Farh, J. L., Earley, P. C., & Lin, S. C. Impetus for action: A cultural analysis of justice and organization citizenship behavior in Chinese society. Administrative Science Quarterly, 1997, 42, 421-444.

［69］Farh, J. L., Hackett, R. D., & Liang, J. Individual-level cultural values as moderators of perceived organizational support-employee outcome relationship in China: comparing the effects of power distance and traditionality. Academy of Management Journal, 2007, 50(3), 715-729.

［70］Farh, J. L., Podsakoff, P. M., & Cheng, B. S. Culture-free leadership effectiveness versus moderators of leadership behavior: an extension and test of Kerr and Jermier's "substitutes for leadership" model in Taiwan. Journal of International Business Studies, 1987, 18(3), 43-60.

［71］Farh, J. L., Tsui, A. S., Xin, K., & Cheng, B. S. The influence of relational demography and Guanxi: the Chinese case. Organization Science, 1998, 9(4), 471-488.

［72］Farh, J. L., Zhong, C. B., & Organ, D. W. Organizational citizenship behavior in the People's Republic of China. Organization Science, 2004, 15(2), 241-253.

[73] Fernet, C., Gagné, M., & Austin, S. When does quality of relationships with coworkers predict burnout over time? The moderating role of work motivation. Journal of Organizational Behavior, 2010, 31(8), 1163-1180.

[74] Fiske, A. G. The four elementary forms of sociality: framework for a unified theory of social relations. Psychological Review, 1992, 99(4), 689-723.

[75] Fornell, C., & Larcker, D. F. Evaluating structural equation models with unobservable variables and measurement error. Journal of Marketing Research, 1981, 18(1), 39-50.

[76] Frone, M. B. Interpersonal conflict at work and psychological outcomes: testing a model among young workers. Journal of Occupational Health Psychology, 2000, 5(2), 246-255.

[77] Gagné, M., & Deci, E. L. Self-determination theory and work motivation. Journal of Organizational Behavior, 2005, 26, 331-362.

[78] Gebauer, J. E., Riketta, M., Broemer, P., & Maio, G. R. Pleasure and pressure based prosocial motivation: Divergent relations to subjective well-being. Journal of Research in Personality, 2008, 42, 399-420.

[79] George, J. M., & Bettenhausen, K. Understanding prosocial behavior, sales performance and turnover: A group-level analysis in a service context. Journal of Applied Psychology, 1990, 75, 698-709.

[80] George, J. M., & Brief, A. P. Feeling good-doing good: A conceptual analysis of the mood at work-organizational spontaneity relationship. Psychological Bulletin, 1992, 112(2), 310-329.

[81] George, J. M., & Jones, G. R. Organizational spontaneity in context. Human Performance, 1997, 10, 153-170.

[82] George, J. M., Reed, T. F., Ballard, K. A., Colin, J., & Fielding, J. Contact with AIDS patients as a source of work-related distress: effects of organizational and social support. Academy of Management Journal, 1993, 36(1), 157-171.

[83] Gilson, L. L., Shalley, C. E., & Ruddy, T. M. Creativity and standardization: complementary or conflicting drivers of team effectiveness? Academy of Management Journal, 2005, 48(3), 521-531.

[84] Gouldner, A. The norm of reciprocity: a preliminary statement. American

Sociological Review,1960,25(2),161-178.

[85]Goulet,D. Material and moral incentives as economic policy instruments. Humanomics,1994,10(1),5-24.

[86] Grant, A. M. , & Mayer, D. M. Good soldiers and good actors: prosocial and impression management motives as interactive predictors of affliative citizenship behaviors. Journal of Applied Psychology, 2009, 94 (4), 900-912.

[87] Greeberg, J., & Liebeman, M. Incentives: the missing in strategic performance, Journal of Business Strategy,1990,7-8,8-11.

[88]Guzzo,R. A. , & Shea,G. P. Group performance and intergroup relations in organizations. In M. D. Dunnette & L. M. Hough(Eds.), Handbook of industrial and organizational psychology. Palo Alto, CA: Consulting Psychologists Press,1992,3,269-313.

[89]Hagedoorn,J. , & Cloodt,M. Measuring innovative performance: is there an advantage in using multiple indicators? Research Policy,2003,32,1365-1379.

[90]Harrison,D. A. , Newman, D. A. , & Roth, P. L. How important are job attitudes? Meta-analytic comparisons of integrative behavioral outcomes and time sequences. Academy of Management Journal, 2006, 49 (2), 305-325.

[91] Hershcovis, M. S. , & Barling, J. Towards a multi-foci approach to workplace aggression: A meta-analytic review of outcomes from different perpetrators. Journal of Organizational Behavior,2009,31(1),24-44.

[92] Herzberg, F. The motivation to work among Finnish supervisors. Personnel Psychology. 1965,18(4),393-402.

[93]Herzberg,F. One more time: how do you motivate employees? Harvard Business Review. 1987,9-10,5-16.

[94]Ho. D. Y. F. On the concept of face. American Journal of Sociology,1976, 81(4),867-884.

[95]Hoffman,B. J. , Blair,C. A. , Meriac, J. P. , & Woehr, D. J. Expanding the criterion domain? a quantitative review of the OCB literature. Journal of Applied Psychology,2007,92(2),555-566.

[96] Hofstede, G. Motivation, leadership, and organization: do American

theories apply abroad? Organizational Dynamics,1980,9(1),42-63.

[97] Hofstede, G. Cultural constraints in management theories. Academy of Management Executive,1993,7(1),81-94.

[98] Hogg, M. A., & Terry, D. J. Social identity and self-categorization processes in organizational contexts. Academy of Management Review, 2000,25(1),121-140.

[99] Hollinger, R. C., & Clark, J. P. Formal and informal social controls of employee deviance. The Sociological Quarterly,1982,23(3),333-343.

[100] Homans, G. C. Social behavior as exchange. American Journal of Sociology,1958,63(6),597-606.

[101] Huffman, A. H., Watrous-Rodriguez, K. M., & King, E. B. Supporting a diverse workforce:what type of support is most meaningful for lesbian and gay employees? Human Resource Management,2008,47(2),237-253.

[102] Hui,C., Law, K. S., & Chen, Z. X. A structural equation model of the effects of negative affectivity, leader-member exchange, and perceived job mobility on in-role and extra-role performance: a Chinese case. Organizational Behavior and Human Decision Processes,1999,77(1),3-21.

[103] Hui, C., Lee, C., & Rousseau, D. M. Employment Relationships in China:Do Workers Relate to the Organization or to People? Organization Science,2004,15(2),232-240.

[104] Hülsheger, U. R., Anderson, N., & Salgado, J. F. Team-Level Predictors of Innovation at Work: A Comprehensive Meta-Analysis Spanning Three Decades of Research. Journal of Applied Psychology, 2009, 94 (5),1128-1145.

[105] Hwang, K. K. Face and favor:the Chinese power game. American Journal of Sociology,1987,92(4),944-974. 中文版见黄光国.人情与面子:中国人的权利游戏.见黄光国,胡先晋主编:《面子——中国人的权利游戏》.北京:中国人民大学出版社,2004,1-39.

[106] Jackson, S. E. The consequences of diversity in multidisciplinary work teams. In M. A. West(Ed.), Handbook of work group psychology. Chicester, England:Wiley,1996,53-76.

[107] James, L. R. , Demaree, R. G. , & Wolf, G. Estimating within-group inter-rater reliability with and without response bias. Journal of Applied Psychology, 1984, 69(1), 85-98.

[108] James, L. R. Demare, R. G. , & Wolf, G. Rwg: an assessment of within-group inter-rater agreement. Journal of Applied Psychology, 1993, 78 (2), 306-309.

[109] Jermier, J. M. , & Kerr, S. "Substitutes for leadership: their meaning and measurement"—contextual recollections and current observations. Leadership Quarterly, 1997, 8(2), 95-101.

[110] Katz, D. The motivational basis of organizational behavior. Behavioral Science, 1964, 9(2), 131-146.

[111] Katz, R. The effects of group longevity on project communication and performance. Administrative Science Quarterly, 1982, 27, 81-104.

[112] Kelloway, E. K. , Loughlin, C. , Barling, J. , & Nault, A. Self-Reported Counterproductive Behaviors and Organizational Citizenship Behaviors: Separate but Related Constructs. International Journal of Selection and Assessment, 2002, 10(1/2), 143-151.

[113] Kerr, S. , & Jermier, J. M. Substitutes for leadership: their meaning and measurement. Organizational Behavior and Human Performance, 1978, 22, 375-403.

[114] Kim, W. C. , & Mauborgne, R. A. Procedural justice and managers' in-role and extra-role behavior: the case of the multinational. Management Science, 1996, 42(4), 499-515.

[115] Kim, B. , & Oh, H. Economic compensation compositions preferred by R&D personnel of different R&D types and intrinsic values. R&D Management, 2002, 32(1), 47-59.

[116] Klein, K. J. , Dansereau, F. , & Hall, R. J. Levels issues in theory development, data collection, and analyses. Academy of Management Review, 1994, 19(2), 195-229.

[117] Kleinbaum, D. G. , Kupper, L. L. , Muller, K. E. , & Nizam, A. Applied regression analysis and other multivariate methods, third edition. 应用多元回归分析和其他多元方法(英文版 · 第 3 版). 北京: 机械工业出版社, 2006.

[118]Kratzer,J.,Leenders, R. Th. A. J., & Van Engelen, J. M. L. A delicate managerial challenge: how cooperation and integration affect the performance of NPD teams. Team Performance Management, 2004, 10 (1/2),20-25.

[119] Kratzer, J., Leenders, R. Th. A. J., &Van Engelen, J. M. L. Informal contacts and performance in innovative teams. International Journal of Manpower, 2005,26(6),513-603.

[120] Kratzer, J., Leenders, R. Th. A. J., & Van Engelen, J. M. L. Team polarity and creative performance in innovation teams. Creativity and Innovation Management,2006a,15(1),96-104.

[121]Kratzer,J.,Leenders, R. Th. A. J., & Van Engelen, J. M. L. Managing creative team performance in virtual environments: an empirical study in 44 R&D teams. Technovation,2006b,26,42-49.

[122] Konovsky, M. A., & Pugh, S. D. Citizenship Behavior and Social Exchange. Academy of Management Journal,1994,37(3),656-669.

[123]Kozlowski,S. W. J. & Klein, K. J. A multilevel approach to theory and research in organizations: Contextual, temporal, and emergent processes. In K.J. Klein&S. W. J. Kozlowski(Eds.), Multilevel theory, research, and methods in organizations: Foundations, extensions, and new directions. San Francisco:Jossey-Bass, 2000, 3-90.

[124] Kylén, S. F., & Shani, A. B. Triggering creativity in teams: an exploratory investigation. Creativity and Innovation Management, 2002,11(1),17-30.

[125]Kwok, C. K., Au, W. T., & Ho, J. M. C. Normative controls and self-reported counterproductive behaviors in the workplace in China. Applied Psychology:An International Review,2005,54(4),456-475.

[126]Lapalme, M., Stamper, C. L., Simard, G. & Tremlday, M. Bringing the outside in:Can "external" workers experience insider status? Journal of Organizational Behavior,2009,30(7),919-940.

[127]Latham,G.P., & Pinder, C. C. Work motivation theory and research at the dawn of the twenty-first century. Annual Review of Psychology, 2005,56,485-516.

[128] Lee, K., & Allen, N. J. Organizational citizenship behavior and

workplace deviance: the role of affect and cognitions. Journal of Applied Psychology, 2002, 87(1), 131-142.

[129] Lee, E. Y., & Dawes, P. L. Guanxi, trust and long-term orientation in Chinese business markets. Journal of International Marketing, 2005, 13 (2), 28-56.

[130] LePine, J. A., & Van Dyne, L. Voice and cooperative behavior as contrasting forms of contextual performance: Evidence of differential relationships with big five personality characteristics and cognitive ability. Journal of Applied Psychology, 2001, 86(2), 326-336.

[131] LePine, J. A., Erez, A. & Johnson, D. E. The Nature and Dimensionality of Organizational Citizenship Behavior: A Critical Review and Meta-Analysis. Journal of Applied Psychology, 2002, 87(1), 52-65.

[132] Levinson, H. Reciprocation: the relationship between man and organization. Administrative Science Quarterly, 1965, 9, 370-390.

[133] Lievens, F., Conway, J. M., & De Corte, W. The relative importance of task, citizenship and counterproductive performance to job performance ratings: do rater source and team-based culture matter? Journal of Occupational and Organizational Psychology, 2008, 00, 1-18.

[134] Locke, E. A., & Latham, G. P. What Should We Do about Motivation Theory? Six Recommendations for the Twenty-First Century. Academy of Management Review, 2004, 29(3), 388-403.

[135] Lovelace, K., Shapiro, D. L., & Weingart, L. R. Maximizing cross-functional new product teams' innovativeness and constraint adherence: a conflict communications perspective. Academy of Management Journal, 2001, 44(4), 779-793.

[136] Luthans, F. Improving the delivery of quality service: behavioral management techniques. Leadership and Organization Development Journal, 1991, 12(2), 3-6.

[137] MacKenzie, S. B., Podsakoff, P. M., & Paine, J. B. Do citizenship behaviors matter more for managers than for salespeople? Academy of Marketing Science, 1999, 27(4), 396-410.

[138] Maertz, C. P. Griffeth, R. W., Campbell, N. S., & Allen, D. G. The effects of perceived organizational support and perceived supervisor

support on employee turnover. Journal of Organizational Behavior, 2007,28,1059-1075.

[139] Mangione, T. W., & Quinn, R. P. Job satisfaction, counterproductive behavior and drug use at work. Journal of Applied Psychology, 1975,60 (1),114-116.

[140] Marcus, A. A. Implementing Externally Induced Innovations: A Comparison of Rule-Bound and Autonomous Approaches. Academy of Management Journal, 1988,31(2),235-256.

[141] Martinko, M. J., Gundlach, M. J., & Douglas, S. C. Toward an integrative theory of counterproductive workplace behavior: a causal reasoning perspective. International Journal of Selection and Assessment, 2002,10(1/2),36-50.

[142] Masterson, S. S., & Stamper, C. L. Perceived organizational membership: an aggregate framework representing the employee-organization relationship. Journal of Organizational Behavior, 2003,24, 473-490.

[143] Maznevski, M. L. Understanding our differences: performance in decision-making groups with diverse members. Human Relations, 1994, 47(5),531-552.

[144] McMillan, R. C., Customer satisfaction and organizational support for service providers. Unpublished Ph. D. Dissertation, University of Florida, 1997,22-61,96,103-104.

[145] McNeely, B. L., & Meglino, B. M. The role of dispositional and situational antecedents in prosocial organizational behavior: An examination of the intended beneficiaries of prosocial behavior. Journal of Applied Psychology, 1994,79(6),836-844.

[146] Miles, D. E., Borman, W. E., Spector, P. E. & Fox, S. Building an Integrative Model of Extra Role Work Behaviors: A Comparison of Counterproductive Work Behavior with Organizational Citizenship Behavior. International Journal of Selection and Assessment. 2002,1/2 (10),51-57.

[147] Moorman, R. H., Blakely, G. L., & Niehoff, B. P. Does perceived organizational support mediate the relationship between procedural

justice and organizational citizenship behavior? Academy of Management Journal. 1998,41(3),351-357.

[148] Morrison, E. W. Role definitions and organizational citizenship behaviors: The importance of the employee's perspective. Academy of Management Journal. 1994,37(6),1543-1567.

[149] Morrison, E. W., & Phelps, C. C. Taking charge at work: extra-role efforts to initiate workplace change. Academy of Management Journal. 1999,42(4),403-419.

[150] Motowidlo, S. J. Some basic issues related to contextual performance and organizational citizenship behavior in human resource management. Human Resource Management Review, 2000,10(1),115-126.

[151] Mullen, B., & Symons, C., Hu, L., & Salas, E. Group size, leadership behavior, and subordinate satisfaction. Journal of General Psycholgy, 1989,22,103-122.

[152] Mumford, M. D. Managing creative people: strategies and tactics for innovation. Human Resource Management Review, 2000, 10(3), 313-351.

[153] Mumford, M. D., & Gustafson, S. B. Creativity syndrome: integration, application and innovation. Psychological Bulletin, 1988,103,27-43.

[154] Muse, L. A., & Stamper, C. L. Perceived organizational support: evidence for a mediated association with work performance. Journal of Management Issues, 2007, XIX(4),517-535.

[155] Nemeth, C. J. Differential contributions of majority and minority influence. Psychological Review, 1986,93(1),23-32.

[156] Neuman, J. H. & Baron, R. A. Workplace violence and workplace aggression: Evidence concerning specific forms, potential causes, and preferred targets. Journal of Management, 1998,29(3),391-419.

[157] Ng, K. Y., & Van Dyne, L. Antecedents and Performance Consequences of Helping Behavior in Work Groups: A Multilevel Analysis. Group & Organization Management, 2005,30(5),514-540.

[158] Olin, T., & Wickenberg, J. Rule breaking in new product development - crime or necessity? Creativity and Innovation Management, 2001, 10(1),15-25.

[159] Organ, D. W. Organizational citizenship behavior: The good soldier syndrome. Lexington. MA: Lexington Books. 1988.

[160] Organ, D. W. Organizational citizenship behavior: Its construct clean-up time. Human Performance, 1997, 10(2), 85-97.

[161] O'Leary-Kelly, A. M., Griffin, R. W., & Glew, D. J. Organization-motivated aggression: a research framework. Academy of Management Review, 1996, 21(1), 225-253.

[162] Park, S. H., & Luo, Y. Guanxi and organizational dynamics: organizational networking in Chinese firms. Strategic Management Journal, 2001, 22, 455-477.

[163] Pedhazur, E. J., & Schmelkin, L. P. Measurement, design and analysis: an integrated approach. New Jersey: Lawrence Erlbaum Associates Inc, 1999.

[164] Pearce, C. L., & Herbik, P. A. Citizenship behavior at the team level of analysis: the effects of team leadership, team commitment, perceived team support, and team size. Journal of Social Psychology, 2004, 144 (3), 293-310.

[165] Peterson, D. K. Deviant workplace behavior and the organization's ethical climate. Journal of Business and Psychology, 2002, 17(1), 47-61.

[166] Pirola-Merlo, A., & Mann, L. The relationship between individual creativity and team creativity: aggregating across people and time. Journal of Organizational Behavior, 2004, 25, 235-257.

[167] Podsakoff, P. M., & MacKenzie, S. B. Organizational citizenship behaviors and sales unit effectiveness. Journal of Marketing Research, 1994, 31, 351-363.

[168] Podsakoff, P. M., & MacKenzie, S. B. Impact of Organizational citizenship behavior on organizational performance: a review and suggestions for future research. Human Performance, 1997, 10(2), 133-151.

[169] Podsakoff, P. M., MacKenzie, S. B., & Boomer, W. H. Transformational leader behaviors and substitutes for leadership as determinants of employee satisfaction, commitment, trust, and organizational citizenship behaviors. Journal of Management, 1996, 22(2), 259-298.

[170] Podsakoff, P. M., MacKenzie, S. B., Lee, J. Y., & Podsakoff, N. P. Common method biased in behavioral research: a critical review of the literature and recommended remedies. Journal of Applied Psychology, 2003,88(5),879-903.

[171] Podsakoff, P. M., MacKenzie, S. B., Moorman, R. H., & Fetter, R. Transformational leader behaviors and their effects on followers' trust in leader, satisfaction, and organizational citizenship behaviors. Leadership Quarterly,1990,1(2),107-142.

[172] Podsakoff, N. P., Podsakoff, P. M., MacKenzie, S. B., Mayne, T. D., & Spoelma, T. M. Consequences of unit-level organizational citizenship behaviors: A review and recommendations for future research. Journal of Organizational Behavior,2014,35,S87-S119.

[173] Podsakoff, P. M., Todor, W. D., Grover, R. A. & Humer, V. L. Situational moderators of leader reward and punishment behaviors: fact or fiction? Organizational Behavior and Human Performance, 1984, 34 (1),21-63.

[174] Politis, J. D. Dispersed leadership predictor of the work environment for creativity and productivity, European Journal of Innovation Management,2005,8(2),182-204.

[175] Porter, L. W., Mowday, R. T., & Steers, R. The measure of organizational commitment. Journal of Vocational Behavior, 1974, 14, 228-240.

[176] Prajogo, D. I., & Ahmed, P. K. Relationships between innovation stimulus, innovation capacity, and innovation performance. R&D Management,2006,36(5),499-515.

[177] Ramasamy, B., Goh, K. W., & Yeung, M. C. H. Is guanxi a bridge to knowledge transfer? Journal of Business Research,2006,59,130-139.

[178] Randall, M. L., Cropanzano, R., Bormann, C. A., & Birjulin, A. Organizational Politics and Organizational Support as Predictors of Work Attitudes, Job Performance, and Organizational Citizenship Behavior. Journal of Organizational Behavior,1999,20(2),159-174.

[179] Rhoades, L. & Eisenberger, R. Perceived organizational support: A review of the literature. Journal of Applied Psychology, 2002,87(4),

698-714.

[180]Rhoades, L, Eisenberger, R. , & Armeli, S. Affective commitment to the organization: the contribution of perceived organizational support. Journal of Applied Psychology, 2001, 86(5), 825-836.

[181]Robinson, S. L. , & Bennett, R. J. A Typology of Deviant Workplace Behaviors: A Multidimensional Scaling Study. Academy of Management Journal, 1995, 38(2), 555-572.

[182]Robinson, S. L. , & O'Leary-Kelly, A. M. Monkey see monkey do: the influence of work groups on the antisocial behavior of employees. Academy of Management Journal, 1998, 41(6), 658-672.

[183]Rothbart, M. Effects of motivation, equity and compliance on the use of reward and punishment, Journal of Personality and Social Psychology, 1968, 9(4), 353-362.

[184] Rotundo, M. , & Sackett, P. R. The relative importance of task, citizenship, and counterproductive performance to global rating of job performance: A policy capturing approach. Journal of Applied Psychology, 2002, 87(1), 66-80.

[185] Rotundo, M. , & Xie, J. L. Understanding the domain of counterproductive work behaviors in China. International Journal of Human Resource Management, 2008, 19(5), 856-877.

[186] Ryan, R. M. , & Deci, E. L. Intrinsic and extrinsic motivations: classic definitions and new directions. Contemporary Educational Psychology, 2000, 25, 54-67.

[187]Salancik, G. J. , & Pfeffer, J. A social information processing approach to job attitudes and task design. Administrative Science Quarterly, 1978, 23(2), 224-253.

[188]Schneider, B. Organizational climates: An essay. Personnel Psychology, 1975, 28(4), 447-480.

[189]Scott, S. G. , & Bruce, R. A. Determinants of innovation behavior: A path model of individual innovation in the workplace. Academy of Management Journal, 1994, 37(3), 580-607.

[190] Shanock, L. R. , & Eisenberger, R. When supervisors feel supported: relationships with subordinates' perceived supervisor support,

perceived organizational support and performance. Journal of Applied Psychology, 2006, 91, 689-695.

[191] Shore, L. M., & Tetrick, L. E. A construct validity study of the Survey of Perceived Organizational Support. Journal of Applied Psychology, 1991, 76(5), 637-643.

[192] Shore, L. M., & Wayne, S. J. Commitment and employee behavior: comparison of affective commitment and continuance commitment with perceived organizational support. Journal of Applied Psychology, 1993, 78(5), 774-780.

[193] Sinha, J. B. P. & Wherry, Sr. R. J. Determinants of norm violating behavior in a simulated industrial setting. Personnel Psychology, 1965, 18(4), 403-412.

[194] Smith, M. K. Bruce W. Tuckman-forming, storming, norming and performing in groups, the encyclopaedia of informal education, 2005. http://www.infed.org/thinkers/tuckman.htm

[195] Smith, C. A., Organ, D. W., & Near, J. P. Organizational citizenship behavior: its nature and antecedents. Journal of Applied Psychology, 1983, 68(4), 653-663.

[196] Spector, P. L., & Fox, S. An emotion-centered model of voluntary work behavior some parallels between counterproductive work behavior and organizational citizenship behavior. Human Resource Management Review, 2002, 12, 269-292.

[197] Stamper, C. L., & Masterson, S. S. Insider or outsider? How employee perceptions of insider status affect their work behavior. Journal of Organizational Behavior. 2002, 23, 875-894.

[198] Steers, R. M., Mowday, R. T., & Shapiro, D. L. Introduction to Special Topic Forum: The Future of Work Motivation Theory. Academy of Management Review, 2004, 29(3), 379-387.

[199] Steiner, I. D. Group process and productivity. New York: Academic Press. 1972. c. f. Barrick, M. R., Stewart, G. L., Neubert, M. J., et al. Relating member ability and personality to work-team processes and team effectiveness. Journal of Applied Psychology, 1998, 83(3), 377-391.

[200] Stinglhamber, F., & Vandenberghe, C. Organizations and Supervisors as Sources of Support and Targets of Commitment: A Longitudinal Study. Journal of Organizational Behavior, 2003, 24(3), 251-270.

[201] Tsang, E. W. K. Can guanxi be a source of sustained competitive advantage for doing business in China? Academy of Management Review, 1998, 12(2), 64-73.

[202] Tsui, A. S., & Farh, J. L. Where guanxi matters: relational demography and guanxi in the Chinese text. Work and Occupation. 1997, 24(1), 56-79.

[203] Tsui, A. S., Pearce, J. L., Porter, L. W., & Tripoli, A. M. Alternative approaches to the employee-organization relationship: does investment in employees pay off? Academy of Management Review, 1997, 40(5), 1089-1121.

[204] Tuckman, B. W. Development sequence in small groups, Psychological Bulletin, 1965, 63(6), 384-399.

[205] Tuckman, B. W., & Jensen, M. A. Stages of small group development revisited. Group Organization Management. 1977, 27(2), 419-427.

[206] Tyagi, P. K. Inequities in organizations, salesperson motivation and job satisfaction. International Journal of Research in Marketing, 1990, 7(2-3), 135-148.

[207] Tyler, T. R., & Blader, S. L. Can businesses effectively regulate employee conduct? The antecedents of rule following in work settings. Academy of Management Journal. 2005, 48(6), 1143-1158.

[208] Urbanski, A. Incentives get specific. Sales and Marketing Management, 1986, 4, 98-102.

[209] Van Dyne, L., Graham, J. W., & Dienesch, R. M. Organizational Citizenship Behavior: Construct Redefinition, Measurement, and Validation. Academy of Management Journal. 1994, 37(4), 765-802.

[210] Van Dyne, L., Cummings, L. L., & McLean Parks, J. M. Extra-role behaviors: In pursuit of construct and definitional clarity (a bridge over muddied waters). In Cummings L. Larry & Barry M. Staw (Eds.), Research in organizational behavior. Greenwich, CT: JAI Press. 1995, 17, 215-285.

[211] Van Dyne, L., & LePine, J. A. Helping and voice extra-role behaviors: evidence of construct and predictive validity. Academy of Management Journal. 1998, 41(1), 108-119.

[212] Van Dyne, L., Vandewalle, D., Kostova, T., Latham, M. E., & Cummings, L. L. Collectivism, propensity to trust and self-esteem as predictors of organizational citizenship in a non-work setting. Journal of Organizational Behavior, 2000, 21(1), 3-23.

[213] Van Knippenberg, D. Work Motivation and Performance: A Social Identity Perspective. Applied Psychology: An International Review, 2000, 49(3), 357- 371.

[214] Van Knippenberg, D., Van Dick, R., & Tavares, S. Social Identity and Social Exchange: Identification, Support, and Withdrawal from the Job. Journal of Applied Social Psychology, 2007, 37(3), 457-477.

[215] Van Knippenberg, B., Martin, L., & Tyler, T. Process-orientation versus outcome-orientation during organizational change: the role of organizational identification. Journal of Organizational Behavior. 2006, 27, 685-704.

[216] Van Scotter, J. R., Motowidlo, S. J., & Cross, T. C. Effects of task performance and contextual performance on systemic rewards. Journal of Applied Psychology, 2000, 85(4), 526-535.

[217] Van Scotter, J. R., & Motowidlo, S. J. Interpersonal facilitation and job dedication as separate facets of contextual performance. Journal of Applied Psychology, 1996, 81(5), 525-531.

[218] Vardi, Y., & Wiener, Y. Misbehavior in organizations: a motivational framework. Organization Science, 1996, 7(2), 151-165.

[219] Vroom, V. H. Work and motivation. New York: Wiley. 1964.

[220] Wayne, S. J., Shore, L. M., & Liden, R. C. Perceived organizational support and leader-member exchange: a social exchange perspective. Academy of Management Journal, 1997, 40(1), 82-111.

[221] Wheeler, H. N. Punishment theory and industrial discipline. Industrial Relations, 1976, 15(2), 235-243.

[222] Welsh, D. H. B., Luthans, F., & Sommer, S. M. Organizational behavior modification goes to Russia: Replicating an experimental analysis across

cultures and tasks. Journal of Organizational Behavior Management, 1993,13(2),15-33.

[223] West, M. A. Sparkling fountains or stagnant ponds: an integrative model of creativity and innovation implementation in work groups. Applied Psychology: An International Review, 2002, 51(3), 355-424.

[224] West, M. A. , & Anderson, N. R. Innovation in top management teams. Journal of Applied Psychology, 1996, 81(6), 680-693.

[225] Williams, L. J. , & Anderson, S. E. Job satisfaction and organizational commitment as predictors of organizational citizenship and in-role behaviors. Journal of Management, 1991, 17(3), 601-617.

[226] Wing, L. S. Leadership in high-performance teams: a model for superior team performance. Team Performance Management. 2005, 11(1/2), 4-11.

[227] Yang, M. M. Gifts, favors and banquets: the art of social relationships in China. Ithaca, NY: Cornell University Press.

[228] Yeung, I. Y. M. , & Tung, R. L. Achieving business success in Confucian societies: the importance of guanxi. Organizational Dynamics, 1996, 25(2), 54-65.

[229] Zeleny, M. Multiple criteria decision making. New York: McGraw-Hill. 1982.

[230] 波特(Porter, L. W.)、比格利(Bigley, G. A.)和斯蒂尔斯(Steers, R. M.)著,陈学军等译.激励与工作行为(Motivation and Work Behavior)(原书第 7 版).北京:机械工业出版社,2006.

[231] 宝贡敏.成功背后的中国文化.太原:山西经济出版社,2009.

[232] 宝贡敏和刘枭.关系理论研究述评.技术经济.2008,4,109-115.

[233] 宝贡敏和钱源源.多层次视角下的角色外行为与团队创新绩效.浙江大学学报(人文社会科学版),2009,39(5),113-121.

[234] 毕雪阳.管理心理学.上海:上海财经大学出版社,2010.

[235] 蔡政宏和张蜜纯.组织气氛与知识属性对知识创造、转移及组织创新绩效关联性之探讨.创新、整合与应用研讨会,2006.

[236] 陈淑玲.创新行为与创新绩效的跨层次分析——资源基础理论观点.博士学位,(台湾)中山大学,2006.

[237] 陈正昌,程炳林,陈新丰和刘子键.多变量分析方法:统计软件应用.北京:

中国税务出版社,2005.

[238]陈志霞.知识员工组织支持感对工作绩效和离职倾向的影响.博士学位论文,华中科技大学,2006.

[239]崔金生(笔名:雾满拦江).像青蛙一样思考.北京:当代中国出版社,2005.

[240]丹敦著,陈劲等译.创新的种子——解读创新魔方.北京:知识产权出版社,2004.

[241]费孝通.乡土中国 生育制度.北京:北京大学出版社,1998.

[242]冯力.回归分析方法原理及 SPSS 实际操作.北京:中国金融出版社,2004.

[243]古亚拉提(Gujarati,D.N.)著,张涛等译.经济计量学精要.北京:机械工业出版社,2000.

[244]郭晓薇和严文华.国外反生产行为研究述评.心理科学,2008,31(4),936-939.

[245]郭志刚.社会统计分析方法——SPSS 软件应用.北京:中国人民大学出版社,1999.

[246]哈里斯(Harris,C.)著,陈兹勇译.构建创新团队:培养与整合高绩效创新团队的战略及方法.北京:经济管理出版社,2004.

[247]黑儒.华为用人的"基本法".政策与管理,2000,3,41.

[248]侯杰泰,温忠麟和成子娟.结构方程模型及其应用.北京:经济科学出版社,2004.

[249]黄芳铭.结构方程模式:理论与应用.北京:中国税务出版社,2005.

[250]黄光国.论华人的关系主义:理论的建构与方法论的考量.//见黄光国.儒家关系主义:文化反思与典范重建.北京:北京大学出版社.2006,82-106.

[251]黄逸群.创业女性工作家庭平衡及其对绩效影响机制研究.博士学位论文,浙江大学,2007.

[252]胡瑞仲.管理潜规则.北京:经济管理出版社,2007.

[253]胡瑞仲和聂锐.企业显规则与潜规则.领导科学,2006,2,47-48.

[254]贾跃千.游客景区体验的构成因素及其内在作用机制研究.博士学位论文,浙江大学,2009.

[255]杰恩(Jain,R.K.)和川迪斯(Triandis,H.C.)著,柳卸林等译.研发组织管理——用好天才团队.北京:知识产权出版社,2005.

[256]金耀基.人际关系中人情之分析.//见杨国枢.中国人的心理.南京:江苏教育出版社,2005,60-81.

[257]金耀基."面""耻"与中国人行为之分析.见翟学伟主编:《中国社会心理学

评论》(第二辑).北京:社会科学文献出版社,2006,48-64.

[258]科恩(Kohn,A.)著,程寅和艾斐译.奖励的惩罚.上海:上海三联书店,
2006.

[259]Komaki,J.L.工作中的强化理论:增强和解释员工做什么.//见(美)波特
(Porter,L.W.),(美)比格利(Bigley,G.A.)和(美)斯蒂尔斯(Steers,
R.M.)著,陈学军等译.激励与工作行为(原书第7版).北京:北京机械工
业出版社,2006,70-81.

[260]克莱特纳(Kreitner,R.)和基尼奇(Kinicki,A.)著,顾琴轩等译.组织行为
学(第六版).北京:中国人民大学出版社,2007.

[261]黎翔.潜规则:从建立到颠覆.社会学家茶座,2009,2,42-49.

[262]李春方.激励理论研究.沈阳:辽宁大学出版社,2004.

[263]李晶.组织创业气氛及其对创业绩效影响机制研究.博士学位论文,浙江大
学,2008.

[264]李卫东,刘洪和陶厚永.企业研发人员工作激励研究述评.外国经济与管
理,2008,30(11),35-42.

[265]李小宁.组织激励.北京:北京航空航天大学出版社,2005.

[266]李垣和刘益.关于企业组织激励的探讨.数量经济技术经济研究,1999,5,
35-39.

[267]梁觉和周帆.跨文化研究的方法.//见陈晓萍,徐淑英和樊景立.组织与管理
研究的实证方法.北京:北京大学出版社,2008,385-404.

[268]廖卉和庄瑷嘉.多层次理论模型的建立及研究方法.//见陈晓萍,徐淑英和
樊景立.组织与管理研究的实证方法.北京:北京大学出版社,2008,332-
353.

[269]凌文辁,杨海军和方俐洛.企业员工的组织支持感.心理学报.2006,38(2),
281-287.

[270]凌文辁,张治灿和方俐洛.中国职工组织承诺研究.中国社会科学.2001,2,
90-102.

[271]刘慧君.探究员工偏离行为之前因.硕士学位论文.台湾科技大学,2005.

[272]刘惠琴.高校团队创新绩效评估:模型与实证研究.北京:清华大学出版社,
2007.

[273]刘惠琴和张德.高校学科团队中魅力型领导对团队创新绩效影响的实证研
究.科研管理,2007,28(4),185-191.

[274]刘军.一般化互惠:测量、动力及方法论意涵.社会学研究,2007,1,99-113.

[275]刘秋华.科学创新思维中循规与越轨范畴的流动和转化.科学技术与辩证
法,2005,22(4),69-72.

[276]罗宾斯(Robbins,S.P.),王敏译.管人的真理.北京:中信出版社,2002.

[277]罗宾斯(Robbins,S.P.)和库尔特(Coulter,M)著,孙健敏等译.管理学:第
9版.北京:中国人民大学出版社,2008.

[278]罗胜强和姜嬿(2008a).单维构念与多维构念的测量.//见陈晓萍,徐淑英
和樊景立.组织与管理研究的实证方法.北京:北京大学出版社,2008,
255-287.

[279]罗胜强和姜嬿(2008b).调节变量和中介变量.见陈晓萍,徐淑英和樊景立
主编《组织与管理研究的实证方法》.北京:北京大学出版社,2008,312-
329.

[280]马修森(Matheson,D.)和马修森(Matheson,J.)著,孙非等译.学习型研发
团队管理指南.北京:机械工业出版社,2003.

[281]麦金(Maginn,M.)著,黄圣峰译.使团队发挥作用.北京:清华大学出版社,
2005.

[282]梅欧著,费孝通译.工业文明的社会问题.北京:商务印书馆,1964.

[283]马庆国.管理统计:数据获取、统计原理、SPSS工具与应用研究.北京:科学
出版社,2002.

[284]米利肯(Miliken,F.J.),巴特尔(Bartel,C.A.)和库尔茨伯格(Kurtzberg,
T.R.).多样性与工作团队创造性:基于情感和认知过程并联结多样性
与绩效的动态观.//见保罗斯(Paulus,P.B.)和尼斯塔特(Nijstad,B.A.)
著,罗玲玲等译.团体创造力:通过合作创新.沈阳:辽宁人民出版社,
2008,37-77.

[285]彭贺.人为激励研究.上海:格致出版社,2009.

[286]彭泗清.信任的建立机制:关系运作与法制手段.社会学研究,1999,2,53-
66.

[287]钱源源.员工忠诚、角色外行为与团队创新绩效的作用机理研究:一个跨层
次的分析.博士学位论文,浙江大学,2010.

[288]邱皓政."通情"才能"达理"? 创造历程的社会文化影响与人际互动机制之
探讨.第六届华人心理与行为科际学术研讨会,2002.

[289]邱建璋.组织内同侪关系类型、形成历程及其互动内容之研究:社会网络之
观点.硕士学位论文,屏东科技大学,2004.

[290]荣泰生.企业研究方法.北京:中国税务出版社,2005.

[291]荣泰生.AMOS与研究方法.重庆:重庆大学出版社,2009.

[292]沈毅.黄国光的"人情"与"面子"模型及其相关挑战.//见翟学伟.中国社会心理学评论(第二辑).北京:社会科学文献出版社,2006,255-277.

[293]史江涛.员工关系、沟通对其知识共享与知识整合作用的机制研究.博士学位论文,浙江大学,2007.

[294]宋国学.易于胜任特征的培训模式.心理科学进展,2010,18(1),144-150.

[295]孙理军和聂鸣.高新技术企业研究开发人员的激励机制.科研管理.2002,23(4),114-119.

[296]汪洁.团队任务冲突对团队任务绩效的影响机理研究——从团队交互记忆与任务反思中介作用视角的分析.博士学位论文,浙江大学,2009.

[297]王端旭.研发团队激励机制设计的情景分析.科研管理.2006,27(6),80-84.

[298]王德应和张仁华.潜规则的管理学思考.财贸经济,2005,3,114-116.

[299]王国猛和郑全全.工作激励研究进展.人类工效学,2007,13(3),61-63.

[300]王辉,忻榕和徐淑英.中国企业CEO的领导行为及对企业经营业绩的影响.管理世界,2006,4,87-96.

[301]王小章.中国社会心理学.杭州:浙江大学出版社,2008.

[302]王云访和岳颖.科技企业的创新激励机制研究.北京:中国社会科学出版社,2008.

[303]王重鸣.心理学研究方法.北京:人民教育出版社,2001.

[304]王再峰.潜规则:企业管理的无形大网.财富杂志,2006,2,39-41.

[305]文崇一.问卷设计.//见杨国枢、文崇一、吴聪贤、李亦园.社会及行为科学研究法(上册),重庆:重庆大学出版社,2006a,329-350.

[306]文崇一.调查访问法.//见杨国枢、文崇一、吴聪贤、李亦园.社会及行为科学研究法(下册),重庆:重庆大学出版社,2006b,446-470.

[307]吴明隆.结构方程模型:AMOS的操作与应用.重庆:重庆大学出版社,2009.

[308]吴思.血酬定律:中国历史中的生存游戏.北京:语文出版社,2009.

[309]谢弗(Schaefer,R.T.)著,刘鹤群和房智慧译.社会学与生活:插图修订第9版·普及版.北京:世界图书出版公司北京公司,2009.

[310]谢家琳.实地研究中的问卷调查法.//见陈晓萍,徐淑英和樊景立.组织与管理研究的实证方法.北京:北京大学出版社,2008,161-177.

[311]徐庆.我国外资企业知识型员工激励机制研究.博士学位论文,吉林大学,2008.

[312]薛继东和李海.团队创新影响因素研究述评.外国经济与管理,2009.31(2),25-32.

[313]徐碧祥.员工信任对其知识整合与共享意愿的作用机制研究.博士学位论文,浙江大学,2007.

[314]杨国枢.中国人的社会取向:社会互动的观点.//见杨国枢、余安邦.中国人的心理与社会行为——理念与方法篇.台北:桂冠图书公司,1993,87-142.

[315]杨国枢.科学研究的基本概念.//见杨国枢、文崇一、吴聪贤和李亦园.社会及行为科学研究法(上册).2006,3-28.

[316]杨宜音.试析人际关系及其分类——兼与黄光国先生商榷.社会学研究,1995,5,18-23.

[317]杨宜音."自己人":信任建构过程的个案研究.社会学研究,1999,2,38-52.

[318]杨宜音."自己人":一项有关中国人关系分类的个案研究.本土心理学研究,2001,13,277-316.//见杨宜音.中国社会心理学评论(第一辑).北京:社会科学文献出版社,2005,181-204.

[319]杨宜音.关系化还是类别化:中国人"我们"概念形成的社会心理机制探讨.中国社会科学,2008,4,148-159.

[320]杨志蓉.团队快速信任、互动行为与团队创造力研究.博士学位论文,浙江大学,2006.

[321]杨中芳.人际关系及人际情感的构念化.//见杨国枢本土心理学研究.台北:桂冠图书公司,1999,12,105-179.

[322]杨忠等.组织行为学:中国文化视角.南京:南京大学出版社,2006.

[323]游正林.组织公正的理论和应用.//见李培林、覃方明社会学:理论与经验(第二辑).北京:社会科学文献出版社,2005,8,311-339.

[324]俞文钊.管理心理学(简编).大连:东北财经出版社,2000.

[325]俞文钊.现代激励理论与应用.大连:东北财经大学出版社,2006.

[326]约翰.M.伊万切维奇,罗伯特·康诺帕斯基和迈克尔.T.马特森著,邵冲等译.组织行为与管理(原书第7版).北京:机械工业出版社,2006.

[327]查金祥.B2C电子商务顾客价值与顾客忠诚度的关系研究.博士学位论文,浙江大学,2006.

[328]翟学伟.中国人际关系的特质——本土的概念及其模式.社会学研究,1993,4,74-83.

[329]翟学伟.人情、面子与权力的再生产.社会学研究,2004,5,48-57.

[330]翟学伟.报的运作方位.社会学研究,2007,1,83-98.

[331]翟洪昌,安哲锋和崔淑范.不同职工对待激励模式需求程度的实证研究.心理科学,2004,27(6),1407-1409.

[332]张雷,雷雳和郭伯良.多层线性模型应用.北京:教育科学出版社,2005.

[333]张伟雄和王畅.因果关系理论的建立——结构方程模型.//见陈晓萍,徐淑英和樊景立.组织与管理研究的实证方法.北京:北京大学出版社,2008,290-311.

[334]张文彤.SPSS统计分析高级教程.北京:高等教育出版社,2004.

[335]章志光.社会心理学(第2版).北京:人民教育出版社,2008.

[336]张志平.论人情世故.//见张立升.社会学家茶座(第24辑).济南:山东人民出版社,2008,1,4-8.

[337]赵卓嘉.团队内部人际冲突、面子对团队创造力的影响研究.博士学位论文,浙江大学,2009.

[338]曾亦和陈文嫣.礼记导读.北京:中国国际广播出版社,2009.

[339]郑伯埙.差序格局与华人组织行为.本土心理学研究,1995,3,142-219.

[340]郑伯埙.华人人际关系研究的困境与出路.本土心理学研究,1999,12,203-214.

[341]郑梅莲.员工忠诚及其对知识共享与整合的影响研究.北京:经济科学出版社,2009.

[342]郑小勇和楼鞅.科研团队创新绩效的影响因素及其作用机理研究.科学学研究,2009,27(9),1428-1438.

[343]中国社会科学院语言研究所词典编辑室.现代汉语词典.北京:商务印书馆,2005.

[344]周明建.组织、主管支持、员工情感承诺与工作产出——基于员工"利益交换观"与"利益共同体观"的比较研究.博士学位论文,浙江大学,2005.

[345]周丽芳.华人组织中的关系与社会网络.本土心理学研究,2002,18,175-228.

[346]周丽芳,郑伯埙和黄敏萍.华人工作团队内关系(Guanxi)与成员效能:价值观契合与网络中心性的中介效果.会议论文,第六届泛华心理学家国际学术研讨会,2002.

附录 实证调查问卷

尊敬的先生/女士： 问卷编号：_____

您好，这是一份关于组织支持和组织激励及其影响作用的学术问卷。恳请您给予协助！

1. 本调查采用匿名方式进行。**本人郑重承诺**：相关资料将严格保密，仅用于科学研究，不会对您和贵工作单位造成任何不良影响，恳请您提供真实的信息。

2. 作答时，请根据实际情况在符合描述的选项上打"☒"，或在对应位置填写文字。答案无对错之分。

3. 整个问卷大概需要耗时 20 分钟，全部为单选题目。请您仔细填答！谢谢！

(一)请您根据实际情况对以下描述进行评价

1＝完全不同意；2＝不同意；3＝不确定；4＝同意；5＝完全同意。

项　目	1	2	3	4	5
S1.1　单位制度保障我获得工作必需的资金。	☐	☐	☐	☐	☐
S1.2　单位制度保障我获得工作必需的设施设备。	☐	☐	☐	☐	☐
S1.3　单位制度保障我获得工作必需的培训。	☐	☐	☐	☐	☐
S1.4　单位制度保障我的工作按照进度进行。	☐	☐	☐	☐	☐
S1.5　单位制度为我的学习进修提供便利。	☐	☐	☐	☐	☐
S1.6　单位制度为我的学习进修提供资助。	☐	☐	☐	☐	☐
S1.7　单位为我制定了详尽的职业发展规划。	☐	☐	☐	☐	☐
S2.1　领导为我提供良好的工作环境和条件。	☐	☐	☐	☐	☐
S2.2　领导为我安排工作所需的人员支持或助手。	☐	☐	☐	☐	☐
S2.3　领导为我提供必要的工作信息。	☐	☐	☐	☐	☐
S2.4　领导对于人员配备和工作量的匹配做出合理安排。	☐	☐	☐	☐	☐
S2.5　领导愿意倾听我工作中遇到的问题。	☐	☐	☐	☐	☐
S2.6　在工作上，领导能随时为我提供帮助。	☐	☐	☐	☐	☐

续表

项 目		1	2	3	4	5
S2.7	领导会给予我充分的工作自主权。	☐	☐	☐	☐	☐
S2.8	领导掌握我的工作进展情况。	☐	☐	☐	☐	☐
S2.9	领导愿意尝试我提出的新计划和新想法。	☐	☐	☐	☐	☐
S2.10	领导关注我对工作提出的意见和感受。	☐	☐	☐	☐	☐
S3.1	领导为我的工作成就感到自豪。	☐	☐	☐	☐	☐
S3.2	领导关注我的目标和价值观。	☐	☐	☐	☐	☐
S3.3	领导真正关心我的福利。	☐	☐	☐	☐	☐
S3.4	领导会原谅我的无心之错。	☐	☐	☐	☐	☐
S3.5	当我在生活中遇到困难时,领导会尽力帮助我。	☐	☐	☐	☐	☐
S3.6	领导愿意倾听我的压力。	☐	☐	☐	☐	☐
S3.7	领导关心我的个人生活。	☐	☐	☐	☐	☐
S3.8	领导像关心家人一样对待我。	☐	☐	☐	☐	☐
S3.9	领导关心我的未来职业发展。	☐	☐	☐	☐	☐
S4.1	团队成员愿意倾听我工作中遇到的问题。	☐	☐	☐	☐	☐
S4.2	团队成员愿意帮助我解决工作中遇到的问题。	☐	☐	☐	☐	☐
S4.3	团队成员愿意提供给我必要的工作信息。	☐	☐	☐	☐	☐
S4.4	工作中团队成员和我配合默契。	☐	☐	☐	☐	☐
S4.5	团队成员为我的工作提出意见和建议。	☐	☐	☐	☐	☐
S4.6	如果我的工作量超出负荷时,会有成员帮助我。	☐	☐	☐	☐	☐
S5.1	当我在生活中遇到困难时,成员愿意帮我解决。	☐	☐	☐	☐	☐
S5.2	团队成员愿意倾听我的压力。	☐	☐	☐	☐	☐
S5.3	当我不在场时,团队成员会维护我的利益。	☐	☐	☐	☐	☐
S5.4	当我在工作中取得成绩时,团队成员会为我高兴。	☐	☐	☐	☐	☐
S5.5	当我在工作中出现失误时,团队成员会安慰我。	☐	☐	☐	☐	☐

(二)请您根据实际情况对以下描述进行评价

1=从未出现;2=偶尔出现;3=有时出现;4=经常出现;5=总是出现。

项 目		1	2	3	4	5
RF1.1	我运用制度规定指导我开展具体工作。	☐	☐	☐	☐	☐
RF1.2	我遵守与工作相关的规章制度。	☐	☐	☐	☐	☐
RF1.3	我按照制度规定进行时间分配。	☐	☐	☐	☐	☐
RF1.4	即使我不同意领导观点,我也尽可能按照领导指示完成工作。	☐	☐	☐	☐	☐

续表

项　目		1	2	3	4	5
RF1.5	即使没有要求、没人知道,我也愿意遵守单位及团队的制度规定。	▣	▣	▣	▣	▣
RF1.6	我自愿遵守单位规章制度和政策。	▣	▣	▣	▣	▣
RF1.7	我愿意接受领导对我工作量的判定。	▣	▣	▣	▣	▣
RF1.8	即使领导不知道我是否做了,我也会执行领导的决定。	▣	▣	▣	▣	▣
RF1.9	即使我认为这样做不重要,我也会按照领导要求去做。	▣	▣	▣	▣	▣
RF1.10	我愉快接受领导的决定。	▣	▣	▣	▣	▣
RB1.1	我私下(或公开)采用改进的生产流程完成工作。	▣	▣	▣	▣	▣
RB1.2	我私下(或公开)改变工作操作方法以便更高效。	▣	▣	▣	▣	▣
RB1.3	我私下(或公开)修正无关生产或对生产有负面作用的规章制度。	▣	▣	▣	▣	▣
RB1.4	我私下(或公开)去掉不必要工作流程。	▣	▣	▣	▣	▣
RB1.5	我私下(或公开)引进新的技术和方法来提高效率。	▣	▣	▣	▣	▣
RB1.6	即使团队成员反对,我仍与他们交流自己关于工作规则的想法。	▣	▣	▣	▣	▣
RB2.1	有些团队成员不遵守单位制度对同事或团队造成损失。	▣	▣	▣	▣	▣
RB2.2	有些团队成员利用单位制度的不完善谋私利。	▣	▣	▣	▣	▣
RB2.3	有些团队成员利用工作时间处理私事。	▣	▣	▣	▣	▣
RB2.4	有些团队成员找机会休息、装病而不工作。	▣	▣	▣	▣	▣
RB2.5	有些团队成员拖延怠工。	▣	▣	▣	▣	▣
RB2.6	有些团队成员虚报工作业绩。	▣	▣	▣	▣	▣
HO1.1	不影响我本职工作时,我会主动帮助成员解决工作问题。	▣	▣	▣	▣	▣
HO1.2	不影响我本职工作时,我会主动分担成员的工作任务。	▣	▣	▣	▣	▣

续表

项　目	1	2	3	4	5
HO1.3　不占用过多时间精力时,我会主动与成员分享工作信息。	☐	☐	☐	☐	☐
HO1.4　不占用过多时间精力时,我会主动帮助成员解决非工作问题。	☐	☐	☐	☐	☐
HO1.5　不影响本职工作时,当团队成员向我求助,我会帮他/她解决工作问题。	☐	☐	☐	☐	☐
HO1.6　不影响本职工作时,当团队成员向我求助,我会分担其工作任务。	☐	☐	☐	☐	☐
HO1.7　不占用过多时间精力时,当团队成员向我求助,我会与其分享工作信息。	☐	☐	☐	☐	☐
HO1.8　不占用过多时间精力时,当团队成员向我求助,我会帮解决非工作问题。	☐	☐	☐	☐	☐
HO2.1　即使很麻烦,我也会主动使用个人资源来帮助团队成员。	☐	☐	☐	☐	☐
HO2.2　即使影响我本职工作,我也会主动帮助同事解决工作问题。	☐	☐	☐	☐	☐
HO2.3　即使占用休息时间,我也会主动帮助同事解决非工作上的问题。	☐	☐	☐	☐	☐
HO2.4　我主动比工作规定多完成一些任务,以减轻同事负担。	☐	☐	☐	☐	☐
HO2.5　当团队成员向我求助,即使麻烦,我也会使用个人资源来帮助他。	☐	☐	☐	☐	☐
HO2.6　当团队成员向我求助,即使影响我本职工作,我也会帮其解决工作问题。	☐	☐	☐	☐	☐
HO2.7　当团队成员向我求助,即使占用休息时间,我也会帮其解决非工作问题。	☐	☐	☐	☐	☐
HO2.8　当团队成员向我求助,我会比规定任务多做一些,减轻同事负担。	☐	☐	☐	☐	☐

（三）请您根据实际情况对以下描述进行评价

1＝完全不同意;2＝不同意;3＝不确定;4＝同意;5＝完全同意。

项　目	1	2	3	4	5
M1.1　根据制度规定,工作时努力,我会得到金钱奖励。	☐	☐	☐	☐	☐

续表

项　目		1	2	3	4	5
M1.2	根据制度规定,工作时思维活跃,我会得到金钱奖励。	☐	☐	☐	☐	☐
M1.3	根据制度规定,工作时不怕困难,我会得到金钱奖励。	☐	☐	☐	☐	☐
M1.4	根据制度规定,工作时勇于承担责任,我会得到金钱奖励。	☐	☐	☐	☐	☐
M1.5	根据制度规定,工作时努力,我的福利待遇会提高。	☐	☐	☐	☐	☐
M1.6	根据制度规定,工作时思维活跃,我的福利待遇会提高。	☐	☐	☐	☐	☐
M1.7	根据制度规定,工作时不怕困难,我的福利待遇会提高。	☐	☐	☐	☐	☐
M1.8	根据制度规定,工作时勇于承担责任,我的福利待遇会提高。	☐	☐	☐	☐	☐
M1.9	根据制度规定,工作时懒惰懈怠,我会被扣奖金。	☐	☐	☐	☐	☐
M1.10	根据制度规定,工作时心不在焉,我会被扣奖金。	☐	☐	☐	☐	☐
M1.11	根据制度规定,工作时懒惰懈怠,我的福利待遇会降低。	☐	☐	☐	☐	☐
M1.12	根据制度规定,工作时心不在焉,我的福利待遇会降低。	☐	☐	☐	☐	☐
M2.1	根据制度规定,当我的工作为团队带来积极影响,我会获得金钱奖励。	☐	☐	☐	☐	☐
M2.2	根据制度规定,当我的工作为团队带来积极影响,我的福利待遇会提高。	☐	☐	☐	☐	☐
M2.3	根据制度规定,当我的工作对团队造成负面影响,我会被扣奖金。	☐	☐	☐	☐	☐
M2.4	根据制度规定,当我的工作对团队造成负面影响,我的福利待遇会降低。	☐	☐	☐	☐	☐
M3.1	根据制度规定,工作时努力,我会获得某项荣誉或奖项。	☐	☐	☐	☐	☐
M3.2	根据制度规定,工作时思维活跃,我会获得某项荣誉或奖项。	☐	☐	☐	☐	☐
M3.3	根据制度规定,工作时不怕困难,我会获得某项荣誉或奖项。	☐	☐	☐	☐	☐
M3.4	根据制度规定,工作时勇于承担责任,我会获得某项荣誉或奖项。	☐	☐	☐	☐	☐

续表

项　目	1	2	3	4	5
M3.5　根据制度规定,工作时努力,我会获得职业发展机会。	☐	☐	☐	☐	☐
M3.6　根据制度规定,工作时思维活跃,我会获得职业发展机会。	☐	☐	☐	☐	☐
M3.7　根据制度规定,工作时不怕困难,我会获得职业发展机会。	☐	☐	☐	☐	☐
M3.8　根据制度规定,工作时勇于承担责任,我会获得职业发展机会。	☐	☐	☐	☐	☐
M3.9　工作时努力,我会得到大家的赞扬。	☐	☐	☐	☐	☐
M3.10　工作时思维活跃,我会得到大家的赞扬。	☐	☐	☐	☐	☐
M3.11　工作时不怕困难,我会得到大家的赞扬。	☐	☐	☐	☐	☐
M3.12　工作时勇于承担责任,我会得到大家的赞扬。	☐	☐	☐	☐	☐
M3.13　根据制度规定,工作时懒惰懈怠,我会受到行政处分。	☐	☐	☐	☐	☐
M3.14　根据制度规定,工作时心不在焉,我会受到行政处分。	☐	☐	☐	☐	☐
M3.15　工作时懒惰懈怠,我的职位会受到影响。	☐	☐	☐	☐	☐
M3.16　工作时心不在焉,我的职位会受到影响。	☐	☐	☐	☐	☐
M3.17　工作时懒惰懈怠,我会被大家忽视。	☐	☐	☐	☐	☐
M3.18　工作时心不在焉,我会被大家忽视。	☐	☐	☐	☐	☐
M3.19　工作时懒惰懈怠,我会被大家排斥。	☐	☐	☐	☐	☐
M3.20　工作时心不在焉,我会被大家排斥。	☐	☐	☐	☐	☐
M4.1　根据制度规定,当我的工作为团队带来积极影响,我会获得某项荣誉奖项。	☐	☐			☐
M4.2　根据制度规定,当我的工作为团队带来积极影响,我会获得职位发展机会。	☐	☐	☐	☐	☐
M4.3　当我的工作为团队带来积极影响,我会得到大家的赞扬。	☐	☐	☐	☐	☐
M4.4　当我的工作对团队造成负面影响,我会受到行政处分。	☐	☐		☐	☐

续表

项　目	1	2	3	4	5
M4.5　当我的工作对团队造成负面影响,我的职位会受到影响。	☐	☐	☐	☐	☐
M4.6　当我的工作对团队造成负面影响,我会被大家忽视。	☐	☐	☐	☐	☐
M4.7　当我的工作对团队造成负面影响,我会被大家排斥。	☐	☐	☐	☐	☐
M5.1　工作时努力,领导会给予(或推荐我得到)金钱奖励。	☐	☐	☐	☐	☐
M5.2　工作时思维活跃,领导会给予(或推荐我得到)金钱奖励。	☐	☐	☐	☐	☐
M5.3　工作时不怕困难,领导会给予(或推荐我得到)金钱奖励。	☐	☐	☐	☐	☐
M5.4　工作时勇于承担责任,领导会给予(或推荐我得到)金钱奖励。	☐	☐	☐	☐	☐
M5.5　工作时努力,领导会给予(或推荐)我提高福利待遇。	☐	☐	☐	☐	☐
M5.6　工作时思维活跃,领导会给予(或推荐)我提高福利待遇。	☐	☐	☐	☐	☐
M5.7　工作时不怕困难,领导会给予(或推荐)我提高福利待遇。	☐	☐	☐	☐	☐
M5.8　工作时勇于承担责任,领导会给予(或推荐)我提高福利待遇。	☐	☐	☐	☐	☐
M5.9　工作时懒惰懈怠,领导会(建议)给我降薪或罚款。	☐	☐	☐	☐	☐
M5.10　工作时心不在焉,领导会(建议)给我降薪或罚款。	☐	☐	☐	☐	☐
M5.11　工作时懒惰懈怠,领导会(建议)降低我的福利待遇。	☐	☐	☐	☐	☐
M5.12　工作时心不在焉,领导会(建议)降低我的福利待遇。	☐	☐	☐	☐	☐
M6.1　当我的工作为团队带来积极影响,领导会给予(或推荐我得到)金钱奖励。	☐	☐	☐	☐	☐
M6.2　当我的工作为团队带来积极影响,领导会(建议)提高我福利待遇。	☐	☐	☐	☐	☐
M6.3　当我的工作对团队造成负面影响,领导会(建议)给我降薪或罚款。	☐	☐	☐	☐	☐
M6.4　当我的工作对团队造成负面影响,领导会(建议)降低我福利待遇。	☐	☐	☐	☐	☐

续表

项　　目	1	2	3	4	5
M7.1　工作时努力,领导会对我认可、赞赏。	☐	☐	☐	☐	☐
M7.2　工作时思维活跃,领导会对我认可、赞赏。	☐	☐	☐	☐	☐
M7.3　工作时不怕困难,领导会对我认可、赞赏。	☐	☐	☐	☐	☐
M7.4　工作时勇于承担责任,领导会对我认可、赞赏。	☐	☐	☐	☐	☐
M7.5　工作时努力,领导会提供我职业发展机会。	☐	☐	☐	☐	☐
M7.6　工作时思维活跃,领导会提供我职业发展机会。	☐	☐	☐	☐	☐
M7.7　工作时不怕困难,领导会提供我职业发展机会。	☐	☐	☐	☐	☐
M7.8　工作时勇于承担责任,领导会提供我职业发展机会。	☐	☐	☐	☐	☐
M7.9　工作时懒惰懈怠,领导会私下提醒我。	☐	☐	☐	☐	☐
M7.10　工作时心不在焉,领导会私下提醒我。	☐	☐	☐	☐	☐
M7.11　工作时懒惰懈怠,领导会公开批评我。	☐	☐	☐	☐	☐
M7.12　工作时心不在焉,领导会公开批评我。	☐	☐	☐	☐	☐
M7.13　工作时懒惰懈怠,领导不会分配重要任务给我。	☐	☐	☐	☐	☐
M7.14　工作时心不在焉,领导不会分配重要任务给我。	☐	☐	☐	☐	☐
M8.1　当我的工作为团队带来积极影响,领导会对我认可赞赏。	☐	☐	☐	☐	☐
M8.2　当我的工作为团队带来积极影响,领导给予我职业发展机会。	☐	☐	☐	☐	☐
M8.3　当我的工作对团队造成负面影响,领导会私下提醒我。	☐	☐	☐	☐	☐
M8.4　当我的工作对团队造成负面影响,领导会公开批评我。	☐	☐	☐	☐	☐
M8.5　当我的工作对团队造成负面影响,领导不会分配重要任务给我。	☐	☐	☐	☐	☐

(四)请您根据实际情况对以下描述进行评价

1＝完全不同意;2＝不同意;3＝不确定;4＝同意;5＝完全同意。

项　目	1	2	3	4	5
IP1.1　我认为我是所在团队的一部分。	☐	☐	☐	☐	☐
IP1.2　如果团队有人离开,我会觉得不舍。	☐	☐	☐	☐	☐
IP1.3　我相信其他成员对我的批评和意见都是善意的。	☐	☐	☐	☐	☐
IP1.4　团队成员对我不太信任。	☐	☐	☐	☐	☐
IP1.5　我能很好地融入团队的项目讨论。	☐	☐	☐	☐	☐
IP1.6　我对领导总是诚实坦率。	☐	☐	☐	☐	☐
IP1.7　我和领导分享工作的意见和信息。	☐	☐	☐	☐	☐
IP1.8　如果有人说领导的坏话时,我会主动站出来为他/她辩护。	☐	☐	☐	☐	☐
IP1.9　如果领导离开我们部门,我会觉得不舍。	☐	☐	☐	☐	☐
IP1.10　我认为领导对我的批评都是善意的。	☐	☐	☐	☐	☐

(五)请您根据实际情况,与单位里(或同行业内)从事类似工作内容的其他团队(或其他单位从事类似工作内容的团队)比较后进行评价

1=完全不同意;2=不同意;3=不确定;4=同意;5=完全同意。

项　目	1	2	3	4	5
TIP1　在一定时间内,我们团队产品创新的种类更多。	☐	☐	☐	☐	☐
TIP2　我们团队的新产品开发时间更短。	☐	☐	☐	☐	☐
TIP3　我们团队经常利用最新技术开发出新产品。	☐	☐	☐	☐	☐
TIP4　我们团队经常添购新的工具或设备提高工作效率。	☐	☐	☐	☐	☐
TIP5　我们团队经常引进新技术来改善产品的生产流程。	☐	☐	☐	☐	☐
TIP6　我们团队对生产或工作流程的设计开发速度更快。	☐	☐	☐	☐	☐
TIP7　我们团队对现有的规章制度进行了修订和完善。	☐	☐	☐	☐	☐

【成员及团队相关背景信息】

1.性别：▨男　　　　　▨女

2.年龄：▨25 岁及以下　　▨26～30 岁　　▨31～35 岁　　▨36～40 岁

▨41 岁及以上

3.教育程度：▨大专及以下　　▨本科　　▨硕士　　▨博士

4.团队建立时间：▨半年以下　　▨半年～1 年　　▨1～2 年　　▨2 年以上

5.团队人数：▨5 人及以下　　▨6～10 人　　▨11～15 人　　▨16 人及以上

6.团队任务类型：▨基础研究　　▨应用研究　　▨产品开发　　▨技术服务

7.团队当前所处阶段：

▨初始形成期　　▨冲突动荡期　　▨规范合作期　　▨顺利执行期　　▨
任务中止期

8.您企业所属行业：_____（请根据以下内容填答）
（生物技术/航天技术/信息技术/激光技术/自动化技术/能源技术/新材料
开发/海洋工程）

9.您企业所在地：_____
问卷到此结束,请您再次检查是否有遗漏题项并补充完整。

祝您工作顺利!

后　记

　　面对全球化竞争的加剧以及技术的快速变革,企业的生存和发展处于瞬息万变的动态化环境中。企业的各项生产经营和管理活动在复杂性和综合程度上不断提升,尤以研发为主导的高新技术企业最为典型。与传统企业不同,高新技术企业是知识密集、技术密集、资本密集和人才密集的经济实体,在实施创新驱动发展战略和建设创新型国家中发挥引领作用。研发团队作为高新技术企业的核心和中坚力量,其价值已受到普遍关注。研发团队管理也是近年来组织行为学和人力资源管理领域中深受关注的热点之一。尽管关于研发团队的研究已经取得较多成果,但从组织支持和组织激励的视角展开的专题研究并不多见。同时,尽管有学者提出应关注中国文化情境下组织支持和组织激励对团队创新的影响,但相关理论和实证研究相对较少。因而,如何在中国文化背景下,识别组织支持和组织激励的结构特质,选择有效的研发团队激励机制,提高研发团队创新绩效,有效发挥研发团队对高新技术企业创新的推动作用等成为团队管理和创新管理研究中亟待深入解决的学术前沿问题。本书对这些问题进行了开拓性的探索,取得了一系列重要的研究成果,具有积极的理论意义和应用价值。

　　本书在对高新技术企业研发团队进行深入考察和调研的基础上展开研究,一定程度上弥补了现有研究的缺陷,具体解决了以下五个问题:第一,感知组织支持、组织激励和员工行为的维度结构以及如何测量? 第二,感知组织支持、组织激励如何作用于员工个体行为? 第三,如何实现从个体到团队的跨层次分析? 第四,团队行为如何影响研发团队创新绩效? 第五,作为调节变量的自己人感知对感知组织支持、组织激励与员工个体行为之间的关系产生怎样的影响作用?

本书结合中国文化的"人情"及规范性关系，首次将帮助行为细化为"顺水人情型帮助行为"和"额外奉献型帮助行为"，开创性提出了自己人感知的调节作用理论模型；在跨层次分析上，本书采用了常见的团队构念操作化测量方法，揭示了以不同构成方式聚合而成的团队行为对团队创新绩效的作用机理，论证严谨，有独到见解。本书提出的关于高新技术企业给予研发团队的支持内容、多样化激励方式以及关注员工行为具体聚合形式的对策建议，具有较强的针对性和现实指导作用。

总之，这是一本关于组织支持和组织激励的创新之作，相信该著作的出版有助于推动高新技术企业组织管理的理论研究，对于打造高效的研发团队也会产生积极的意义和影响。当然，作为一本探索性问题研究的著作，本书通过个体行为在团队层次的聚合转化实现了团队层次的研究，但未能构建"组织支持/组织激励→个体行为→团队行为→团队创新绩效"的跨层次分析模型，研究的深度和广度都有待进一步拓展。未来会将这一研究主题继续深入下去，拓展研究内容，完善研究理论，为我国高新技术企业研发团队管理提供更有价值的理论指导和对策研究。

回首近十年的求学之路，虽不敢称之为一帆风顺，但每一次荆棘和坎坷的转折点总是会幸运地获得他人的提携和帮助。人生是一场自我完善的修行，读过的书，遇过的人，吃过的苦，走过的路，共同构成了一个人的人生格局。满怀感恩，有所取舍，沉稳内敛，低调潜行。

本书虽数次易稿，但就涉及的领域来说，部分内容和概念属首创，不当及疏漏之处在所难免，恳请读者和专家批评指正，不吝赐教。在此也向指点我的良师益友致以感谢。

刘象

2018 年 11 月 1 日于美国休斯敦